"十三五"国家重点图书出版规划项目

秦史与秦文化研究丛书

王子今 主编

帝国的形成与崩溃
——秦疆域变迁史稿

梁万斌 著

西北大学出版社
·西安·

图书在版编目(CIP)数据

帝国的形成与崩溃:秦疆域变迁史稿/梁万斌著.
—西安:西北大学出版社,2021.2(2024.6 重印)
(秦史与秦文化研究丛书/王子今主编)
ISBN 978-7-5604-4583-0

Ⅰ.①帝… Ⅱ.①梁… Ⅲ.①疆域—变迁—中国—秦代 Ⅳ.①K928.1

中国版本图书馆 CIP 数据核字(2020)第 157565 号

帝国的形成与崩溃——秦疆域变迁史稿

DIGUODEXINGCHENGYUBENGKUI——QINJIANGYUBIANQIANSHIGAO　　　　梁万斌　著

责任编辑	马若楠　朱　亮
出版发行	西北大学出版社
地　　址	西安市太白北路 229 号　　邮　编　710069
网　　址	http://nwupress.nwu.edu.cn　　E－mail　xdpress@nwu.edu.cn
电　　话	029-88303593　88302590
经　　销	全国新华书店
印　　装	西安华新彩印有限责任公司
开　　本	710 毫米×1020 毫米　1/16
印　　张	26.75
字　　数	437 千字
版　　次	2021 年 2 月第 1 版　2024 年 6 月第 2 次印刷
书　　号	ISBN 978－7－5604－4583－0
定　　价	180.00 元

如有印装质量问题,请与本社联系调换,电话 029－88302966。

"秦史与秦文化研究丛书"

QINSHI YU QINWENHUA YANJIU CONGSHU

—— 编辑出版委员会 ——

顾　　问　柳斌杰　朱绍侯　方光华

主　　任　徐　晔

副 主 任　卜宪群　马　来

委　　员　卜宪群　马　来　王子今　王彦辉　田明纲
　　　　　邬文玲　孙家洲　李禹阶　李振宏　张德芳
　　　　　张　萍　陈松长　何惠昂　杨建辉　高大伦
　　　　　高彦平　晋　文　贾二强　徐　晔　徐兴无
　　　　　梁亚莉　彭　卫　焦南峰　赖绍聪

主　　编　王子今

总　序

公元前221年,秦王嬴政完成了统一大业,建立了中国历史上第一个高度集权的"大一统"帝国。秦王朝执政短暂,公元前207年被民众武装暴动推翻。秦短促而亡,其失败,在后世长久的历史记忆中更多地被赋予政治教训的意义。然而人们回顾秦史,往往都会追溯到秦人从立国走向强盛的历程,也会对秦文化的品质和特色有所思考。

秦人有早期以畜牧业作为主体经济形式的历史。《史记》卷五《秦本纪》说秦人先祖柏翳"调驯鸟兽,鸟兽多驯服"①,《汉书》卷一九上《百官公卿表上》则作"蒸作朕虞,育草木鸟兽"②,《汉书》卷二八下《地理志下》说"柏益……为舜朕虞,养育草木鸟兽"③,经营对象包括"草木"。所谓"育草木""养育草木",暗示农业和林业在秦早期经济形式中也曾经具有相当重要的地位。秦人经济开发的成就,是秦史进程中不宜忽视的文化因素。其影响,不仅作用于物质层面,也作用于精神层面。秦人在周人称为"西垂"的地方崛起,最初在今甘肃东部、陕西西部活动,利用畜牧业经营能力方面的优势,成为周天子和东方各个文化传统比较悠久的古国不能忽视的政治力量。秦作为政治实体,在两周之际得到正式承认。

关中西部的开发,有周人的历史功绩。周王朝的统治重心东迁洛阳后,秦人在这一地区获得显著的经济成就。秦人起先在汧渭之间地方建设了畜牧业基地,又联络草原部族,团结西戎力量,"西垂以其故和睦",得到周王室的肯定,秦于是立国。正如《史记》卷五《秦本纪》所说:"邑之秦,使复续嬴氏祀,号曰秦嬴。"④秦国力逐渐强盛,后来向东发展,在雍(今陕西凤翔)定都,成为西方诸侯

---

① [汉]司马迁:《史记》,中华书局,1959年,第173页。
② 颜师古注引应劭曰:"蒸,伯益也。"《汉书》,中华书局,1962年,第721、724页。
③ [汉]班固:《汉书》,中华书局,1962年,第1641页。
④ 《史记》卷五《秦本纪》,第177页。

国家,与东方列国发生外交和战争关系。雍城是生态条件十分适合农耕发展的富庶地区,与周人早期经营农耕、创造农业奇迹的所谓"周原膴膴"①的中心地域东西相邻。因此许多学者将其归入广义"周原"的范围之内。秦国的经济进步,有利用"周余民"较成熟农耕经验的因素。秦穆公时代"益国十二,开地千里,遂霸西戎","广地益国,东服强晋,西霸戎夷",②是以关中西部地区作为根据地实现的政治成功。

秦的政治中心,随着秦史的发展,呈现由西而东逐步转移的轨迹。比较明确的秦史记录,即从《史记》卷五《秦本纪》所谓"初有史以纪事"的秦文公时代起始。③ 秦人活动的中心,经历了这样的转徙过程:西垂—汧渭之会—平阳—雍—咸阳。《中国文物地图集·陕西分册》中的《陕西省春秋战国遗存图》显示,春秋战国时期西安、咸阳附近地方的渭河北岸开始出现重要遗址。④ 而史书明确记载,商鞅推行变法,将秦都由雍迁到了咸阳。《史记》卷五《秦本纪》:"(秦孝公)十二年,作为咸阳,筑冀阙,秦徙都之。"⑤《史记》卷六《秦始皇本纪》:"孝公享国二十四年……其十三年,始都咸阳。"⑥《史记》卷六八《商君列传》:"于是以鞅为大良造……居三年,作为筑冀阙宫庭于咸阳,秦自雍徙都之。"⑦这些文献记录都明确显示,秦孝公十二年(前350)开始营造咸阳城和咸阳宫,于秦孝公十三年(前349)从雍城迁都到咸阳。定都咸阳,既是秦史上具有重大意义的事件,实现了秦国兴起的历史过程中的显著转折,也是秦政治史上的辉煌亮点。

如果我们从生态地理学和经济地理学的角度分析这一事件,也可以获得新的

---

① 《诗·大雅·绵》,[清]阮元校刻:《十三经注疏》,中华书局据原世界书局缩印本1980年10月影印版,第510页。

② 《史记》卷五《秦本纪》,第194、195页。《史记》卷八七《李斯列传》作"并国二十,遂霸西戎"。第2542页。《后汉书》卷八七《西羌传》:"秦穆公得戎人由余,遂罢西戎,开地千里。"中华书局,1965年,第2873页。

③ 《史记》,第179页。

④ 张在明主编:《中国文物地图集·陕西分册》,西安地图出版社,1998年,上册第61页。

⑤ 《史记》,第203页。

⑥ 《史记》,第288页。

⑦ 《史记》,第2232页。

有意义的发现。秦都由西垂东迁至咸阳的过程,是与秦"东略之世"①国力不断壮大的历史同步的。迁都咸阳的决策,有将都城从农耕区之边缘转移到农耕区之中心的用意。秦自雍城迁都咸阳,实现了重要的历史转折。一些学者将"迁都咸阳"看作商鞅变法的内容之一。翦伯赞主编《中国史纲要》在"秦商鞅变法"题下写道:"公元前356年,商鞅下变法令","公元前350年,秦从雍(今陕西凤翔)迁都咸阳,商鞅又下第二次变法令"。② 杨宽《战国史》(增订本)在"秦国卫鞅的变法"一节"卫鞅第二次变法"题下,将"迁都咸阳,修建宫殿"作为变法主要内容之一,又写道:"咸阳位于秦国的中心地点,靠近渭河,附近物产丰富,交通便利。"③林剑鸣《秦史稿》在"商鞅变法的实施"一节,也有"迁都咸阳"的内容。其中写道:"咸阳(在咸阳市窑店东)北依高原,南临渭河,适在秦岭怀抱,既便利往来,又便于取南山之产物,若浮渭而下,可直入黄河;在终南山与渭河之间就是通往函谷关的大道。"④这应当是十分准确地反映历史真实的判断。《史记》卷六八《商君列传》记载,商鞅颁布的新法,有扩大农耕的规划,奖励农耕的法令,保护农耕的措施。⑤ 于是使得秦国在秦孝公—商鞅时代实现了新的农业跃进。而指导这一历史变化的策划中心和指挥中心,就在咸阳。咸阳附近也自此成为关中经济的重心地域。《史记》卷二八《封禅书》说"霸、产、长水、沣、涝、泾、渭皆非大川,以近咸阳,尽得比山川祠"⑥,说明"近咸阳"地方水资源得到合理利用。关中于是"号称陆海,为九州膏腴"⑦,被看作"天府之国"⑧,因其丰饶,千百年居于经济优胜地位。

回顾春秋战国时期列强竞胜的历史,历史影响比较显著的国家,多位于文明程度处于后起地位的中原外围地区,它们的迅速崛起,对于具有悠久的文明传统

---

① 王国维:《秦都邑考》,《王国维遗书》,上海古籍书店,1983年,《观堂集林》卷一二第9页。
② 翦伯赞主编:《中国史纲要》,人民出版社,1979年,第75页。
③ 杨宽:《战国史》(增订本),上海人民出版社,1998年,第206页。
④ 林剑鸣:《秦史稿》,上海人民出版社,1981年,第189页。
⑤ 商鞅"变法之令":"民有二男以上不分异者,倍其赋。""僇力本业,耕织致粟帛多者复其身。事末利及怠而贫者,举以为收孥。"《史记》,第2230页。
⑥ 《史记》,第1374页。
⑦ 《汉书》卷二八下《地理志下》,第1642页。
⑧ 《史记》卷五五《留侯世家》,第2044页。

的"中国",即黄河中游地区,形成了强烈的冲击。这一历史文化现象,就是《荀子·王霸》中所说的:"虽在僻陋之国,威动天下,五伯是也。""故齐桓、晋文、楚庄、吴阖闾、越句践,是皆僻陋之国也,威动天下,强殆中国。"①就是说,"五霸"虽然都崛起在文明进程原本相对落后的"僻陋"地方,却能够以新兴的文化强势影响天下,震动中原。"五霸"所指,说法不一,如果按照《白虎通·号·三皇五帝三王五伯》中的说法:"或曰:五霸,谓齐桓公、晋文公、秦穆公、楚庄王、吴王阖闾也。"也就是除去《荀子》所说"越句践",加上了"秦穆公",对于秦的"威""强",予以肯定。又说:"《尚书》曰'邦之荣怀,亦尚一人之庆',知秦穆之霸也。"②秦国力发展态势之急进,对东方诸国有激励和带动的意义。

在战国晚期,七雄之中,以齐、楚、赵、秦为最强。到了公元前3世纪的后期,则秦国的军威,已经势不可当。在秦孝公与商鞅变法之后,秦惠文王兼并巴蜀,宣太后与秦昭襄王战胜义渠,实现对上郡、北地的控制,使秦的疆域大大扩张,时人除"唯秦雄天下"③之说外,又称"秦地半天下"④。秦国上层执政集团可以跨多纬度空间控制,实现了对游牧区、农牧并作区、粟作区、麦作区以及稻作区兼行管理的条件。这是后来对统一王朝不同生态区和经济区实施全面行政管理的前期演习。当时的东方六国,没有一个国家具备从事这种政治实践的条件。

除了与秦孝公合作推行变法的商鞅之外,秦史进程中有重要影响的人物还有韩非和吕不韦。《韩非子》作为法家思想的集大成者,规范了秦政的导向。吕不韦主持编写的《吕氏春秋》为即将成立的秦王朝描画了政治蓝图。多种渊源不同的政治理念得到吸收,其中包括儒学的民本思想。

秦的统一,是中国史的大事件,也是东方史乃至世界史的大事件。对于中华民族的形成,对于后来以汉文化为主体的中华文化的发展,对于统一政治格局的定型,秦的创制有非常重要的意义。秦王朝推行郡县制,实现中央对地方的直接控制。皇帝制度和官僚制度的出现,也是推进政治史进程的重要发明。秦始皇时代实现了高度的集权。皇室、将相、后宫、富族,都无从侵犯或动摇皇帝的权

---

① [清]王先谦撰,沈啸寰、王星贤点校:《荀子集解》,中华书局,1988年,第205页。
② [清]陈立撰,吴则虞点校:《白虎通疏证》,中华书局,1994年,第62、64页。
③ 《史记》卷八三《鲁仲连邹阳列传》,第2459页。
④ 《史记》卷七〇《张仪列传》,第2289页。

威。执掌管理天下最高权力的,唯有皇帝。"夫其卓绝在上,不与士民等夷者,独天子一人耳。"①与秦始皇"二世三世至于万世,传之无穷"②的乐观设想不同,秦的统治未能长久,但是,秦王朝的若干重要制度,特别是皇帝独尊的制度,却成为此后两千多年的政治史的范式。如毛泽东诗句所谓"百代犹行秦政法"③。秦政风格延续长久,对后世中国有长久的规范作用,也对东方世界的政治格局形成了影响。

秦王朝在全新的历史条件下带有试验性质的经济管理形式,是值得重视的。秦时由中央政府主持的长城工程、驰道工程、灵渠工程、阿房宫工程、丽山工程等规模宏大的土木工程的规划和组织,表现出经济管理水平的空前提高,也显示了相当高的行政效率。秦王朝多具有创新意义的经济制度,在施行时各有得失。秦王朝经济管理的军事化体制,以极端苛急的政策倾向为特征,而不合理的以关中奴役关东的区域经济方针等方面的弊病,也为后世提供了深刻的历史教训。秦王朝多以军人为吏,必然使各级行政机构都容易形成极权专制的特点,使行政管理和经济管理都具有军事化的形制,又使统一后不久即应结束的军事管制阶段在实际上无限延长,终于酿成暴政。

秦王朝的专制统治表现出高度集权的特色,其思想文化方面的政策也具有与此相应的风格。秦王朝虽然统治时间不长,但是所推行的文化政策却在若干方面对后世有规定性的意义。"书同文"原本是孔子提出的文化理想。孔子嫡孙子思作《中庸》,引述了孔子的话:"今天下车同轨,书同文,行同伦。"④"书同文",成为文化统一的一种象征。但是在孔子的时代,按照儒家的说法,有其位者无其德,有其德者无其位,"书同文"实际上只是一种空想。战国时期,分裂形势更为显著,书不同文也是体现当时文化背景的重要标志之一。正如东汉学者许慎在《说文解字·叙》中所说,"诸侯力政,不统于王",于是礼乐典籍受到破坏,天下分为七国,"言语异声,文字异形"。⑤秦灭六国,实现统一之后,丞相李

---

① 章太炎:《秦政记》,《太炎文录初编》卷一,《章太炎全集》第4卷,上海人民出版社,1985年,第71页。
② 《史记》卷六《秦始皇本纪》,第236页。
③ 《建国以来毛泽东文稿》第13册,中央文献出版社,1998年,第361页。
④ [清]阮元校刻:《十三经注疏》,第1634页。
⑤ [汉]许慎撰,[清]段玉裁注:《说文解字注》,上海古籍出版社据经韵楼藏版1981年10月影印版,第757页。

斯就上奏建议以"秦文"为基点,欲令天下文字"同之",凡是与"秦文"不一致的,通通予以废除,以完成文字的统一。历史上的这一重要文化过程,司马迁在《史记》卷六《秦始皇本纪》的记载中写作"书同文字"与"同书文字",①在《史记》卷一五《六国年表》与《史记》卷八七《李斯列传》中分别写作"同天下书""同文书"。② 秦王朝的"书同文"虽然没有取得全面的成功,但是当时能够提出这样的文化进步的规划,并且开始了这样的文化进步的实践,应当说,已经是一个值得肯定的伟大的创举。秦王朝推行文化统一的政策,并不限于文字的统一。在秦始皇出巡各地的刻石文字中,可以看到要求各地民俗实现同化的内容。比如琅邪刻石说到"匡饬异俗",之罘刻石说到"黔首改化,远迩同度",表示各地的民俗都要改造,以求整齐统一;而强求民俗统一的形式,是法律的规范,就是所谓"普施明法,经纬天下,永为仪则"。③ 应当看到,秦王朝要实行的全面的"天下""同度",是以秦地形成的政治规范、法律制度、文化样式和民俗风格为基本模板的。

秦王朝在思想文化方面谋求统一,是通过强硬性的专制手段推行有关政策实现的。所谓焚书坑儒,就是企图全面摈斥东方文化,以秦文化为主体实行强制性的文化统一。对于所谓"难施用"④"不中用"⑤的"无用"之学⑥的否定,甚至不惜采用极端残酷的手段。

秦王朝以关中地方作为政治中心,也作为文化基地。关中地方得到了很好

---

① 《史记》,第239、245页。
② 《史记》,第757、2547页。
③ 《史记》,第245、250、249页。
④ 《史记》卷二八《封禅书》:"始皇闻此议各乖异,难施用,由此绌儒生。"第1366页。
⑤ 《史记》卷六《秦始皇本纪》:"(秦始皇)大怒曰:'吾前收天下书不中用者尽去之。'"第258页。
⑥ 《资治通鉴》卷七《秦纪二》"始皇帝三十四年":"魏人陈馀谓孔鲋曰:'秦将灭先王之籍,而子为书籍之主,其危哉!'子鱼曰:'吾为无用之学,知吾者惟友。秦非吾友,吾何危哉!吾将藏之以待其求;求至,无患矣。'"胡三省注:"孔鲋,孔子八世孙,字子鱼。"[宋]司马光编著,[元]胡三省音注,"标点资治通鉴小组"校点:《资治通鉴》,中华书局,1956年,第244页。承孙闻博副教授提示,据傅亚庶《孔丛子校释》,《孔丛子》有的版本记录孔鲋说到"有用之学"。叶氏藏本、蔡宗尧本、汉承弼校跋本、章钰校跋本并有"吾不为有用之学,知吾者唯友。秦非吾友,吾何危哉?"语。中华书局,2011年,第410、414页。参看王子今:《秦文化的实用之风》,《光明日报》2013年7月15日15版"国学"。

的发展条件。秦亡,刘邦入咸阳,称"仓粟多"①,项羽确定行政中心时有人建议"关中阻山河四塞,地肥饶,可都以霸",都说明了秦时关中经济条件的优越。项羽虽然没有采纳都关中的建议,但是在分封十八诸侯时,首先考虑了对现今陕西地方的控制。"立沛公为汉王,王巴、蜀、汉中,都南郑",又"三分关中","立章邯为雍王,王咸阳以西,都废丘","立司马欣为塞王,王咸阳以东至河,都栎阳;立董翳为翟王,王上郡,都高奴"。② 因"三分关中"的战略设想,于是史有"三秦"之说。近年"废丘"的考古发现,有益于说明这段历史。所谓"秦之故地"③,是受到特殊重视的行政空间。

汉代匈奴人和西域人仍然称中原人为"秦人"④,汉简资料也可见"秦骑"⑤称谓,说明秦文化对中土以外广大区域的影响形成了深刻的历史记忆。远方"秦人"称谓,是秦的历史光荣的文化纪念。

李学勤《东周与秦代文明》一书中将东周时代的中国划分为7个文化圈,就是中原文化圈、北方文化圈、齐鲁文化圈、楚文化圈、吴越文化圈、巴蜀滇文化圈、秦文化圈。关于其中的"秦文化圈",论者写道:"关中的秦国雄长于广大的西北地区,称之为秦文化圈可能是适宜的。秦人在西周建都的故地兴起,形成了有独特风格的文化。虽与中原有所交往,而本身的特点仍甚明显。"关于战国晚期至于秦汉时期的文化趋势,论者指出:"楚文化的扩展,是东周时代的一件大事","随之而来的,是秦文化的传布。秦的兼并列国,建立统一的新王朝,使秦文化成为后来辉煌的汉代文化的基础"。⑥ 从空间和时间的视角进行考察,可以注意

---

① 《史记》卷八《高祖本纪》,第362页。
② 《史记》卷七《项羽本纪》,第315、316页。
③ 《史记》卷九九《刘敬叔孙通列传》:"陛下入关而都之,山东虽乱,秦之故地可全而有也。""今陛下入关而都,案秦之故地,此亦扼天下之亢而拊其背也。"第2716页。
④ 《史记》卷一二三《大宛列传》,第3177页;《汉书》卷九四上《匈奴传上》,第3782页;《汉书》卷九六下《西域传下》,第3913页。东汉西域人使用"秦人"称谓,见《龟兹左将军刘平国作关城诵》,参看王子今:《〈龟兹左将军刘平国作关城诵〉考论——兼说"张骞凿空"》,《欧亚学刊》新7辑,商务印书馆,2018年。
⑤ 如肩水金关简"☐所将胡骑秦骑名籍☐"(73EJT1:158),甘肃简牍保护研究中心、甘肃省文物考古研究所、甘肃省博物馆、中国文化遗产研究院古文献研究室、中国社会科学院简帛研究中心编:《肩水金关汉简》(壹),中西书局,2011年,下册第11页。
⑥ 李学勤:《东周与秦代文明》,上海人民出版社,2007年,第10—11页。

到秦文化超地域的特征和跨时代的意义。秦文化自然有区域文化的含义,早期的秦文化又有部族文化的性质。秦文化也是体现法家思想深刻影响的一种政治文化形态,可以理解为秦王朝统治时期的主体文化和主导文化。秦文化也可以作为一种积极奋进的、迅速崛起的、节奏急烈的文化风格的象征符号。总结秦文化的有积极意义的成分,应当注意这样几个特点:创新理念、进取精神、开放胸怀、实用意识、技术追求。秦文化的这些具有积极因素的特点,可以以"英雄主义"和"科学精神"简要概括。对于秦统一的原因,有必要进行全面的客观的总结。秦人接受来自西北方向文化影响的情形,研究者也应当予以关注。

秦文化既有复杂的内涵,又有神奇的魅力。秦文化表现出由弱而强、由落后而先进的历史转变过程中积极进取、推崇创新、重视实效的文化基因。

对于秦文化的历史表现,仅仅用超地域予以总结也许还是不够的。"从世界史的角度"估价秦文化的影响,是秦史研究者的责任。秦的统一"是中国文化史上的重要转折点",继此之后,汉代创造了辉煌的文明,其影响,"范围绝不限于亚洲东部,我们只有从世界史的高度才能估价它的意义和价值"。① 汉代文明成就,正是因秦文化而奠基的。

在对于秦文化的讨论中,不可避免地会导入这样一个问题:为什么在战国七雄的历史竞争中最终秦国取胜,为什么是秦国而不是其他国家完成了"统一"这一历史进程?

秦统一的形势,翦伯赞说,"如暴风雷雨,闪击中原",证明"任何主观的企图,都不足以倒转历史的车轮"。② 秦的"统一",有的学者更愿意用"兼并"的说法。这一历史进程,后人称之为"六王毕,四海一"③,"六王失国四海归"④。其实,秦始皇实现的统一,并不仅仅限于黄河流域和长江流域原战国七雄统治的地域,亦包括对岭南的征服。战争的结局,是《史记》卷六《秦始皇本纪》和卷一一

---

① 李学勤:《东周与秦代文明》,第294页。
② 翦伯赞:《秦汉史》,北京大学出版社,1983年,第8页。
③ [唐]杜牧:《阿房宫赋》,《文苑英华》卷四七,[宋]李昉等编:《文苑英华》,中华书局,1966年,第212页。
④ [宋]莫济《次梁安老王十朋咏秦碑韵》:"六王失国四海归,秦皇东刻南巡碑。"[明]董斯张辑:《吴兴艺文补》卷五〇,明崇祯六年刻本,第1103页。

三《南越列传》所记载的桂林、南海、象郡的设立。① 按照贾谊《过秦论》的表述,即"南取百越之地,以为桂林、象郡,百越之君俛首系颈,委命下吏"②。考古学者基于岭南秦式墓葬发现,如广州淘金坑秦墓、华侨新村秦墓,广西灌阳、兴安、平乐秦墓等的判断,以为"说明了秦人足迹所至和文化所及,反映了秦文化在更大区域内和中原以及其他文化的融合","两广秦墓当是和秦始皇统一岭南,'以谪徙民五十万戍五岭,与越杂处'的历史背景有关"。③ 岭南文化与中原文化的融合,正是自"秦时已并天下,略定杨越"④起始。而蒙恬经营北边,又"却匈奴七百余里"⑤。南海和北河方向的进取,使得秦帝国的国土规模远远超越了秦本土与"六王"故地的总和。⑥

对于秦所以能够实现统一的原因,历来多有学者讨论。有人认为,秦改革彻底,社会制度先进,是主要原因。曾经负责《睡虎地秦墓竹简》定稿、主持张家山汉简整理并进行秦律和汉律对比研究的李学勤指出:"睡虎地竹简秦律的发现和研究,展示了相当典型的奴隶制关系的景象","有的著作认为秦的社会制度比六国先进,笔者不能同意这一看法,从秦人相当普遍地保留野蛮的奴隶制关系来看,事实毋宁说是相反"。⑦

秦政以法家思想为指导。法家虽然经历汉初的"拨乱反正"⑧受到清算,又经汉武帝时代"罢黜百家,表章《六经》"⑨"推明孔氏,抑黜百家"⑩,受到正统意

---

① 王子今:《论秦始皇南海置郡》,《陕西师范大学学报》(哲学社会科学版)2017年第1期。
② 《史记》卷六《秦始皇本纪》,第280页。
③ 叶小燕:《秦墓初探》,《考古》1982年第1期。
④ 《史记》卷一一三《南越列传》,第2967页。
⑤ 《史记》卷六《秦始皇本纪》,第280页;《史记》卷四八《陈涉世家》,第1963页。
⑥ 参看王子今:《秦统一局面的再认识》,《辽宁大学学报》(哲学社会科学版)2013年第1期。
⑦ 李学勤:《东周与秦代文明》,第290—291页。
⑧ 《汉书》卷六《武帝纪》,第212页;《汉书》卷二二《礼乐志》,第1030、1035页。《史记》卷八《高祖本纪》:"拨乱世反之正。"第392页。《史记》卷六〇《三王世家》:"高皇帝拨乱世反诸正。"第2109页。
⑨ 《汉书》卷六《武帝纪》,第212页。
⑩ 《汉书》卷五六《董仲舒传》,第2525页。

识形态压抑,但是由所谓"汉家自有制度,本以霸王道杂之,奈何纯任德教,用周政乎"①可知,仍然有长久的历史影响和文化惯性。这说明中国政治史的回顾,有必要思考秦政的作用。

在总结秦统一原因时,应当重视《过秦论》"续六世之余烈,振长策而御宇内"的说法。②然而秦的统一,不仅仅是帝王的事业,也与秦国农民和士兵的历史表现有关。是各地万千士兵与民众的奋发努力促成了统一。秦国统治的地域,当时是最先进的农业区。直到秦王朝灭亡之后,人们依然肯定"秦富十倍天下"的地位。③因农耕业成熟而形成的富足,也构成秦统一的物质实力。

有学者指出,应当重视秦与西北方向的文化联系,重视秦人从中亚地方接受的文化影响。这是正确的意见。但是以为郡县制的实行可能来自西方影响的看法还有待于认真的论证。战国时期,不仅秦国,不少国家都实行了郡县制。有学者指出:"郡县制在春秋时已有萌芽,特别是'县',其原始形态可以追溯到西周。到战国时期,郡县制在各国都在推行。"④秦人接受来自西北的文化影响,应当是没有疑义的。周穆王西行,据说到达西王母之国,为他驾车的就是秦人先祖造父。秦早期养马业的成功,也应当借鉴了草原游牧族的技术。青铜器中被确定为秦器者,据说有的器形"和常见的中国青铜器有别,有学者以之与中亚的一些器物相比"。学界其实较早已经注意到这种器物,以为"是否模仿中亚的风格,很值得探讨"。⑤我们曾经注意过秦风俗中与西方相近的内容,秦穆公三十二年(前628),发军袭郑,这是秦人首创所谓"径数国千里而袭人"的长距离远征历史记录的例证。晋国发兵在殽阻截秦军,"击之,大破秦军,无一人得脱者,虏秦三将以归"。⑥四年之后,秦人复仇,《左传·文公三年》记载:"秦伯伐晋,济河焚舟,取王官及郊。晋人不出,遂自茅津渡,封殽尸而还。"⑦《史记》卷五《秦本

---

① 《汉书》卷九《元帝纪》,第 277 页。
② 《史记》卷六《秦始皇本纪》,第 280 页。
③ 《史记》卷八《高祖本纪》,第 364 页。
④ 李学勤:《东周与秦代文明》,第 289—290 页。
⑤ 李学勤:《东周与秦代文明》,第 146 页。
⑥ 《史记》卷五《秦本纪》,第 190—192 页。
⑦ 《春秋左传集解》,上海人民出版社,1977 年,第 434 页。

纪》:"缪公乃自茅津渡河,封殽中尸,为发丧,哭之三日。"①《史记》卷三九《晋世家》:"秦缪公大兴兵伐我,度河,取王官,封殽尸而去。"②封,有人解释为"封识之"③,就是筑起高大的土堆以为标识。我们读记述公元14年至公元15年间史事的《塔西佗〈编年史〉》第1卷,可以看到日耳曼尼库斯·凯撒率领的罗马军队进军到埃姆斯河和里普河之间十分类似的情形:"据说伐鲁斯和他的军团士兵的尸体还留在那里没有掩埋","罗马军队在六年之后,来到这个灾难场所掩埋了这三个军团的士兵的遗骨","在修建坟山的时候,凯撒放置第一份草土,用以表示对死者的衷心尊敬并与大家一同致以哀悼之忱"。④ 罗马军队统帅日耳曼尼库斯·凯撒的做法,和秦穆公所谓"封殽尸"何其相像!罗马军人们所"修建"的"坟山",是不是和秦穆公为"封识之"而修建的"封"属于性质相类的建筑形式呢?相关的文化现象还有待于深入考论。但是关注秦文化与其他文化系统之间的联系可能确实是有意义的。

秦代徐市东渡,择定适宜的生存空间定居⑤,或许是东洋航线初步开通的历史迹象。斯里兰卡出土半两钱⑥,似乎可以看作南洋航线早期开通的文物证明。理解并说明秦文化的世界影响,也是丝绸之路史研究应当关注的主题。

"秦史与秦文化研究丛书"系"十三五"国家重点图书出版规划项目,共14种,由陕西省人民政府参事室主持编撰,西北大学出版社具体组织实施。包括以下学术专著:《秦政治文化研究》(雷依群)、《初并天下——秦君主集权研究》(孙闻博)、《帝国的形成与崩溃——秦疆域变迁史稿》(梁万斌)、《秦思想与政治研究》(臧知非)、《秦法律文化新探》(闫晓君)、《秦祭祀研究》(史党社)、《秦礼仪研究》(马志亮)、《秦战争史》(赵国华、叶秋菊)、《秦农业史新编》(樊志民、

---

① 《史记》,第193页。
② 《史记》,第1670页。
③ 《史记》卷五《秦本纪》裴骃《集解》引贾逵曰,第193页。
④ 〔罗马〕塔西佗著,王以铸等译:《塔西佗〈编年史〉》,商务印书馆,1981年,上册,第1卷,第51—52页。
⑤ 《史记》卷一一八《淮南衡山列传》:"徐福得平原广泽,止王不来。"第3086页。
⑥ 查迪玛(A. Chandima):《斯里兰卡藏中国古代文物研究——兼谈古代中斯贸易关系》,山东大学博士学位论文,导师:于海广教授,2011年4月;〔斯里兰卡〕查迪玛·博嘎哈瓦塔、柯莎莉·卡库兰达拉:《斯里兰卡藏中国古代钱币概况》,《百色学院学报》2016年第6期。

李伊波)、《秦都邑宫苑研究》(徐卫民、刘幼臻)、《秦文字研究》(周晓陆、罗志英、李巍、何薇)、《秦官吏法研究》(周海锋)、《秦交通史》(王子今)、《秦史与秦文化研究论著索引》(田静)。

  本丛书的编写队伍,集合了秦史研究的学术力量,其中有较资深的学者,也有很年轻的学人。丛书选题设计,注意全方位的研究和多视角的考察。参与此丛书的学者提倡跨学科的研究,重视历史学、考古学、民族学与文化人类学等不同学术方向研究方法的交叉采用,努力坚持实证原则,发挥传世文献与出土文献及新出考古资料相结合的优长,实践"二重证据法""多重证据法",力求就秦史研究和秦文化研究实现学术推进。秦史是中国文明史进程的重要阶段,秦文化是历史时期文化融汇的主流之一,也成为中华民族文化的重要构成内容。对于秦史与秦文化,考察、研究、理解和说明,是历史学者的责任。不同视角的观察,不同路径的探究,不同专题的研讨,不同层次的解说,都是必要的。这里不妨借用秦汉史研究前辈学者翦伯赞《秦汉史》中"究明"一语简要表白我们研究工作的学术追求:"究明"即"显出光明"。①

王子今
2021 年 1 月 18 日

---

① 翦伯赞:《秦汉史》,第 2 页。

自 序

秦的先祖事迹,可追溯到中国古史的传说时代。在漫长的时间里,秦从一个嬴姓小族群,几经曲折,逐渐发展壮大,最终建立了中国历史上第一个疆域空前辽阔的大一统帝国。秦帝国的疆域,东到大海,西北界黄河,南襄岭南,北据河为塞,并阴山至辽东,奠定了后世中国的疆域基础。本书利用传世文献、出土文献和考古资料,以目前史料所能达到的精确度,第一次系统复原了从早期嬴姓族群的活动地域直到大一统帝国的形成与崩溃,秦的整个疆域变迁情况。

不解决史料的年代问题,就无法使用史料。传世文献和出土文献中的年代大多可精确至某一年,甚至某一年之某一月,但秦文化遗存的年代则很难精确至某一年。依据目前考古学者对已经发现的秦文化遗存的分期和年代学研究,秦文化遗存大致可以分为十个顺序发展的期别,分别相当于西周早期、西周中期、西周晚期、春秋早期、春秋中期、春秋晚期到春秋战国之际、战国早期、战国中期、战国晚期到秦代以及西汉初年。为了能比较合理而充分地利用已经发现的秦文化遗存资料,也为了使文献资料与秦文化遗存这两种资料能够相互补充、相互参证,结合秦疆域变迁的实际情况,本书按时间顺序,依次分为西周及其以前、春秋早期、春秋中期、春秋晚期、战国早期、战国中期、战国晚期、秦代(即秦帝国时期)这八个时段来考察秦的疆域变迁,并据此安排本书的结构。需要说明的是,就目前的资料现状,并不是所有的秦文化遗存都能找到明确的文献依据;同样,也并不是所有的文献记载,都能得到秦文化遗存的印证。缘是之故,本书在撰写时,按上述之分期,将相应时期的秦文化遗存独立成节,进行叙述。尽管如此,在许多地方,如果把文献记载与相关秦文化遗存相互对照,合而观之,则往往使人豁然开朗。

系统地考察一代之疆域变迁,尚无前例可循。经反复尝试斟酌,本书的撰写采用了以下的体例:第一,依据事先考证的结论,开宗明义地交代秦在何时取得或失去了何地,并尽可能简要叙述此时得地或失地的原因;第二,尽可能一一列举秦得地或失地的关键证据,尤其是不同来源之证据,没有可靠之证据,不下明确结论,仅做适度推测;第三,确定得地或失地的地望;第四,在确定地望的基础上,尽可能对该地之形势、战略地位、资源等重要地理要素做一简要叙述,以期能对得地或失地的影响有一个基本的判断;第五,地图是描述空间与直观呈现各种地理要素最好的"语言",因此,本书绘制了数十幅地图,对涉及的所有地名以及秦文化遗址,均在地图上做了标注,以期达到左图右史、方便阅读的效果。

为了叙述与阅读的简明、连贯,举凡文本、史实、地望等方面之考证,均放在脚注。为节省篇幅,凡考证,注重证据的列举,尽量不做繁琐的叙述。书后附有详细的秦疆域变迁年表,年表主要依据本书考证之结论制作。通过此年表,可概览整个秦疆域变迁情况,亦可方便了解某一时期或某一年的秦疆域变迁情况。

我学殖谫陋,又在有限的时间内完成了这项工作,本书必定存在参考未备、论断不当、史料失误以及其他问题。对于这些问题,统祈读者赐正。

梁万斌
2020 年 12 月

有关问题说明

一、关于脚注中部分标点的使用

如果引文是节引而非全引,引文不用引号,而仅用冒号以示引用;凡某书再引其他书,则再引之书后不用冒号而用逗号,以之区别引用关系。例如,《汉书补注》先谦曰:《秦纪》,孝公作咸阳,筑翼阙,徙都之。《三秦记》,在九嵕山南,渭水北,山水俱阳,故名咸阳。《一统志》,故城今咸宁县东。

二、关于战国史料年代校正、文字校勘

本书中战国史事年代的校正及战国史料文字的校勘,主要依据杨宽先生的《战国史料编年辑证》。

三、关于地图

本书地图的绘制,主要参考了谭其骧先生主编的《中国历史地图集》。由于历史时期东部平原之水系、海岸线等地理环境与现在有很大的不同,所以本书涉及东部平原地区的几幅图则直接取自《中国历史地图集》,以使读者能对当时东部平原的整体地理环境有更好地了解。本书附图中有些地名的定点与《中国历史地图集》也有不同。另外,石泉先生对荆楚地区地名地望的考证(详参《石泉文集》,武汉大学出版社,2006 年)与《中国历史地图集》有很大不同,请读者留意。

四、关于参考文献

有些文献在脚注中仅提及作者姓名和文献名称,完整的文献目录列在本书末。

五、关于秦文化遗存

近百年来,经过科学发掘所获之数量可观的秦文化遗存是研究秦史的第一手宝贵资料。本书为了利用秦文化遗存考察秦的疆域变迁,对已经发现的所有秦文化遗存,依据考古发掘(或调查)报告及相关研究,从遗存的年代和地理分布两个方面做了系统整理,并在地形图上对这些遗存的地理分布一一做了标注。本书引用之考古发掘(或调查)报告的发表时间截止到 2019 年。

目 录

总 序 …………………………………………………… 1
自 序 …………………………………………………… 1
有关问题说明 ………………………………………… 1

第一章 秦人早期之活动地域 …………………………… 1
  第一节 西周以前的秦先祖及其活动地域蠡测 ……… 1
    一、传说时代的秦先祖及其活动地域 …………… 1
    二、夏代的秦先祖:费昌曾事夏 ………………… 3
    三、商代的秦先祖及其活动地域 ………………… 3
  第二节 西周时期的秦及其先祖的活动地域 ………… 5
    一、武王伐纣杀恶来 ……………………………… 6
    二、周公东征与东方嬴姓国的迁徙 ……………… 6
    三、孟增"宅皋狼" ………………………………… 10
    四、周穆王封建赵氏:以赵城封蜚廉后造父 …… 10
    五、大骆之族居犬丘 ……………………………… 11
    六、周孝王封建秦氏:邑恶来后非子于秦 ……… 11
    七、西戎灭犬丘大骆之族 ………………………… 12
    八、秦庄公伐破西戎,并有秦和犬丘 …………… 12
    九、襄公二年徙居汧问题 ………………………… 13
  第三节 西周及其以前嬴姓族群的分离和迁徙 ……… 14
  第四节 秦文化遗存反映的西周及其以前的秦人
        活动地域 ……………………………………… 18
    一、甘肃天水地区 ………………………………… 19
    二、甘肃陇南地区 ………………………………… 21

三、考古遗存所反映的"在西戎，保西垂" ………… 24

第二章　春秋早期的秦疆域变迁 ………… 26

第一节　襄公时期 ………… 26
一、襄公救周始国与"赐之岐以西之地" ………… 27
二、襄公居西垂、作西畤 ………… 28
三、襄公一度伐戎至岐 ………… 28
四、襄公时期疆域变迁小结 ………… 30

第二节　文公时期 ………… 30
一、据有汧渭之间 ………… 30
二、地至岐：取得岐以西之地 ………… 32
三、取得陈仓之地 ………… 33
四、伐大梓、丰、大特戎，拓地至秦岭 ………… 33
五、文公时期疆域变迁小结 ………… 34

第三节　宪公时期 ………… 35
一、徙都平阳 ………… 35
二、伐取荡社：拓地至关中中部 ………… 35
三、宪公时期疆域变迁小结 ………… 36

第四节　出子、武公时期 ………… 36
一、拓地至关中东部 ………… 36
二、加强对陇西之邽、冀的控制 ………… 37
三、灭小虢 ………… 38
四、出子、武公时期疆域变迁小结 ………… 38

第五节　秦文化遗存反映的春秋早期之秦疆域 ………… 39
一、甘肃天水地区 ………… 39
二、甘肃陇南地区 ………… 39
三、甘肃平凉地区 ………… 41
四、甘肃庆阳地区 ………… 41
五、陕西宝鸡地区 ………… 43
六、陕西西安地区 ………… 47

七、小结 ·· 49

第三章　春秋中期的秦疆域变迁 ································ 50
第一节　德公、宣公、成公时期 ································ 50
一、徙都雍与卜辞所反映之秦东部疆域 ················ 50
二、秦势力及于河：梁、芮为秦附庸 ··················· 52
三、德公、宣公、成公时期疆域变迁小结 ············· 54

第二节　穆公时期 ··· 54
一、秦晋接境 ·· 54
二、对东方的开拓：秦地东至河 ··························· 56
三、对西方的开拓：穆公霸西戎 ··························· 57
四、对东南方的开拓：取得鄀 ······························· 60
五、穆公时期的失地 ·· 62
六、穆公时期疆域变迁小结 ··································· 64

第三节　康公、共公、桓公时期 ······························· 64
一、令狐之役与秦伐晋取武城 ······························· 65
二、晋伐秦取少梁与秦伐晋取北徵 ······················· 65
三、关于秦攻取晋河东之羁马问题 ······················· 66
四、东道之不通与秦对东南地区的进一步开拓 ····· 68
五、康公、共公、桓公时期疆域变迁小结 ············· 70

第四节　秦文化遗存反映的春秋中期之秦疆域 ········ 70
一、甘肃天水地区 ·· 70
二、甘肃陇南地区 ·· 71
三、甘肃平凉地区 ·· 71
四、甘肃庆阳地区 ·· 71
五、陕西宝鸡地区 ·· 71
六、陕西咸阳地区 ·· 73
七、陕西铜川地区 ·· 74
八、陕西渭南地区 ·· 74
九、小结 ·· 75

第四章 春秋晚期的秦疆域变迁 …………………… 76

第一节 景公至悼公时期秦疆域无变动之原因 ……… 76
一、西面和北面疆域无变动之原因 …………………… 76
二、南面疆域无变动之原因 …………………………… 76
三、东面疆域无变动之原因 …………………………… 77
四、景公至悼公时期疆域变迁小结 …………………… 80

第二节 秦文化遗存反映的春秋晚期之秦疆域 ……… 80
一、甘肃天水地区 ……………………………………… 80
二、甘肃陇南地区 ……………………………………… 80
三、甘肃平凉地区 ……………………………………… 81
四、甘肃庆阳地区 ……………………………………… 81
五、陕西宝鸡地区 ……………………………………… 81
六、陕西咸阳地区 ……………………………………… 83
七、陕西西安地区 ……………………………………… 84
八、陕西铜川地区 ……………………………………… 85
九、陕西渭南地区 ……………………………………… 85
十、小结 ………………………………………………… 85

第五章 战国早期的秦疆域变迁 …………………… 86

第一节 厉共公至怀公时期 …………………………… 86
一、拔魏城 ……………………………………………… 86
二、伐大荔,取其王城 ………………………………… 87
三、初县频阳 …………………………………………… 87
四、失武城 ……………………………………………… 89
五、向南拓地 …………………………………………… 89
六、厉共公至怀公时期疆域变迁小结 ………………… 90

第二节 灵公、简公时期:三晋夺秦河西地 ………… 90
一、三晋夺秦河西地 …………………………………… 91
二、秦失河西地的原因 ………………………………… 96

三、灵公、简公时期疆域变迁小结 …………… 98

　第三节　惠公时期 …………………………………… 98
　　一、对西面的开拓：伐灭绵诸 ………………… 98
　　二、对东面的开拓 ……………………………… 99
　　三、对南面的开拓：伐蜀，取南郑 …………… 100
　　四、惠公时期疆域变迁小结 …………………… 101

　第四节　秦文化遗存反映的战国早期
　　　　　之秦疆域 …………………………………… 101
　　一、甘肃天水地区 ……………………………… 101
　　二、甘肃陇南地区 ……………………………… 102
　　三、甘肃平凉地区 ……………………………… 102
　　四、陕西宝鸡地区 ……………………………… 102
　　五、陕西咸阳地区 ……………………………… 104
　　六、陕西西安地区 ……………………………… 105
　　七、陕西铜川地区 ……………………………… 105
　　八、陕西渭南地区 ……………………………… 105
　　九、秦"堑洛"长城遗迹 ………………………… 106
　　十、小结 ………………………………………… 106

第六章　战国中期的秦疆域变迁 ……………………… 107
　第一节　献公时期 …………………………………… 107
　　一、徙都栎阳 …………………………………… 107
　　二、置县 ………………………………………… 108
　　三、取得魏河西之庞 …………………………… 110
　　四、献公时期疆域变迁小结 …………………… 111

　第二节　孝公时期 …………………………………… 111
　　一、向西攻取陇西獂戎之地 …………………… 112
　　二、向东攻取魏地：秦地再次东至河 ………… 112
　　三、秦通峭塞：打通东道的进一步努力 ……… 117
　　四、秦的疆域出现飞地：在中原建立据点 …… 118

五、加强对商、於地区的控制 …………………… 121
　　六、孝公时期疆域变迁小结 …………………… 121
第三节　惠文王时期攻取的三晋之地 ………………… 122
　　一、攻取的魏地 …………………………………… 122
　　二、攻取的韩地 …………………………………… 129
　　三、攻取的赵地 …………………………………… 136
第四节　惠文王时期攻灭苴、巴、蜀和臣丹、犁 ……… 138
　　一、灭蜀之准备：开辟石牛道 …………………… 138
　　二、司马错论伐蜀 ………………………………… 139
　　三、伐取苴、巴、蜀 ………………………………… 141
　　四、臣丹、犁 ……………………………………… 143
第五节　惠文王时期攻取的楚地 ……………………… 144
　　一、秦韩魏联盟与楚齐联盟的形成及秦失曲沃 …… 144
　　二、张仪欺楚与秦攻取楚汉中、上蔡、召陵 ……… 146
第六节　蚕食义渠之地 ………………………………… 149
　　一、义渠臣于秦 …………………………………… 149
　　二、县义渠 ………………………………………… 149
　　三、攻取郁郅 ……………………………………… 150
　　四、攻取徒泾等二十五城 ………………………… 150
　　五、惠文王时期疆域变迁小结 …………………… 150
第七节　武王时期 ……………………………………… 151
　　一、攻取韩宜阳 …………………………………… 151
　　二、一度攻取韩之武遂 …………………………… 153
　　三、一度攻取楚黔中地 …………………………… 154
　　四、武王时期疆域变迁小结 ……………………… 154
第八节　秦文化遗存反映的战国中期
　　　　之秦疆域 …………………………………… 155
　　一、甘肃天水地区 ………………………………… 155
　　二、甘肃陇南地区 ………………………………… 155
　　三、甘肃平凉地区 ………………………………… 155

四、陕西宝鸡地区 ………………………… 156
　　五、陕西咸阳地区 ………………………… 157
　　六、陕西西安地区 ………………………… 158
　　七、陕西铜川地区 ………………………… 159
　　八、陕西渭南地区 ………………………… 160
　　九、四川广元地区 ………………………… 161
　　十、内蒙古鄂尔多斯地区 ………………… 161
　　十一、小结 ………………………………… 162

第七章　战国晚期的秦疆域变迁 ………… 163
第一节　昭襄王时期所得诸国之地 ……… 163
　　一、攻取的韩地 …………………………… 163
　　二、攻取的魏地 …………………………… 181
　　三、攻取的赵地 …………………………… 197
　　四、攻取的楚地 …………………………… 203
　　五、攻取的齐地 …………………………… 218
　　六、起兵灭义渠 …………………………… 222
　　七、灭西周 ………………………………… 222
　　八、攻取"笮及其江南地" ……………… 224

第二节　昭襄王时期的失地 ……………… 224
　　一、昭襄王初年的失地 …………………… 224
　　二、孟尝君合纵攻秦与秦之失地 ………… 226
　　三、苏秦合纵攻秦与秦之失地 …………… 227
　　四、楚收复秦所拔江旁十五邑 …………… 228
　　五、围邯郸大败与秦之失地 ……………… 229
　　六、昭襄王时期疆域变迁小结 …………… 232

第三节　庄襄王时期的疆域变化 ………… 232
　　一、灭东周,尽入其国 …………………… 232
　　二、攻取的赵地:榆次、新城、狼孟等三十七城,
　　　　置太原郡 ……………………………… 233

三、攻取的魏地：高都、汲 ·············· 235
四、攻取的韩地：成皋、荥阳，再次悉拔韩上党 ······ 235
五、庄襄王时期疆域变迁小结 ·············· 239

第四节 秦王政时期的疆域变迁 ············ 239
一、断"山东纵亲之腰"：攻取韩魏之地
　　置东郡 ························· 239
二、继续削弱赵国：蚕食赵地 ············· 248
三、秦灭韩 ························· 255
四、秦灭赵 ························· 257
五、秦灭燕 ························· 261
六、秦灭魏 ························· 263
七、秦灭楚 ························· 264
八、秦灭齐 ························· 271
九、灭东瓯、闽越，置闽中郡 ············· 271
十、秦王政时期疆域变迁小结 ············· 272

第八章 秦代的疆域变迁 ··················· 273
第一节 秦始皇帝时期 ···················· 273
一、攻取岭南，置桂林郡、象郡、南海郡 ········ 273
二、攻取河南地及高阙、阳山、北假 ·········· 275
三、经略西南夷地区 ··················· 278
四、秦始皇帝时期疆域变迁小结 ············ 279

第二节 秦文化遗存反映的战国晚期及秦代
　　　　之秦疆域 ························ 280
一、甘肃天水地区 ···················· 280
二、甘肃陇南地区 ···················· 281
三、甘肃平凉地区 ···················· 282
四、陕西宝鸡地区 ···················· 282
五、陕西咸阳地区 ···················· 283
六、陕西西安地区 ···················· 284

七、陕西铜川地区 ………………………………… 287

八、陕西渭南地区 ………………………………… 287

九、陕西汉中地区 ………………………………… 287

十、四川广元地区 ………………………………… 287

十一、四川成都地区 ……………………………… 289

十二、四川雅安地区 ……………………………… 289

十三、山西临汾地区 ……………………………… 290

十四、山西朔州地区 ……………………………… 291

十五、内蒙古鄂尔多斯地区 ……………………… 291

十六、内蒙古通辽地区 …………………………… 293

十七、辽宁葫芦岛地区 …………………………… 293

十八、河北秦皇岛地区 …………………………… 295

十九、河南三门峡地区 …………………………… 295

二十、河南洛阳地区 ……………………………… 298

二十一、河南郑州地区 …………………………… 299

二十二、河南南阳地区 …………………………… 300

二十三、河南驻马店地区 ………………………… 301

二十四、湖北十堰地区 …………………………… 301

二十五、湖北襄樊地区 …………………………… 302

二十六、湖北宜昌地区 …………………………… 303

二十七、湖北荆州地区 …………………………… 303

二十八、湖北孝感地区 …………………………… 305

二十九、湖南长沙地区 …………………………… 306

三十、湖南岳阳地区 ……………………………… 308

三十一、湖南怀化地区 …………………………… 308

三十二、湖南湘西土家族苗族自治州 …………… 308

三十三、广西桂林地区 …………………………… 309

三十四、广东韶关地区 …………………………… 309

三十五、广东广州地区 …………………………… 310

三十六、秦直道遗存 ……………………………… 310

三十七、秦长城遗存 …………………………… 312
　　三十八、小结 ………………………………………… 314
　第三节　秦二世时期：帝国的崩溃 ………………… 316
　　一、陈胜首事与张楚政权之建立 ………………… 316
　　二、陈胜遣诸将四方徇地 ………………………… 318
　　三、六国之复立 …………………………………… 323
　　四、乘势而起的其他割据势力 …………………… 326
　　五、北部边疆的崩溃："匈奴复稍度河南，与中国
　　　　界于故塞" ……………………………………… 330
　　六、秦阻止帝国崩溃的平叛战争 ………………… 330
　　七、巨鹿大战与平叛主将降项羽 ………………… 334
　　八、项羽坑杀秦降卒于新安 ……………………… 335
　　九、刘邦乘虚西进 ………………………………… 335
　　十、秦二世时期疆域变迁小结 …………………… 336
　第四节　子婴时期：帝国的灭亡 …………………… 337
　　一、秦王子婴初立时尚未崩溃的地区 …………… 337
　　二、刘邦入关与秦王子婴降 ……………………… 338
　　三、项羽入关 ……………………………………… 339
　　四、帝国的彻底崩溃：项羽分封诸侯 …………… 339
　　五、秦王子婴时期疆域变迁小结 ………………… 343

附录一　秦疆域变迁年表 …………………………… 345
附录二　插图目录 …………………………………… 383
参考文献 ……………………………………………… 385
后　记 ………………………………………………… 400

第一章　秦人早期之活动地域

秦原本是一个嬴姓小族群。① 秦襄公时,犬戎攻破周都镐京,周室东迁洛邑。襄公因将兵救周有功,赐受岐以西之地,始列为诸侯。据此,本书把秦建国以前的时期称为秦人早期。本章考察秦人早期之活动地域。

第一节　西周以前的秦先祖及其活动地域蠡测

迄今为止,研究西周以前的秦人先祖,资料仍旧非常有限。不仅如此,有些资料还带有神话色彩。这不免使人对能否了解西周以前秦人先祖的历史有极其悲观的想法。尽管如此,在没有新的史料出现以前,我们不妨依旧利用这些有限的资料,对西周以前的秦先祖及其活动地域做一探索。

一、传说时代的秦先祖及其活动地域

据传说,秦之先大费出自大业,大业出自女脩,女脩出自帝颛顼,秦人以母族而祖帝颛顼。大费不仅与禹一起治理水患,而且曾佐舜驯化鸟兽,由帝舜赐姓嬴氏。《史记》卷五《秦本纪》:

> 秦之先,帝颛顼之苗裔,孙曰女脩。女脩织,玄鸟陨卵,女脩吞之,生子大业。大业取少典之子,曰女华。女华生大费,与禹平水土。已成,帝锡玄圭。禹受曰:"非予能成,亦大费为辅。"帝舜曰:"咨尔费,赞

---

① 《史记》卷五《秦本纪》太史公曰:"秦之先为嬴姓。其后分封,以国为姓,有徐氏、郯氏、莒氏、终黎氏、运奄氏、菟裘氏、将梁氏、黄氏、江氏、修鱼氏、白冥氏、蜚廉氏、秦氏。然秦以其先造父封赵城,为赵氏。"中华书局,1959 年(下同)。

禹功,其赐尔皂游。尔后嗣将大出。"乃妻之姚姓之玉女。大费拜受,佐舜调驯鸟兽,鸟兽多驯服,是为柏翳。舜赐姓嬴氏。

又,《国语·郑语》:

嬴,伯翳之后也。①

又,《汉书》卷二八下《地理志下》:

秦之先曰柏益,出自帝颛顼,尧时助禹治水,为舜朕虞,养育草木鸟兽,赐姓嬴氏。

又,郑玄《诗谱·秦谱》:

尧时有伯翳者,实皋陶之子,佐禹治水,水土既平,舜命作虞官,掌上下草木鸟兽,赐姓曰嬴。

综上可知,大费即柏翳,秦先祖得姓"嬴"始自柏翳。柏翳当即伯益,伯益可能出自皋陶。② 皋陶出自少皞③,少皞之墟在今山东曲阜④(参见图1)。颛顼之

---

① 韦昭注:伯翳,舜虞官,少皞之后伯益也。
② 《通志·氏族略二》曰:"徐氏嬴姓,皋陶之后也。皋陶生伯益,伯益佐禹有功,封其子若木于徐,在今徐城县北三十里。徐氏并入临淮。今泗州临淮有徐城。自若木至偃王三十二世,为周所灭。"
③ 对此,徐旭生先生有论证:"后来皋陶的'皋'仍是太皞、少皞的'皞'。少皞嬴姓,皋陶偃姓。段玉裁说:按秦徐、江、黄、郯、莒皆嬴姓也。嬴,《地理志》作盈。又按:伯翳嬴姓,其子皋陶偃姓(旭生按:这是段玉裁偶然错误倒记,只有伯翳为皋陶子的说法,并无相反的说法),偃、嬴,语之转耳。如娥皇、女英,《世本》作女莹,亦一语之转。按:段说甚是,偃、嬴原来当是一字。皋陶与少皞同姓,足证他们属于同一氏族,而前人出生较后人为后。《帝王世纪》说'皋陶生于曲阜',如果它的说法有根据,那曲阜本'少皞之墟',皋陶氏族出于少皞氏族更可以得到证明了。并且奄为嬴姓,鲁国即为奄旧地,偃、嬴同字,则奄君即为皋陶后人也很难说。皋陶与舜、禹的关系,据古人所传,似乎相当地密切。"参见氏著《中国古史的传说时代》(增订本),科学出版社,1960年。
④ 《大清一统志》卷一百三十:鲁国故城今曲阜县治,周时鲁国旧都。《左传》定公四年祝鮀曰:因商奄之民,命以伯禽,而封于少皞之墟。《史记》武王封周公于曲阜,《正义》曰:兖州曲阜县外城即鲁公伯禽所筑也。《中国历史地图集》"西周时期中心区域图":鲁国都曲阜(奄)在今山东曲阜。

都为帝丘,在今河南濮阳市西南①(参见图1)。据此,在传说中的五帝时代,秦先祖可能活动在今河南濮阳、山东曲阜为中心的这一带地区。

二、夏代的秦先祖:费昌曾事夏

据说,后来从大费,即伯益氏族中分出了鸟俗氏和费氏。② 在夏代,出自费氏的费昌曾事夏。《史记》卷五《秦本纪》:

> 费昌当夏桀之时,去夏归商。

费昌去夏归商,说明费昌曾事夏。这也说明,秦先祖费昌曾活动于夏之地域,或即夏桀之都。除此之外,有夏一代,秦先祖的其余事迹不明。

三、商代的秦先祖及其活动地域

到商代,鸟俗氏和费氏的子孙,都有事商者。

(一)费昌助汤灭夏

商汤灭夏时,秦先祖费昌去夏归商,为汤御,助汤灭夏。《史记》卷五《秦本纪》:

> (费昌)去夏归商,为汤御,以败桀于鸣条。

(二)孟戏、中衍为太戊御,并与商通婚

出自鸟俗氏的秦先祖大廉玄孙孟戏、中衍为商帝太戊御,并与商通婚。《史记》卷五《秦本纪》:

> 大廉玄孙曰孟戏、中衍,鸟身人言。帝太戊闻而卜之使御,吉,遂致使御而妻之。

(三)以佐殷国,遂为诸侯

中衍之后,以佐殷国有功,遂为诸侯。《史记》卷五《秦本纪》:

---

① 《汉书·地理志》(以下简称《汉志》):濮阳属东郡。故帝丘,颛顼墟。《汉书补注》先谦曰:《左》僖三十一年,狄围卫,卫迁于帝丘。昭十七年《传》:梓慎曰:卫,颛顼之墟也,故为帝丘。《瓠子水注》:昔颛顼自穷桑徙此,号曰商丘,或谓之帝丘。本陶唐氏火正阏伯之所居,亦夏伯昆吾之都,殷相土又都之,故《春秋》传曰:阏伯居商丘,相土因之,是也。《汉书地理志汇释》(以下简称《汉志汇释》)周振鹤师:濮阳治今县西南。《中国历史地图集》西汉"东郡北海间诸郡图":濮阳在今河南濮阳市西南。

② 详参本章第三节《西周及其以前嬴姓族群的分离和迁徙》。

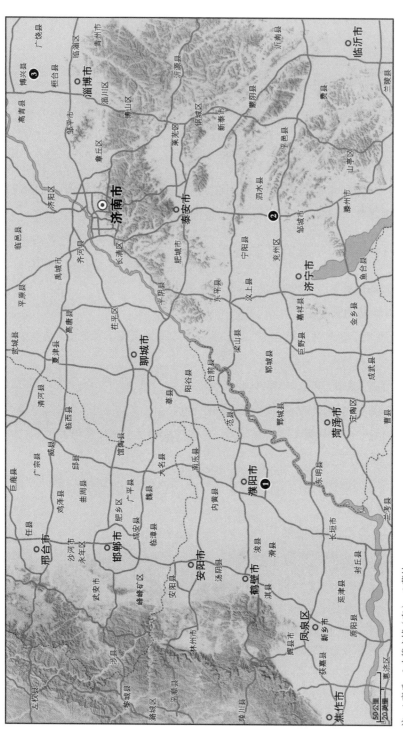

图1 帝丘、少㬍之墟（奄）、薄姑地望图

注：1.帝丘；2.少㬍之墟（奄）；3.薄姑

> 自太戊以下,中衍之后,遂世有功,以佐殷国,故嬴姓多显,遂为诸侯。

又,《汉书》卷二八下《地理志下》:

> 秦之先曰柏益……历夏、殷为诸侯。

(四)胥轩、中潏"在西戎,保西垂"

大约在商代晚期,秦先祖中衍之后,胥轩、中潏父子活动在西戎之地。《史记》卷五《秦本纪》:

> 其(中衍)玄孙曰中潏,在西戎,保西垂。

另外,据《秦本纪》记载,周孝王时,申侯曾对孝王说过这样一段话:

> 昔我先郦山之女,为戎胥轩妻,生中潏,以亲故归周,保西垂,西垂以其故和睦。今我复与大骆妻,生適子成。申骆重婚,西戎皆服,所以为王。王其图之。

申侯称中潏之父胥轩为戎胥轩,这说明,胥轩要么原本就是戎,要么原本非戎,但由于在西戎已久,已经戎化。不论是哪一种情况,中潏之父胥轩久已活动在与周人相邻的西戎之地则是肯定的。

(五)蜚廉、恶来事殷纣

秦先祖中潏之后蜚廉、恶来,"以材力事殷纣"。《史记》卷五《秦本纪》:

> 蜚廉生恶来。恶来有力,蜚廉善走,父子俱以材力事殷纣。

如前所述,中潏"在西戎,保西垂"。中潏生蜚廉,则蜚廉原来当亦在西戎之地。蜚廉与其子恶来以"材力"事东方之殷纣,则说明后来蜚廉可能自西徙东,这实际上也反映了商代嬴姓族群的迁徙情况。

第二节 西周时期的秦及其先祖的活动地域

研究西周时期的秦的材料,除了传世文献,还有出土文献。除此之外,近些年还发现了好几处早期秦文化遗存。这就使我们能够把西周时期的秦人历史研究建立在较为可靠的史料基础之上。

一、武王伐纣杀恶来

如前所述，秦先祖蜚廉、恶来父子以"材力"事殷纣。据《秦本纪》，周武王伐纣，杀恶来；蜚廉幸免于难，死后葬于霍太山。《史记》卷五《秦本纪》：

> 周武王伐纣，并杀恶来。是时蜚廉为纣石北方，还，无所报，为坛霍太山而报，得石棺，铭曰"帝令处父不与殷乱，赐尔石棺以华氏"。死，遂葬于霍太山。

霍太山，即今山西太岳山（参见图 2）。① 霍太山为古代之名山。《读史方舆纪要·山西》："霍山在平阳府霍州东南三十里，亦曰太岳，亦曰霍太山。《禹贡》：既修太原，至于岳阳（谓太岳之阳）。又曰：壶口、雷首，至于太岳。《周礼职方》：冀州，镇曰霍山。《尔雅》：西方之美者有霍山，多珠玉。《史记》：周武王伐纣，飞廉先为纣使北方，还无所报，乃为坛于霍太山而致命焉。山下有观堆，高二里，周十里，赵襄子灭智氏，祠霍太山于此，曰观堆祠。"

二、周公东征与东方嬴姓国的迁徙

商代的嬴姓国，与商的关系很密切，所谓"以佐殷国，故嬴姓多显，遂为诸侯"②。它们在周灭商以后，曾参与大规模叛乱，经周公东征才平定。《逸周书》卷五《作雒解》：

> 周公立，相天子。三叔及殷、东、徐、奄及熊、盈以略。周公、召公内弭父兄，外抚诸侯。九年夏六月，葬武王于毕。二年，又作师旅，临卫政殷。殷大震溃，降辟三叔。王子禄父北奔。管叔经而卒。乃囚蔡叔于郭凌。凡所征熊、盈族十有七国，俘维九邑，俘殷献民迁于九里。

又，《孟子·滕文公下》：

> 周公相武王，诛纣，伐奄三年，讨其君，驱飞廉于海隅而戮之，灭国者五十，驱虎豹犀象而远之，天下大悦。

---

① 《汉志》：霍太山在河东彘县。《中国历史地图集》"西周时期中心区域图"：霍太山，即今山西太岳山。

② 《史记》卷五《秦本纪》。

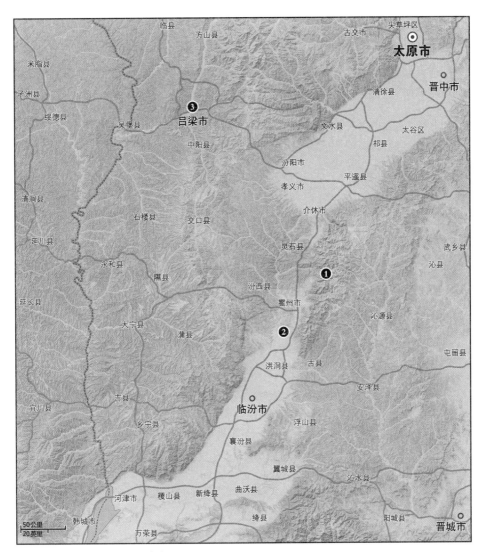

注：1.霍太山（霍）；2.赵城；3.皋狼

图 2　霍太山、赵城、皋狼地望图

又，《史记》卷四《周本纪》：

> 召公为保，周公为师，东伐淮夷，残奄，迁其君薄姑。成王自奄归，在宗周，作《多方》。

又，《尚书·书序》：

> 成王东伐淮夷，遂践奄，作《成王政》。成王既践奄，将迁其君于薄姑。周公告召公，作《将薄姑》。

盈通嬴,盈族当即嬴族。综上可知,分布在东方的很多嬴姓国参加了这次叛乱,徐、奄当是其中比较大的国家。徐,嬴姓。徐国的中心,一说在今江苏省泗洪一带(参见图4)①;一说原在今山东曲阜附近,周公东征后,可能迁徙到今江苏省泗洪一带。② 奄,嬴姓,在今山东曲阜(参见图1)③,周公东征后,其君后被迁至蒲姑。蒲姑,在今山东博兴县(参见图1)。④ 但是,其民则可能被迁至邾虘。清华简《系年》第三章:

> 周武王既克殷,乃设三监于殷。武王陟,商邑兴反,杀三监而立录子耿。成王屎(继)伐商邑,杀录子耿,飞(廉)东逃于商盍(盖)氏。成王伐商盍(盖),杀飞(廉),西迁商盍(盖)之民于邾虘,以御奴之戎,是秦先人,世作周(翰)。⑤

可见,据《系年》第三章所记,秦人的祖先,就是在商周鼎革之际被周人迁徙到邾虘的"商盍(盖)之民",所谓"是秦先人"。商盍(盖),即奄⑥;邾虘,即朱圉,

---

① 《汉志》:徐属临淮郡。徐,故国,盈姓,至春秋时徐子章禹为楚所灭。《汉志汇释》周振鹤师:治今江苏泗洪县南。《中国历史地图集》"西周时期中心区域图":徐在今江苏泗洪县南。

② 徐旭生先生认为,今江苏泗洪一带是春秋时徐国的中心,在周公东征以前,徐国的中心当在今山东曲阜附近。详参氏著《中国古史的传说时代》之《徐与楚》部分,文物出版社,1985年。

③ 《史记集解·周本纪》郑玄曰:"奄国在淮夷之北。"《史记正义·周本纪》引《括地志》云:兖州曲阜县奄里,即奄国之地也。《中国历史地图集》"西周时期中心区域图":奄,在今山东曲阜。

④ 《史记集解·周本纪》马融曰:薄姑,齐地。《史记正义·周本纪》引《括地志》云:"薄姑故城在青州博昌县东北六十里。薄姑氏,殷诸侯,封于此,周灭之也。"《中国历史地图集》"西周时期中心区域图":蒲姑,在今山东博兴县。

⑤ 李学勤先生认为:"奄和飞廉都是嬴姓。三监之乱时,东方有许多嬴姓国参与,见于《逸周书·作雒解》:'周公立,相天子,三叔及殷、东、徐、奄及熊盈(嬴)以畔……二年,又作师旅,临卫政殷,殷大震溃……凡所征熊盈(嬴)族十有七国,俘维九邑。'飞廉之所以投奔商奄,显然是由于同姓又都参与乱事的原因。"详参李学勤《清华简〈系年〉及有关古史问题》,《文物》2011年第3期。

⑥ 《墨子·耕柱》云:"古者周公旦非关叔,辞三公而东处于商盖。"孙诒让《墨子间诂》云:"商盖即商奄,单言之曰奄,累言之则曰商奄,此谓周公居东,盖东征灭奄,即居其地,亦即鲁也。"另参见李学勤《清华简〈系年〉及有关古史问题》,《文物》2011年第3期。

在今甘肃甘谷县西南(参见图3)。①

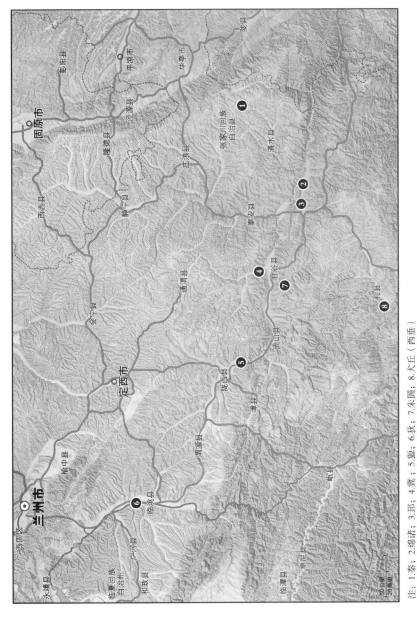

图3　陇西诸地地望图

注：1.秦；2.绵诸；3.邽；4.冀；5.豲；6.狄；7.朱圉；8.犬丘（西垂）

---

① 简文整理者认为："在战国楚文字中'虗'常通读为'吾'，因此'邽虗'即是《尚书·禹贡》雍州的'朱圉'，《汉书·地理志》天水郡冀县的'朱圉'，在冀县南梧中聚，可确定在今甘肃甘谷县西南。"参见《清华大学藏战国竹简》(贰)，中西书局，2011年。

三、孟增"宅皋狼"

蜚廉复有子曰季胜。进入西周以后,季胜子孟增幸于周成王,居于皋狼。《史记》卷五《秦本纪》:

> 蜚廉复有子曰季胜。季胜生孟增。孟增幸于周成王,是为宅皋狼。皋狼生衡父,衡父生造父。

所谓"宅皋狼"当指居于皋狼,缘是之故,孟增亦称皋狼。① 皋狼,在今山西吕梁市离石区(参见图2)。②

四、周穆王封建赵氏:以赵城封蜚廉后造父

皋狼孙造父以善御幸于周穆王,穆王以赵城封造父,造父族由此为赵氏。《史记》卷五《秦本纪》:

> 皋狼生衡父,衡父生造父。造父以善御幸于周缪王,得骥、温骊、骅骝、䚅耳之驷,西巡狩,乐而忘归。徐偃王作乱,造父为缪王御,长驱归周,一日千里以救乱。缪王以赵城封造父,造父族由此为赵氏。自蜚廉生季胜已下五世至造父,别居赵。赵衰其后也。

又,《汉书》卷二八下《地理志下》:

> 秦之先曰柏益……至周有造父,善驭习马,得华骝、绿耳之乘,幸于穆王,封于赵城,故更为赵氏。

赵城,在今山西霍县南,其东即霍太山(参见图2)。③

---

① 《史记索隐·赵世家》:"按《地理志》:皋狼是西河郡之县名,盖孟增幸于周成王,成王居之于皋狼,故云皋狼。"

② 《汉志》:皋狼县属西河郡。《汉书补注》先谦曰:秦祖孟增居此,见《秦纪》。《汉志汇释》周振鹤师:治山西吕梁离石区西北。《中国历史地图集》战国"赵、中山图":皋狼在今山西离石县西北。按:2004年6月,吕梁地区撤地改市,离石市更名为离石区。

③ 《史记集解·秦本纪》引徐广曰:"赵城在河东永安县。"《史记正义·秦本纪》引《括地志》云:"赵城,今晋州赵城县。本彘县地,后改曰永安,即造父之邑也。"《大清一统志》卷一百十六:赵城故城在今赵成县西南。《史记·赵世家》:周穆王赐造父以赵城,由此为赵氏。《中国历史地图集》"西周时期中心区域图":赵城在今山西霍县南,其东即霍太山。

五、大骆之族居犬丘

出自恶来的大骆之族居犬丘。《史记》卷五《秦本纪》：

> 恶来革者，蜚廉子也，蚤死。有子曰女防。女防生旁皋，旁皋生太几，太几生大骆，大骆生非子。以造父之宠，皆蒙赵城，姓赵氏。非子居犬丘，好马及畜，善养息之……周厉王无道，诸侯或叛之。西戎反王室，灭犬丘大骆之族。

犬丘，即秦西垂，可能在汉陇西之西县，在今西汉水上游的甘肃礼县一带（参见图3）。①

六、周孝王封建秦氏：邑恶来后非子于秦

到周孝王时，大骆子非子被孝王封到了秦，成为周的附庸。《史记》卷五《秦本纪》：

> 非子居犬丘，好马及畜，善养息之。犬丘人言之周孝王，孝王召使主马于汧渭之间，马大蕃息……于是孝王曰："昔伯翳为舜主畜，畜多息，故有土，赐姓嬴。今其后世亦为朕息马，朕其分土为附庸。"邑之秦，使复续嬴氏祀，号曰秦嬴。

又，《汉书》卷二八下《地理志下》：

> 秦之先曰柏益……后有非子，为周孝王养马汧、渭之间。孝王曰："昔伯益知禽兽，子孙不绝。"乃封为附庸，邑之于秦，今陇西秦亭秦谷是也。

又，郑玄《诗谱·秦谱》：

> 周孝王使其末孙非子养马于汧渭之间。孝王为伯翳能知禽兽之言，子孙不绝，故封非子为附庸，邑之于秦谷。

---

① 《水经注·漾水》："西汉水又西南，合杨廉川水，水出西谷，众川泻流，合成一川。东南流，径西县故城北。秦庄公伐西戎，破之。周宣王与其先大骆犬丘之地，为西垂大夫，亦西垂宫也。"据《汉志》：西县属陇西郡。《汉志汇释》周振鹤师：西县治今甘肃礼县北。《中国历史地图集》"西周时期全图"：西犬丘（西垂）在今甘肃礼县东北。

秦,一说在今甘肃张家川县东,临近清水县(参见图3)①,一说在汧渭之会②。

七、西戎灭犬丘大骆之族

非子即秦嬴,秦嬴生秦侯,秦侯立十年,卒,生公伯。公伯立三年,卒,生秦仲。③秦仲立三年,西戎反王室,灭犬丘大骆之族。《史记》卷五《秦本纪》:

> 秦仲立三年,周厉王无道,诸侯或叛之。西戎反王室,灭犬丘大骆之族。

八、秦庄公伐破西戎,并有秦和犬丘

周宣王时,秦仲子庄公伐破西戎,并有秦和犬丘之地,并自秦徙居犬丘。《史记》卷五《秦本纪》:

> 周宣王即位,乃以秦仲为大夫,诛西戎。西戎杀秦仲。秦仲立二十三年,死于戎。有子五人,其长者曰庄公。周宣王乃召庄公昆弟五人,与兵七千人,使伐西戎,破之。于是复予秦仲后,及其先大骆地犬丘并有之,为西垂大夫。庄公居其故西犬丘,生子三人,其长男世父。

又,《汉书》卷二八下《地理志下》:

> 秦之先曰柏益……后有非子……至玄孙,氏为庄公④,破西戎,有其地。

---

① 《史记集解·秦本纪》徐广曰:"今天水陇西县秦亭也。"《史记·秦本纪·正义》引《括地志》云:"秦州清水县本名秦,嬴姓邑。《十三州志》云秦亭,秦谷是也。周太史儋云'始周与秦国合而别',故天子邑之秦。"《中国历史地图集》"西周时期中心区域图":秦在今甘肃张家川自治县东。

② 《史记》卷五《秦本纪》:"文公以兵七百人东猎。四年,至汧渭之会。曰:'昔周邑我秦嬴于此,后卒获为诸侯。'"又,李零《全注全译史记·秦本纪注》:"'秦',是周人'分土为附庸',应在周王畿内。下文说:(秦文公)四年,至汧渭之会。曰:'昔周邑我先秦嬴于此,后卒获为诸侯。'可以证明秦应在'汧渭之会',即非子为周孝王养马处。《集解》徐广说、《正义》引《括地志》以此'秦'为当时一个叫'秦亭'的小地名(在今甘肃清水县东北),这一解释与《史记》原文显然不合。"详见吴树平等:《全注全译史记·秦本纪注》,天津人民出版社,1995年。

③ 《史记》卷五《秦本纪》。

④ 颜师古注:"氏与是同,古通用字。"

秦庄公伐破西戎之后，并有秦和犬丘之地，又自秦徙居犬丘。犬丘在今西汉水上游礼县一带①（参见图3）。西汉水上游流域的考古调查与发掘，证明西汉水上游一带确实是早期秦人的重要活动地域，这为寻找秦人的早期都邑犬丘提供了重要线索。②

九、襄公二年徙居汧问题

秦庄公卒，太子襄公代立。秦襄公二年（前776），即周幽王六年，可能一度徙居汧。《史记正义·秦本纪》引《括地志》云：

> 故汧城在陇州汧源县东南三里。《帝王世纪》云：秦襄公二年徙都汧，即此城。③

又，《陕西陇县边家庄五号春秋墓发掘简报》：

> 在其（即陇县边家庄五号春秋墓）附近，有一座春秋故城遗址，尚存夯土及城墙遗迹，并发现春秋早期的陶片……我们认为此处应为秦襄公徙汧所都之地。④

汧，在今陕西陇县（参见图8）。⑤周幽王二年（前780），关中发生大地震。《史记·周本纪》："三川竭，岐山崩。"又《诗·小雅·十月之交》："百川沸腾，山冢崒崩，高岸为谷，深谷为陵。"在遭受天灾的同时，幽王时期的外患也很严重。《后汉书·西羌传》："时幽王昏虐，四夷交侵。"致使当时的诗人发出"日蹙国百里"的感叹。不仅如此，王室内部也发生了王位继承的斗争，幽王废申后而立褒姒。《史记·周本纪》："当幽王三年，王之后宫见而爱之，生子伯服，竟废申后及

---

① 参见第11页注①。

② 关于西汉水上游的早期秦文化遗址及相关情况，详参本章第四节。

③ 另外，郭沫若《石鼓文研究》疑"襄公二年"下当有夺文，即言襄公徙都事。

④ 陕西省考古研究所宝鸡工作站、宝鸡市考古工作队：《陕西陇县边家庄五号春秋墓发掘简报》，《文物》1988年第11期；张天恩：《边家庄春秋墓地与汧邑地望》，《文博》1990年第5期。不过，汧邑也可能在今陇县县城东南的磨儿原。详参冯瑞：《磨儿原古城址与秦汧邑关系新考》，《秦汉研究》（第四辑），陕西人民出版社，2010年。

⑤ 《汉志》：汧属右扶风，吴山在西，古文以为汧山。雍州山。北有蒲谷乡弦谷，雍州弦蒲薮。汧水出西北，入渭。芮水出西北，东入泾。诗芮（汭），雍州川也。《汉志汇释》周振鹤师：治今陕西陇县南。《中国历史地图集》秦"关中诸郡图"、西汉"司隶部图"：汧在今陕西陇县南。

太子,以褒姒为后,伯服为太子。"《读史方舆纪要》:"陇州扼陇底之险,控秦凤之冲。"汧是连接陇西和关中地区的战略要地,如果襄公二年确曾徙汧,那么联系当时的政治形势,这是一件耐人寻味的事。

第三节　西周及其以前嬴姓族群的分离和迁徙

如前所述,秦先祖大费即伯益,由帝舜赐姓嬴。随着时间的推移,嬴姓族群开始出现了分化和迁徙。嬴姓族群经过多次分化和迁徙以后,先后形成了鸟俗氏、费氏、徐氏、赵氏、秦氏等嬴姓族群。这些嬴姓族群有些生活在诸夏部族,有些则生活在夷狄部族,分布在一个比较广阔的地域。《史记》卷五《秦本纪》:

> 大费生子二人:一曰大廉,实鸟俗氏。二曰若木,实费氏,其玄孙曰费昌。子孙或在中国,或在夷狄。

又,《通志·氏族略二》:

> 徐氏嬴姓,皋陶之后也。皋陶生伯益,伯益佐禹有功,封其子若木于徐,在今徐城县北三十里。徐氏并入临淮。今泗州临淮有徐城。自若木至偃王三十二世,为周所灭。

又,《史记》卷五《秦本纪》篇末太史公曰:

> 秦之先为嬴姓。其后分封,以国为姓,有徐氏、郯氏、莒氏、终黎氏、运奄氏、菟裘氏、将梁氏、黄氏、江氏、修鱼氏、白冥氏、蜚廉氏、秦氏。然秦以其先造父封赵城,为赵氏。

以上所记嬴姓氏族,当以鸟俗氏和费氏的形成为最早。鸟俗氏地望不详。[①]

[①] 李零认为:"'鸟俗氏',大廉的氏名。上文说女脩吞玄鸟卵生大业,下文说孟戏、中衍'鸟身人言',《左传》昭公十七年也有少皞氏'以鸟名官'的传说。'鸟俗氏'之名可能与这类传说有关。"详见吴树平等《全注全译史记·秦本纪注》。

费氏地望不详。① 徐也称"徐夷""徐戎"②,徐国的中心在今江苏省泗洪一带(参见图4)。③ 一说原在今山东曲阜附近,周公东征后,可能迁徙到今江苏省泗洪一带。④ 郯,在今山东郯城县西南百里(参见图4)。⑤ 莒,在今山东莒县(参见图4)。⑥ 终黎,在今安徽凤阳东(参见图4)。⑦ 运奄,可能在今山东曲阜(参见图4)。⑧ 菟裘,今山东泰安(参见图4)。⑨ 将梁,在今江苏邳州一带(参见图4)。⑩

---

① 李零认为:"'大费',是柏翳因居费地而得氏名。《史记》所记古史人物往往用氏名为人名,如下文'咨尔费',省称'费',就是人名。古代今山东境内有两个费:(1)西周初鲁东郊地名(即《书·费誓》之'费',春秋时为鲁季氏封邑,在山东费县西北);(2)春秋时为鲁大夫费庈父的封邑(在山东金乡县东南,见《左传》隐公二年)。'费氏',若木的氏名。应是承大费为氏。"详见吴树平等《全注全译史记·秦本纪注》。

② 《书序》:"鲁侯伯禽宅曲阜。徐夷并兴,东郊不开,作费誓。"又《尚书·费誓》:"公曰:嗟!人无哗,听命!徂兹淮夷、徐戎并兴……甲戌,我惟征徐戎……"

③ 参见第8页注①。

④ 参见第8页注②。

⑤ 《汉志》:郯属东海郡。故国,少昊后,盈姓。《汉书补注》钱坫曰:《秦纪》嬴姓分封,以国为姓,有徐氏、郯氏、莒氏。案:三国盈姓。盈嬴字通,故史公云尔。《汉志汇释》周振鹤师:治今山东郯城县西。《中国历史地图集》"西周时期中心区域图":郯在今山东郯城县。

⑥ 《汉志》:莒属城阳国,故国,盈姓,三十世为楚所灭。少昊后。《汉志汇释》周振鹤师:治山东今县。

⑦ 《汉志》:钟离属九江郡。颜注应劭曰:"钟离子国。"《汉书补注》先谦曰:《淮水注》,淮水自沛义成来,东过钟离县北。《世本》云,钟离,嬴姓也。楚灭之,以为县。《左传》,吴公子光伐楚,拔钟离者也。《汉志汇释》周振鹤师:治今安徽凤阳县东。

⑧ 《通志·氏族略四》:"《史记》秦嬴有运奄氏。"李零:"'运奄',即奄,在山东曲阜县(或说运亦国名,在今山东郓城县东)。"参见吴树平等《全注全译史记·秦本纪注》。

⑨ 《通志·氏族略三》:"菟裘氏,《史记》秦嬴姓,菟裘之后也。其地鲁邑,今在兖州奉符。"《太平寰宇记》:"菟裘故城在泗水县北五十里。"《全注全译史记·秦本纪注》:菟裘,在今山东泰安县南。

⑩ 《通志·氏族略五》:"《史记》秦为嬴姓,有将梁氏。"《路史》卷二十五:"将良,本曰良。今淮阳军有古良城。史作将良。预云:下邳良城县,哀十五年良地属吴。"据此,将梁可能在今江苏邳州一带。

江,在今河南正阳县(参见图4)。① 黄,在今河南潢川县西(参见图4)。② 修鱼,在今河南原阳西南(参见图4);③白冥,地望不详。蜚廉,地望不详。④ 秦,如前所述,可能在今甘肃张家川县(参见图4)。⑤ 赵,如前所述,在今山西霍县南(参见图4)。⑥

除了上述司马迁在《秦本纪》篇末所列的嬴姓国以外,据陈槃《春秋大事表列国爵姓及存灭表撰异》,奄、谷、葛、梁亦为嬴姓国。奄,如前上述在今山东曲阜(参见图4)。⑦ 谷,在今湖北谷城(参见图4)⑧;葛,在今河南商丘宁陵东北(参见图4)。⑨ 梁,在今陕西韩城南(参见图4)。⑩

---

① 《汉志》:安阳,侯国,属汝南郡。颜注应劭曰:故江国,今江亭是。《汉志汇释》周振鹤师:治今河南正阳县南。李学勤:"江,在今河南正阳县。"参见李学勤:《东周与秦代文明》,上海人民出版社,2007年。

② 《汉志》:弋阳,侯国,属汝南郡。颜注应劭曰:弋山在西北,故黄国,今黄城是。《汉书补注》先谦曰:《续志》有黄亭,故黄国。嬴姓。《汉志汇释》周振鹤师:治今河南潢川县西。《史记·楚世家·索隐》:"汝南弋阳县故黄国。"李学勤:在今河南潢川县西十二里有黄城。参见李学勤《东周与秦代文明》。

③ 《通志·氏族略四》:"《史记》秦之嬴有修鱼氏。"《史记·秦本纪·正义》:"修鱼,韩邑也。"据《中国历史地图集》战国"韩魏图",修鱼在今河南原阳西南。

④ 《路史·国名纪》:"蜚廉国,龙门县南七里,有蜚廉故城,非子祖也。"据此,蜚廉可能在今陕西韩城。

⑤ 参见第12页注①。

⑥ 参见第10页注③。

⑦ 参见第8页注③。

⑧ 《汉志》:筑阳,故谷伯国,属南阳郡。颜注引应劭曰:筑水出汉中房陵,东入沔。师古曰:《春秋》云,谷伯绥来朝。是也。今襄州有谷城县,在筑水之阳。《汉书补注》先谦曰:《一统志》:谷城县西北谷山有谷伯墓。《汉志汇释》周振鹤师:治今湖北谷城县东北。《中国历史地图集》"西周时期中心区域图":谷,在今湖北谷城。

⑨ 《汉志》:陈留郡宁陵县,注引孟康云:"葛伯国,今葛乡是。"《中国历史地图集》"西周时期中心区域图":在今河南商丘宁陵东北。不过,杨宽先生认为:葛,商、周、春秋时嬴姓小国,在今山东泰山附近。参见氏著《西周列国考》,载氏著《古史探微》,上海人民出版社,2016年。

⑩ 参见第53页注②。

第一章 秦人早期之活动地域　17

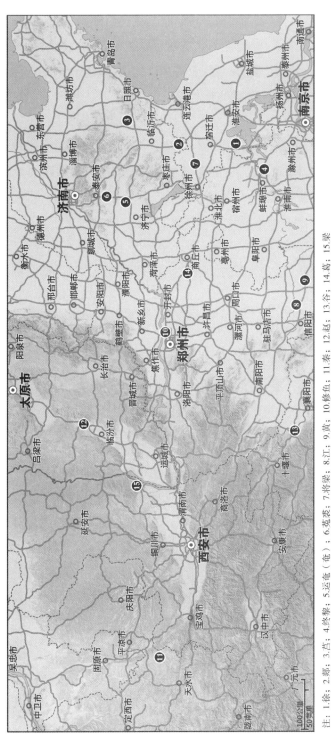

图 4　商周时期嬴姓国的地理分布

注：1.徐；2.郯；3.莒；4.终黎；5.运奄（奄）；6.菟裘；7.将梁；8.江；9.黄；10.修鱼；11.秦；12.赵；13.谷；14.葛；15.梁

综上可知,这些嬴姓族群的分布地域很广:东到山东、苏北,西到陕西、甘肃,北到山西,南到淮河南岸、湖北北部之谷城。但主要分布在东方的淮、泗流域。卫聚贤认为:郯、谷、黄、梁、葛、徐、江、奄等嬴姓之国,原蔓延于山东、江苏北部及河南、湖北,而秦亦嬴姓,故谓秦民族发源于山东,后至山西、陕西、甘肃,然后再向东发展。①

这些嬴姓国,有些是西周时封建的,如莒②、秦、赵,有些是西周以前就有的,前引《汉书》卷二八下《地理志下》亦说:"秦之先曰柏益……历夏、殷为诸侯。"有些可能是商分封的嬴姓诸侯,所谓"以佐殷国,故嬴姓多显,遂为诸侯"。西周以前的有些嬴姓国可能在商周易代之际被灭,例如前面提到的奄,因为叛乱,被周公平定后,国君被迁到蒲姑,国民则被西迁至邾虐,所谓"西迁商盍(盖)之民于邾虐";有些则臣服于周,成为周的"服国"。《吕氏春秋·观世》谓:"周之所封四百余,服国八百余。"

第四节 秦文化遗存反映的西周及其以前的秦人活动地域

20世纪30年代,苏秉琦主持发掘宝鸡斗鸡台的屈肢葬墓,虽未将其直接命名为秦文化,但已将它与其他性质的文化区分开来:"它如果不是一支早已华化的外族文化,便当是一支早已夷化的华夏文化"③,这是严格意义上秦文化考古工作的开始。近百年来,对秦文化的调查、发掘,为研究秦人的历史和文化奠定了坚实的资料基础。在我看来,已经发现的这些早期秦文化遗存分布地区,基本上就是早期秦人的活动地区。尽管已经发现的早期秦文化遗存数量有限,还不能反映早期秦人的所有活动地域。通过已经发现的早期秦文化遗存及其地理分布,对秦人早期的活动地域做一探索,这不仅可以补文献记载之不足,同时还可

---

① 详参卫聚贤:《中国民族的来源》,《古史研究》第三集。
② 陈槃《春秋大事表列国爵姓及存灭表撰异》(台北"中央研究院"语言研究所,1969年):周武王所封,在今山东莒县。
③ 苏秉琦:《斗鸡台沟东区墓葬》,《苏秉琦考古学论述选集》,文物出版社,1984年。

以与文献之记载做比较,从而对早期秦人的活动地域有进一步的认识。

迄今为止,已经发现的西周及其以前的秦文化遗存,分布在甘肃的天水和陇南这两个地区。

一、甘肃天水地区[①]

天水地区发现的甘谷毛家坪遗址、天水董家坪遗址和清水李崖遗址均有西周及其以前的秦文化遗存。另外,清水县牛头河及其支流调查发现的31处周代遗址中可能也有西周时期的秦文化遗存。

(一)甘谷毛家坪遗址

甘谷毛家坪遗址位于渭河上游的甘肃省甘谷县盘安乡毛家坪村(参见图5),总面积约60万平方米。毛家坪遗址有3种文化遗存:以红彩陶片为特征的石岭下遗存;以绳纹灰陶为代表的A组遗存;以夹砂红褐陶为特征的B组遗存。毛家坪遗址A组遗存为秦文化遗存,年代从西周中期偏晚一直延续到春秋战国时期,而最繁荣的阶段是春秋时期。[②] 不过,也有学者认为毛家坪遗址的年代早到商代晚期。[③]

---

① 本书以现在(公元2020年)中国行政区划中的辖县市,作为考察秦文化遗存分布的地理单位。这里的"天水地区"即指天水市所辖两区五县(秦州、麦积两区和武山、甘谷、秦安、清水、张家川回族自治县五县)地区。特此说明,后文不再一一注明。

② 20世纪40年代,文物工作者发现了甘谷毛家坪遗址,1983年,北京大学考古学系与甘肃省文物考古研究所合作,对毛家坪遗址进行首次发掘。1983年发掘的遗址东西长约300米、南北宽约200米,面积约6万平方米。2012年,早期秦文化联合考古队再次对毛家坪遗址进行勘探发掘,勘探出墓葬千余座,其中沟东731座,沟西300余座。在西周晚期灰坑中发现了秦文化的典型器物复古式大鬲。毛家坪遗址发掘分别发现了以绳纹灰陶为特征的两周时期秦文化遗存和以夹砂红褐陶为特征的东周时期戎人遗存。其中西周时期遗存,除去自身特点外,总的来说与关中地区周文化相似,而与甘青地区青铜文化相去甚远,应属于早期秦文化。详参甘肃省文物工作队、北京大学考古学系:《甘肃甘谷毛家坪遗址发掘报告》,《考古学报》1987年第3期;早期秦文化联合考古队:《2014年甘谷毛家坪遗址发掘丰富了周代秦文化内涵》,《中国文物报》2014年11月14日第001版;赵化成:《秦人从哪里来:寻踪早期秦文化》,《中国文化遗产》2013年第2期。

③ 滕铭予认为,毛家坪遗址早期遗存的面貌与郑家坡遗址晚期遗存相当,年代可以早到商代晚期。详参滕铭予:《秦文化起源及相关问题再探讨》,载《中国考古学跨世纪的回顾与前瞻》(《1999年西陵国际学术研讨会文集》),科学出版社,2000年。

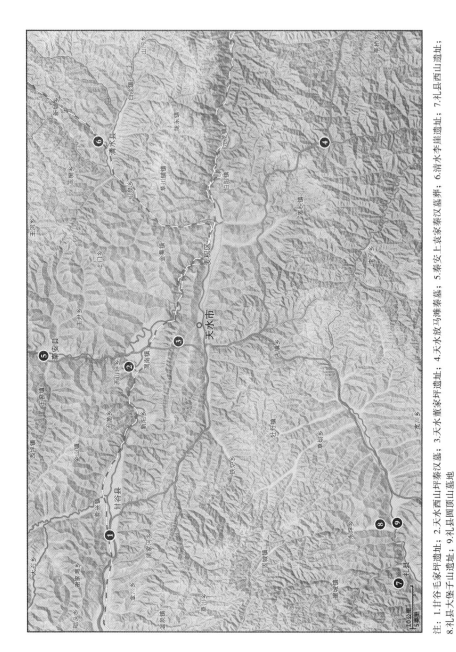

图5 天水、陇南地区秦文化遗址分布图

注：1.甘谷毛家坪遗址；2.天水西山坪秦汉墓；3.天水董家坪遗址；4.天水放马滩秦墓；5.秦安上袁家秦汉墓葬；6.清水李崖遗址；7.礼县西山遗址；8.礼县大堡子山遗址；9.礼县圆顶山墓地

（二）天水董家坪遗址

天水董家坪遗址位于甘肃省天水市麦积区南河川乡董家坪村（参见图5），

南临渭河,年代在两周时期。①

（三）清水李崖遗址

2005年和2008年,早期秦文化联合考古队对渭河上游的秦安、张家川、清水等县进行了考古调查。其中重点调查了清水县的牛头河及其支流,基本摸清了该流域古文化遗址分布状况(参见图6)。牛头河流域调查发现各类遗址117处,其中含周代(西周至春秋时期)的遗存31处。这31处含周代遗存的遗址,有13处分布在清水县白沙乡至红堡乡的牛头河中游两岸,是整个流域周代遗存最丰富的区域。在这一区域,位于清水县城北侧樊河和牛头河交汇处樊河西岸台地上的李崖遗址(参见图5)不仅面积大,而且文化堆积丰富,在整个牛头河流域以周代文化为主的遗址中是绝无仅有的。②

李崖遗址总面积至少在100万平方米以上,西周时期的遗存丰富,周代墓葬和灰坑的年代集中在西周时期,很少见春秋时期的遗迹单位或标本,表明遗址的繁荣期在西周时期,进入东周则很快废弃。值得特别关注的是,随葬品中有相当一部分陶器具有显著的商式风格,如方唇分裆鬲、带三角纹的陶簋等。从葬俗及随葬品看,这批墓葬是迄今年代最早的一批西周秦墓。③ 除了李崖遗址,牛头河流域的这31处周代遗址中可能还有其他西周时期的秦文化遗址。

二、甘肃陇南地区

陇南地区发现的西周及其以前的秦文化遗存有西汉水上游流域调查发现的三个早期秦文化中心。礼县西山遗址也有西周时期的秦文化遗存。

---

① 董家坪遗址发现于1956年,1982年、1983年做了试掘,遗址下层为齐家文化,保存较好;遗址上层(第三层)为两周时代遗存,堆积较薄,绳纹灰陶片占绝大多数,未见遗迹现象,且西周和东周时代的陶片混出,也比较少,未能复原陶器,仅在遗迹中采集到一鬲。陶片所饰绳纹均交错零乱,也不见各种印纹。陶器组合为鬲、盆、豆、罐、筒瓦等,不见陶礼器。与毛家坪秦文化遗存很相似,而与周文化有所区别。这些陶片中有相当数量可早至西周。详参赵化成:《甘肃东部秦和羌戎文化的考古学探索》,《考古类型学的理论与实践》,文物出版社,1989年。

② 详参早期秦文化联合考古队:《牛头河流域考古调查》,《中国历史文物》2010年第3期。

③ 详参早期秦文化联合考古队《牛头河流域考古调查》;赵化成、梁云等:《甘肃清水李崖遗址考古发掘获重大突破》,《中国文物报》2012年1月20日;赵化成:《秦人从哪里来:寻踪早期秦文化》,《中国文化遗产》2013年第2期。

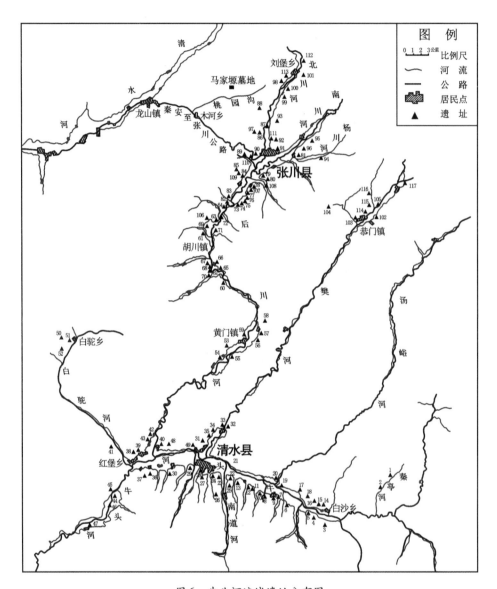

图 6 牛头河流域遗址分布图

(取自早期秦文化联合考古队《牛头河流域考古调查》)

(一) 三个早期秦文化中心

2004年,早期秦文化联合课题组对西汉水上游东起天水市天水乡、西至礼县江口乡约60余公里的干流两岸及其支流红河、永坪河、燕子河等河流两岸每一个台地逐个踏查,调查发现98个遗址,采集了数以千计的文物标本,发现含有西周和东周时代文化遗存的遗址达47处。据文化面貌的差别,可以分为两类,包含周秦文化的遗址有38处,包含寺洼文化的遗址有22处。雷神庙:6、六八图:19等鬲、赵坪:25喇叭口罐等则属于战国时期,部分标本可到战国中晚期。该地区东周时期文化遗存与关中和毛家坪发现的秦文化面貌特征一致,可见这里在春秋战国时期依然为秦文化的势力范围。西汉水上游流域的考古调查、发掘表明,该地区不仅是早期秦文化的主要分布区,而且发现了多个面积超过20万平方米的早期秦文化大遗址,这些遗址内涵丰富,延续时间长,在其周围还分布着不少文化内涵相同的中、小型遗址,构成了"六八图—费家庄""大堡子山—圆顶山(赵坪)"和"西山—石沟坪"三个早期秦文化中心(参见图7)。在西山、大堡子山发现了早期秦文化城址。①

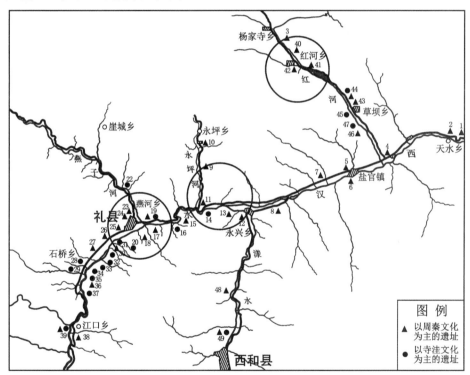

图7 西汉水流域的三个秦文化中心分布图

(取自早期秦文化联合考古调查队《西汉水上游周代遗址考古调查简报》)

---

① 早期秦文化联合考古调查队:《西汉水上游周代遗址考古调查简报》,《考古与文物》2004年第6期。

(二)礼县西山遗址

礼县西山遗址坐落在西汉水北岸、礼县县城以西的山坡上(参见图5)。2005年,早期秦文化联合考古队对西山城址进行了较大规模的钻探和发掘。城址坐落在东西走向的山坡上,面积近10万平方米,其中北墙及东墙局部保存较好。发掘者判断城墙的建造年代不晚于西周晚期。根据对城墙的试掘解剖,发现该城的主要使用年代在两周之际。这是目前所知秦人最早的城邑。在城址内的东北部,发掘了西周时期墓葬6座,包括一座出土成组青铜礼器的西周晚期中型墓,以及西周时期的大型夯土基址和陶排水管道。此外,还有春秋早期的墓葬、房屋基址、动物坑等。东周时期遗迹数量可观,计灰坑170余座、墓葬28座、动物坑10座、房屋基址5座,文化特点显示其属秦人的文化遗存。东周时期秦人墓年代在春秋早期至战国中期。[①]

三、考古遗存所反映的"在西戎,保西垂"

如前所述,按文献记载,商代晚期的秦人先祖胥轩及其子中潏以来,秦人就与周人以西的西戎杂居,所谓"在西戎,保西垂","以亲故归周,保西垂"。综上西周及其以前的秦文化遗存地理分布亦可知,已经发现的西周时期的秦文化遗存全部分布在陇山以西,而且明显呈现出与西戎杂居的情况。例如,毛家坪遗址主要有3种文化遗存:以红彩陶片为特征的石岭下遗存,以绳纹灰陶为代表的A组遗存即秦文化遗存,以夹砂红褐陶为特征的B组遗存。[②] 在西汉水上游流域的早期秦文化遗址附近亦有寺洼文化分布,而且这两种文化的遗址分布有明显的规律性,以县城南侧石沟坪、雷神庙遗址为界,包括这两个遗址在内的北部地区,最主要的是周秦文化遗址,较少见有寺洼文化遗址的分布。而在其南,却是寺洼文化分布的密集地,基本不见周秦文化遗址。总体上看,较大河流比较平坦

---

① 详参赵丛苍、王志友、侯红伟:《甘肃礼县西山遗址发掘取得重要收获》,《中国文物报》2008年4月4日;赵化成:《秦人从哪里来:寻踪早期秦文化》,《中国文化遗产》2013年第2期。

② 详参甘肃省文物工作队、北京大学考古学系:《甘肃甘谷毛家坪遗址发掘报告》,《考古学报》1987年第3期;赵化成:《秦人从哪里来:寻踪早期秦文化》,《中国文化遗产》2013年第2期。

的河谷之地,多为早期秦人所占,而小的河流即山高水深之地多为寺洼文化分布区。① 在清水李崖秦文化遗址也有寺洼文化墓葬。发现的几座寺洼文化墓葬,与早期秦族墓邻近,其中的 M18 为寺洼文化墓葬,但与之相邻的 M20 则为西周时期秦文化墓葬,两墓规模相当,方向一致。另,M9 按照葬式及出土的马鞍口罐似为寺洼人墓,但大量的其他陶器却是秦式的。② 可以肯定的是,"寺洼文化、毛家坪 B 组遗存都是当地某支羌戎的遗存。所谓羌戎,在古文献中是对西北的游牧或畜牧部落的总称呼"。③ 总之,西周时期的秦文化遗址分布情况亦可印证文献记载的早期秦人"在西戎,保西垂"。④

早期秦人与西戎杂居在一起,活动于甘肃东部的陇山以西,而陇山以东则是周人的王畿即关中地区。因此,陇山山脉不仅是重要的自然地理界线,也是重要的政治地理界线。那么,文献中早期秦人"在西戎,保西垂"之广义的"西垂"可能就是指陇山以西地区。⑤

---

① 参见《西汉水上游周代遗址考古调查简报》。
② 参见《甘肃清水李崖遗址考古发掘获重大突破》。
③ 赵化成:《甘肃东部秦和羌戎文化的考古学探索》,《考古类型学的理论与实践》,文物出版社,1989 年。
④ 对此问题,赵化成先生亦指出:"甘肃东部及东南部与早期秦文化大体同时代还有丰富的寺洼文化遗存。总体上看,较大河流比较平坦的河谷之地,多为早期秦人所占,而小的河流即山高水深之地多为寺洼文化分布区。文献记载,早期秦人是在与西戎不断斗争的过程中发展壮大起来的。从西汉水上游某些遗址中既有早期秦文化遗存,也有寺洼文化遗存,清水李崖遗址更发现寺洼人与早期秦人埋葬在同一片墓地、两种文化陶器出于同一座墓葬的例证,说明早期秦人与戎人之间既有战争也有和睦共处的时期。"赵化成《秦人从哪里来:寻踪早期秦文化》,《中国文化遗产》2013 年第 2 期。
⑤ 关于西垂,王国维先生《秦都邑考》中,已经指出有广义和狭义之分。

第二章　春秋早期的秦疆域变迁

周平王元年(前770),即秦襄公八年,周室东迁雒邑,这是春秋时期的开始。关于春秋时期的下限,学术界有不同的观点。本书依据《史记》卷一五《六国年表》,把春秋的下限定在公元前477年。春秋时期约三百年,如果春秋早中晚三期各约占一百年,那么春秋早期就大致相当于秦襄公八年(前770)至秦武公二十年(前678)。这一分期与学者对秦文化遗存之分期是基本一致的。①

第一节　襄公时期

秦襄公七年(前771),天下形势巨变,犬戎攻破宗周,周室东徙雒邑。襄公将兵救周有功,被周平王封为诸侯,赐之岐以西之地,于是襄公逾陇而东,与戎展开了争夺周王畿关中的战争。

---

① 例如,陈平在研究关中秦墓青铜容器的分期问题时,"采用春秋起自前770年迄于前476年、战国起自前475年迄于前221年的分法。对春秋和战国的早、中、晚六个时期,则结合秦国历史作如下划分:"春秋早期自秦襄公八年(前770)起,至武公二十年(前678)卒葬雍平阳止,积92年;春秋中期自德公元年(前677)居雍起,至桓公二十七年(前577)止,积百年;春秋晚期自景公元年(前576)起,至悼公十四年(前477)止,积99年;战国早期自厉公元年(前476)起,至出子二年(前385)止,积91年;战国中期自献公元年(前384)起,至武王四年(前307)止,积77年;战国晚期自秦昭襄王元年(前306)起,至始皇帝二十六年(前221)止,积85年。"详参陈平:《试论关中秦墓青铜容器的分期问题》(上),《考古与文物》1984年第3期。

一、襄公救周始国与"赐之岐以西之地"

正如太史伯阳所预言:"祸成矣,无可奈何。"①秦襄公七年(前771)春,即幽王十一年,西周大难来临,西戎犬戎与申侯伐周,杀幽王。次年,周避犬戎难,东徙雒邑。襄公因将兵救周有功,被周平王封为诸侯,赐之岐以西之地。《史记》卷五《秦本纪》:

(襄公)七年春,周幽王用褒姒废太子,立褒姒子为适,数欺诸侯,诸侯叛之。西戎犬戎与申侯伐周,杀幽王郦山下。而秦襄公将兵救周,战甚力,有功。周避犬戎难,东徙雒邑,襄公以兵送周平王。平王封襄公为诸侯,赐之岐以西之地。曰:"戎无道,侵夺我岐、丰之地,秦能攻逐戎,即有其地。"与誓,封爵之。襄公于是始国,与诸侯通使聘享之礼,乃用骝驹、黄牛、羝羊各三,祠上帝西畤。

又,1978年陕西宝鸡县太公庙村出土的秦公钟"甲钟"铭文:

秦公曰:"我先祖受天命,商(赏)宅受或(国)"。②

又,《汉书》卷一八下《地理志下》:

(秦)襄公时,幽王为犬戎所败,平王东迁洛邑。襄公将兵救周有功,赐受岐、鄷之地,列为诸侯。

又,郑玄《诗谱·秦谱》:

秦仲之孙襄公,平王之初兴兵讨西戎,以救周。平王东迁王城,乃以岐丰之地赐之,始列为诸侯。

秦虽然因救周之功被封为诸侯,赐之岐以西之地。但实际的情况是,此时的岐、丰之地已为戎侵夺。所谓"赐之岐以西之地",只是秦从周室获得了拥有岐以西之地的权利。秦只有把戎逐走,才能真正拥有岐以西的土地。要之,周室赐秦岐以西之地是有条件的:"秦能攻逐戎,即有其地。"岐,即今陕西岐山县东北

---

① 《史记》卷四《周本纪》。
② 宝鸡市博物馆卢连成、宝鸡县文化馆杨满仓:《陕西宝鸡县太公庙村发现秦公钟、秦公镈》,《文物》1978年第11期。

之岐山(参见图8),岐山下即周人的兴起之地周原①;一说岐为西周都邑,古公亶父所建,在今陕西岐山、扶风两县境内的周原遗址上。② 丰,西周都邑,周文王所建,在今陕西长安县沣河以西(参见图8)。③

二、襄公居西垂、作西畤

秦襄公被封为诸侯以后,仍居西垂,作西畤,祠白帝。《史记》卷二八《封禅书》:

> 秦襄公既侯,居西垂,自以为主少暤之神,作西畤,祠白帝,其牲用骝驹、黄牛、羝羊各一云。

又,《史记》卷一四《十二诸侯年表·秦表》:

> (秦襄公八年)初立西畤,祠白帝。

这说明,襄公被封为诸侯,秦建国后仍以西垂为其根据地。西垂,在今甘肃礼县(参见图3)④;西畤,当为建于西垂之畤⑤,具体地望不详。

三、襄公一度伐戎至岐

《史记》卷一二九《货殖列传》:"关中自汧、雍以东至河、华,膏壤沃野千里,自虞夏之贡以为上田,而公刘适邠,大王、王季在岐,文王作丰,武王治镐,故其民犹有先王之遗风,好稼穑,殖五谷,地重,重为邪。"关中的自然条件要远比陇西优越,当平王封襄公为诸侯,赐之岐以西之地以后,这对秦人来说是极为难得的机会,所以襄公立即展开了与戎争夺关中的战争。《史记》卷五《秦本纪》:

---

① 《中国历史地图集》西周"宗周、成周附近"图:岐山,在今陕西岐山县东北,岐山下即周人的兴起之地周原。郑玄《诗谱·周南召南谱》:"周原在岐山阳,属杜阳界,地形险阻,而原田肥美。"
② 参见吴树平等《全注全译史记·秦本纪注》。
③ 参见吴树平等《全注全译史记·秦本纪注》。
④ 《史记正义·秦本纪》:汉陇西郡西县也。今在秦州上邽县西南九十里也。《汉志》:西县属陇西郡。《汉志汇释》周振鹤师:治今甘肃礼县北。《中国历史地图集》春秋"晋秦图":西犬丘即西垂,在西汉水上游的今甘肃礼县东北。
⑤ 《史记索隐·秦本纪》:襄公始列为诸侯,自以居西,西,县名,故作西畤,祠白帝。畤,止也,言神灵之所依止也。亦音市,谓为坛以祭天也。

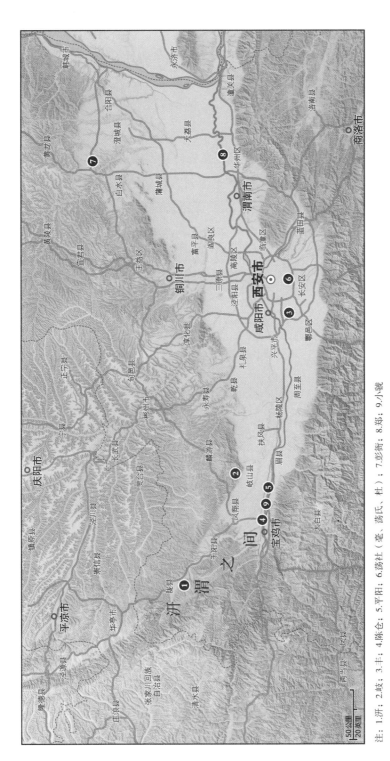

图8 春秋时期关中诸地地望图

注：1.汧；2.岐；3.丰；4.陈仓；5.平阳；6.荡社（亳、汤氏、杜）；7.彭衙；8.郑；9.小虢

> （秦襄公）十二年，伐戎而至岐，卒。

襄公可能死于与戎争夺关中的战争，可谓出师未捷身先死，其子文公继续与戎争夺关中。

四、襄公时期疆域变迁小结

综上所述，在襄公时期，秦可能趁周王室内外交困之机，审时度势，徙都战略要地汧。犬戎破宗周，襄公举兵救周，被平王封为诸侯，赐之岐以西之地。这为秦的崛起与逾陇而东，向关中发展开辟了道路，在秦的发展史上具有重要的意义。

第二节　文公时期

襄公卒，子文公即位。文公享国长达五十年，在此期间，继续与戎争夺关中。

一、据有汧渭之间

襄公死于与戎争夺关中的战争后，秦一度退回陇西故地。秦文公三年（前763），再次逾陇东伐。次年（前762），据有汧渭之间，并徙都于此。《史记》卷五《秦本纪》：

> 文公元年，居西垂宫。三年，文公以兵七百人东猎。四年，至汧渭之会。曰："昔周邑我先秦嬴于此，后卒获为诸侯。"乃卜居之，占曰吉，即营邑之。

又，《史记》卷二八《封禅书》：

> 秦襄公既侯，居西垂……其后十六年，秦文公东猎汧渭之间，卜居之而吉。

秦文公四年(前762),将都城从西垂故地迁至汧渭之间。① 都城是国家的根本所寄之地,安全是建都必须要考虑的事。据此推测,秦此时已经据有了汧渭之间的地区,或者说至少已据有汧渭之间的大部分地区,否则秦不敢贸然徙都于此。在陇县发现的年代可早至春秋早期的秦文化遗存有陇县边家庄墓地及城址、陇县店子墓地,这些遗存亦可证明,在春秋早期,秦人已取得了汧渭之间的陇县一带地区。②

---

① 按《史记》卷五《秦本纪》,秦文公所都之地在汧渭之会。但是《元和郡县志》则认为秦文公所都之地为汧。《元和郡县志》卷二:"陇州,秦文公所都,汉为汧县……秦城在州东南二十五里,秦非子养马汧渭之间有功,周孝王命为大夫。"又《太平御览》引皇甫谧《帝王世纪》:"文公徙汧。《秦本纪》曰文公东猎至汧,乃卜居之,今扶风郿县是也。宁公又都平阳。故秦本纪曰宁公二年徙居平阳,今扶风郿之平阳亭是也。"可见,按《帝王世纪》,秦文公所都之地亦在汧。汧和汧渭之会尽管都在汧渭之间,但却是两个完全不同的地方,一在汧水之上游,一在汧水下游入渭之处。都城是国家的根本之地,卜都定鼎不仅要考虑具体的地理环境,势必也要考虑当时的实际形势。汧在今天的陇县,不仅离秦的根据地西垂较近,而且扼守关中通往西垂的要道,都汧可以兼控陇山的东西两侧地区。《读史方舆纪要》:"陇州扼陇底之险,控秦凤之冲。"汧渭之会在关中西部的腹地,经济条件虽好,但秦在关中立足未稳时,可能还不敢贸然都之。《史记》卷一一○《匈奴列传》:"申侯怒而与犬戎共攻杀周幽王于骊山之下,遂取周之焦获,而居于泾渭之间,侵暴中国。"又《后汉书》卷八七《西羌传》:"及平王之末,周遂陵遟,戎逼诸夏,自陇山以东,及乎伊、洛,往往有戎。"又《史记》卷五《秦本纪》载周平王语曰:"戎无道,侵夺我岐、丰之地,秦能攻逐戎,即有其地。"可见,犬戎破宗周后,周之故地关中已尽为戎有。在这种形势下,秦贸然深入关中是相当危险的。如果被切断与西垂的联系,后果将更为严重。事实上,襄公伐戎失利就是教训。《秦本纪》:"(襄公)十二年,伐戎而至岐,卒。"所以秦不得不退守西垂,所谓"文公元年,居西垂宫",直到文公三年(前763),才以打猎为名,进行试探性的东进,所谓"文公以兵七百人东猎"。综上所述,秦文公都汧更符合当时犬戎破宗周之后整个关陇地区的形势。据《陕西陇县边家庄五号春秋墓发掘简报》:在陇县边家庄五号春秋墓附近,有一座春秋故城遗址,尚存夯土及城墙遗迹,并发现春秋早期的陶片。报告撰写者认为此处应为秦襄公徙汧所都之地。在我看来,也有可能是秦文公所都之城。

② 详参本章第五节《秦文化遗存反映的春秋早期之秦疆域》。

汧渭之间,即陇山以东汧水和渭水之间的地区(参见图8)①,此地扼守关中通往陇西的要道。秦据有此地,既方便与西垂故地联系,也有利于进一步向东开拓。另外,《史记》卷五《秦本纪》:"非子好马及畜,善养息之。犬丘人言之周孝王,孝王召使主马于汧渭之间,马大蕃息。"可见这里亦是很好的牧场。

二、地至岐:取得岐以西之地

在取得汧渭之间十二年后,即秦文公十六年(前750),秦继续向东伐戎,终于取得了岐以西之地。《史记》卷五《秦本纪》:

(秦文公)十六年,公以兵伐戎,戎败走。于是文公遂收周余民有之,地至岐,岐以东献之周。

这里的岐,可能指关中之岐山,也可能指岐山下周文王所建之岐邑。② 岐以西之地,大致即今陕西宝鸡地区的陇县、千阳、渭滨区、金台区、陈仓区和凤翔县等地(参见图8)。在岐以西之地发现的陇县边家庄、陇县店子、宝鸡西高泉、宝鸡姜城堡、宝鸡谭家村、宝鸡福临堡、凤翔孙家南头、凤翔八旗屯等墓地,均有春秋早期的秦文化遗存。③ 这些遗存亦可证明,在春秋早期,秦已经取得了这些地区。岐山下就是周人的发祥地周原。《毛诗谱·周南召南谱》:"周原在岐山阳,属杜阳界,地形险阻,而原田肥美。"岐西之地土地肥沃,经周人数百年的耕作经营,已是重要的农业区。秦据有岐以西之地后,"遂收周余民有之"。在当时,相比周围的其他族群,周人的文化程度很高,秦吸纳"周余民"以后,不仅使秦的人口有显著增加,而且也使秦人得以直接吸收周人的文化。要之,岐西之地的取得

---

① 《史记》卷五《秦本纪》:"孝王召使主马于汧渭之间。"《正义》:"言于二水之间,在陇州以东。"又《水经注》:"(汧)水出汧县之蒲谷乡弦中谷,决为弦蒲薮。《尔雅》曰:水决之泽为汧。汧之为名实兼斯举。水有二源,一水出县西山,世谓之小陇山。岩鄣高险,不通轨辙。故张衡《四愁诗》曰:我所思兮在汉阳,欲往从之陇坂长。其水东北流,历涧,注以成渊,潭涨不测,出五色鱼,俗以为灵,而莫敢采捕,因谓是水为龙鱼水。自下,亦通谓之龙鱼川。川水东迳汧县故城北,史记:秦文公东猎汧田,遂都其地是也。又东,历泽,乱流为一。右得白龙泉,泉径五尺……汧水又东南,迳隃麋县故城南……汧水东南历慈山,东南迳郁夷县北,平阳故城南。《史记》:秦宁公二年,徙平阳。徐广曰:故眉之平阳亭也。城北有《汉邠州刺史赵融碑》,灵帝建宁元年立。汧水又东流,注于渭水。"

② 参见第28页注①、注②。

③ 详参本章第五节《秦文化遗存反映的春秋早期之秦疆域》。

使秦人的实力显著增强,对秦人的发展具有重要的意义。

三、取得陈仓之地

秦文公十九年(前747),在陈仓北阪筑城,建陈宝祠。《史记》卷五《秦本纪》:

> 十九年,得陈宝。

又,《史记》卷二八《封禅书》:

> 作鄜畤后九年,文公获若石云,于陈仓北阪城祠之。其神或岁不至,或岁数来,来也常以夜,光辉若流星,从东南来集于祠城,则若雄鸡,其声殷云,野鸡夜雊。以一牢祠,命曰陈宝。

文公在陈仓山北阪筑陈仓城,又于城中建陈宝祠,说明此时秦已经取得陈仓的部分地区。陈仓,今宝鸡市陈仓区(参见图8)。① 陈仓道,即故道,为关中通往汉中的要道。《读史方舆纪要》:"繇凤县南百里桑平铺而入,至此而出,路长二百里,为古陈仓道。汉高祖出故道袭陈仓,盖繇此。"可见,陈仓的地理位置非常重要。不过,秦完全取得宝鸡陈仓一带,可能要到秦武公十年(前688),灭小虢之后。对此,我们在武公时期的疆域变迁一节再做考察。

四、伐大梓、丰、大特戎,拓地至秦岭

秦文公二十七年(前739),又伐大梓、丰、大特戎,拓地至秦岭。《史记》卷五《秦本纪》:

> (秦文公)二十七年,伐南山大梓、丰、大特。

南山即秦岭,所谓"南山大梓、丰、大特",极可能是活动在秦岭北麓陈仓和

---

① 《汉志》:陈仓属右扶风。《汉书补注》先谦曰:秦文公得陈宝于此,见《郊祀志》。高帝自汉中袭破章邯军,由此北出,见《高纪》。《汉志汇释》周振鹤师:治今陕西宝鸡市东陈仓故城。《中国历史地图集》春秋"晋秦图":陈仓即原陕西宝鸡县。按:2003年,撤销陕西省宝鸡县,设立宝鸡市陈仓区。

丰水一带的三个西戎部族。① 据此推测,在秦据有陈仓之地后,又"伐南山大梓、丰、大特",向南拓地至秦岭。

五、文公时期疆域变迁小结

综上所述,在文公时期,先取得了汧渭之间,并徙都于此,接着取得岐以西之地,在周原立足后,又进一步向南拓地至秦岭,最终取得了关中西部的绝大部分地区,在关中站稳了脚跟。司马迁在《史记》卷十五《六国年表》序中说:"文公踰陇,攘夷狄,尊陈宝,营岐雍之间。"另外,文公东迁后,陇西故地可能一度缩小②,因为在武公时有西"伐邽、冀戎,初县之"的记载。对此,我们将在武公时期的疆域变迁一节再做进一步探索。

---

① 关于"大梓丰大特",历代注家的观点如下:《史记集解·秦本纪》徐广曰:今武都故道有怒特祠,图大牛,上生树木,有牛从木中出,后见丰水之中。《史记正义·秦本纪》:"《括地志》云:'大梓树在岐州陈仓县南十里仓山上。'《录异传》云:秦文公时,雍南山有大梓树,文公伐之,辄有大风雨,树生合不断。时有一人病,夜往山中,闻有鬼语树神曰:'秦若使人被发,以朱丝绕树伐汝,汝得不困耶?'树神无言。明日,病人语闻,公如其言伐树,断,中有一青牛出,走入丰水中。其后牛出丰水中,使骑击之,不胜。有骑堕地复上,发解,牛畏之,人不出,故置髦头。汉、魏、晋因之。武都郡立怒特祠,是大梓牛神也。'按:今俗画青牛障是。"《史记会注考证》:"大梓、丰、大特,盖戎名。"当以《史记会注考证》为是,即大梓、丰、大特都是戎。例如,《史记》卷五《秦本纪》:"襄公元年,以女弟缪嬴为丰王妻。"可知确有丰戎。另外,从"南山""雍南山""大梓树在岐州陈仓县南十里仓山上""丰水"这些地理信息可知,大梓、丰、大特活动在秦岭北麓陈仓和丰水一带。

② 李峰认为:文公东迁之后秦人即已放弃了礼县西垂之地,甚至可能整个陇山以西地区即被各种戎人所占有。参见李峰:《礼县出土秦国早期铜器及祭祀遗址论纲》,《文物》2011年第5期。情况可能并非如此。《史记》卷五《秦本纪》:"五十年,文公卒,葬西山。"《集解》徐广曰:"皇甫谧云葬于西山,在今陇西之西县。"又《史记》卷六《秦始皇本纪》附《秦记》亦曰:(文公)"五十年死,葬西垂。"可见,文公去世后可能归葬陇西故地西垂。另外,甘谷毛家坪、西汉水上游清水县和张家川县的秦文化遗存也显示了秦人在进入关中后,并未完全放弃陇西故地。不过,秦人东迁后,尽管并未放弃陇西故地,但陇西故地一度缩小则可能是事实。

第三节　宪公时期

文公卒,孙宪公即位。① 宪公享国十二年,期间,秦继续在关中攻戎拓地。

一、徙都平阳

宪公即位后的第一件大事,就是把都城从汧渭之间进一步东移至关中西部平原上的平阳。《史记》卷五《秦本纪》:

　　宁公(宪公)二年,公徙居平阳。②

又,《史记正义·秦本纪》引《帝王世纪》云:

　　秦宁公(宪公)都平阳。

平阳,在今宝鸡陈仓区东平阳村一带(参见图8)。③ 宪公初年把都城从汧渭之间进一步东移至关中西部平原上的平阳,说明秦人此时在关中西部已站稳了脚跟。

二、伐取荡社:拓地至关中中部

宪公徙居平阳后,继续向东伐戎,拓地至关中中部。《史记》卷五《秦本纪》:

　　宁公(宪公)二年……遣兵伐荡社。三年,与亳战,亳王奔戎,遂灭荡社……十二年,伐荡氏,取之。

---

① 《史记》卷五《秦本纪》。另外,据1978年陕西宝鸡县太公庙村出土的秦公钟铭文,宁公应为宪公。参见宝鸡市博物馆卢连成、宝鸡县文化馆杨满仓:《陕西宝鸡县太公庙村发现秦公钟、秦公镈》,《文物》1978年第11期。

② 不过,《史记》卷六《秦始皇本纪》附《秦记》则云:"宪公享国十二年,居西新邑。"又《史记索隐·秦本纪》:"宪公灭荡社,居新邑。"

③ 《中国历史地图集》春秋"晋秦图":平阳在今陕西宝鸡陈仓区东。林剑鸣认为,平阳在今宝鸡县东平阳村一带。参见林剑鸣:《秦史稿》,上海人民出版社,1991年。又,滕铭予《关中秦墓研究》:"宝鸡地区春秋早期的A类墓多集中在南部宝鸡一带,目前学术界多认为秦国早期都城平阳就在今宝鸡县东平阳村一带。在这里曾发现了有名的秦公镈、秦公钟,不过尚没有发现有关秦都平阳的其他遗存。宝鸡一带春秋早期多A类墓的事实则为此提供了间接的证据,应与秦都平阳有关。"

荡社,当在今陕西西安市南郊(参见图8)。① 这就是说,到宪公时,秦人已从关中西部的宝鸡地区进一步拓展到了关中中部的西安一带,关中中部正是周人的丰、镐地区。西安地区发现的春秋早期的秦文化遗存有长安客省庄秦墓和户县南关秦墓。这也说明,在春秋早期,秦已拓地至关中中部西安一带。②

三、宪公时期疆域变迁小结

综上所述,宪公即位后,又把都城从汧渭之间进一步东移至平阳。宪公徙居平阳后,继续向东伐戎,拓地至关中中部。现存文献不见此时期秦失地之记载。

第四节 出子、武公时期

宪公卒后,秦一度发生了严重的内乱:"大庶长弗忌、威垒、三父废太子而立出子为君。出子六年,三父等复共令人贼杀出子。出子生五岁立,立六年卒。三父等乃复立故太子武公。"③出子享国六年时期,现存文献无秦疆域变动的记载。武公享国二十年,期间,通过伐彭戏氏、邽戎、冀戎,灭小虢,使秦的疆域不断扩大。

一、拓地至关中东部

(一)伐彭戏氏,至于华山下

武公元年(前697),秦伐彭戏氏,至于华山下。《史记》卷五《秦本纪》:

> 武公元年,伐彭戏氏,至于华山下。

又,《史记》卷一四《十二诸侯年表》:

> 秦武公元年,伐彭,至华山。

---

① 吴树平等《全注全译史记·秦本纪注》:"'荡社',亳王都邑,《集解》徐广引别本'社'作'杜',一说在今陕西西安市东南,一说在今陕西三原、兴平一带。'亳',西戎的一支。'荡氏',亳王居荡社,荡氏可能指亳。"《中国历史地图集》春秋"晋秦图"把亳、荡社、荡氏均标在今西安市东南不远处。
② 详参本章第五节《秦文化遗存反映的春秋早期之秦疆域》。
③ 《史记》卷五《秦本纪》。

彭戏氏,也称彭,可能是原居彭衙的西戎①,秦伐之,追到华山下。彭衙,在今陕西白水县东北(参见图8)②;华山,即今陕西华山。③

(二)初县杜、郑

武公十一年(前687),在杜、郑设县。《史记》卷五《秦本纪》:

> (武公)十一年,初县杜、郑。

杜,西周古国,在今陕西西安长安区(参见图8)④;郑,西周宣王母弟郑桓公所封,在今陕西华县(参见图8)。⑤ 武公元年(前697),伐戎彭戏氏,至于华山下,武公十一年(前687),又在杜、郑设县。华山、郑均在关中东部,这表明,秦已拓地至关中东部。

二、加强对陇西之邽、冀的控制

秦武公十年(前688),伐邽、冀戎,在邽、冀设县,以加强对邽、冀的控制。《史记》卷五《秦本纪》:

> (武公)十年,伐邽、冀戎,初县之。

---

① 《史记正义·秦本纪》:"戏音许宜反,戎号也。盖同州彭衙故城是也。"
② 《汉志》:衙属左冯翊。师古曰:即春秋所云秦晋战于彭衙。《汉书补注》先谦曰:春秋秦邑。《秦纪》,武公伐彭戏氏,张守节以为即彭衙。《国语》范无寓云,秦有征衙。宪公出子葬此,见《始皇纪》。《一统志》:故城今白水县东北。吴卓信云:六十里彭衙堡。《汉志汇释》周振鹤师:治今陕西白水县东北。《中国历史地图集》春秋"晋秦图":彭戏氏在华山北麓。盖彭戏氏原居彭衙,由于秦伐之,遂逃至华山下。
③ 《史记正义·秦本纪》:"即华岳之下也。"
④ 《汉志》:杜陵属京兆尹,故杜伯国,宣帝更名。《汉书补注》先谦曰:宣帝陵。秦武公县杜,见《秦纪》。宣帝乐之,起陵更名,见《宣纪》。瓒注,杜陵在长安南五十里。《汉志汇释》周振鹤师:治今陕西西安市东南。《中国历史地图集》春秋"晋秦图":杜在今陕西西安长安区。
⑤ 《汉志》:郑属京兆尹,周宣王弟郑桓公邑。有铁官。《汉书补注》先谦曰:秦武公时县郑,见《秦纪》。《汉志汇释》周振鹤师:治今陕西华县。《中国历史地图集》春秋"晋秦图":郑,在今陕西华县。

邽,在今甘肃天水市区(参见图3)①;冀,即今甘肃甘谷县(参见图3)。② 天水是关陇重镇,通过伐邽、冀戎,设县,秦进一步加强了对天水一带的控制。另外,甘谷毛家坪遗址 A 组遗存,即是秦文化遗存,年代从西周中期偏晚一直延续到春秋战国时期,而最繁荣的阶段是春秋时期;天水董家坪遗址位于甘肃天水县南河川乡董家坪村,南临渭河,面积约 2 万平方米,年代在两周时期。这也证明,在春秋早期,秦对甘谷、天水一带的控制。③

三、灭小虢

武公十一年(前 687),秦又灭小虢。《史记》卷五《秦本纪》:

(武公)十一年……灭小虢。

小虢,一说为西虢之支庶,一说为羌之别种,活动在今陕西宝鸡陈仓区虢镇(参见图8)。④

四、出子、武公时期疆域变迁小结

综上所述,在武公时期,通过伐彭戏氏,伐邽、冀戎和灭小虢,秦实际上已经取得了关中的绝大部分,加上陇西的故地,秦的疆域与早期相比已很辽阔。如何统治不断扩大中的已很辽阔的疆域显然是秦统治者必须面对、解决的现实问题。邽、冀在此时疆域的西部,杜、郑则在疆域的东部。武公此时在疆域东西两端的

---

① 《汉志》:上邽属陇西郡。颜注应劭曰,《史记》故邽戎邑也。《汉书补注》先谦曰:秦伐邽戎,以为县。见《秦纪》。邽山在州西北。《汉志汇释》周振鹤师:治今甘肃天水市。《中国历史地图集》春秋"晋秦图":邽,在今甘肃天水县南。

② 《汉志》:冀县属天水郡。《禹贡》,朱圄山在县南梧中聚。莽曰冀治。《汉书补注》先谦曰:旧冀戎地,秦武公伐而县之,见《秦纪》。《禹贡山水泽地篇》,朱圄山在天水北冀城南,与《志》合。《汉志汇释》周振鹤师:治今甘肃天水市西北。《中国历史地图集》春秋"晋秦图":冀,在今甘肃甘谷县。

③ 详参本章第五节《秦文化遗存反映的春秋早期之秦疆域》。

④ 《汉志》:右扶风领虢县,有虢宫,秦宣太后所起。《汉书补注》先谦曰:本小虢,秦武公灭之。见《秦纪》。《汉志汇释》周振鹤师:治今陕西宝鸡市西。陈槃《不见于春秋大事表之春秋方国稿》(上海古籍出版社,2009 年):或曰西虢之支庶,或曰羌之别种,都于今陕西宝鸡县东五十里。《中国历史地图集》春秋"晋秦图":小虢,在今陕西宝鸡市陈仓区。综上分析,不论小虢是西虢之支庶,还是羌之别种,但其地望当在今陕西省宝鸡市陈仓区。

边疆地区设县,很可能是出于加强对距离国都平阳较远之边疆地区控制的现实需要。现存文献不见武公时期秦失地的记载。

第五节　秦文化遗存反映的春秋早期之秦疆域

以上我们通过文献记载,考察了春秋早期的秦疆域变迁。本节我们通过已经发现的春秋早期的秦文化遗存及地理分布,对这一时期的秦疆域做一考察。在甘肃的天水、陇南、平凉、庆阳,陕西的宝鸡、西安这六个地区发现了春秋早期的秦文化遗存,这些遗存的地理分布大致反映了春秋早期之秦疆域。下面我们对这些秦文化遗存的具体分布地域及相关情况做一简要介绍。

一、甘肃天水地区

天水地区发现的甘谷毛家坪遗址(参见图5)、天水董家坪遗址(参见图5)均有春秋早期的秦文化遗存。另外,2005年和2008年,早期秦文化联合考古队在清水县的牛头河及其支流调查发现的31处周代(西周至春秋时期)遗址中可能亦有春秋早期的秦文化遗存(参见图6)。这些遗存的具体分布地域及相关情况已经在前文《秦文化遗存反映的西周及其以前的秦人活动地域》一节中做了叙述,这里不再重复。需要补充的是,滕铭予认为,毛家坪M14、毛家坪M9等墓葬的年代为春秋早期。[①]

二、甘肃陇南地区

陇南地区发现的礼县西山遗址(参见图5)、礼县大堡子山遗址(参见图5)和礼县圆顶山墓地(参见图5)均有春秋早期的秦文化遗存。另外,2004年早期秦文化联合课题组在西汉水上游东起天水市天水乡,西至礼县江口乡约60公里的干流两岸及其支流红河、永坪河、燕子河等河流两岸调查发现的包含周秦文化的38处遗址中(参见图7),可能也有春秋早期的秦文化遗存。西汉水上游调查

---

① 滕铭予:《秦文化:从封国到帝国的考古学观察》附表一"天水地区墓葬统计表",学苑出版社,2002年。

发现的 38 处周秦文化遗址及礼县西山秦文化遗址已经在前文《秦文化遗存反映的西周及其以前的秦人活动地域》一节中做了叙述,这里不再重复。下面我们把礼县大堡子山遗址和礼县圆顶山墓地的相关情况做一介绍。

(一)礼县大堡子山遗址

大堡子山遗址位于礼县县城以东 13 公里处的西汉水北岸(参见图 5)。1992 年至 1993 年,大堡子山两座大墓(M2 和 M3)被盗掘,出土了一大批重要文物,包括具有秦公、秦子铭文的鼎、簋、壶等大型青铜礼器,钟、镈等大型青铜乐器,以及大量的金饰片等,可惜的是,这些文物大多已流散到海外。① 1994 年,甘肃省文物考古研究所对礼县大堡子山两座被盗秦公大墓(M2 和 M3)和一座车马坑(M1)进行了劫后清理。大堡子山的中字形大墓与秦公诸器表明,大堡子山中心区应系秦公陵园。② 大堡子山 M2 的墓主可能是秦襄公。③ 2006 年至 2007 年,早期秦文化联合考古队又对礼县大堡子山遗址进行了大规模调查、钻探和发掘。发现面积约 55 万平方米的大堡子山城址和 400 余座中小墓葬及 1 处祭祀遗迹。祭祀遗迹有大型"乐器坑"1 座,人祭坑 4 座。乐器坑出土的铜镈、钟形制与宝鸡太公庙秦武公镈、钟相似,年代应属春秋早期。城墙的始建年代应为春秋早期。发掘大型建筑基址 1 处,即 21 号建筑基址,始建年代大约为春秋早期偏晚或春秋中期偏早阶段,战国时期废弃。从随葬品的特征判断,M25 的年代为春秋中期偏晚或晚期偏早。④

(二)礼县圆顶山墓地

圆顶山位于礼县城东 13 公里处的永兴乡赵坪村西南部,与大堡子山隔西汉

---

① 1993 年秋,甘肃省西和县公安局缴获一批盗自礼县大堡子山遗址的器物,其中铜鼎可辨识出个体的有 7 件,虽大小有别,但形制相同。以上秦公诸器因残损较甚,故未能出手。经在押的盗墓者在现场指认,可知此秦公诸器均出自 M3。此外,M3 墓室中因坍塌而被砸毁的青铜器残片较多,也正与秦公诸器的残损现象相吻合。所以,这批秦公鼎和秦公簋出自 M3 应该是没有问题的。详参戴春阳:《礼县大堡子山秦公墓地及有关问题》,《文物》2000 年第 5 期。

② 戴春阳:《礼县大堡子山秦公墓地及有关问题》,《文物》2000 年第 5 期。

③ 戴春阳:《礼县大堡子山秦公墓地及有关问题》,《文物》2000 年第 5 期。

④ 早期秦文化考古联合课题组:《甘肃礼县大堡子山早期秦文化遗址》,《考古》2007 年第 7 期。

水相望,墓地位于圆顶山北麓(参见图5),漾水河二级台地上。1998年发掘了中型、小型墓3座(98LDM1,98LDM2,98LDM3)、车马坑1座(98LDK1)。98LDM1、98LDM2应为春秋早期的贵族夫妇墓葬。车马坑应为98LDM1、98LDM2的附属随葬坑。报告认为,圆顶山墓地墓葬年代应为春秋早期。①

三、甘肃平凉地区

平凉地区发现的灵台县景家庄春秋墓和灵台县洞山东周墓群均有春秋早期的秦文化遗存。

(一)灵台县景家庄春秋墓

景家庄位于泾水中游的灵台县城西北,距白草坡5.5公里的黑川河上游(参见图9)。景家庄春秋墓出土的礼器的形制、纹饰具有明显的春秋早期特点,有的甚至同西周晚期的差别不大,应为春秋早期秦墓。②

(二)灵台县洞山东周墓群

灵台县洞山位于达溪河与其支流南河交汇处,与百里镇同处达溪河南岸而隔南河相对,相距仅数百米(参见图9)。1973年,甘肃省博物馆派人在灵台洞山西周墓周围进行钻探,发现了46座东周墓葬,发掘了其中的8座。洞山东周墓群分布于洞山村东侧的北坡上,自山半坡至河岸边的台地上均有发现。附近有居住遗存,内含大量灰烬、石器及陶器残片,时代与墓葬相同,部分墓葬打破灰层。洞山的这批东周墓葬的年代为春秋中期或稍早,个别墓可到春秋晚期。③滕铭予认为,洞山M5为春秋早期。④

四、甘肃庆阳地区

庆阳地区发现的宁县石家墓群可能有春秋早期的秦文化遗存。

宁县石家墓群

石家墓群位于甘肃省宁县早胜镇西头村一组石家沟畔以西(参见图9),该

---

① 甘肃省文物考古研究所、礼县博物馆:《礼县圆顶山春秋秦墓》,《文物》2002年第2期。
② 刘得祯、朱建唐:《甘肃灵台县景家庄春秋墓》,《考古》1981年第4期。
③ 甘肃省博物馆文物队等:《甘肃灵台县两周墓葬》,《考古》1976年第1期。
④ 详参滕铭予《秦文化:从封国到帝国的考古学观察》附表二"长陇地区墓葬统计表"。

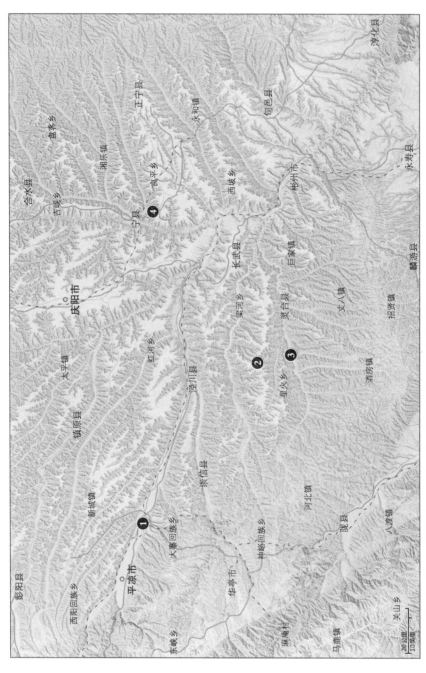

图9 平凉、庆阳地区秦文化遗址分布图

注：1.平凉南庄甫战国墓；2.灵台县景家庄春秋墓；3.灵台县洞山东周墓；4.宁县石家墓群

墓地曾遭到盗掘。为了使该墓群免遭进一步盗掘破坏,甘肃省文物考古研究所于 2016 年初开始发掘,截至目前,共发掘东周时期墓葬 8 座、祭祀坑 1 座、车马坑 1 座。墓葬呈南北向,随葬品的组合特点等有周人墓葬之特点。不过,中小型贵族墓葬殉狗比例较高,葬式上流行侧身屈肢葬,车马坑内有殉人、殉狗现象,整车随葬车马作驾乘状等特点均与周人埋葬习俗相差甚远,大致符合春秋秦墓特征。[①] 需要说明的是,目前石家春秋墓群的具体分期情况还不清楚,我们只能说,宁县石家墓群可能有春秋早期的秦文化遗存。

五、陕西宝鸡地区

宝鸡地区发现的陇县边家庄遗址、陇县店子秦墓、宝鸡西高泉春秋墓、宝鸡姜城堡东周墓、宝鸡谭家村春秋墓、宝鸡福临堡东周墓、凤翔孙家南头春秋秦墓、凤翔八旗屯秦国墓葬、宝鸡晁峪东周秦墓和宝鸡市陈仓区南阳村春秋秦墓均有春秋早期的秦文化遗存。

(一) 陇县边家庄遗址

边家庄村位于陇县县城东南 4 公里处的千河西南岸台地上(参见图 10)。村西北有一条小河自南向北流入千河,村西是一处范围较大的春秋墓葬区。边家庄五号墓的年代为春秋早期。根据周代的用鼎制度,边家庄五号墓主人当是大夫级的贵族。在边家庄五号墓附近,有一座春秋古城遗址,尚存夯土及城墙遗迹,并发现春秋早期的陶片。发掘者认为此处应为秦襄公徙汧所都之地。[②]

(二) 陇县店子秦墓

陇县店子秦墓地位于陇县城关乡店子村(参见图 10),该村地处陇县县城西北约 3 公里处,坐落于北河西岸二级台地的前缘,宝(鸡)平(凉)公路紧依村东而过,宝(鸡)中(卫)铁路则于村西南北向穿过。店子墓地 224 座秦墓,除 9 座墓葬没有充分的分期依据外,其余 215 座秦墓可以分为六期。第一期为春秋中期,其中 M15 的年代比同期的另外几座墓葬要偏早一些;第二期年代为春秋晚

[①] 王永安、郑国穆、张俊民:《甘肃宁县西头村石家墓群发现春秋秦墓》,《中国文物报》2016 年 8 月 26 日第 008 版。

[②] 陕西省考古研究所宝鸡工作站、宝鸡市考古工作队:《陕西陇县边家庄五号春秋墓发掘简报》,《文物》1988 年第 11 期。

期;第三期为战国早期;第四期为战国中期;第五期共40座墓葬,年代为战国晚期;第六期共54座墓葬,年代为秦代。① 不过,滕铭予认为,M219的年代为春秋早期。②

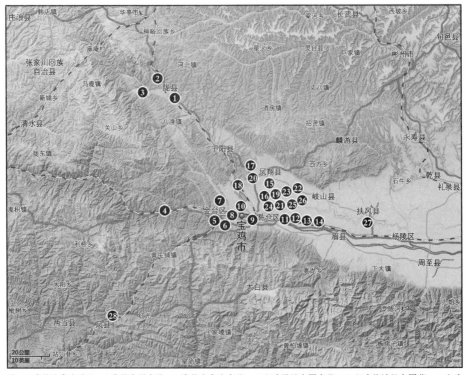

注:1.陇县边家庄遗址;2.陇县店子秦墓;3.陇县韦家庄秦墓;4.宝鸡晁峪东周秦墓;5.宝鸡姜城堡东周墓;6.宝鸡谭家村春秋秦墓;7.宝鸡福临堡东周墓;8.宝鸡茹家庄东周秦墓;9.宝鸡郭家崖秦国墓地;10.宝鸡斗鸡台遗址;11.宝鸡市洪源村一号春秋秦墓遗址;12.宝鸡西高泉春秋墓;13.宝鸡市陈仓区南阳村春秋秦墓;14.阳平秦家沟秦墓;15.凤翔秦国都雍城遗址;16.凤翔秦公陵园;17.凤翔雍山血池秦汉祭祀遗址;18.凤翔孙家南头春秋秦墓;19.凤翔邓家崖秦墓;20.凤翔路家村墓群;21.凤翔八旗屯秦国墓群;22.凤翔高庄秦墓;23.凤翔南指挥秦墓;24.凤翔南指挥乡西村秦墓;25.凤翔八旗屯西沟道秦墓;26.凤翔六道村战国秦墓;27.扶风县飞凤山秦墓;28.凤县双石铺秦墓

图10 宝鸡地区秦文化遗址分布图

(三)宝鸡西高泉春秋墓

宝鸡县杨家沟公社西高泉村(参见图10)南距太公庙村春秋遗址1公里,背临凤翔塬,在渭河以北第二级台地上。这一带是春秋时期墓葬较为密集的地区。西高泉村三座墓葬(简称M1、M2、M3)东西排列,各间距2米左右。出土22件铜

---

① 陕西省考古研究所:《陇县店子秦墓》,三秦出版社,1998年。
② 详参滕铭予《秦文化:从封国到帝国的考古学观察》附表二"长陇地区墓葬统计表"。

器、30余件陶器。这批文物与同年春天在太公庙村出土的3件秦公镈和五件秦公钟同属于春秋早期的遗物。西高泉村三座墓葬的年代应在春秋早期。① 不过,滕铭予认为,西高泉M3的年代为春秋中期。②

(四)宝鸡姜城堡东周墓

姜城堡在宝鸡市渭滨区(参见图10),1967年12月,宝鸡市渭滨区清姜修缮队在姜城堡挖地基时,发现一座古墓,墓内文物没有遭到任何破坏。这个墓出土铜器、石器、骨器等77件。这座墓葬的年代为东周早期。③

(五)宝鸡谭家村春秋墓

谭家村墓葬位于宝鸡氮肥厂后谭家村西南台地上(参见图10)。属于春秋时期的墓葬共13座,这13座墓应是春秋早期后段至中期的秦国墓葬。④ 滕铭予认为,宝鸡谭家村M5、M11、M17、M23、M24的年代为春秋早期,而谭家村M14则为春秋中期。⑤

(六)宝鸡福临堡东周墓

福临堡是宝鸡市西面的一个小村镇(参见图10),距市区6公里。它南濒渭河,北枕长坡原(俗名长寿山),往西为宝鸡峡,峡以上为高山纵谷,渭河蜿蜒曲折,水流激湍,峡以下两岸多平地。发掘地点在福临堡的东北角。发掘者推断福临堡这几座墓葬为东周早期的秦国墓葬。⑥ 滕铭予认为,福临堡M5的年代为春秋早期,福临堡M1、M3、M7的年代为春秋中期,福临堡M6、M11、M4的年代为春秋晚期。⑦

(七)凤翔孙家南头春秋秦墓

孙家南头村位于凤翔县城西南约15公里处沂河东岸的一级台地上(参见图10),该区域系河川地带,地势平坦,土地肥沃。在墓地东约300米的高台上就是著名的省级重点文物保护单位"蕲年宫"秦汉建筑遗址所在。2003年10月至次

---

① 卢连成、杨满仓:《宝鸡县西高泉村春秋秦墓发掘记》,《文物》1980年第9期。
② 详参滕铭予《秦文化:从封国到帝国的考古学观察》附表三"宝鸡地区墓葬统计表"。
③ 王光永:《宝鸡市渭滨区姜城堡东周墓葬》,《考古》1979年第6期。
④ 宝鸡市考古工作队:《宝鸡市谭家村春秋及唐代墓》,《考古》1991年第5期。
⑤ 详参滕铭予《秦文化:从封国到帝国的考古学观察》附表三"宝鸡地区墓葬统计表"。
⑥ 赵学谦、刘随盛:《陕西宝鸡福临堡东周墓葬发掘记》,《考古》1963年第10期。
⑦ 详参滕铭予《秦文化:从封国到帝国的考古学观察》附表三"宝鸡地区墓葬统计表"。

年 9 月间,由省、市、县组成的联合考古队对约 70 万平方米范围内的古墓葬和古遗址进行了抢救性考古发掘。此次共清理周、秦及汉代以后各时期墓葬和车马坑 191 座,其中先周与西周墓葬 35 座,春秋秦墓和车马坑 95 座,宋元时期墓葬 9 座,未发掘的近代墓葬 52 座,另外还发掘出西汉时期大型沂河码头仓储建筑遗址。孙家南头墓地秦墓的上限年代为春秋早期晚段到春秋中期,其下限年代当在春秋末期。①

(八)凤翔八旗屯秦国墓葬

凤翔是秦国都城雍城的所在地。八旗屯秦国墓地北距凤翔县城 4 公里(参见图 10),位于雍水南岸,隔岸与雍城相望,属都城近郊。墓地以八旗屯为中心,东至高庄,南至黄家庄,西至南指挥镇,北至雍水。1976 年,陕西省雍城考古工作队发掘了秦国各期墓葬 40 座,车马坑 4 座,获得了大量的遗迹、遗物。这 40 座墓葬,根据出土器物的组合和器形,可以分为六期。第一期的年代应为春秋早期,第二期为春秋中期,第三期为春秋晚期,第四期为战国早期,第五期为战国中期,第六期为战国晚期。②

继 1976 年至 1977 年在八旗屯和高庄发掘了近百座春秋战国秦墓后,1981 年 4 月,又在八旗屯墓地 A 区清理墓葬 15 座,其中春秋战国秦墓 10 座(编号 81 凤八 M2—M5,M7—M9,M12,M14,M15),祭祀坑 1 座(编号 81 凤八 M11),汉墓 4 座。这次发掘的 10 座秦墓,有 6 座被盗,出土铜器甚少。M4 仅出陶豆 1 件,M8 未出铜器和陶器,年代难以确定。其他 8 座墓,根据随葬陶器的形制和组合关系,并参照原八旗屯和高庄墓地的分期,年代分别可以确定为春秋晚期、战国早期和战国中期。③

(九)宝鸡晁峪东周秦墓

宝鸡县西部的秦岭山系,山川蜿蜒纵横。东距宝鸡市约 38 公里处的晁峪村,背靠大山,晁峪河(古作山河)经过村西由南向北注入渭河,宝(鸡)天(水)简

---

① 陕西省考古研究院、宝鸡市考古工作队、凤翔县博物馆:《陕西凤翔孙家南头春秋秦墓发掘简报》,《考古与文物》2013 年第 4 期。

② 陕西省雍城考古工作队吴镇烽、尚志儒:《陕西凤翔八旗屯秦国墓葬发掘简报》,《文物资料丛刊》1980 年第 3 期。

③ 陕西省雍城考古队:《一九八一年凤翔八旗屯墓地发掘简报》,《考古与文物》1986 年第 5 期。

易公路从村中心穿过,新修建的310国道则从村东穿越,在两条公路线之间的村东,即为晁峪墓地所在地(参见图10)。1999年7月至8月间,为配合310国道建设工程,陕西省考古研究所组成考古队,对晁峪墓地进行了大规模考古勘探和局部发掘。经勘探,该墓地南北长650.6米、东西宽200米,总面积达130000平方米。墓地中部以北为先周和西周墓葬分布区;南部则为东周秦墓分布区。在墓地中部偏南处,尚有属于新石器时代的晁峪遗址。此次考古发掘的主要对象是位于墓地最南端的6座墓葬。据发掘报告,这6座墓为秦墓,M2的年代应定为春秋早期;M4的年代应定为战国早期,M5与之比较,亦应归入此期。M6的年代应定为战国中期。M1和M3因出土器物有限,缺乏分期的充分依据。晁峪墓地东周秦墓的发现和对其中6座墓葬的发掘,是目前为止在陕西境内最西端的渭河沿岸有关秦人踪迹的重要发现。①

(十)宝鸡市陈仓区南阳村春秋秦墓

南阳村位于宝鸡市陈仓区东、渭河北岸的二级台地上,西距陈仓区虢镇7公里,东距阳平镇1.5公里,南靠陇海铁路,北依凤翔塬(参见图10)。1998年在此清理4座墓,2004年又清理1座。这5座墓同属一个墓区,属同一时代,为春秋早期秦墓。②

六、陕西西安地区

西安地区发现的长安客省庄秦墓和户县南关春秋秦墓均有春秋早期的秦文化遗存。

(一)长安客省庄秦墓

客省庄村位于西安市西南20余公里处的长安区马王镇沣河西岸(参见图11),东接斗门镇,西有张海坡,南临马王村,北连韩南村。滕铭予认为,长安客省庄秦墓M19的年代为春秋早期,M11、M204的年代为春秋晚期,M202的年代为战国早期,M208、M203、M211、M213、M221、M210、M209、M217、M214的年代为战

---

① 陕西省考古研究所:《陕西宝鸡晁峪东周秦墓发掘简报》,《考古与文物》2001年第4期。

② 宝鸡市考古工作队、宝鸡县博物馆:《陕西宝鸡县南阳村春秋秦墓的清理》,《考古》2001年第7期;宝鸡市陈仓区博物馆:《陕西宝鸡市陈仓区南阳村春秋秦墓清理简报》,《考古与文物》2005年第4期。

48 帝国的形成与崩溃——秦疆域变迁史稿

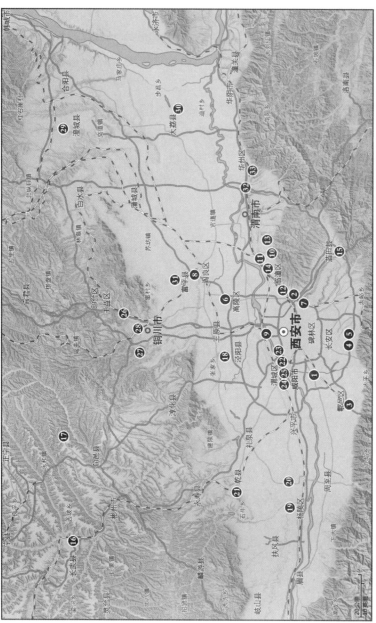

图11 西安、咸阳、铜川、渭南地区秦文化遗址分布图

注：1.长安客省庄秦墓；2.长安洪庆村春秋墓又墓；3.户县南关秦汉墓；4.西安南郊秦墓；5.西安南郊曹家堡战国墓；6.高陵县益尔公司秦墓；7.西安半坡秦墓；8.栎阳城遗址；9.西安北郊秦墓；10.临潼上焦村秦墓；11.临潼清泉秦墓；12.临潼正阳赵；13.临潼马额秦墓；14.秦始皇帝陵；15.蓝田泄湖战国墓；16.长武上孟村秦墓；17.旬邑转角秦墓；18.泾阳宝丰村秦墓；19.西北林学院秦墓；20.武功赵家来秦墓；21.乾县夫道村秦墓；22.咸阳任家嘴秦墓；23.咸阳黄家沟秦墓；24.秦都城咸阳遗址；25.咸阳塔尔坡秦墓地；26.铜川枣庙秦墓；27.铜川王家河秦墓；28.耀县城东秦墓；29.澄城县冯原镇居安遗址；30.大荔县朝邑战国墓群；31.富平县朝邑东阳秦墓；32.渭南阴郊战国秦墓；33.华县东阳秦墓。

国中期。①

（二）户县南关春秋秦墓

陕西省户县(今鄠邑区)城关南关位于一处面积很大的仰韶文化和西周、东周文化相叠压的遗址上(参见图11)。该遗址南顶涝河、北至县城,长约15米,东界南关中学,西临涝水,宽约1000米。范围包括南关大队的姬家堡、崔家堡等村。1974年冬,南关居民取土时发现春秋早期秦墓1座,即74MI。1982年,南关一队社员掏沙子时,又发现一座春秋早期七鼎秦墓,即82MI,出土各类文物306件。②

七、小结

综上所述,已经发现的春秋早期的秦文化遗存分布地域西到甘肃甘谷,东到陕西西安,北到甘肃灵台,南到秦岭。这与文献记载之春秋早期的秦人疆域范围基本一致。

---

① 详参滕铭予《秦文化:从封国到帝国的考古学观察》附表四"西安地区墓葬统计表"。
② 曹发展:《陕西户县南关春秋秦墓清理记》,《文博》1989年第2期。

第三章 春秋中期的秦疆域变迁

按前述春秋时期早中晚三期之分期标准,春秋中期大致相当于秦德公至秦桓公时期。据此,本章考察秦德公至秦桓公时期的秦疆域变迁。

第一节 德公、宣公、成公时期

武公卒后,弟德公即位。德公卒后,子宣公、成公相继即位。德公享国二年,宣公享国十二年,成公享国四年。① 在此时期,秦势力东及于河,并首次与晋发生了冲突。

一、徙都雍与卜辞所反映之秦东部疆域

德公元年(前677),秦自平阳徙都雍。《史记》卷五《秦本纪》:

> 德公元年,初居雍城大郑宫。以牺三百牢祠鄜畤。卜居雍。后子孙饮马于河。

从"卜居雍。后子孙饮马于河"可知,德公在决定徙都雍时,曾举行了占卜。占卜的结果是,如果居雍,那么后世子孙就可以饮马黄河。② 这就清楚地表明,在德公时,秦的东部疆域还未到黄河。

雍城,在今凤翔县城西南角(参见图12)。③ 雍城北频雍山,东趋岐周之地,

---

① 《史记》卷五《秦本纪》。
② 《史记会注考证》(上海古籍出版社,2015年):"后子孙饮马于河"为卜辞。
③ 据考古调查与发掘,雍城在今凤翔县城西南。详参韩伟、焦南峰:《秦都雍城考古发掘研究综述》,《考古与文物》1988年第5、第6期。

第三章　春秋中期的秦疆域变迁　51

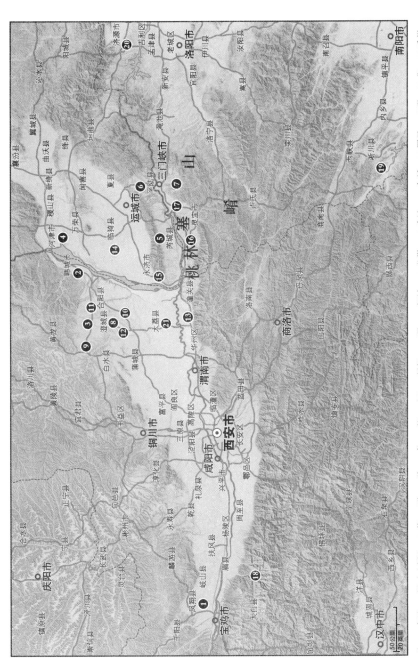

图12　春秋时期关中、晋西南、豫西诸地地望图

注：1.雍城；2.梁（少梁）；3.芮；4.耿；5.魏；6.虞；7.虢；8.汪；9.彭衙；10.邢；11.新城；12.北徵；13.武城；14.令狐；15.羁马；16.瑕；17.焦；18.瓜州；19.邧；20.河阳；21.大荔

西接甘陇,南经宝鸡可抵巴蜀,地理位置十分重要。《读史方舆纪要》论雍城所在凤翔府之地理形势曰:"居四山之中①,五水之会②,陇关西阻,益门南扼,当关中之心膂,为长安之右辅。周太王迁岐而肇基王迹。秦德公居雍而寖以盛强。"从德公元年(前677)到献公二年(前383)的二百九十余年间,雍城一直是秦国政治、军事、经济、文化的中心。③

二、秦势力及于河:梁、芮为秦附庸

早在宪公和出子时,秦就曾插手芮国事务。④ 德公、成公即位时,梁伯、芮伯来朝,说明梁、芮已成为秦的附庸。《史记》卷五《秦本纪》:

> (德公元年)梁伯、芮伯来朝。

又,《史记》卷五《秦本纪》:

> (成公元年)梁伯、芮伯来朝。

据考古发现,春秋早中期的芮国都城在今陕西澄城县王庄镇刘家洼村西北

---

① 《读史方舆纪要》原注:"《志》云:府境四围皆有高山,而中实坦平。春秋时谓之故雍。四面积高为雍也。"

② 《读史方舆纪要》原注:"五水,汧、渭、漆、岐、雍也。《志》云:府境自大散关以北,达于岐、雍,夹渭川南北岸,沃野千里,所谓秦川也。"

③ 滕铭予《秦文化:从封国到帝国的考古学观察》:宝鸡地区北部的凤翔一带已发现的墓地年代多在春秋中期以后,多属第一级别,包含了较多的 A 类墓和大量的 B 类墓,这种情况一直持续到战国晚期以后。这说明该地的居址等级在春秋中期以后较高,这应与秦都雍城有关。上述事实还表明,在秦都咸阳以后,尽管凤翔一带已非秦都,但一直是秦国的一个重要地点。

④ 《左传》桓公四年:"秋,秦师侵芮,败焉,小之也……冬,王师、秦师围魏,执芮伯以归。"又,《左传》桓公十年:"秋,秦人纳芮伯万于芮。"按:鲁桓公四年和十年,分别为秦宪公八年和秦出子二年。

(参见图12)①;梁国,在今陕西韩城市南(参见图12)。②

梁、芮两国归附于秦,使秦的势力东及于河。③ 正是在这一时期,秦首次与隔河相望的晋国发生了武装冲突。《史记》卷五《秦本纪》:"宣公四年(前672),作密畤,与晋战河阳,胜之。"河阳,即河雍,在今河南孟州市西(参见图12)。④

---

① 《汉志》:临晋有芮乡,故芮国。《汉书补注》钱坫曰:芮伯万国也。在今同州府朝邑县南。全祖望曰:大荔之戎,亦名芮戎,在北地。芮伯国在临晋。秦灭大荔,其种落盖有居于临晋者,后人遂合而一之,谓临晋即古大荔,非也。《水经注》云:匪直大荔故芮也,此亦有焉,则二芮了然矣。先谦曰:《续志》有芮乡。刘注,古芮国,与虞相让者。又云有王城。刘注:秦厉共公取王城,即此。《左传》,晋阴饴甥与秦伯会王城,证以徐广之说,大荔、芮乡,同在临晋无疑,全说未谛。《索隐》:"芮,姬姓。芮国在冯翊临晋。"《正义》:"《括地志》云:'南芮乡故城在同州朝邑县南三十里,又有北芮城,皆古芮伯国。郑玄云周同姓之国,在畿内,为王卿士者。'《按:陕州芮城县界有芮国城,盖是殷末虞芮争田之芮国是也。"《中国历史地图集》春秋"晋秦图":芮国在今陕西朝邑。不过,据考古发现,春秋早中期的芮国都城在今陕西澄城县王庄镇刘家洼村,刘家洼遗址位于陕西澄城县王庄镇刘家洼村西北,分布于洛河支流长宁河上游的鲁家河两岸。陕西省考古研究院研究员种建荣确定陕西澄城刘家洼遗址发现的周代诸侯大墓,为芮国后期的都城遗址及墓地。另外,据考古发现,陕西韩城梁带村 M19、M26、M27 出土的铜鬲或簋盖分别铸有"内(芮)太子""内(芮)太子白"和"内(芮)公"的铭文。M27 墓葬形制巨大,随葬青铜礼器七鼎六簋,还有 48 件金器以及兵器、成套乐器,毋庸置疑,墓主必为一代国君。簋上的铭文"芮公作为旅簋"则直接告诉我们墓主确为芮公。梁带村两周墓地的国别确为芮国当无疑问。这就是说,韩城梁带村一带亦为芮国之领土。详参《陕西韩城梁带村遗址 M19 发掘简报》,《考古与文物》2007 年第 2 期;《陕西韩城梁带村遗址 M27 发掘简报》,《考古与文物》2007 年第 6 期;《陕西韩城梁带村遗址 M26 发掘简报》,《文物》2008 年第 1 期。

② 《史记索隐·秦本纪》:"梁,嬴姓。梁国在冯翊夏阳。"《史记正义·秦本纪》引《括地志》云:"同州韩城县南二十二里少梁故城,古少梁国。《都城记》云:梁伯国,嬴姓之后,与秦同祖。秦穆公二十二年灭之。"《中国历史地图集》春秋"晋秦图":梁国在今陕西韩城南。另参见吴镇烽《先秦梁国考》,《文博》2008 年第 5 期。

③ 对于德公和成公即位时,梁伯、芮伯皆来朝所反映的秦疆域问题,马非百先生已有揭示:"自出子元年,秦人纳芮伯万以后,芮国即已成为秦的外府。梁伯、芮伯于德公和成公即位时皆来朝。是两国均已归附于秦,秦之东境,以北洛水为界,陕西中部除洛水以东至黄河东岸河西地区外,均为秦人势力范围所及之地矣!"《秦集史》,中华书局,1982 年。

④ 《汉志》:河阳属河内郡。《汉书补注》先谦曰:周苏忿生之田。盟以与郑,见《左》隐传。后属晋,文公召王狩焉,见僖传。分属魏,赵惠文王得之,见《赵世家》。《汉志汇释》周振鹤师:治今河南孟州市西。《中国历史地图集》春秋"晋秦图":在今河南孟县西。

三、德公、宣公、成公时期疆域变迁小结

综上所述,在德公、宣公、成公统治时期,秦又把都城从平阳迁到了雍。此时关中东部的梁、芮已是秦的附庸,秦地虽未东至河,但势力已及于河西地区。现存文献不见德公、宣公、成公时期的失地记载。

第二节 穆公时期

成公卒,子七人,莫立,立其弟穆公。① 穆公享国三十九年,期间,秦的疆域有较大的变化。

一、秦晋接境

晋献公时,晋国的疆域迅速拓展,崛起为东方的强国。晋献公十六年(前661),晋灭了河东的魏、耿、霍。② 魏,在今山西芮城(参见图12)③;耿,在今山西河津东南(参见图12)④;霍,在今山西霍县西南(参见图12)。⑤ 秦穆公五年(前655),即晋献公二十二年,晋又灭虞、虢。⑥ 虢,其都在今河南三门峡市东南(参见图12)⑦;虞,在今山西平陆县北(参见图12)。⑧ 晋灭虞、虢两国后,晋的疆土开始从大河

---

① 《史记》卷五《秦本纪》。

② 《史记》卷五《秦本纪》:武公十三年,"晋灭霍、魏、耿"。又,《史记》卷一四《十二诸侯年表》:晋献公十六年"灭魏、耿、霍"。按:晋献公十六年当为秦成公三年。

③ 《中国历史地图集》春秋"晋秦图":魏,在今山西芮城。

④ 《中国历史地图集》春秋"晋秦图":耿,在今山西河津东南。

⑤ 《中国历史地图集》春秋"晋秦图":霍,在今山西霍县西南。

⑥ 《史记》卷五《秦本纪》:"(秦穆公)五年,晋献公灭虞、虢。"

⑦ 《史记集解·晋世家》:"贾逵曰:虞在晋南,虢在虞南。"《汉志》:弘农郡陕,故虢国。北虢在大阳,东虢在荥阳,西虢在雍州。《汉志汇释》周振鹤师:陕,治今河南三门峡市西。《中国历史地图集》春秋"晋秦图":北虢,在今河南三门峡市东南。

⑧ 《史记集解·晋世家》:"贾逵曰:虞在晋南,虢在虞南。"《大清一统志》卷一百十七:平陆县在州东南九十里……周初虞国,春秋晋大阳邑。《中国历史地图集》春秋"晋秦图":虞,在今山西平陆县北。

北岸伸展到大河以南的今河南豫西,从而据有战略要地"河外"。河外是豫晋间黄河以南地区(参见图12),有桃林塞。① 桃林塞为易守难攻的战略要地。河外之地对于秦而言,还是通向东方最为便捷的大道,即所谓的"东道",也即"函谷道",穆公欲争霸中原就必须要打通通往中原的道路。

此外,晋不仅先于秦取得了河外,而且也先于秦取得了河西。《史记》卷三九《晋世家》在晋灭虞、虢后接云:"当此时,晋强,西有河西,与秦接境,北边翟,东至河内。"河西指龙门至风陵渡一段黄河以西至北洛河一带地区(参见图12)。黄河对秦晋双方来说都是一道重要的天然防线,秦得河西地可直接威胁晋的安全,晋得河西地亦可直接威胁秦的安全。

晋国取得河西和河外,雄居于秦国的东面,领土与秦接境,这不仅影响了秦向东方的进一步发展,也对秦构成了严重威胁。② 因此穆公即位之初,就以东进

---

① 详参《中国历史地图集》春秋"晋秦图"。
② 顾栋高曾论晋得河外之地的重要影响。《春秋大事表》卷三十一《秦晋交兵表》:"贾生有言:秦孝公据崤函之固,拥雍州之地,君臣固守以窥周室。呜呼!此周秦兴废之一大机也。考春秋之世,秦晋七十年之战伐,以争崤函,而秦之所以终不得逞者,以不得崤函。惠公之入也,赂秦以河外列城五,东尽虢略,南及华山。盖自华阴以及河南府之嵩县,南至邓州凡六百里,皆古虢略地,桃林之险在焉。赂秦,则晋之地险尽失。盖以空言市秦,而实不与也。逮战韩,获晋侯,秦始征得河东,不二年复归之晋。春秋当日,虽天子所赐,苟其民不服,则亦不得而有。隐十一年,王以盟、向易苏、邗之田于郑,未几,盟、向叛郑归王,王迁盟、向之民于郏。襄王锡晋以南阳,而温、原之民不服晋。况此时晋兵力尚强,秦盖知其力不能有,故索质子于晋,因而归之,以为名耳。逮穆公暮年,年老智昏,越千里而袭郑,盖乘文公之没薪,灭郑而有之,其地反出周、晋之东,使衰绖之师不出,秦将包陕、洛,亘崤、函,其为患且十倍于楚,幸而崤师一败,遁逃窜伏。其后迭相攻击,历三四世,终不能越大河以东一步。成十一年,秦晋为成,秦史颗盟晋于河东,晋郄犨盟秦于河西,截然两界,如天堑之不可越。使三晋不分,以其全力制秦,秦终不敢东出周室,何自有窥□之渐哉?余尝持论,谓晋献公灭虢,而周室无复有西归之计,然使晋不灭虢,虢必入秦,而秦于周为切肤之灾,于郑成密迩之势。夫楚争郑,而晋得以救之者,以楚去郑稍远,而晋得陕、虢,庇郑于宇下,能联络东诸侯以为之援也。秦若灭虢,则晋与郑隔绝,而郑在秦掌握中,秦伐郑,而晋不能救也。秦得郑,则周室如累卵,三川之亡且不待赧王之世,故周之得以支持四百年者,以晋得虢略之地,能为周西向以拒秦也。周秦废兴之故,岂不重系乎此哉?"

二、对东方的开拓：秦地东至河

(一) 取得晋国在河西的部分土地

秦穆公九年(前651年)，晋献公卒。晋献公死后，诸子因争位而酿成内乱，这为秦插手晋国内政，取得河西之地创造了条件。② 秦穆公十四年(前646)，秦晋发生韩原之战，晋国战败，秦获晋君夷吾。③ 经周天子与穆公夫人(晋君夷吾姊)的斡旋④，秦以释放晋君为条件，取得了晋国在河西的部分土地。《史记》卷五《秦本纪》：

> (秦穆公十四年)十一月，归晋君夷吾，夷吾献其河西地，使太子圉为质于秦。秦妻子圉以宗女。是时秦地东至河。⑤

秦取得晋国在河西的部分土地，使秦的领土东到黄河。

(二) 秦灭梁、芮

秦穆公二十年(前640)，秦又灭河西之梁、芮，秦河西之地进一步扩大。《史记》卷五《秦本纪》：

> (穆公)二十年，秦灭梁、芮。

---

① 《史记》卷五《秦本纪》："缪公任好元年，自将伐茅津，胜之。"《正义》引刘伯庄云："戎号也。"《括地志》云："茅津及茅城在陕州河北县西二十里。《注水经》云茅亭，茅戎号。"茅津在今山西平陆东，是黄河上的重要渡口。又，《史记》卷五《秦本纪》："五年秋，缪公自将伐晋，战于河曲。"《集解》徐广曰："一作'西'。"可见，穆公即位之初，就以东进为急务。

② 《史记》卷五《秦本纪》："晋献公卒。立骊姬子奚齐，其臣里克杀奚齐。荀息立卓子，克又杀卓子及荀息。夷吾使人请秦，求入晋。于是缪公许之，使百里傒将兵送夷吾。夷吾谓曰：'诚得立，请割晋之河西八城与秦。'及至，已立，而使丕郑谢秦，背约不与河西城，而杀里克。"

③ 《史记》卷五《秦本纪》；又，《左传》僖公十五年：秦晋战于韩原，秦获晋侯以归。《括地志》：韩原在同州韩城县西南十八里。

④ 《史记》卷五《秦本纪》："周天子闻之，曰'晋我同姓'，为请晋君。夷吾姊亦为缪公夫人，夫人闻之，乃衰绖跣，曰：'妾兄弟不能相救，以辱君命。'缪公曰：'我得晋君以为功，今天子为请，夫人是忧。'乃与晋君盟，许归之，更舍上舍，而馈之七牢。"

⑤ 另外，《春秋左传注疏》卷十三："夏，晋大子圉为质于秦，秦归河东而妻之。注：秦征河东，置官司，在十五年。"盖秦曾一度得晋河东之地。

此时之芮国当在今陕西澄城县王庄镇刘家洼村西北(参见图12);梁国在今陕西韩城市芝川镇西(参见图12)。① 顾栋高《春秋大事表》卷四:"至于穆公,遂灭梁、芮,筑垒为王城,以塞西来之路。"秦灭梁、芮,不仅使秦河西之地进一步扩大,而且加强了对河西之地的防守。

三、对西方的开拓:穆公霸西戎

(一)征服瓜州

秦穆公时,曾征服了瓜州一带的西戎。《左传》僖公二十二年:

> 秋,秦晋迁陆浑之戎于伊川。

又,《后汉书》卷八七《西羌传》:

> 后九年,陆浑戎自瓜州迁于伊川,允姓戎迁于渭汭,东及轘辕。在河南山北者号曰阴戎,阴戎之种遂以滋广。

关于此事更为详细的记载,还见于《左传》的其他地方。《左传》襄公十四年:

> (范宣子)将执戎子驹支。范宣子亲数诸朝,曰:"来,姜戎氏。昔秦人迫逐乃祖吾离于瓜州,乃祖吾离被苫盖,蒙荆棘,以来归我先君。我先君惠公有不腆之田,与女剖分而食之。今诸侯之事我寡君,不如昔者,盖言语漏泄,则职女之由,诘朝之事,尔无与焉,与将执女。"对曰:"昔秦人负恃其众,贪于土地,逐我诸戎。惠公蠲其大德,谓我诸戎是四狱之裔胄也,毋是翦弃。赐我南鄙之田……自是以来,晋之百役,与我诸戎,相继于时,以从执政。"

又,《左传》昭公九年:

> (周)王使詹桓伯辞于晋亦曾说:"先王居梼杌于四裔,以御螭魅,故允姓之奸居于瓜州。伯父惠公归自秦,而诱以来,使偪我诸姬,入我郊甸,则戎焉取之。"

综上可见,此事的原委是:由于秦人贪于土地,曾征服了瓜州一带的西戎,迫逐他们离开了瓜州。晋惠公为了利用他们帮助晋国打仗,就趁机引诱他们到晋河南

---

① 参见第53页注①、注②。

山北之所谓"阴地"。① 瓜州,一说在秦岭高峰之南北两坡(参见图12),一说在今甘肃敦煌。② 如在敦煌,则秦穆公时曾一度向西拓地至河西走廊西端的敦煌一带。

(二)东进被阻与穆公霸西戎

秦穆公二十四年(前636),流亡在外十九年的晋公子重耳,在秦的援助下回国继位,这就是有名的晋文公。经过文公的整顿,晋政权得到了巩固,出现"政平民阜,财用不匮"的局面。③ 并且晋由于胜楚而跃升为中原的霸主。晋文公死,秦穆公乘晋丧而派兵偷袭郑国,因郑有备而退回。在行经殽地时,遭到晋伏兵的阻击,秦师全军覆灭,三帅被晋俘获。④ 此后秦晋双方虽然互有胜负⑤,但秦东进的道路始终被晋牢牢地扼住,无法向东开拓。东进被阻以后,穆公转而谋求征服西戎。穆公三十七年(前623),在由余的帮助下⑥,穆公顺利征服了西戎。

---

① 杜预注:"阴地,晋河南山北自上洛以东至陆浑。"详参《春秋左传注疏》卷二十一。又,《春秋分记》卷二十六:"阴地,晋之河南山北,自商州上雒县以东至河南府伊阳县,此是通秦晋要道。"

② 顾颉刚《史林杂识·瓜州》:瓜州在今秦岭高峰之南北两坡。杨伯峻《春秋左传注》:瓜州,旧注皆以为即今甘肃敦煌。或曰在"秦晋之间"。《史记索隐·匈奴列传》:"《春秋左氏》'秦晋迁陆浑之戎于伊川'。杜预以为'允姓之戎居陆浑,在秦晋之间,二国诱而徙之伊川,遂从戎号,今陆浑县是也。'"马非百《秦史纲要》(大道出版社,1945年):瓜州在敦煌。《中国历史地图集》春秋"晋秦图":陆浑戎(允姓之戎),在秦岭太白山北。

③ 《国语》卷十《晋语四》。

④ 《史记》卷五《秦本纪》。

⑤ 《史记》卷五《秦本纪》:"缪公于是复使孟明视等将兵伐晋,战于彭衙。秦不利,引兵归。"《左传》文公二年(秦穆公三十五年):"冬,晋先且居、宋公子成、陈辕选、郑公子归生伐秦,取汪及彭衙而还。"《左传》文公三年(秦穆公三十六年):"夏,秦伯伐晋,济河焚舟,取王官及郊,晋人不出,遂自茅津济,封殽尸而还。"

⑥ 《史记》卷五《秦本纪》:"由余笑曰:'此乃中国所以乱也。夫自上圣黄帝作为礼乐法度,身以先之,仅以小治。及其后世,日以骄淫。阻法度之威,以责督于下,下罢极则以仁义怨望于上,上下交争怨而相篡弑,至于灭宗,皆以此类也。夫戎夷不然。上含淳德以遇其下,下怀忠信以事其上,一国之政犹一身之治,不知所以治,此真圣人之治也。'……内史廖曰:'戎王处辟匿,未闻中国之声。君试遗其女乐,以夺其志;为由余请,以疏其间;留而莫遣,以失其期。戎王怪之,必疑由余。君臣有间,乃可虏也。且戎王好乐,必怠于政。'缪公曰:'善。'因与由余曲席而坐,传器而食,问其地形与其兵势尽厩,而后令内史廖以女乐二八遗戎王。戎王受而说之,终年不还。于是秦乃归由余。由余数谏不听,缪公又数使人间要由余,由余遂去降秦。缪公以客礼礼之,问伐戎之形。"

《史记》卷五《秦本纪》：

> (秦穆公)三十七年，秦用由余谋伐戎王，益国十二，开地千里，遂霸西戎。天子使召公过贺缪公以金鼓。

又，《汉书》卷五二《韩安国传》载王恢之言曰：

> 昔秦缪公都雍，地方三百里，知时宜之变，攻取西戎，辟地千里，并国十四，陇西、北地是也。

又，《史记》卷一一〇《匈奴列传》：

> 秦穆公得由余，西戎八国服于秦，故自陇以西有绵诸、绲戎、翟、䝠之戎，岐、梁山、泾、漆之北有义渠、大荔、乌氏、朐衍之戎。

绵诸，在今甘肃天水东(参见图3)①；绲戎，可能即犬戎，约在今甘肃陇西以北一带(参见图3)②；翟，当即狄，在今甘肃临洮③；䝠戎，在今甘肃陇西东南(参见图3)④；义渠，在今甘肃庆阳一带(参见图13)⑤；春秋时期大荔的具体活动地域不

---

① 《汉志》：绵诸道属天水郡。《汉书补注》先谦曰：绵诸本戎名，见《匈奴传》。县见《五行志》。《一统志》：故城今秦州东四十五里邽山下古城遗址是。《汉志汇释》周振鹤师：治今甘肃天水市北。《史记正义·匈奴列传》引《括地志》云："绵诸城，秦州秦岭县北五十六里。汉绵诸道，属天水郡。"《中国历史地图集》春秋"晋秦图"：绵诸在今甘肃天水市东。

② 《史记正义·匈奴列传》：上音昆。字当作"混"。颜师古云："混夷也。"韦昭云："《春秋》以为犬戎。"《中国历史地图集》春秋"晋秦图"：犬戎在今甘肃陇西北。

③ 《史记》卷一一〇《匈奴列传》："故自陇以西有绵诸、绲戎、翟、䝠之戎……"《后汉书》卷八七《西羌传》："及平王之末，周遂陵迟，戎逼诸夏，自陇山以东，及乎伊、洛，往往有戎。于是渭首有狄、䝠、邽、冀之戎。"两相参证，可知"翟"即"狄"。又，李贤注："狄即狄道，䝠即䝠道，邽即上邽县，冀即冀县也。"《大清一统志》卷一百九十九："狄道故城在今狄道州西南。《史记·匈奴列传》：陇西有翟䝠之戎。《百官表》：县有蛮夷曰道。汉因置狄道县，为陇西郡治。"《中国历史地图集》秦"关中诸郡图"：狄道即今甘肃临洮。

④ 《汉志》：䝠道属天水郡。颜注应劭曰：䝠，戎邑也。音完。《汉书补注》先谦曰：秦孝公斩戎之䝠王，见《秦纪》。《匈奴传》所谓陇西有翟䝠之戎也。《汉志汇释》周振鹤师：䝠道治今甘肃陇西县东南。《中国历史地图集》春秋"晋秦图"：䝠在今甘肃陇西东南。

⑤ 《汉志》：义渠道属北地郡。《汉书补注》先谦曰：本义渠戎，秦惠文王十一年县之，见《秦纪》。《一统志》：故城今宁州西北。《汉志汇释》周振鹤师：义渠道治甘肃庆阳市西峰区。《中国历史地图集》春秋"晋秦图"：义渠活动于今甘肃庆阳宁县西北一带。

详,有可能在今陕西大荔东(参见图15)①;乌氏,在今甘肃平凉西北(参见图13)②;朐衍,在今宁夏盐池(参见图13)。③

综上所述,关于穆公霸西戎,或曰"益国十二,开地千里",或曰"辟地千里,并国十四,陇西、北地是也",或曰"西戎八国服于秦,故自陇以西有绵诸、绲戎、翟、獂之戎,岐、梁山、泾、漆之北有义渠、大荔、乌氏、朐衍之戎"。要之,这些西戎之国主要分布在秦后来所设之陇西、北地两郡。所谓穆公霸西戎实际上是指,征服了这些西戎,使他们臣服于秦。穆公霸西戎在秦国的发展史上据有重要的意义,终春秋末年,现存文献不见有秦戎之间的战争。

四、对东南方的开拓:取得鄀

穆公时期,秦还向东南发展,取得了秦楚界上之小国鄀。《左传》僖公二十五年:

> 秋,秦晋伐鄀。楚鬬克、屈御寇以申、息之师戍商密。秦人过析隈,入而系舆人,以围商密。昏而傅焉,宵坎血加书,伪与子仪、子边盟者。商密人惧曰,秦取析矣,戍人反矣,乃降秦师。秦师囚申公子仪、息公子边以归。楚令尹子玉追秦师,弗及。

---

① 《史记集解·匈奴列传》徐广曰:"后更名临晋,在冯翊。"《史记索隐·匈奴列传》按:《秦本纪》:厉共公伐大荔,取其王城,后更名临晋。故《地理志》云临晋故大荔国也。《史记正义·匈奴列传》引《括地志》云:"同州冯翊县及朝邑县,本汉临晋县地,古大荔戎国。今朝邑县东三十步故王城,即大荔王城。"荔,力计反。《汉志》:左冯翊临晋县,故大荔,秦获之更名。臣瓒曰:旧说秦筑高垒以临晋国,故曰临晋。《中国历史地图集》春秋"晋秦图":大荔在今陕西大荔东。

② 《汉志》:乌氏县属安定郡。《汉书补注》先谦曰:本乌氏戎,见《匈奴传》。秦惠王取之,置县,见《纪要》。《一统志》:故城今平凉县西北。《汉志汇释》周振鹤师:乌氏治今宁夏固原市东南。《中国历史地图集》春秋"晋秦图":乌氏在今甘肃平凉西北。

③ 《史记集解·匈奴列传》引徐广曰:"在北地。朐音翊。"《史记索隐·匈奴列传》案:《地理志》朐衍,县名,在北地。徐广音诩。郑氏音吁。《史记正义·匈奴列传》引《括地志》云:"盐州,古戎狄居之,即朐衍戎之地,秦北地郡也。"《汉志》:朐衍属北地郡。《汉书补注》先谦曰:北地有朐衍县。朐衍本戎名,见《匈奴传》,误作朐衍。《一统志》:故城今灵州东南花马池北。《汉志汇释》周振鹤师:朐衍治所当在今宁夏盐池县东南与陕西定边县交界处一带。《中国历史地图集》西汉"并州朔方刺史部图":西汉朐衍县在今宁夏盐池。

第三章 春秋中期的秦疆域变迁 61

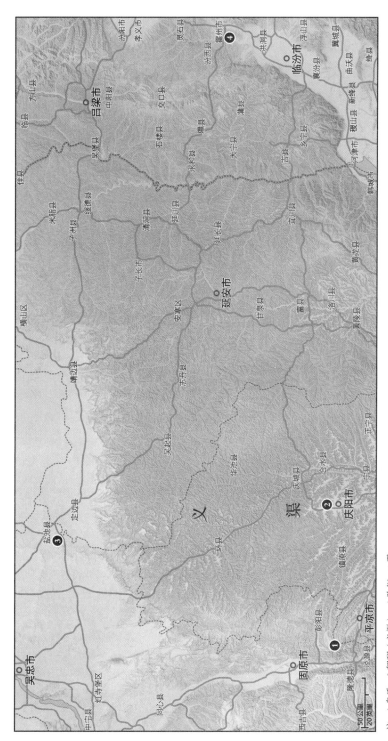

图13 乌氏、郁郅（义渠）、朐衍、霍地望图

注：1.乌氏；2.郁郅（义渠）；3.朐衍；4.霍

又,《左传》文公五年:

> 初,鄀叛楚即秦,又贰於楚。夏,秦人入鄀。

可见,穆公二十五年(前635),鄀降秦后,又曾"贰於楚",直到穆公三十八年(前622)秦人入鄀,才最终取得了鄀。鄀,一说在今河南淅川西南①,一说在今河南西峡(参见图12)。② 秦取得鄀,对于秦取得丹水河谷地区,打通武关道具有极其重要的意义。马非百先生分析说:"南进者,以直接出函谷关既不可得,遂欲另出武关,以间接向东发展。其事始于二十五年之与晋伐鄀,而终于三十八年之秦师入鄀。"③

五、穆公时期的失地

(一)晋攻取秦的汪和彭衙

如前所述,秦穆公志在东进。晋文公刚死,秦穆公即乘晋丧而派兵偷袭郑国,后因郑有备而退回。但在行经殽地时④,遭到晋伏兵的阻击,秦师全军覆灭,三帅都被晋俘获。⑤ 为报殽之耻,秦穆公三十五年(前625),秦伐晋,战于彭衙,晋再次败秦师,而且取得秦的汪和彭衙。《左传》文公二年:

> 二年春,秦孟明视帅师伐晋,以报殽之役。二月,晋侯御之。先且居将中军,赵衰佐之。王官无地御戎,狐鞫居为右。甲子,及秦师战于彭衙。秦师败绩……冬,晋先且居、宋公子成、陈辕选、郑公子归生伐

---

① 《左传》僖公二十五年杜预注:鄀本在商密,秦楚界上小国,其后迁于南郡鄀县。李学勤《东周与秦代文明》(文物出版社,1991年):"鄀国原在河南内乡西南的商密,后南迁到湖北宜城县东南。宋以来著录的鄀国青铜器分上鄀、下鄀,郭沫若先生《两周金文辞大系》认为下鄀在商密,上鄀在宜城,是可信的。"《汉志》:弘农郡丹水县之密阳乡即"故商密也"。《汉志汇释》周振鹤师:丹水县治今河南淅川西。《中国历史地图集》春秋"楚吴越图":下鄀、商密(商)在今河南淅川县西南。

② 详参国家文物局主编:《中国文物地图集·河南分册》,文物出版社,2003年。

③ 详参马非百《秦集史》。

④ 殽,一作崤,东崤、西崤的总称,在今河南洛宁县北,西北接陕县界,东接渑池县界。班固《西都赋》:"左据函谷二崤之险。"是秦去往郑国要经过的交通要隘。详参《中国历史地图集》春秋"晋秦图"。

⑤ 《史记》卷五《秦本纪》,另见《春秋》、《左传》僖公三十二、三十三年之记载。

秦,取汪及彭衙而还。①

又,《史记》卷五《秦本纪》:

> 缪公于是复使孟明视等将兵伐晋,战于彭衙。秦不利,引兵归。

又,《史记》卷三九《晋世家》:

> 后三年,秦果使孟明伐晋,报殽之败,取晋汪以归。②

又,《史记》卷一四《十二诸侯年表·秦表》:

> 穆公三十五年,伐晋报殽,败我于汪。

又,《史记》卷一四《十二诸侯年表·晋表》:

> 晋襄公三年,秦报我殽,败于汪。

汪,今陕西澄城县(参见图12)③;彭衙,今陕西澄城西北(参见图12)。④

(二)晋伐秦,取新城

穆公三十六年(前624),秦又派孟明等将兵伐晋,渡河焚船,大败晋人,取王官及鄗,以报殽之役。晋人皆城守不敢出。于是穆公自茅津渡河,封殽尸而还。这就是所谓的"王官之役"。⑤ 次年,为报王官之役,晋又伐秦,取秦之新城。《左传》文公四年:

> 秋,晋侯伐秦,围邧、新城,以报王官之役。

又,《史记》卷三九《晋世家》:

---

① 《左传》文公二年。

② 《史记索隐·秦本纪》按:《左传》文公二年,秦孟明视伐晋,报殽之役,无取晋汪之事。又其年冬,晋先且居等伐秦,取汪、彭衙而还。则汪是秦邑,止可晋伐秦取之,岂得秦伐晋而取汪也? 或者晋先取之秦,今伐晋而收汪,是汪从晋来,故云取晋汪而归也。彭衙在郃阳北,汪不知所在。

③ 《读史方舆纪要》:"或曰(白水)县有汪城。《春秋》文二年,晋伐秦,取汪及彭衙者。一云汪在澄城县境。"竹添光鸿《左氏会笺》(巴蜀书社,2008年):汪在陕西同州府澄城县界,或曰在白水县界。《中国历史地图集》春秋"晋秦图":汪即今陕西澄城县。

④ 《汉志》:彭衙属左冯翊。师古曰:即《春秋》所云"秦晋战于彭衙"。《汉书补注》先谦曰:春秋秦邑。《国语》范无寓云:秦有征衙。宪公出子葬此,见《始皇纪》。《秦纪》:武公伐彭戏氏,张守节以为即彭衙。《一统志》:故城今白水县东北。吴卓信云:六十里彭衙堡。《汉志汇释》周振鹤师:治今陕西白水县东北。《中国历史地图集》春秋"晋秦图":彭衙在今陕西澄城西北。

⑤ 《史记》卷五《秦本纪》;《左传》文公三年。

五年,晋伐秦,取新城,报王官役也。

　又,《史记》卷一四《十二诸侯年表·晋表》:

　　　(晋襄公五年)伐秦,围邧、新城。

　又,《史记》卷一四《十二诸侯年表·秦表》:

　　　(穆公三十七年)晋伐我,围邧、新城。

　邧,在今陕西澄城东南(参见图12)①;新城,在今陕西澄城东北(参见图12)。②

六、穆公时期疆域变迁小结

　综上所述,在穆公时期,志在东进,不仅取得了晋在河西的部分地区,而且灭河西之梁、芮,从而使秦东境至河;在继续东进受阻后,又转而霸西戎;同时积极向东南发展,取得了秦楚界上小国鄀,以间接向东发展。《史记》卷一五《六国年表》序:"穆公修政,东竟至河,则与齐桓、晋文中国侯伯侔矣。"至此,秦已发展为大国。不过,在穆公晚年,秦也有失地,晋取得秦河西的汪、彭衙、新城。

第三节　康公、共公、桓公时期

　穆公卒,太子罃代立,是为康公,康公享国十二年;康公卒,子共公立,共公享国四年;共公卒,子桓公立,桓公立二十七年卒。③ 在此四十三年间,秦继续与晋争夺河西之地,并联楚以制晋。

---

　① 《左传》文公四年杜预注:"邧、新城秦邑也。"《史记会注考证》:"杭世骏曰:盖新城上脱一'邧'字,观《左传》及《年表》可知。新城,案:新于邧邑所筑,邧在今陕西同州府澄城县境。"《中国历史地图集》春秋"晋秦图":邧,在今陕西澄城东南。

　② 《史记集解·晋世家》服虔曰:"秦邑,新所作也。"《大清一统志》卷一百九十:"新城在澄城县东北。《左传》僖公十八年:梁伯益其国而不能实也,命曰新里,秦取之。十九年,遂城而居之。又,文公四年,晋侯伐秦围邧、新城。《春秋地名考略》:新城即梁国之地,秦取之。《县志》:新城在县东北二十里。"《中国历史地图集》春秋"晋秦图":新城,在今陕西澄城东北。

　③ 《史记》卷五《秦本纪》。

一、令狐之役与秦伐晋取武城

（一）令狐之役

穆公卒，康公即位。此时晋襄公亦卒，襄公之弟名雍，在秦。康公元年（前620），晋赵盾欲立雍，使随会来迎雍，秦以兵送至令狐。不料，晋却立襄公子而反击秦师，秦师败，这就是令狐之役。① 令狐，晋地，在今山西临猗西（参见图12）。②

（二）秦伐晋取武城

康公二年（前619），秦为报令狐之役，伐晋取其武城。《史记》卷五《秦本纪》：

（康公）二年，秦伐晋，取武城，报令狐之役。

又，《左传》文公八年：

夏，秦人伐晋，取武城，以报令狐之役。

又，《史记》卷一四《十二诸侯年表·晋表》：

（晋灵公元年）秦伐我，取武城，报令狐之战。

武城在今陕西华县东（参见图12）。③

二、晋伐秦取少梁与秦伐晋取北徵

（一）晋伐秦取少梁

秦康公四年（前617）春，晋伐秦，取秦河西之少梁。《左传》文公十年：

---

① 《史记》卷五《秦本纪》。又，此事之本末详《史记》卷三十九《晋世家》。
② 《史记集解·秦本纪》："杜预曰：'在河东。'"《史记正义·秦本纪》引《括地志》云："令狐故城在蒲州猗氏县界十五里也。"《中国历史地图集》春秋"晋秦图"：令狐在今山西临猗西南。
③ 《汉志》：武城属左冯翊。颜注：师古曰：即《左氏传》所云（伐秦）［秦伐］晋取武城者也。《汉书补注》先谦曰：本晋地，入秦。厉共公时，晋复取之，见《秦纪》。战国属魏，秦败我武下，见《魏世家》。郦商食邑于此，见《商传》。官本注，伐秦作秦伐，是。《汉志汇释》周振鹤师：武城治今陕西华县东。杨宽《战国史料编年辑证》：《秦本纪》"武成"一作"武城"，《史记会注考证》："古钞、枫、三南本作武城。"今本《竹书纪年》云："贞定王十三年晋韩庞取秦武城。"与今《水经注》所引古本《纪年》不同，而与《秦本纪》所言"晋取武城"相合。武成在今陕西华县东，一作武下。《中国历史地图集》春秋"晋秦图"：武城在今陕西华县东。

十年春,晋人伐秦,取少梁。

又,《史记》卷一四《十二诸侯年表·晋表》:

(晋灵公四年)伐秦,拔少梁。

又,《史记》卷一四《十二诸侯年表·秦表》:

(秦康公四年)晋伐我,取少梁。

少梁,即穆公时所灭之梁国,在今陕西韩城南(参见图12)。①

(二)秦伐晋取北徵

康公四年(前617)春,晋人伐秦,取秦少梁。出于报复,康公四年秋,秦又伐晋取其北徵。《左传》文公十年:

十年春,晋人伐秦,取少梁。夏,秦伯伐晋,取北徵。

又,《史记》卷一四《十二诸侯年表·晋表》:

(晋灵公四年)秦取我北徵。

又,《史记》卷一四《十二诸侯年表·秦表》:

(秦康公四年)我伐晋,取北徵。

北徵,在今陕西澄城县西南(参见图12)。②

三、关于秦攻取晋河东之羁马问题

秦康公六年(前615),秦为令狐之役故,又攻入河东,取得了晋之羁马。《史记》卷五《秦本纪》:

---

① 《汉志》:左冯翊夏阳县,故少梁。《汉书补注》段玉裁曰:少梁见《左传》,此缀春秋也。先谦曰:本梁国,秦灭之。见《左》桓、僖传杜注。后为秦少梁邑,晋取之,见文传。战国属魏,文侯城之,惠王时,与秦战,败于此,地遂入秦,见《魏世家》,秦惠文王十一年更名。《汉志汇释》周振鹤师:夏阳治今陕西韩城市南。《中国历史地图集》春秋"晋秦图":梁(少梁)在今陕西韩城南。

② 《汉志》:北徵属左冯翊。颜注:徵,音惩,即今之澄城县是也。《左传》所云取北徵,谓此地耳。而杜元凯未详其处也。《汉书补注》先谦曰:官本注"取"上多"王"字。春秋,晋地入秦,见《左传》释文引《三苍》。《国语》范无寓云,秦有徵、衙也。惩、澄同音,后遂误为澄耳。有王官城,秦穆公伐晋,取之,见《左传》。孝公会魏王,杜平与魏战元里,张守节以为并在县界。张汤请穿渠,自徵引洛水,至商颜下,见《沟洫志》。《一统志》:故城今澄城县西南二十五里。《汉志汇释》周振鹤师:治今陕西澄城县西南。《中国历史地图集》春秋"晋秦图":北徵在今陕西澄城县西南。

六年，秦伐晋，取羁马。

又，《左传》文公十二年记此事甚详：

秦为令狐之役故，冬，秦伯伐晋，取羁马。晋人御之。赵盾将中军，荀林父佐之。郤缺将上军，臾骈佐之。栾盾将下军，胥甲佐之。范无恤御戎，以从秦师于河曲……秦行人夜戒晋师曰："两君之士皆未慭也，明日请相见也。"臾骈曰："使者目动而言肆，惧我也，将遁矣。薄诸河，必败之。"胥甲、赵穿当军门呼曰："死伤未收而弃之，不惠也。不待期而薄人于险，无勇也。"乃止。秦师夜遁。

又，《左传》成公十三年：

康公，我之自出，又欲阙翦我公室，倾覆我社稷，帅我蟊贼，以来荡摇我边疆，我是以有令狐之役。康犹不悛，入我河曲，伐我涑川，俘我王官，翦我羁马，我是以有河曲之战。东道之不通，则是康公绝我好也。

按文献之记载，有两个羁马，一在河西之陕西合阳县①，一在河东之山西永济县（参见图12）②。臾骈说："（秦）使者目动而言肆，惧我也，将遁矣。薄诸河，必败之。"说明秦师已渡河，可知此羁马在河东，不在河西。又《左传》成公十三年亦明确说："康犹不悛，入我河曲，伐我涑川，俘我王官，翦我羁马，我是以有河曲之战。"这也说明秦康公六年秦伐晋"取羁马"之羁马应为秦师渡河而东所取得的河东永济县之羁马。③既然秦康公六年秦伐晋"取羁马"之羁马为河东之羁马，而《左传》又明确说"秦师夜遁"，即秦军已在夜里退逃出了河东，所以，所谓"取羁马"显然并非是指取得了羁马，而是指俘取了羁马之人，把这些人迁到河西之秦地，但仍称其新迁居之地为羁马，而这正是为什么河西亦有羁马的原因。正如江永所分析："成十三年传云'俘我王官，翦我羁马'，盖秦迁其民于河西，史

---

① 《春秋左传属事》：陕西郃阳县有羁马城。《元和郡县志》：羁马故城在同州合阳县东北二十六里。《大清一统志》卷一百九十：羁马城在郃阳东。

② 杨伯峻《春秋左传注》：羁马，晋邑，据《太平寰宇记》，当在今山西省永济县南三十六里。

③ 竹添光弘《左氏会笺》："今山西蒲州府永济县南三十六里有羁马城，一名涉丘。又，陕西同州合阳县有羁马城，此非秦所取也，秦取晋邑，当在河东，故晋人御之战于河曲，羁马不得在河西，成十三年传云'俘我王官，翦我羁马'，盖秦迁其民于河西，史以澄城亦有王官，合阳亦有羁马耳。"

以澄城亦有王官,合阳亦有羁马耳。"①

四、东道之不通与秦对东南地区的进一步开拓

(一)东道之不通

如上所述,秦康公时,秦为令狐之役故,曾数度伐晋。秦晋河曲之战后,晋担心秦交通东方诸侯图己②,于是晋侯使詹嘉处瑕以守桃林之塞,遂使秦之"东道"不通。《左传》文公十三年:

十三年春,晋侯使詹嘉处瑕以守桃林之塞。

瑕,当即西汉京兆尹之湖县,在今陕西潼关东、河南灵宝西(参见图12)③;桃林之塞,今陕西潼关至河南灵宝之间的地区(参见图12)。④ 晋侯使詹嘉以守桃林之塞,显然是要断绝秦通向东方的道路。《左传》成公十三年载《吕相绝秦书》:

康公,我之自出,又欲阙翦我公室,倾覆我社稷,帅我蟊贼,以来荡摇我边疆,我是以有令狐之役。康犹不悛,入我河曲,伐我涑川,俘我王

---

① [清]江永:《春秋地理考实》,文渊阁《四库全书》本。
② 康公在对晋战争中,除了联合楚国以制晋,还有联合东方国家图晋的意图,这对晋国有很大的威胁。例如,《左传》文公九年(即秦康公三年):"秦人来归僖公成风之襚。"《左传》文公十二年(即秦康公六年):"秦伯使乞术来聘,且言将伐晋。襄仲辞玉,曰:'君不忘先君之好,照临鲁国,镇抚其社稷,重之以大器,寡君敢辞玉。'对曰:'不腆敝器,不足辞也。'主人三辞。宾答曰:'寡君愿徼福于周公、鲁公以事君,不腆先君之敝器,使下臣致诸执事,以为瑞节,要结好命,所以藉寡君之命,结二国之好,是以敢致之。'襄仲曰:'不有君子,其能国乎?国无陋矣。'厚贿之。"
③ 顾炎武《左传杜解补正》卷中:上年,晋人、秦人战于河曲。注云:在河东蒲坂县南,秦师夜遁,复侵晋入瑕,则瑕必在河外。僖三十年注曰:焦、瑕,晋河外五城之二邑。《水经》:河水又东迳湖县故城北。注云:《晋书地道记》《太康记》并言胡县,汉武帝改作湖,其北有林焉,名曰桃林。古瑕、胡二字通用,《礼记》引《诗》:心乎爱矣,瑕不谓矣。郑注云:瑕之言胡也,瑕、胡音同,故记用其字,瑕转为胡,又改为湖,今为閺乡县治,瑕邑即桃林之塞,而道元以为郇瑕之地,误矣。《汉志》:湖属京兆尹。《汉志汇释》周振鹤师:湖,治今河南灵宝西。《中国历史地图集》春秋"晋秦图":瑕,在陕西潼关东,河南灵宝西。
④ 《春秋左传注疏》卷十九:詹嘉,晋大夫,赐其瑕邑,令帅众守桃林以备秦。桃林在弘农华阴县东潼关。《地理通释》云:自潼关至函谷关,历陕华二州之地,俱谓之桃林塞。《中国历史地图集》春秋"晋秦图":桃林塞,今陕西潼关至河南灵宝之间的地区。

官,翦我羁马,我是以有河曲之战。东道之不通,则是康公绝我好也。

可见,按《吕相绝秦书》所说,直到秦桓公晚年,东道依旧不通。关于此事,《春秋左传注疏》文公十三年:"使詹嘉守此塞者,以秦与东方诸侯远结恩好,及西乞聘鲁,亦应更交余国,虑其要结外援,东西图已,故使守此阨塞,欲断其来往也。"竹添光弘亦说:"赵盾此一着为晋百年来绝大之功。想亦之谋也。秦与晋接壤,东南皆晋境,惟潼关一路,在晋南境,从秦适周,乃由此道,秦与东诸侯交通,其命使往来之所必经也。始则聘列国,以离盟主之交,后且图诸侯,以肆东封之略,大为中国患。乃自有此戍,秦使不能出关,转从巴蜀通楚,而东诸侯不受其毒。然则赵盾之功,不独在晋,而且在天下,不独在一时,而终春秋之世也。"①童书业亦说:晋守桃林之塞,"塞住了秦人的出路,这是春秋时秦人所以始终不能东征得志的重要原因"。②

(二)秦师围焦反映之对东南地区的进一步开拓

晋守桃林塞,导致秦东道不通。为此,秦很可能从穆公时取得的丹水河谷地区的都间接向东发展,使秦在东南方向又有了进一步的开拓。下面我们就此问题做一探索。

秦共公元年(前608),晋欲求成于秦。晋赵穿曰:"我侵崇,秦急崇,必救之。吾以求成焉。冬,赵穿侵崇。秦弗与成。"③秦共公二年(前607),为报复晋赵穿侵崇,秦师伐晋,遂围焦。《左传》宣公二年:

秦师伐晋,以报崇也,遂围焦。

焦,在今河南三门峡市西(参见图12)④,远在桃林塞的东面。按前引《吕相绝秦书》所说,直到秦桓公晚年,东道依旧不通,也就是说,晋仍旧控制着桃林塞,秦不可能从桃林塞到达焦。这样看来,在晋守桃林塞后,秦很可能从陕南的

---

① 详参〔日〕竹添光弘:《左氏会笺》,巴蜀书社,2008年。
② 童书业:《春秋史》,上海古籍出版社,2003年。
③ 《左传》宣公元年。
④ 《汉志》:弘农郡陕县有焦城,故焦国。《汉书补注》先谦曰:《周纪》:武王封神农之后于焦。《河水注》又云:其大城中有小城,故焦国也。《括地志》:焦城在陕州城内东北百步,古虢城中东北隅。《左》襄传,焦,姬姓,盖先并于虢也。春秋属晋,为河外邑。惠公许秦背约,秦伐而围之,见《左》僖、襄传。战国属魏,秦攻降之,归魏,复降之。见《秦纪》《魏世家》。《中国历史地图集》春秋"晋秦图":焦,在今河南三门峡市西。

丹水河谷地区向北发展,最终取得了今灵宝一带地方,战国时秦函谷关就在灵宝。接着继续向东发展,以报崇为名,包围了晋的另一河外重镇焦,否则我们无法解释秦军是怎么到焦的。这亦可由杨宽先生所考定的战国初秦之疆域情况得到部分证明。杨宽先生认为,战国初,秦国的疆域"有一小部分土地并从今陕西省的东南部伸入今河南省的灵宝"。①

五、康公、共公、桓公时期疆域变迁小结

综上所述,在康公时期,秦从晋取得了河西之武城、北徵,而晋则从秦取得了河西的少梁。共公时,现存之文献虽然没有明确记载秦的领土变化情况,但据共公二年(前607)秦师围焦推测,秦很可能在东南方向又有进一步的开拓。尽管我们不清楚秦此次绕过桃林塞具体取得了何地,但这一地区的取得对于秦间接打通东方的道路显然有重要的作用。桓公时,秦晋之间虽有大战②,但现存文献不见秦领土变化之记载。

第四节 秦文化遗存反映的春秋中期之秦疆域

在甘肃的天水、陇南、平凉、庆阳,陕西的宝鸡、咸阳、铜川和渭南这八个地区发现了春秋中期的秦文化遗存,这些遗存的地理分布大致反映了春秋中期之秦疆域。下面我们对这些秦文化遗存的具体地域分布及相关情况做一简要叙述。

一、甘肃天水地区

天水地区发现的甘谷毛家坪遗址(参见图5)、天水董家坪遗址(参见图5)均有春秋中期的秦文化遗存,前述牛头河流域调查发现的31处周代遗址中可能也有春秋中期的秦文化遗存(参见图6)。这几个遗存的具体分布地域及相关情

---

① 杨宽:《战国史》,上海人民出版社,2003年。
② 《史记》卷五《秦本纪》:"桓公三年,晋败我一将……二十四年,晋厉公初立,与秦桓公夹河而盟。归而秦倍盟,与翟合谋击晋。二十六年,晋率诸侯伐秦,秦军败走,追至泾而还。桓公立二十七年卒,子景公立。"

况已经在前文《秦文化遗存反映的西周及其以前的秦人活动地域》一节中做了叙述,这里不再重复。需要补充的是,滕铭予认为,毛家坪 M11、M12 等墓葬的年代为春秋中期。①

二、甘肃陇南地区

陇南地区发现的礼县西山遗址(参见图 5)、礼县大堡子山遗址(参见图 5)均有春秋中期的秦文化遗存。另外,2004 年早期秦文化联合课题组对西汉水上游东起天水市天水乡,西至礼县江口乡约 60 余公里的干流两岸及其支流红河、永坪河、燕子河等河流两岸调查发现的包含周秦文化的 38 处遗址中,可能也有春秋中期的秦文化遗存。西汉水上游调查发现的 38 处周秦文化遗址及礼县西山秦文化遗址已经在前文《秦文化遗存反映的西周及其以前的秦人活动地域》一节中做了叙述,礼县大堡子山遗址的情况则在《秦文化遗存反映的春秋早期之秦疆域》一节中做了叙述,这里不再重复。

三、甘肃平凉地区

平凉地区发现的灵台县洞山秦墓(参见图 9)包含春秋中期的秦文化遗存。洞山秦墓已经在《秦文化遗存反映的春秋早期之秦疆域》一节中做了叙述,这里需要补充的是,滕铭予认为,灵台县洞山秦墓 M2、M6 的年代为春秋中期。②

四、甘肃庆阳地区

庆阳地区发现的宁县石家墓群(参见图 9)有春秋中期的秦文化遗存。该遗存情况已经在《秦文化遗存反映的春秋早期之秦疆域》一节做了介绍,这里不再重复。

五、陕西宝鸡地区

宝鸡地区发现的陇县店子秦墓、宝鸡福临堡东周墓、宝鸡西高泉春秋墓、宝鸡谭家村春秋墓、凤翔孙家南头春秋秦墓、凤翔八旗屯秦国墓葬、阳平秦家沟秦

---

① 详参滕铭予《秦文化:从封国到帝国的考古学观察》附表一"天水地区墓葬统计表"。
② 详参滕铭予《秦文化:从封国到帝国的考古学观察》附表二"长陇地区墓葬统计表"。

墓、凤翔秦国都城雍城遗址、凤翔秦公陵园和宝鸡市洪塬村一号春秋秦墓均有春秋中期的秦文化遗存。陇县店子秦墓、宝鸡福临堡东周墓、宝鸡西高泉春秋墓、宝鸡谭家村春秋墓、凤翔孙家南头春秋秦墓、凤翔八旗屯秦国墓葬的情况已经在《秦文化遗存反映的春秋早期之秦疆域》一节中做了叙述。下面我们仅把阳平秦家沟秦墓、凤翔秦国都城雍城遗址、凤翔秦公陵园和宝鸡市洪塬村一号春秋秦墓遗址的地理分布及其相关情况做一简要介绍。

(一)阳平秦家沟秦墓

阳平秦家沟秦墓位于宝鸡县(即今宝鸡市陈仓区)东阳平镇秦家沟村(参见图10),东南距阳平镇约2.5公里。1963年至1964年共清理了5座墓葬。发掘者推断阳平镇秦家沟发掘的5座墓葬的年代属于东周,其中M1、M2可能稍早,约当春秋时期。① 滕铭予认为,阳平秦家沟秦墓M1、M2的年代为春秋中期,M3的年代为春秋晚期,M4、M5的年代为战国中期。② 发掘的5座墓葬的地点,西距汧渭之会60华里,北距岐山约40华里,按地望可能与秦宁公徙都的平阳相符。

(二)凤翔秦国都城雍城遗址

秦国都城雍城遗址位于今陕西凤翔县城之南,雍水河之北(参见图10)。1959年,陕西省考古研究所开始对雍城遗址进行调查,此后,又进行了大量的调查、发掘工作,探明了雍城的规模、布局并对重要遗址做了发掘。雍城遗址平面呈不规则的方形,东西长3480米(以南垣计算),南北长3130米(以西垣计算)。③ 秦德公元年(前677),秦人定都于雍,至战国前期秦灵公迁都于泾阳。此后,雍城名义上仍保持着作为秦都的地位,如秦始皇的加冠礼即是在雍举行的。

(三)凤翔秦公陵园遗址

---

① 陕西省文管会秦墓发掘组:《陕西宝鸡阳平镇秦家沟村秦墓发掘记》,《考古》1965年第7期。

② 详参滕铭予《秦文化:从封国到帝国的考古学观察》附表三"宝鸡地区墓葬统计表"。

③ 徐锡台、孙德润:《秦都雍城遗址勘查》,《考古》1963年第8期;韩伟、焦南峰:《秦都雍城考古发掘综述》,《考古与文物》1988年第5、第6期;陕西省文管会雍城考古队:《秦都雍城钻探试掘简报》,《考古与文物》1985年第2期;《中国考古学·两周卷》之《秦国都城》,中国社会科学出版社,2004年。

凤翔秦公陵园位于凤翔南原(参见图10),东西绵延十几公里,南北宽3—4公里,由数座陵园组成。现已发现13座陵园,共33座大墓。① 依据秦定都雍城的时间为秦德公时期,凤翔秦公陵园的形成应该在春秋中期。

(四)宝鸡市洪塬村一号春秋秦墓

洪塬村位于宝鸡市陈仓区虢镇以东大约10公里、渭河北岸的二级台地上(参见图10)。2003年12月21日,洪塬村八组村民取土时发现古墓葬1座,墓内出土青铜器、陶器及石圭等遗物共计10件。秦始皇兵马俑博物馆考古队会同宝鸡市陈仓区博物馆,于2003年12月23至24日对残墓进行了清理,墓葬编号为洪塬村一号春秋秦墓(2003BHM1)。根据陶器、铜器的时代特征和墓内出土遗物组合,这座墓葬的年代大致为春秋中期。②

六、陕西咸阳地区

咸阳地区发现的春秋中期的秦文化遗存有咸阳任家嘴秦墓和长武上孟村秦国墓葬。

(一)咸阳任家嘴秦墓

任家嘴隶属咸阳市渭城区渭阳镇(参见图11),位于咸铜铁路线北侧。1990年,在陕西省考古研究所指导下,由咸阳市文物考古研究所同渭城区文管会组成联合考古队对该墓地进行了清理。共发掘古墓葬285座,其中春秋至秦代墓葬242座,汉墓43座。任家嘴242座秦墓的时间自春秋中期一直到秦统一,中间无缺环。③

(二)长武上孟村秦国墓葬

上孟村秦国墓地(参见图11)位于长武县冉店公社上孟村东南面的台地上,西距县城约12公里。墓地面向泾河,背依长武原,是一片比较平坦的台地。台地高出泾河河谷20米,面积约30万平方米。上孟村墓地出土的遗迹、遗物,与八旗屯秦国墓地相比有相同之处,所以,发掘者认为上述两座墓地的年代属于同

---

① 《中国考古学·两周卷·秦国都城》,中国社会科学出版社,2004年。
② 王志友、董卫剑:《陕西宝鸡市洪塬村一号春秋秦墓》,《考古》2008年第4期。
③ 岳起:《咸阳任家嘴秦墓的主要收获》,《咸阳师范学院学报》2006年第21卷第3期。

一时代,都应属于春秋晚期到战国早期的秦国墓地。① 滕铭予认为,长武上孟村M27、M16的年代为春秋中期,M26的年代为战国早期。②

七、陕西铜川地区

铜川地区发现的春秋中期的秦文化遗存有铜川枣庙秦墓。

铜川枣庙秦墓

枣庙位于铜川市东北距市区约十公里处(参见图11),与宜君县接界。其地沟壑纵横,地形比较破碎。武家河从东往西流过,武家河是漆水主要支流之一,在铜川市北关附近汇入漆水。枣庙村在武家河西岸,是一片既向阳又比较开阔的坡地,秦墓就分布在这一片坡地上。1984年,陕西省考古研究所共清理发掘了25座墓葬。这一批墓葬大致可以分为四期。第一期年代可定在春秋晚期;其中有一部分墓也可能会早到春秋中期,第二期的年代相当于战国早期,第三期的年代相当于战国中期,第四期的年代为战国晚期。③

八、陕西渭南地区

渭南地区发现的澄城县冯原镇居安遗址有春秋中期的秦文化遗存。另外,华县东阳秦墓的个别墓葬年代也可能在春秋中期。

(一)华县东阳秦墓

2001年,在华县县城西南约25公里的东阳乡,发掘了数座秦墓,即东阳秦墓(参见图11)。结合墓形、随葬陶器组合以及陶器的变化规律,东阳秦墓可分为四期。第一期属于春秋晚期,个别墓葬如M29或可早到春秋中期之前。第二期属于战国早期。第三期属于战国中期。第四期属于战国晚期至秦统一以后。④

---

① 陕西省考古研究所负安志:《陕西长武上孟村秦国墓葬发掘简报》,《考古与文物》1984年第3期。
② 详参滕铭予《秦文化:从封国到帝国的考古学观察》附表二"西安地区墓葬统计表"。
③ 陕西省考古研究所:《陕西铜川枣庙秦墓发掘简报》,《考古与文物》1986年第2期。另参见滕铭予《秦文化:从封国到帝国的考古学观察》附表五"铜川地区墓葬统计表"。
④ 详参陕西省考古研究院编:《华县东阳》,科学出版社,2018年。

(二)澄城县冯原镇居安遗址

居安墓葬群位于澄城县的冯原镇居安村(参见图11),南北长约1600米,东西最宽处1000米,总面积超过100万平方米。从2007年发现至今,共探明墓葬3211座,多为10平方米以下的小型墓葬。据考古人员估算,墓葬群总数应该超过4000座。墓葬群与早前发现的居安城遗址相连接。通过对居安城遗址的调查发现,居安城是由东、南、北三面城墙与西边自然沟合围而成,面积约20万平方米,根据城的地理位置、相关设施及城内建筑判断,该城为沿沟而建,是居险设守的军事城池。田亚岐认为,"此次发掘出土的器物带有典型的秦人文化特征,时代为春秋中晚期"。[①]

九、小结

综上所述,目前已经发现的春秋中期的秦文化遗存的分布范围西到甘肃甘谷,东到陕西华县、澄城,北到甘肃灵台、陕西长武、铜川枣庙,南到秦岭。这与文献记载的秦在春秋中期的疆域范围基本一致。

[①]《澄城发现最大东周秦人墓葬群,总数或超4000座》,2014年4月17日西部网讯陕西广播电视台新闻联播。

第四章　春秋晚期的秦疆域变迁

按前述春秋时期早中晚三期之分期标准,春秋晚期大致相当于秦景公至秦悼公时期。据此,本章考察秦景公至秦悼公时期的秦疆域变迁。

第一节　景公至悼公时期秦疆域无变动之原因

桓公立二十七年卒,子景公立;景公立四十年卒,子哀公立;哀公立三十六年卒,太子夷公蚤死,不得立,立夷公子,是为惠公;惠公立十年卒,子悼公立,秦悼公立十四年卒。景公至悼公期间,现存文献不见秦疆域变化之记载,下面就其原因做一简要分析。

一、西面和北面疆域无变动之原因

秦的西面和北面是所谓的戎狄。自穆公霸西戎以后,终春秋之世,秦与陇西、北地之西戎不见有战争之记载,亦不见有双方疆域变化之记载。这可能主要与自穆公霸西戎以后,终春秋之世,西戎一直臣服于秦有关。秦的北面,还有白狄。但在春秋晚期,秦与白狄很可能也相安无事,既不见双方有战争之记载,亦不见有领土变化之记载。

二、南面疆域无变动之原因

秦的南面为南郑、巴、蜀和楚。自穆公三十八年(前622)秦师入鄀,终春秋之世,亦不见秦在秦岭及其以南拓地的记载。这一方面可能是由于秦岭之阻,直到战国初,秦始与南郑、巴、蜀有交往①;另一方面,秦自康公以来,即奉行联楚制晋的策略。康公十年(前611),秦助楚灭庸,"秦人、巴人从楚师。群蛮从楚子盟,遂灭庸"②。景公时,更进而以婚姻结楚。《左传》襄公十二年:"秦嬴归于楚。楚司马子庚聘于秦,为夫人宁。"终春秋之世,双方关系和好,秦楚之间亦无领土纠纷。

三、东面疆域无变动之原因

秦的东面为晋国。桓公、景公时,秦晋双方虽有战争,甚至是大战,但除了秦可能取得晋在河西的辅氏外③,不见有领土变化的记载。而自秦景公十八年(前588)的迁延之战以后,直至悼公,即终春秋之世,秦晋双方未战争,亦未见领土得失之记载,下面就其原因做一探索。

(一)秦晋双方势均力敌

穆公时,秦已发展为大国。《史记》卷一五《六国年表》序:"穆公修政,东竟至河,则与齐桓、晋文中国侯伯侔矣。"但就实力而言,秦仍逊于晋。为此,如前所述,秦自康公以来,就实施联楚制晋的策略。秦康公十年(前611),秦助楚灭了庸。桓公十六年(前588),秦与楚及宋、陈、卫、郑、齐人、曹、邾、薛、鄫等国盟

---

① 《史记》卷五《秦本纪》:"厉共公二年,蜀人来赂。"秦蜀交涉始此。厉共公二十六年(前451),左庶长城南郑,秦始开拓南郑地区。

② 《左传》文公十六年。

③ 至秦景公十五年(前562),秦可能取得了晋在河西的辅氏。《左传》襄公十一年:"秦庶长鲍、庶长武帅师伐晋以救郑。鲍先入晋地,士鲂御之,少秦师而弗设备。壬午,武济自辅氏,与鲍交伐晋师。己丑,秦、晋战于栎,晋师败绩,易秦故也。"辅氏,据杜预注,本为晋地,在今陕西大荔东。此时"武济自辅氏与鲍交伐晋师","济,从辅氏渡河也"。这说明,至秦景公十五年,辅氏有可能已被秦攻取,否则庶长武不可能"济自辅氏"。另外,《史记》卷三九《晋世家》:"冬,秦取我栎。"又,《史记》卷五《秦本纪》:(秦景公)十五年,救郑,败晋兵于栎。又,《史记》卷一四《十二诸侯年表·秦表》:(秦景公十五年)我使庶长鲍伐晋救郑,败之栎。又,《史记》卷一四《十二诸侯年表·晋表》:(晋悼公十一年)率诸侯伐郑,秦败我栎。《左传》:"秦、晋战于栎,晋师败绩。"但《晋世家》明确载"秦取我栎",不过梁玉绳《史记志疑》:"秦败晋于栎,非取也,疑'取'当作'败'。"

于蜀。① 景公十三年(前564)秋,秦人侵晋,楚子师于武城以为秦援。② 景公十五年(前562),"楚子囊乞旅于秦,秦右大夫詹帅师从楚子,将以伐郑,郑伯逆之"③。景公十六年(前561)冬,楚子囊、秦庶长无地伐宋,师于杨梁,以报晋之取郑。④ 而且在景公时进而以婚姻相结。秦楚联盟关系几及百年。这就造成了秦晋双方的势均力敌。

(二)秦晋有谋求和平的愿望

秦晋双方在多年的战争后,早在秦桓公时,双方就有谋求和平的愿望。例如,《左传》成公十一年:

> 秦晋为成,将会于令狐。晋侯先至焉,秦伯不肯涉河,次于王城,使史颗盟晋侯于河东。晋郤犫盟秦伯于河西。范文子曰:是盟也何益,齐盟,所以质信也,会所,信之始也,始之不从,其可质乎? 秦伯归而背晋成。

又,《左传》成公十三年所载《晋吕相绝秦书》亦提到这事:

> 君亦悔祸之延,而欲徼福于先君献穆,使伯车来命我景公曰:吾与女同好弃恶,复修旧德,以追念前勋,言誓未就,景公即世。

尽管在桓公时,双方的诚意还不够,不过到迁延之战以后⑤,则双方都想谋求和平。例如,《左传》襄公二十六年:

> 二十六年春,秦伯之弟鍼如晋修成。叔向命召行人子员……叔向曰:"秦晋不和久矣,今日之事,幸而集,晋国赖之,不集,三军暴骨……"

(三)晋国日衰,无暇外顾

迁延之战的第二年,晋悼公死,晋国内部的矛盾严重,晋国日衰。《史记》卷

---

① 《左传》成公二年。
② 《左传》襄公九年。
③ 《左传》襄公十一年。
④ 《左传》襄公十二年。
⑤ 《左传》襄公十四年:"夏,诸侯之大夫从晋侯伐秦,以报栎之役也。晋侯待于竟,六卿帅诸侯之师以进……济泾而次。秦人毒泾上流,师人多死。郑司马子蟜帅郑师以进,师皆从之,至于棫林,不获成焉……伯游曰:'吾今实过,悔之何及,多遗秦禽。'乃命大还。晋人谓之'迁延之役'。"

三九《晋世家》太史公曰:"灵公既弑,其后成、景致严,至厉大刻,大夫惧诛,祸作。悼公以后日衰,六卿专权。"据《晋世家》:晋平公十九年(前539),齐使晏婴如晋,与叔乡语。叔乡曰:"晋,季世也。公厚赋为台池而不恤政,政在私门,其可久乎!"晏子然之。昭公时已经形成六卿强、公室卑的局面。晋顷公十二年(前514),晋之宗家祁傒孙,叔乡子,相恶于君。六卿欲弱公室,乃遂以法尽灭其族。而分其邑为十县,各令其子为大夫。晋益弱,六卿皆大。定公时,晋卿中行、范氏反晋,晋使智氏、赵简子攻之,范、中行氏亡奔齐。晋出公十七年(前458),知伯与赵、韩、魏共分范、中行地以为邑。出公怒,告齐、鲁,欲以伐四卿。四卿恐,遂反攻出公。出公奔齐,道死。故知伯乃立昭公曾孙骄为晋君,是为哀公。当是时,晋国政皆决知伯,晋哀公不得有所制。知伯遂有范、中行地,最强。晋哀公四年(前448),赵襄子、韩康子、魏桓子共杀知伯,尽并其地。十八年(前434),哀公卒,子幽公柳立。幽公之时,晋畏,反朝韩、赵、魏之君。独有绛、曲沃,余皆入三晋。① 所以《史记》卷五《秦本纪》明确说:"晋公室卑而六卿强,欲内相攻,是以久秦晋不相攻。"

(四)秦、齐、晋、楚等国承诺弭兵

经过多年的战争以后,公元前546年,即秦景公三十一年,宋向戌继华元再次提出弭兵之议,晋、楚、齐、秦、宋、卫、郑、鲁等十四国在宋都开弭兵之会,秦、齐、晋、楚大国承诺弭兵。《左传》襄公二七年:

> 宋向戌善于赵文子,又善于令尹子木,欲弭诸侯之兵以为名。如晋……晋人许之。如楚,楚亦许之。如齐……齐人许之。告于秦,秦亦许之。皆告于小国,为会于宋……子木谓向戌,请晋、楚之从交相见也。庚午,向戌复于赵孟。赵孟曰:晋、楚、齐、秦,匹也,晋之不能于齐,犹楚之不能于秦也。楚君若能使秦君辱于敝邑,寡君敢不固请于齐?'壬申,左师复言于子木,子木使驲谒诸王。王曰:"释齐、秦,他国请相见也。"

秦景公三十一年(前546),秦晋承诺弭兵以后,终春秋之世,现存文献不见秦晋两国有战争,也不见两国有领土纠纷。

---

① 《史记》卷三九《晋世家》。

四、景公至悼公时期疆域变迁小结

综上所述,自景公至悼公的一百年间,除秦可能曾取得晋辅氏外,现存文献不见秦的领土变化记载。

第二节　秦文化遗存反映的春秋晚期之秦疆域

在甘肃的天水、陇南、平凉、庆阳,陕西的宝鸡、西安、咸阳、铜川、渭南这九个地区发现了春秋晚期的秦文化遗存。在一定程度上,这些秦文化遗存的地理分布反映了春秋晚期的秦疆域情况,下面我们对这些遗存的地理分布及相关情况做一简要叙述。

一、甘肃天水地区

天水地区发现的甘谷毛家坪遗址、天水董家坪遗址均有春秋晚期的秦文化遗存,牛头河流域的周代遗址中可能亦有春秋晚期的秦文化遗存。这几个遗址的具体分布地域及相关情况已经在前文《秦文化遗存反映的西周及其以前的秦人活动地域》一节中做了叙述,这里不再重复。需要补充的是,滕铭予认为,甘谷毛家坪 M5、M17、M19 的年代为春秋晚期。①

二、甘肃陇南地区

陇南地区发现的礼县西山遗址(参见图 5)、礼县大堡子山遗址(参见图 5)均有春秋晚期的秦文化遗存。另外,2004 年早期秦文化联合课题组对西汉水上游东起天水市天水乡,西至礼县江口乡约 60 余公里的干流两岸及其支流红河、永坪河、燕子河等河流两岸调查发现的包含周秦文化的 38 处遗址中,可能也有年代在春秋晚期的秦文化遗存(参见图 7)。西汉水上游调查发现的 38 处周秦文化遗址及礼县西山秦文化遗址已经在前文《秦文化遗存反映的西周及其以前的秦人活动地域》一节中做了叙述,礼县大堡子山遗址的情况则在《秦文化遗存

---

① 详参滕铭予《秦文化:从封国到帝国的考古学观察》附表一"天水地区墓葬统计表"。

反映的春秋早期之秦疆域》一节中做了叙述,这里不再重复。

三、甘肃平凉地区

平凉地区发现的灵台县洞山东周墓群(参见图9)有春秋晚期的秦文化遗存。洞山遗址已经在《秦文化遗存反映的春秋早期之秦疆域》一节中做了叙述,这里不再重复。

四、甘肃庆阳地区

庆阳地区发现的宁县石家墓群(参见图9)有春秋晚期的秦文化遗存,宁县石家墓群已经在《秦文化遗存反映的春秋早期之秦疆域》一节中做了叙述,这里不再重复。

五、陕西宝鸡地区

宝鸡地区发现的陇县店子秦墓、陇县韦家庄秦墓、宝鸡福临堡东周墓、宝鸡茹家庄东周墓葬、阳平秦家沟秦墓、凤翔高庄秦墓、凤翔八旗屯西沟道秦墓、凤翔邓家崖秦墓、凤翔孙家南头春秋秦墓、凤翔南指挥秦墓和凤翔八旗屯秦国墓葬、凤翔秦国都城雍城遗址和凤翔秦公陵园遗址均有春秋晚期的秦文化遗存。陇县店子秦墓(参见图10)、凤翔孙家南头春秋秦墓(参见图10)、宝鸡福临堡东周墓(参见图10)和凤翔八旗屯秦国墓葬(参见图10)的情况已经在《秦文化遗存反映的春秋早期之秦疆域》一节中做了叙述,阳平秦家沟秦墓(参见图10)、凤翔秦国都城雍城遗址(参见图10)和凤翔秦公陵园遗址(参见图10)已经在《秦文化遗存反映的春秋中期之秦疆域》一节中做了叙述,这里不再重复。下面我们仅把陇县韦家庄秦墓、宝鸡茹家庄东周墓葬、凤翔高庄秦墓、凤翔八旗屯西沟道秦墓、凤翔邓家崖秦墓和凤翔南指挥秦墓的地理分布及其相关情况做一简要介绍。

(一)陇县韦家庄秦墓

陇县地处关中西部陇山大坂东侧的千河上游,韦家庄处在县西陇山大坂脚下(参见图10),今日之陇张公路从村子中间穿过。韦家庄周边数十平方公里范围内地势平坦,水源充沛,土质肥沃,景色秀丽,是十分理想的生息之地。1997年4月,对已暴露的墓葬进行了抢救发掘,共发掘8座墓葬。这批墓葬大体分作四期,一期有M17、M20,年代约在春秋晚期,典型器物有壶、簋;二期有M16,年代约在春秋、战国之交,典型器物有鬲、绳纹罐。三期有 M13、M15,年代约在战国早期偏晚,典型器物有盆。四期有 M14、M18,年代约在战国中期,典型器物有壶、盖豆。①

（二）宝鸡茹家庄东周墓葬

宝鸡市渭滨区茹家庄（参见图 10）生产队 1967 年 3 月在修水库时,发现一些文物,有周代的陶罐、陶鬲等。宝鸡市博物馆和渭滨区文化馆的同志一同前去清理。在距地表六米多深处发现分布有几十座墓葬。这批墓葬可能就是春秋战国之交的秦国墓葬。② 滕铭予认为,宝鸡茹家庄 M6、M7 的年代为春秋晚期,宝鸡茹家庄 M3、M5 的年代为战国早期。③

（三）凤翔高庄秦墓

高庄秦墓位于秦国都雍城的南郊（参见图 10）,北距今凤翔县城约五公里。雍水河流经墓地的北侧。它的西面是东社、八旗屯等村庄,均分布着密集的春秋战国时期的小型墓葬。八旗屯之南,即南指挥村,是规模宏大的秦公陵园区。高庄墓地的发掘工作于 1977 年夏、秋两季进行,共发掘墓葬 46 座,根据随葬品的形制、组合关系,结合墓葬的形制演变,可分为五期。发掘者认为,高庄秦墓第一期的年代为春秋晚期,第二期为战国早期,第三期为战国中期,第四期为战国晚期,第五期为秦代（即秦统一时期）。其中第五期的上限或可早到昭襄王时期。④

（四）凤翔八旗屯西沟道秦墓

凤翔县八旗屯村位于雍水南岸（参见图 10）,北距今凤翔县城约 5 公里,东与东社、高庄等村毗连。这一带是秦都雍城南郊墓地内小型秦墓最为密集的地区之一。自 1976 年以来,在这里连续进行了较大规模的发掘。1983 年,又在这一地区的八旗屯村东南之西沟道（即 1976 年发掘的 C 区）进行了发掘,共清理春秋至秦代墓葬 26 座,春秋时代车马坑 1 座,西汉墓 1 座。根据对墓葬形制及

---

① 详参宝鸡市考古队、陇县博物馆:《陕西陇县韦家庄秦墓发掘简报》,《考古与文物》2001 年第 4 期。

② 宝鸡市博物馆、宝鸡市渭滨区文化馆:《陕西宝鸡茹家庄东周墓葬》,《考古》1979 年第 5 期。

③ 详参滕铭予《秦文化:从封国到帝国的考古学观察》附表三"宝鸡地区墓葬统计表"。

④ 雍城考古队吴镇烽、尚志儒:《陕西凤翔高庄秦墓地发掘简报》,《考古与文物》1981 年第 1 期。

随葬品基本组合类型的分析,可将这 26 座墓分为五期。第一期为春秋晚期,第二期为战国早期,第三期为战国中期,第四期为战国晚期,第五期为秦代(即秦统一时期),其上限或早到昭襄王末年。①

(五)凤翔邓家崖秦墓

邓家崖秦墓位于距凤翔县城 3 公里处的邓家崖村东南(参见图 10),雍水河北岸的二级台地上,该地属春秋战国时期秦都雍城的南郊地区。据考古调查与钻探,这里系一处大型秦国国人墓地,分别与已往发掘过的八旗屯、高庄秦墓隔河相望。1988 年抢救性发掘了 7 座墓葬,但仅是该墓地中很小一部分。发掘者推断该墓地的相对年代为战国早、中期。② 不过,滕铭予认为,凤翔邓家崖 M3 的年代为春秋晚期,M6 的年代为战国早期,M5、M2 的年代为战国中期。③

(六)凤翔南指挥秦墓

1986 年元月间,凤翔县南指挥村(参见图 10)村民在挖土时,发现两座小型秦墓。陕西省雍城考古队闻讯后,即派人前往清理。这两座小墓位于秦公二号陵园的北侧,北距一号陵园一号大墓约 300 米。两座小墓南北相距约 11 米,分别编号为 M1 和 M2。发掘者认为,这两座小型秦墓的年代应为春秋晚期到战国早期之间。④ 滕铭予认为,凤翔南指挥 M1、M2 的年代为春秋晚期。⑤

六、陕西咸阳地区

咸阳地区发现的咸阳任家嘴秦墓、长武上孟村秦墓和武功赵家来秦墓均有春秋晚期的秦文化遗存。任家嘴秦墓、长武上孟村秦墓这两处遗存已经在前文《秦文化遗存反映的春秋中期之秦疆域》中做了介绍,这里不再重复。

---

① 陕西省雍城考古队尚志儒、赵丛苍:《陕西凤翔八旗屯西沟道秦墓发掘简报》,《文博》1996 年第 3 期。

② 陕西省考古研究所雍城工作站:《凤翔邓家崖秦墓发掘简报》,《考古与文物》1991 年第 2 期。

③ 详参滕铭予《秦文化:从封国到帝国的考古学观察》附表三"宝鸡地区墓葬统计表"。

④ 田亚岐、王保平:《凤翔南指挥西村两座小型秦墓的清理》,《考古与文物》1987 年第 6 期。

⑤ 详参滕铭予《秦文化:从封国到帝国的考古学观察》附表三"宝鸡地区墓葬统计表"。

武功赵家来秦墓

赵家来遗址位于武功县武功镇西北3.5公里(参见图11)、漆水河东岸第一级台地上。1981年至1982年,中国社会科学院考古研究所武功发掘队在发掘赵家来遗址时,除了发现大量庙底沟二期文化和客省庄二期文化的遗迹和遗物外,还钻探出春秋战国时期的秦墓近20座。对于探出的这批秦墓,当时因发掘工作繁重,未做全部清理,只发掘了其中的4座秦墓。发掘者认为,赵家来遗址出土的这4座秦墓应属于春秋晚期。①

七、陕西西安地区

西安地区发现的长安客省庄秦墓、西安南郊秦墓和高陵县益尔公司秦墓均有春秋晚期的秦文化遗存。长安客省庄秦墓的情况已经在前文《秦文化遗存反映的春秋早期之秦疆域》一节中做了介绍,这里不再重复。

(一)西安南郊秦墓

西安南郊秦墓(参见图11)包括西安市文物保护考古所1989年至1990年发掘的长安区茅坡光华胶鞋厂秦墓、2001年至2002年发掘的长安区茅坡邮电学院新校区秦墓、2003年发掘的雁塔区潘家庄世家星城秦墓。这三处墓地共计317座秦墓,均是为配合基本建设项目而进行的抢救性发掘。这批秦墓可分为六期,这六期的时代从春秋晚期一直延续到汉武帝以前。②

(二)高陵县益尔公司秦墓

2002年1月,陕西省考古研究所阳陵考古队在高陵县益尔公司钻探出一处新石器时代遗址及66座古墓葬(参见图11)。66座古墓葬中有秦墓51座,汉、唐、明、清墓15座。据发掘报告,这51座秦墓可分为三期。第一期的年代为战国早期,其中M28、M62的年代甚至可早到春秋晚期,第二期为战国中期,第三期为战国晚期前段。③

---

① 中国社会科学院考古研究所武功发掘队:《陕西武功县赵家来东周时期的秦墓》,《考古》1996年第12期。

② 西安市文物保护考古所:《西安南郊秦墓》,陕西人民出版社,2004年。

③ 陕西省考古研究所:《陕西高陵县益尔公司秦墓发掘简报》,《考古与文物》2003年第6期。

八、陕西铜川地区

铜川地区发现的铜川枣庙秦墓、铜川王家河墓地均有春秋晚期的秦文化遗存。铜川枣庙秦墓的情况已经在《秦文化遗存反映的春秋中期之秦疆域》中做了介绍,这里不再重复。

铜川王家河墓地

王家河墓地位于铜川市西北约4公里处(参见图11)。西临王家河,东依赵家塬。20世纪50年代修铁路时墓地西南大部分被破坏,现存面积约800平方米。王家河墓地共发掘墓葬20座,皆长方形土坑竖穴墓。① 滕铭予认为,铜川王家河M1、M3、M13的年代为春秋晚期。②

九、陕西渭南地区

渭南地区发现的澄城县冯原镇居安遗址和华县东阳秦墓均有春秋晚期的秦文化遗存。这两处遗存已经在《秦文化遗存反映的春秋中期之秦疆域》一节中做了介绍,这里不再重复。

十、小结

综上所述,目前已经发现的春秋晚期的秦文化遗存分布范围西到甘肃甘谷、礼县,东到陕西华县、澄城,北到甘肃灵台、陕西长武和铜川,南到秦岭。这与文献记载之秦在春秋晚期的疆域范围基本一致。

另外,通过比较春秋中期和春秋晚期秦文化遗存可知,春秋中期和春秋晚期秦文化遗存分布的不同主要是,在西安地区没有春秋中期的秦文化遗存。不过,由于在西安地区发现了春秋早期和春秋晚期的秦文化遗存,据此推断,在西安地区当有春秋中期的秦文化遗存,只是还未曾发现。这就说明,春秋中期的秦疆域范围大致和春秋晚期的秦疆域范围一样,而这在一定程度上,也印证了自秦哀公以来至春秋末,秦疆域基本没有变化。

---

① 详参陕西省考古研究所、北京大学考古实习队:《铜川市王家河墓地发掘简报》,《考古与文物》1987年第2期。

② 详参滕铭予《秦文化:从封国到帝国的考古学观察》附表五"铜川地区墓葬统计表"。

第五章 战国早期的秦疆域变迁

如前所述,本书以《史记》卷一五《六国年表》所定公元前 477 年作为春秋时期的下限。战国时期始于公元前 476 年,终于公元前 221 年,即秦统一六国。战国时期共二百五十五年,如果战国早中晚三期各占约八十五年,那么战国早期就大致相当于秦厉共公至秦惠公时期。这一分期与学者对秦文化遗存之分期是基本一致的。① 本章考察秦厉共公至秦惠公时期秦之疆域变迁。

第一节 厉共公至怀公时期

秦悼公卒,子厉共公立,厉共公享国三十四年;厉共公卒,子躁公立,享国十四年;躁公卒,立其弟怀公,怀公四年,庶长鼌与大臣围怀公,怀公自杀。② 厉共公至怀公时期,秦有得地,也有失地。

一、拔魏城

厉共公十年(前467),拔魏城。《史记》卷一五《六国年表》:

> 秦厉共公十年,庶长将兵拔魏城。

---

① 详参陈平:《试论关中秦墓青铜容器的分期问题》(上),《考古与文物》1984 第 3 期。
② 《史记》卷五《秦本纪》。

魏城,在今山西芮城北(参见图14)。① 不过,《六国年表》此记疑有脱误。②

二、伐大荔,取其王城

秦厉共公十六年(前461),取得大荔之王城。《史记》卷五《秦本纪》:

> (厉共公)十六年,堑河旁。以兵二万伐大荔,取其王城。

又,《史记》卷一五《六国年表》:

> 厉共公十六年,堑河旁。伐大荔。补庞戏城。

又,《后汉书》卷八七《西羌传》:

> 是时义渠、大荔最强,筑城数十,皆自称王。至周贞王八年,秦厉公灭大荔,取其地。赵亦灭代戎,即北戎也。韩、魏复共稍并伊、洛、阴戎,灭之。其遗脱者皆逃走,西逾汧、陇。自是中国无戎寇,唯余义渠种焉。③

王城,在今陕西大荔东(参见图15)。④ 秦在攻取大荔王城的同时,还沿黄河修筑防御工事,修补庞戏城,加强对河西地区的防御。

三、初县频阳

秦厉共公二十一年(前456),初县频阳。《史记》卷五《秦本纪》:

> (秦厉共公)二十一年,初县频阳。

---

① 《中国历史地图集》战国"韩魏图":魏城,在今山西芮城北。
② 《史记集解·六国年表》:《音义》"拔一作'捕'"。杨宽《战国史料编年辑证》(上海人民出版社,2001年):黄式三《周季编略》改作"秦伐晋拔魏氏",并云:"或是魏氏边邑耳。"此说无据,史文未见其例。泷川资言《史记会注考证》云:"魏城,秦地,不可言拔,当作补,若后年补庞戏城、补庞城。"此说亦无据,秦边邑无魏城。《六国表》此记疑有脱误。
③ 杨宽《战国史料编年辑证》:《西羌传》谓"秦厉公灭大荔,取其地",不确切。据《秦本纪》,是年秦伐取大荔之王城,但大荔并未灭亡,当已向北撤退。《六国表》载秦孝公二十四年大荔围合阳,可知秦孝公末年大荔尚存,且拥有武力,进围合阳。秦灭大荔尚在其后。
④ 《汉志》:临晋属左冯翊,故大荔,秦获之,更名。《汉书补注》吴卓信曰:《秦纪》厉共公六年伐大荔,取其王城。徐广云:今临晋。《汉志汇释》周振鹤师:临晋治今陕西大荔县东朝邑镇。《中国历史地图集》战国"秦蜀图":大荔在今陕西大荔东。

88　帝国的形成与崩溃——秦疆域变迁史稿

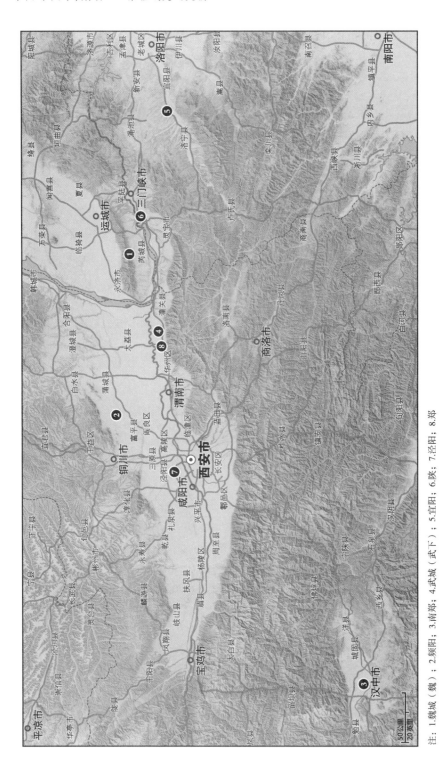

图14 战国时期关中、汉中、晋西南、豫西诸地地望图

注：1.魏城（魏）；2.频阳；3.南郑；4.武城（武下）；5.宜阳；6.陕；7.泾阳；8.郑

频阳,在今陕西富平县东北(参见图14)。① 《汉书》卷八十三《薛宣传》:"频阳北当上郡、西河,为数郡凑。"可见频阳的地位很重要。

四、失武城

秦厉共公二十一年(前456),失武城。《史记》卷五《秦本纪》:

> (厉共公二十一年)晋取武成。②

又,今本《竹书纪年》:

> 贞定王十三年,晋韩庞取秦武城。

武成,即武城,又称武下,在今陕西华县东(参见图14)。③ 武城是关中东部的门户,战略地位重要。如前所述,秦康公二年(前619),秦伐晋,取武城,至此又被晋取得。

五、向南拓地

(一)城南郑

秦厉共公二十六年(前451),秦在南郑筑城,开始开拓控制南郑地区。《史记》卷一五《六国年表》:

> 厉共公二十六年,左庶长城南郑。

---

① 《汉志》:频阳县属左冯翊。颜注应劭曰:在频水之阳。《汉书补注》先谦曰:频阳北当上郡、西河,为数郡凑,见《薛宣传》。秦厉公置,厉共公县频阳,见《秦纪》。《沮水注》,沮水自万年来,循郑渠,东迳当道城南,城在频阳县故城南频阳宫也。城北有频山,县在山南,故曰频阳。应劭云:在频水之阳,今县之左右无水以应之,所可当者,惟郑渠与沮水也。沮水下入莲勺。吴卓信云:余尝过此,频水出频山微甚,出山二里即涸,山前有通川,名锦川。王翦求美田,即其地也。《一统志》:故城今富平县东北五十里。《汉志汇释》周振鹤师:频阳治今陕西富平东北。《中国历史地图集》战国"秦蜀图":频阳在今陕西富平东北。

② 《史记》卷五《秦本纪》。

③ 参见第65页注③。

南郑,在今陕西汉中市(参见图14)。①《读史方舆纪要》:"(汉中)府北瞰关中,南蔽巴蜀,东达襄邓,西控秦陇,形势最重。"《中国古今地名大辞典》:"城滨汉水,北取褒斜道以通长安,西取金牛道以通巴蜀,为古来兵事上之要区。浮汉而下,水盛时可通夏口,药材多由此输出。"②

(二)南郑反

秦躁公二年(前441),南郑反。《史记》卷五《秦本纪》:

(秦)躁公二年南郑反。③

秦厉共公二十六年(前451),在南郑筑城,开始控制南郑地区。此时南郑反,说明秦对南郑的统治还不稳定。

六、厉共公至怀公时期疆域变迁小结

综上所述,厉共公至怀公时期,秦拔魏城,取得大荔之王城,在南郑筑城,开始经略南郑。由于南郑的战略地位,此时秦经略南郑,为后来攻取巴、蜀和整个汉中地区奠定了基础。秦厉共公二十一年(前456),晋攻取了秦的武城。由于武城的战略地位,秦失武城,便利了三晋攻取秦的河西之地。

第二节 灵公、简公时期:三晋夺秦河西地

怀公太子曰昭子,早死,大臣乃立太子昭子之子,是为灵公。灵公,怀公孙也,享国十年。灵公卒,子献公不得立,立灵公季父悼子,是为简公。简公,昭子之弟而怀公子也,享国十六年。④ 灵公、简公共计二十六年,在此期间,三晋攻取

---

① 《汉志》:南郑属汉中郡,旱山,池水所出,东北入汉。《汉书补注》先谦曰:秦躁公时,南郑反,盖其地入蜀,故惠公伐蜀取南郑,见《秦纪》。《沔水注》:汉水自褒中来,东迳汉庙堆下(俗名汉山,在南郑县西南),东过南郑县南。县,故褒之附庸也。周显王之世,蜀有褒汉之地,至六国,楚兼之,怀王衰弱,秦略取焉。《一统志》:故城今汉中府南郑县东。《汉志汇释》周振鹤师:南郑治今陕西汉中市。《中国历史地图集》战国"秦蜀图":南郑在今陕西汉中市。

② 臧励龢等编:《中国古今地名大辞典》,上海书店出版社,2014年。

③ 《史记》卷一五《六国年表》亦有相同的记载。

④ 以上并见《史记》卷五《秦本纪》。

了秦河西之地。

一、三晋夺秦河西地

少梁是河西的战略要地。在灵公时,魏多次城少梁①,与秦展开对河西的争夺。秦则因河为塞,修筑城防,所谓"城堑河濒"②,又"补庞,城籍姑"③,庞即繁庞,在少梁北(参见图15)④,籍姑又在繁庞北(参见图15)⑤,均在大河西岸,以加强对河西的防守。此外,《史记》卷六《秦始皇本纪》所附《秦记》:"灵公居泾阳"。泾阳,可能即西汉左冯翊之池阳,在今陕西泾阳县(参见图14)。⑥ 这说明灵公自雍,东徙都泾阳,这很可能也是为了强化河西的防守。灵公卒,简公继立,秦与三晋争夺河西的战争仍在激烈进行。《史记》卷一五《六国年表》:简公二年(前413),"与晋战,败郑下"。⑦ 又,《史记》卷一五《六国年表》:"[魏文侯]十

---

① 《史记》卷四四《魏世家》:[魏文侯]六年(杨宽《战国史料编年辑证》:当作二十七年)城少梁。又《史记》卷五《秦本纪》:[秦]灵公六年晋城少梁,秦击之。又,《六国年表》:秦灵公七年与魏战少梁。又,《六国年表》:魏文侯八年(当作二十九年)复城少梁。另外,本书对战国史料年代的校正,如无特殊说明,均据杨宽先生的《战国史料编年辑证》,其标志为:"某年(当作某年)",对此,后文不再一一注明。

② 《史记》卷一五《六国年表》:秦灵公八年城堑河濒。杨宽《战国史料编年辑证》:《秦本纪》与《六国表》载厉共公十六年"堑河旁"。此年又"城堑河濒",皆于黄河旁边兴建防御之城墙,即利用河堤加工扩建之防御工事,目的在于防止魏之进击。

③ 《史记》卷一五《六国年表》:秦灵公十年补庞,城籍姑。又,《史记》卷五《秦本纪》:[秦灵公]十三年城籍姑。

④ 《读史方舆纪要》:"繁庞城在(韩城)县东南。本秦邑。《史记》,魏文侯十三年,使子击围繁庞。梁惠王九年,秦败我于少梁,取庞。即繁庞矣。"《大清一统志》卷一百九十:"繁庞城在韩城县东南。《史记》魏文侯十三年,使子击围繁庞,出其民。《县志》:繁庞城在县东南。"《中国历史地图集》战国"韩魏图":繁庞在今陕西韩城东南。

⑤ 《史记正义·六国年表》引《括地志》云:"籍姑故城在同州韩城县北三十五里。"《大清一统志》卷一百九十:籍姑城在韩城县北。《史记》:秦灵公十三年城籍姑。《括地志》:籍姑故城在韩城县北。《县志》:在县北三十五里。《中国历史地图集》战国"韩魏图":籍姑城在今陕西韩城北。

⑥ 《汉书补注》:秦封泾阳君市于此(池阳)。故西晋时析置泾阳县。《中国历史地图集》战国"秦蜀图":泾阳在今陕西泾阳。

⑦ 此时楚可能通过伐晋之南部边疆,帮助过秦国。或者,趁晋攻秦河西之机而伐晋。《水经·丹水注》引《纪年》:"晋烈公三年(即秦简公二年)楚人伐我南鄙,至于上洛。"

七年(当作三十八年),伐秦至郑。"郑,在今陕西华县东(参见图8)。① 这说明,魏不仅从北面的河东进攻秦,而且还可能从南面的河外进攻秦。在简公时期,秦最终失去了河西之地。

(一)秦失繁庞

简公三年(前412),即魏文侯三十四年,魏攻取了秦河西的繁庞。《史记》卷一五《六国年表》:

> 魏文侯十三年(当作三十四年)魏公子击围繁庞,出其民。

又,《史记》卷四四《魏世家》:

> 魏文侯十三年(当作三十四年),使子击围繁庞,出其民。

"魏公子击围繁庞,出其民",说明魏取得了繁庞。繁庞,即庞,在今陕西省韩城县东南(参见图15)。②

(二)秦失临晋、元里

简公六年(前409),即魏文侯三十七年,魏攻取了秦河西的临晋、元里。《史记》卷一五《六国年表》:

> 魏文侯十六年(当作三十七年)伐秦,筑临晋、元里。③

魏此时又攻取了河西的临晋、元里。临晋,今陕西大荔县东南(参见图15)④;

---

① 参见第37页注⑤。
② 参见第91页注④。
③ 《史记》卷四四《魏世家》记载同。
④ 《汉志》:临晋属左冯翊,故大荔,秦获之更名。颜注应劭曰:临晋水,故曰临晋。颜注臣瓒曰:"晋水在河之间,此县在河之西,不得云临晋水也。旧说曰,秦筑高垒以临晋国,故曰临晋也。"师古曰:"瓒说是也。"《汉书补注》先谦案:文侯十六年,伐秦,筑临晋,见《魏世家》。言临晋者,莫先于此,即《齐策》所谓临晋之关也。瓒以为秦筑,颜以为文侯重城,或别有据。愚谓文侯伐秦,不能越河列障,所筑者当在河东。唐改解县为临晋,疑即本此。豹盛兵蒲坂,以塞临晋,犹言军河东以塞河西来路耳。故《高纪》云自临晋渡河,魏豹降,正谓此临晋。与文侯所城不相涉。《秦纪》初作河桥,是其地也(韩、秦、魏王俱会此,见《秦纪》、韩、魏《世家》)。《一统志》:今大荔县治。《汉志汇释》周振鹤师:治今陕西大荔县东朝邑镇。《中国历史地图集》战国"韩魏图":临晋,今陕西大荔县东南。

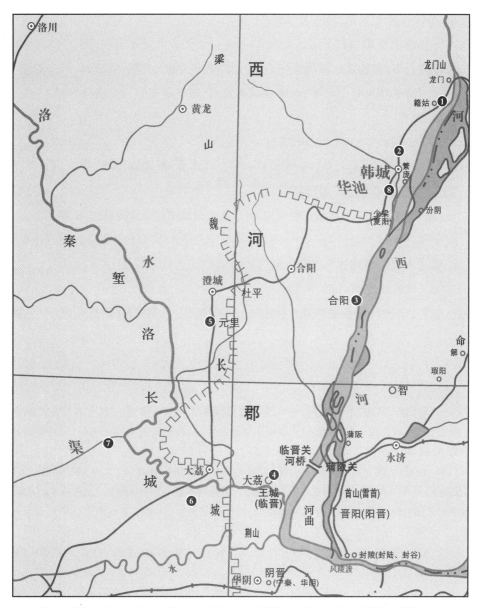

注：1.籍姑；2.繁庞（庞）；3.合阳（郃阳）；4.大荔、王城（临晋）；5.元里；6.洛、"堑洛"、洛阴；7.重泉；8.少梁（夏阳）

图15 战国时期关中东部诸地地望图

（底图取自谭其骧主编《中国历史地图集》战国"韩魏图"，地望标号新加）

元里,今陕西澄城县南(参见图15)。①

(三)魏筑洛阴、合阳

简公七年(前408),即魏文侯三十八年,魏筑洛阴、合阳。《水经·河水注》:

> 周威烈王之十七年,魏文侯伐秦至郑,还筑汾阴("汾"当作"洛")、郃阳。②

又,《史记》卷一五《六国年表》:

> (魏文侯)十七年(当作三十八年),伐秦至郑,还筑洛阴、合阳。③

又,《史记》卷四四《魏世家》:

> (魏文侯)十七年(当作三十八年)西攻秦,至郑而还,筑雒阴、合阳。④

又,《水经·河水注》:

> 魏文侯筑馆洛阴。⑤

洛阴,今陕西大荔县西南(参见图15)⑥;郃阳,今陕西合阳县东南(参见图

---

① 《大清一统志》卷一百九十:"元里城在澄城县南。《史记》:魏文侯十六年筑元里,惠王十七年与秦战元里。《正义》:元里故城在澄城县界。《县志》:在县南十五里。"《中国历史地图集》战国"韩魏图":元里,今陕西澄城县南。

② 杨宽《战国史料编年辑证》:郝懿行《竹书纪年校正》、陈逢衡《竹书纪年集证》均谓《水经注》此条采自古本《竹书纪年》。《魏世家》系此事于魏文侯十七年,较此迟一年。另外,本书对战国史料文字的校勘,如无特别说明,均据杨宽先生的《战国史料编年辑证》,后文不再一一注明。

③ 《史记集解·六国年表》徐广曰:"一云击宋中山,置合阳。世家云攻秦,至郑而还,筑雒阴、合阳。"

④ 《史记》卷一五《六国年表》作"伐秦至郑,还筑洛阴、合阳"。《史记集解·魏世家》徐广曰:"一云置合阳。"

⑤ 杨宽《战国史料编年辑证》:《水经·河水注》云:"洛水自猪山枝分东流,东南注于河,昔魏文侯筑馆洛阴,指谓是水也。"魏文侯筑馆,疑与是年筑洛阴城同时。

⑥ 《水经·河水注》云:"洛水自猎山枝分东派,东南注于河,昔魏文侯筑馆洛阴,指谓是水也。"《大清一统志》卷一百九十:雒阴城在府西。《史记》:魏文侯十七年西攻秦,筑雒阴。《括地志》:雒阴在同州之西。《中国历史地图集》战国"秦蜀图":洛阴在今陕西大荔西南。

15）。① 雒阴、合阳可能为秦地，魏"筑雒阴、合阳"，说明秦又失河西的洛阴、合阳。

（四）秦退守洛水一线

简公七年（前408），秦在魏的不断进攻下，不得已退守洛水一线，沿北洛河修建防御工事，即所谓"堑洛"，并在重泉筑城防守。《史记》卷一五《六国年表》：

简公七年，堑洛，城重泉。

洛指北洛河（参见图15）。② 重泉，在今陕西蒲城县东南，东靠洛水（参见图15）。③

综上所述，在秦简公时，魏相继攻取了秦在河西的繁庞、临晋、元里、洛阴、合阳等地。秦不得不退守北洛河，沿北洛河修建防御工事，即谓"堑洛"（参见图15）。从厉共公、灵公时的"堑河"，到简公七年（前408）的"堑洛"，说明秦已失去了河西之地。此后魏从郑沿着北洛河修筑了河西长城。《史记》卷五《秦本纪》："魏筑长城，自郑滨洛以北，有上郡。"《盐铁论·险固篇》也说："魏滨洛筑长城。"同时，魏在新攻取的河西之地设置西河郡，任命攻取河西之地的主将吴起为郡守，镇守河西之地。《史记》卷六五《孙子吴起列传》："文侯以吴起善用兵，廉平，尽能得士心，乃以为西河守，以拒秦、韩。"下面我们对秦失河西地的原因做一简要探讨。

---

① 《汉志》：郃阳属左冯翊。应劭曰："在郃水之阳也。"师古曰："音合。即《大雅·大明》之诗所谓'在洽之阳'。"《汉书补注》先谦曰：战国魏地。文侯筑合阳，见《魏世家》。后入秦。《索隐》云属冯翊。《一统志》：故城今郃阳县东南四十里。《汉志汇释》周振鹤师：治今陕西合阳县东南。《中国历史地图集》战国"韩魏图"：郃阳，今陕西合阳县东南临黄河。

② 《大清一统志》卷一百八十九：洛水在白水县东，自鄜州宜君县流入，东南迳澄城县西入蒲城县界，又南至府西，折而东迳府南，又东迳朝邑县南，入于河。

③ 《汉志》：重泉县属冯翊，莽曰调泉。《汉书补注》先谦曰：秦邑。简公城之，见《秦纪》。庄熊罴请穿洛，溉重泉，见《河渠书》。莽曰调泉。《一统志》：今蒲城县东南五十里，引《县志》云今重泉里。《汉志汇释》周振鹤师：治陕西蒲城县东南龙阳。《中国历史地图集》战国"秦蜀图"：在今陕西蒲城县东南，东近北洛河。

二、秦失河西地的原因

(一) 秦国的落后与内乱

在春秋末年,秦可能就已经开始混乱而衰弱。① 自厉共公以来,则内乱非常严重。厉共公、躁公,尤其是厉共公虽然武功颇著,但群臣则以恶谥谥之。更为甚者,怀公四年(前425),庶长晁与大臣围怀公,竟迫使怀公自杀。② 灵公卒,子献公却不得立。③ 出子二年(前385),庶长改迎灵公之子献公于河西而立之。杀出子及其母,沉之渊旁。④ 这种情况直至秦献公杀出子而自立,才告结束。这一时期秦的混乱和衰弱也可从国君的谥号窥其一斑。悼、厉、躁皆为恶谥,这说明悼公、厉共公、躁公时期君臣不睦,内部矛盾严重⑤,尤其是厉共公武功颇著,却也被谥以恶谥。这一时期秦的边疆也不稳定。⑥ 秦孝公即位之初下令国中曰:"会往者厉、躁、简公、出子之不宁,国家内忧,未遑外事。"⑦ 又,《史记》卷五《秦本纪》明确说:"秦以往者数易君,君臣乖乱,故晋复强,夺秦河西地。"

---

① 杨宽《战国史料编年辑证》:当春秋末年,秦惠公与秦悼公时,秦已混乱而衰弱,《秦本纪》载惠公立十年卒,悼公立十四年卒,二十四年所记,皆晋、齐、吴、楚之事,竟无一语及秦,盖局势混乱,《秦记》讳言,未有记载。

② 《史记》卷五《秦本纪》。

③ 《秦本纪》:"灵公卒,子献公不得立,立灵公季父悼子,是为简公。简公,昭子之弟而怀公子也。"

④ 《史记》卷五《秦本纪》。又,《六国年表》:"(秦出公二年)庶长改迎灵公太子,立为献公,诛出公。"又,《秦始皇本纪》引《秦记》:"(秦)出公享国二年,出公自杀,葬雍。"

⑤ 《史记正义论例》:"杀戮无故曰厉""好便动民曰躁"。又,杨宽《战国史料编年辑证》:秦孝公于元年下令国中,亦曰:"会往者厉、躁、简公、出子之不宁,国家内忧,未遑外事。"以厉共公、躁公与简公、出子同为"不宁"之君……厉共公为继悼公而立者,悼公以"悼"为谥。从来以"悼"为谥之君大多被杀或短命而死,如齐悼公立四年而被杀,周甘悼公亦见杀,许悼公尝药而死,《春秋》作"弑",宋悼公即见执于韩文侯之宋君。秦悼公亦其俦乎?厉共公亦称厉公,不仅秦孝公称之为厉,《十二诸侯年表》及《后汉书·西羌传》亦称为厉公。从来谥"厉"之君,皆有昏德而不得善终,如周厉王放于彘,齐厉公以暴虐见杀,晋厉公被杀,郑厉公尝见逐,陈厉公以淫乱见杀,秦厉公亦其俦乎?厉公继悼公而立,躁公继厉公而立,与简公同为"不宁"之君。

⑥ 《史记》卷五《秦本纪》:"躁公二年,南郑反。十三年,义渠来伐,至渭南。"

⑦ 《史记》卷五《秦本纪》。

（二）三晋的崛起与强大

这一时期，与秦的衰弱和混乱相比，则是三晋的崛起和强大。《史记》卷五《秦本纪》：孝公元年，河山以东强国六，与齐威、楚宣、魏惠、燕悼、韩哀、赵成侯并。淮泗之间小国十余。楚、魏与秦接界。魏筑长城，自郑滨洛以北，有上郡。楚自汉中，南有巴、黔中。周室微，诸侯力政，争相并。秦僻在雍州，不与中国诸侯之会盟，夷翟遇之。孝公于是布惠，振孤寡，招战士，明功赏。下令国中曰："昔我缪公自岐雍之间，修德行武，东平晋乱，以河为界，西霸戎翟，广地千里，天子致伯，诸侯毕贺，为后世开业，甚光美。会往者厉、躁、简公、出子之不宁，国家内忧，未遑外事，三晋攻夺我先君河西地，诸侯卑秦，丑莫大焉。"而在三晋中，又尤以魏国更为强盛。魏国变法最早，始于魏文侯时。文侯礼贤下士，师事子夏、田子方、段干木等人，又任用李悝、吴起、西门豹等人。李悝是魏文侯、武侯时参加政治改革的重要人物之一。李悝采取了一系列的改革措施，这些措施，"行之魏国，国以富强"。① 魏国强盛起来以后，在西面，就以吴起为攻秦河西之地的主将。②而且很可能韩、赵亦助魏攻秦河西。所谓"会往者厉、躁、简公、出子之不宁，国家内忧，未遑外事，三晋攻夺我先君河西地"。又，韩将骉羌在叙述自己功绩的《骉羌钟铭文》中也说："率征秦迮齐。"所谓"征秦"，当即指参与魏攻取秦河

---

① 《汉书》卷二四《食货志》。
② 《史记》卷六五《孙子吴起列传》：吴起于是闻魏文侯贤，欲事之，文侯问李克曰："吴起何如人哉？"李克曰："起贪而好色，然用兵司马穰苴不能过也。"于是魏文侯以为将，击秦，拔五城。杨宽《战国史料编年辑证》：陈逢衡《竹书纪年集证》谓"吴起为将击秦拔五城，即此时"。钱穆《吴起为魏将拔秦五城考》证之曰："考《韩非子·外储说左上》，吴起攻中山，军人有病疽者，起自吮其脓。《说苑·复恩》云：'吴起攻中山，为卒吮脓。其母泣曰：吴子吮此父之创，泾水之战，不旋踵而死；今又吮之，知何战而死？'《艺文类聚》《太平御览》引《韩非子》亦云泾水。《史记志疑》：'雒阴、郃阳皆在同州'，推其地理亦与泾水相当。《说苑》所谓泾水之战，《吴起列传》所谓拔秦五城者，殆即其事。"（《先秦诸子系年》，商务印书馆，2015年）魏文侯时"击秦拔五城"，即在上年与此年，确由吴起为将攻取，从此秦之河西全为魏所占有，此后吴起即为西河之守。惟所谓"泾水之战"，不能证作，河西距泾水甚远，"泾"字疑有讹误。

西之战役。①

三、灵公、简公时期疆域变迁小结

综上所述,灵公、简公时期,魏国攻取了秦的河西地区。秦失河西的原因主要是自厉共公以来秦的严重内乱与三晋的迅速崛起和强大,秦的内乱为魏国攻取河西地区创造了条件。这一时期,现存文献不见秦得地的记载。

第三节 惠公时期

简公卒,子惠公立。秦惠公在位仅十三年,但在此期间,通过伐绵诸,伐韩、魏,伐蜀,使秦的疆域在西、东和南三面都有开拓。

一、对西面的开拓:伐灭绵诸

秦惠公五年伐灭绵诸。《史记》卷一五《六国年表》:

---

① 《骉羌钟铭文》:"唯廿又再祀,骉羌乍(作)力戈(戎),氒(厥)辟韩宗虡攴,達(率)征秦迮(迫)齐,長(长)城,先会于平除阝金(阴),武侄寺力,蠆(蠆)敓(夺)楚京,赏于韩宗,令(命)于晋公,邵(昭)于天子,用明则之于铭,武文咸刺(烈),永枼(世)母(毋)忘。"杨宽《战国史料编年辑证》:编钟共十四枚,20世纪30年代出土于河南洛阳金村太仓墓中。除第五、第十四两钟藏加拿大皇家安大略博物馆以外,其他均藏日本泉屋博物馆。先后考释铭文者有六家,即刘节、唐兰、徐中舒、吴其昌、郭沫若与温廷敬。其中,温廷敬著《骉羌钟铭释》(中山大学文科研究所《史学专刊》一卷一期)断为周威烈王二十二事,最为正确。温氏谓此即《水经注》所引《纪年》伐齐入长城之事。并云:"征秦必是年以前之事,此并言之。《六国年表》威烈王十三年、秦简公二年与晋战郑下,十六年、十七年魏两伐秦,《魏世家》于十七年亦云攻秦至郑而还。度骉羌亦必从韩与其役,否则韩自有伐秦之事而史不记也。伐齐之事,仅见于《纪年》甚略,赖有'入长城'三字,知为是役。"其说甚是。《纪年》列此役于晋烈公十二年,正当周威烈王二十二年,即钟铭所谓"廿又再祀"。魏史《纪年》称此役出于"王命",《吕氏春秋》则称魏文侯"东胜齐于长城,虏齐侯献诸天子,天子赏文侯以上卿"。钟铭又言韩将骉羌"迮齐,入长城囗,赏于韩宗,命于晋公,昭于天子",皆相符合。是时三晋合作,同谋合力,魏文侯俨然为盟主。前于此,魏伐秦取西河,韩、赵亦尝发兵助战,韩将骉羌尝参与,故钟铭以"征秦迮齐"连言。《秦本纪》载孝公元年下令国中,曰:"会往者厉、躁、简公、出子之不宁,国家内忧,未遑外事,三晋攻夺我先君河西地。"足为明证。

(秦惠公五年)伐诸縣。

诸縣当是绵诸之误①,乃西戎之一支。据《史记》卷一五《六国年表》记载,秦厉共公以来,秦数次伐绵诸。但自秦惠公五年伐绵诸后,就不见有绵诸之记载,当为秦灭其于此时。② 绵诸活动在今甘肃天水县东一带(参见图3)③,秦灭绵诸,使秦在陇西的疆域进一步扩大和巩固。

二、对东面的开拓

(一)攻取韩宜阳之六邑

秦惠公九年(前391),伐韩宜阳,取其六邑。《史记》卷一五《六国年表》:

(秦惠公九年)伐韩宜阳,取六邑。④

宜阳,在今河南宜阳西(参见图14)⑤,是韩之大县,也是通往洛阳的战略要地。此六邑乃宜阳附近之六个较大村落。⑥

(二)取得魏之陕,并置县

秦惠公十年(前390),取得魏之陕,并置县。《史记》卷一五《六国年表》:

(秦惠公十年)与晋战武城。县陕。

---

① 杨宽《战国史料编年辑证》:诸縣当是縣诸之误。《六国表》载秦厉共公六年,"义渠来赂,縣诸乞援"。"縣诸"乃"縣诸"之误。

② 杨宽《战国史料编年辑证》:《六国表》载秦厉共公六年,"义渠来赂,縣诸乞援"。"縣诸"乃"縣诸"之误。《六国表》又载厉共公二十年"公将师与縣诸战"。此年又伐绵诸。绵诸乃西戎之一支,在今甘肃天水县,汉置绵诸道,属天水郡,此后即不见有绵诸之记载。当为秦灭其于此时。

③ 参见第59页注①。

④ 《史记》卷四五《韩世家》同。

⑤ 《汉志》:宜阳,在黾池,有铁官也。《汉书补注》先谦曰:战国韩地秦武王拔之。昭襄王会魏王于此。见《秦纪》。《洛水注》,故韩地,后乃县之。《汉志汇释》周振鹤师:治河南宜阳县西。缪文远《战国制度通考》:"宜阳因山而得名。宜阳山在今河南宜阳西北,山青如黛,屏障县境。宜阳故城在今县西北14里洛河北岸的韩城镇。这里有秦王寨,相传为秦军攻城时所建营垒。"《中国历史地图集》战国"韩魏图":宜阳在今河南宜阳西。

⑥ 杨宽《战国史料编年辑证》:六邑乃宜阳附近之六个较大村落。商鞅在秦变法时,曾合乡、邑、聚为县。聚为小村落,邑乃较大村落。

陕,在今河南三门峡市西(参见图 14),正当函谷关之东北。① 秦此时在陕设县,图谋向中原扩展。另外,秦惠公九年(前 391),"伐韩宜阳,取六邑",次年又"县陕",又次年"秦侵阴晋"②,阴晋在今陕西华阴县。直到秦惠公六年(前 394),秦始取得阴晋。秦取得阴晋后,改名华阴。如前所述,春秋时,晋扼守桃林塞,秦东道不通。此时秦攻取阴晋不得,想必桃林塞也依旧为三晋所有。这说明,在秦惠公时,秦是从东南绕过阴晋及桃林塞,间接向东发展,不仅取得了重镇宜阳之六个邑,而且取得了重镇陕。秦绕过桃林塞间接向东发展又有重大突破。在秦简公时,魏取得了秦河西之地,此后魏又从郑沿着北洛河修筑了河西长城。这可能迫使秦进一步自东南间接向东发展。

三、对南面的开拓:伐蜀,取南郑

秦惠公十三年(前 387),伐蜀,取南郑。《史记》卷一五《六国年表》:

(秦惠公十三年)蜀取我南郑。

又,《史记》卷五《秦本纪》:

(秦惠公)十三年,伐蜀,取南郑。

南郑(参见图 14)北通关陇,南通蜀,东通楚,是陕南的重镇,具有重要的战略地位。厉共公二十六年(前 451)左庶长城南郑,躁公二年(前 441)南郑反,至

---

① 《汉志》:陕,故虢国。有焦城,故焦国。北虢在大阳,东虢在荥阳,西虢在雍。《汉书补注》先谦曰:春秋晋地。战国属魏。秦孝公围陕城,惠文王取之,出其人与魏。见《秦纪》。又,《魏世家》云:秦围我曲沃。《括地志》云:曲沃城在县西南。《一统志》:故城今陕州治。《汉志汇释》周振鹤师:治今河南三门峡市西。《中国历史地图集》战国"韩魏图":陕在今河南三门峡市西。

② 《史记》卷一五《六国年表》:秦惠公十一年,"秦侵阴晋。"又,《史记》卷四四《魏世家》:[魏文侯]三十六年(当作魏武侯七年)秦侵我阴晋。杨宽《战国史料编年辑证》:黄式三云:"《年表》云:秦侵晋,《通鉴》同。"盖《六国年表》有脱"阴"字而误作"秦侵晋"之版本,《通鉴》因而同误。阴晋后来为秦取得后改名华阴,在今陕西华阴县东南,是时吴起当已去魏入楚矣。

此秦最终取得南郑①,这为秦后来取得整个汉中之地和进一步向南发展取得巴蜀都有重要的意义。

四、惠公时期疆域变迁小结

综上所述,秦惠公五年(前395)伐灭绵诸;秦惠公九年(前391),伐韩宜阳,取其六邑;秦惠公十年(前390),取得魏之陕,并置县;秦惠公十三年(前387),伐蜀,取南郑。惠公时,秦侵阴晋未能成功,说明还未完全打通东道,即函谷关道,秦的向东发展很可能依旧是绕过桃林塞,间接向东发展。总的来说,惠公时期,秦的疆域在西、东、南三面都有开拓,但惠公卒,出子立,出子之母用宦官专权,秦的内乱还未结束。现存文献不见秦惠公时秦失地的记载。

第四节　秦文化遗存反映的战国早期之秦疆域

迄今为止,在甘肃天水、陇南、平凉、陕西宝鸡、咸阳、西安、铜川、渭南这八个地区发现了战国早期的秦文化遗存。此外,还发现了修筑于战国早期的秦"堑洛"长城遗迹。在一定程度上,这些秦文化遗存的地理分布反映了战国早期之秦疆域。下面我们对这些秦文化遗存的具体地域分布及相关情况做一简要叙述。

一、甘肃天水地区

天水地区发现的甘谷毛家坪遗址、天水董家坪遗址均有战国早期的秦文化遗存。这两个遗址的具体分布地域及相关情况已经在前文《秦文化遗存反映的西周及其以前的秦人活动地域》一节中做了叙述,这里不再重复。需要补充的

---

① 杨宽《战国史料编年辑证》;《资治通鉴》作"秦伐蜀,取南郑"。黄式三《周季编略》作"蜀取秦南郑,秦伐蜀复取南郑"。《史记会注考证》云:"《纪》《表》前此书秦城南郑及南郑反矣,则南郑非蜀土也。程一枝曰:《史・表》蜀取我南郑,当从《史・表》为是。"南郑在今汉中市。《六国表》厉共公二十六年左庶长城南郑,《秦本纪》《六国表》躁公二年南郑反。是时南郑既非蜀土,亦非秦地。盖蜀取南郑,秦又伐蜀而取南郑耳。马非百《秦集史》:"当是先为蜀取,后秦又取还。"

是,滕铭予认为,甘谷毛家坪 M7、M13、M18、TM6 的年代为战国早期。①

二、甘肃陇南地区

陇南地区发现的礼县西山遗址有战国早期的秦文化遗存。另外,2004 年早期秦文化联合课题组对西汉水上游东起天水市天水乡,西至礼县江口乡约 60 余公里的干流两岸及其支流红河、永坪河、燕子河等河流两岸调查发现的包含周秦文化的 38 处遗址中,可能也有战国早期的秦文化遗存。西汉水上游调查发现的 38 处周秦文化遗址及礼县西山秦文化遗址已经在前文《秦文化遗存反映的西周及其以前的秦人活动地域》一节中做了叙述,这里不再重复。

三、甘肃平凉地区

甘肃平凉地区发现的灵台县洞山东周墓群有战国早期的秦文化遗存。洞山东周墓群已经在《秦文化遗存反映的春秋早期之秦疆域》一节中做了叙述。这里需要补充的是,滕铭予认为,灵台洞山 M8 的年代为战国早期。②

四、陕西宝鸡地区

宝鸡地区发现的陇县店子秦墓、陇县韦家庄秦墓、宝鸡茹家庄东周墓葬、阳平秦家沟秦墓、凤翔高庄秦墓、凤翔邓家崖秦墓、凤翔八旗屯秦国墓葬、凤翔八旗屯西沟道秦墓、凤翔南指挥秦墓、凤翔南指挥乡西村秦墓、扶风县飞凤山秦墓、凤翔雍山血池秦汉祭祀遗址、宝鸡晁峪东周秦墓、凤翔秦国都城雍城遗址、凤翔秦公陵园遗址和宝鸡郭家崖秦国墓地均有战国早期的秦文化遗存。陇县店子秦墓、凤翔八旗屯秦国墓葬和宝鸡晁峪东周秦墓遗址的情况已经在《秦文化遗存反映的春秋早期之秦疆域》一节中做了叙述,阳平秦家沟秦墓、凤翔秦国都城雍城遗址和凤翔秦公陵园遗址已经在《秦文化遗存反映的春秋中期之秦疆域》一节中做了叙述。陇县韦家庄秦墓、凤翔高庄秦墓、凤翔八旗屯西沟道秦墓、凤翔邓家崖秦墓、凤翔南指挥秦墓、宝鸡茹家庄东周墓葬的情况已经在《秦文化遗存反映的春秋晚期之秦疆域》一节中做了叙述,下面我们仅把凤翔南指挥乡西村

---

① 详参滕铭予《秦文化:从封国到帝国的考古学观察》附表一"天水地区墓葬统计表"。
② 详参滕铭予《秦文化:从封国到帝国的考古学观察》附表二"长陇地区墓葬统计表"。

秦墓、扶风县飞凤山秦墓、凤翔雍山血池秦汉祭祀遗址和宝鸡郭家崖秦国墓地的地理分布及其相关情况做一简要介绍。

(一)凤翔南指挥乡西村秦墓

西村战国秦墓位于凤翔县南指挥乡西村西约 300 米处(参见图 10),北距县城 6 公里。墓地的南边紧临 23 号秦公大墓。经钻探,在南北约 160 米、东西约 104 米的范围内,分布有战国秦墓 44 座,车马坑 4 座。1979 年和 1980 年两次发掘,计清理墓葬 42 座,车马坑 2 座。根据墓葬形制、随葬品的组合类型及器形分析,西村战国秦墓大体可分为三期。第一期的年代为战国早期晚段;第二期为战国中期;第三期为战国晚期。①

(二)扶风县飞凤山秦墓

飞凤山位于扶风县城南约 300 米处,山的东侧缓坡地上是城关镇千佛寺村(参见图 10)。该村规划平整庄基地时,挖出一鼎一簋,于是向县博物馆做了报告。宝鸡市考古队清理出西周初期墓葬 5 座,马坑 1 个,秦人墓葬 5 座。这批秦人墓葬的时间在春秋战国之交至战国中期。②

(三)凤翔雍山血池秦汉祭祀遗址

雍山血池遗址位于陕西省凤翔县血池村,南距宝鸡市约 25 公里,东南距秦雍城遗址约 15 公里(参见图 10)。发掘者认为,血池遗址是首次发现由坛、壝、场、道路、建筑、祭祀坑等各类遗迹组合而成的"畤"文化遗存,是时代最早、规模最大、性质明确、持续时间最长,且功能结构趋于完整的秦汉时期的国家祭祀遗址。刘庆柱说:"其祭祀者是东周时期秦国、秦王朝和西汉王朝的最高首领,祭祀对象是中国古人心目中最神圣的天。"田亚岐说:"根据血池遗址出土'上畤'陶文以及陶器、建筑材料的形制和类型,尤其是对年代测定数据的综合分析,可以得知秦四畤分别位于雍城郊外各自不同的位置,而汉代可能是在早先秦吴阳上畤基础上扩建的北畤,在新建时,遂将原秦四畤一并整合,移至血池。因而这里也自然成为西汉时期的'雍五畤'所在。而最终要确定血池遗址的属性,还有

---

① 雍城考古队李自智、尚志儒:《陕西凤翔西村战国秦墓发掘简报》,《考古与文物》1986 年第 1 期。

② 宝鸡县考古队、扶风县博物馆:《陕西扶风县飞凤山秦墓发掘简报》,《考古与文物》1997 年第 5 期。

待于对其他秦时采取选择性的考古发掘。"①综上所述,这里把血池遗址最早形成的时间暂定为战国初。

(四)宝鸡郭家崖秦国墓地

宝鸡郭家崖村地处石鼓山东北,南依秦岭,西临茵香河,北频渭河,向东地势开阔,处在渭河与茵香河交汇处东夹角的二级台地上(参见图10)。2011年,宝鸡郭家崖墓地南区共发掘战国秦墓78座,2017年11月23日至2018年2月10日,又在北区发掘战国时期秦墓葬37座。宝鸡郭家崖秦国墓时代跨越战国早、中、晚,少数可到秦代。②

五、陕西咸阳地区

咸阳地区发现的咸阳任家嘴秦墓、长武上孟村秦墓、武功赵家来秦墓、乾县夹道村秦墓均有战国早期的秦文化遗存。咸阳任家嘴秦墓、长武上孟村秦墓已经在前文《秦文化遗存反映的春秋中期之秦疆域》做了介绍,这里不再重复。武功赵家来秦墓已经在前文《秦文化遗存反映的春秋晚期之秦疆域》做了介绍,这里需要补充的是,滕铭予认为,武功赵家来M1、M5的年代为战国早期。③

乾县夹道村秦墓

夹道村墓地位于乾县城西的夹道村东(参见图11),漠谷河西岸台地之上,东北距乾县县城约2.5公里。2010年8月至10月间,陕西省考古研究院与咸阳市文物考古研究所及乾陵博物馆联合组队,对位于夹道村的五座墓葬进行了抢救性发掘。其中M1为唐墓,其余皆为战国秦墓,M2、M3与M4、M5分别位于209省道南、北两侧,相距约150米。已发掘的4座小型秦墓年代跨越战国早期至晚期。④

---

① 田亚岐:《血池遗址考古发现与秦人祭祀文化的认知》,《光明日报》2019年1月7日;辛怡华:《血池遗址与雍地五畤及相关问题》,《湖南省博物馆馆刊》第14辑。
② 陕西省考古研究院、宝鸡市考古研究所:《宝鸡郭家崖秦国墓地(北区)发掘简报》,《文博》2018年第6期;陕西省考古研究院、宝鸡市考古研究所:《宝鸡郭家崖秦国墓地(南区)发掘简报》,《文博》2019年第4期。
③ 详参滕铭予《秦文化:从封国到帝国的考古学观察》附表三"西安地区墓葬统计表"。
④ 陕西省考古研究院、咸阳市文物考古研究所:《陕西乾县夹道村秦墓发掘简报》,《文博》2014年第11期。

六、陕西西安地区

西安地区发现的长安客省庄秦墓、西安半坡秦墓、西安南郊秦墓和高陵县益尔公司秦墓均有战国早期的秦文化遗存。长安客省庄秦墓的情况已经在前文《秦文化遗存反映的春秋早期之秦疆域》一节中做了介绍;西安南郊秦墓和高陵县益尔公司秦墓遗址的情况已经在前文《秦文化遗存反映的春秋晚期之秦疆域》一节中做了介绍,这里不再重复。

西安半坡秦墓

半坡仰韶文化遗址离西安城东约12华里(参见图11),位于浐河以东800米的一个河谷台地上(第二台地),背倚白鹿原,南北两端连接半坡村和堡子村。墓地的位置即在遗址稍东的一片平坡上。根据探查的结果,还有很多古墓葬。墓葬的分布很稠密。在北、东、西三区约20,000平方米的面积内,仅战国墓葬就发现了112座,特别是西区,在仅约6,000平方米的面积内就发现了46座。半坡村墓地背倚白鹿原,是白鹿原西麓的一个余坡,墓葬的年代属于春秋末至战国晚期。[1]

七、陕西铜川地区

铜川地区发现的铜川枣庙秦墓有战国早期的秦文化遗存。铜川枣庙秦墓的情况已经在《秦文化遗存反映的春秋中期之秦疆域》中做了介绍,这里不再重复。

八、陕西渭南地区

渭南地区发现的华县东阳秦墓和大荔朝邑战国墓葬均有战国早期的秦文化遗存。华县东阳秦墓已经在《秦文化遗存反映的春秋中期之秦疆域》一节中做了介绍,这里不再重复。

大荔朝邑战国墓葬

陕西省大荔县东十七公里的黄河老岸带,北连华原山(或称莘原山),南接紫阳山,两山相界之处是朝邑公社北寨子大队(参见图11)。1974年10月至

---

[1] 金学山:《西安半坡的战国墓葬》,《考古学报》1957年第3期。

1975年4月,进行了两次发掘。第一期发掘战国墓葬26座,第二期发掘西汉墓葬2座。据发掘报告,第一期发掘的战国墓葬26座为秦墓,年代涵盖战国早、中、晚三期。① 另外,滕铭予认为,大荔朝邑的 M103、M203、M107、M102、M104、M105、M109、M112、M202、M204、M205、M206、M211、M209 的年代为战国晚期至秦代。②

九、秦"堑洛"长城遗迹

如前所述,在秦灵公和简公时期,魏国攻取了秦的河西地。秦国为阻止魏国的继续西进,沿北洛河西岸铲削岸坡,夯筑土墙而修成一道军事防线,即"堑洛"长城。过去认为,"堑洛"长城起自华阴县小张村,过渭河后,循洛水西岸,经大荔、蒲城、白水、宜君、黄陵达于富县境内。在蒲城县阿坡村附近、黄陵县黄帝陵东,长城遗迹至今犹存。后经重新调查,认为渭河南岸的秦国长城乃自华山北麓向北循长润河西岸达于渭河南岸。③

十、小结

综上所述,目前发现的战国早期的秦文化遗存分布范围西到甘肃甘谷、礼县,东到陕西华县、朝邑,北到甘肃灵台、陕西铜川,南到秦岭。与文献记载之秦在战国早期的疆域范围基本一致。不过,按文献记载,战国早期,秦人已经取得了秦岭南的南郑,即今汉中市,但迄今为止,在汉中市还未发现战国早期的秦文化遗存。

---

① 详参陕西省文管会、大荔县文化馆:《朝邑战国墓葬发掘简报》,《文物资料丛刊》1978年第2期。
② 详参滕铭予《秦文化:从封国到帝国的考古学观察》附表六"大荔地区墓葬统计表"。
③ 夏振英、呼林贵:《陕西华阴境内秦魏长城考》,《文博》1985年第3期;史念海:《洛河右岸战国时期秦长城遗迹的探索》,《文物》1985年第11期;《中国考古学·两周卷》之《东周长城》,中国社会科学出版社,2004年。

第六章　战国中期的秦疆域变迁

按前述战国时代早中晚三期之分期标准,战国中期大致相当于秦出子至秦武王时期。据此,本章考察出子至武王时期秦之疆域变迁。

第一节　献公时期

惠公卒,出子立,出子之母用宦官专权。出子二年(前385),庶长改迎灵公之子献公于河西而立之,杀出子及其母,沉之渊旁。① 当年灵公卒,献公不得立,"亡在魏",目睹了魏国的变法图强。献公即位后,结束内乱,开始变法图强,欲复穆公之故地。

一、徙都栎阳

秦献公二年(前383),徙都栎阳。《史记》卷一五《六国年表》:

> 秦献公二年,城栎阳。

又,《史记》卷五《秦本纪》:

> 二年,城栎阳。

---

① 《吕氏春秋·当赏》:秦小主夫人用奄变,群贤不说,自匿,百姓郁怨非上。公子连亡在魏,闻之,欲入,因群臣与民,从郑所之塞,右主然守塞,弗入。曰:"臣有义,不两主,公子勉去矣。"公子连去,入翟,从焉氏塞,菌改入之。夫人闻之,大骇,令吏与卒,奉命曰:"寇在边,卒与吏,其始发也。"皆曰:"往击寇。"中道因变曰:"非击寇也,迎主君也。"公子连因与卒俱来,至雍,围夫人,夫人自杀。公子连立,是为献公。怨右主然而将重罪之,德菌改而欲厚赏之。监突争之曰:"不可!秦公子在外者众,若此则人臣争入亡公子矣,此不便主。"献公以为然,故复右主然之罪,而赐菌改,官大夫,赐守塞者人米二十石。

又,《史记》卷五《秦本纪》所载秦孝公下令国中云:

> 秦献公即位,镇抚边境,徙治栎阳,且欲东伐,复穆公之故地,修穆公之政令。

又,《史记集解·秦本纪》徐广曰:

> 徙都之,今万年是也。

又,《水经·渭水注》亦云:

> 秦献公二年城栎,自雍徙居之。

又,《太平御览》引《帝王世纪》云:

> 德公元年初居雍,今扶风雍是也。至献公即位,徙治栎阳,今冯翊万年是也。孝公自栎阳徙咸阳。

栎阳,今陕西西安阎良区(参见图16)。①《史记》卷一二九《货殖列传》:"献公徙栎邑,栎邑北却戎翟,东通三晋,亦多大贾。"据孝公所说,献公自雍徙都栎阳,主要是为了收复河西之失地,所谓"徙治栎阳,且欲东伐,复穆公之故地"。

二、置县

(一)初县蒲、蓝田、善明氏

秦献公六年(前379),初县蒲、蓝田、善明氏。《史记》卷一五《六国年表》:

> 初县蒲、蓝田、善明氏。

蒲、善明氏地望不详;蓝田,在今陕西蓝田西(参见图16)。②《读史方舆纪要》:"今繇河南南阳、湖广襄、郧入秦者,必道武关。自武关而至长安四百九十里,多从山中行,过蓝田始出险就平。"蓝田的战略地位非常重要。当年刘邦军就

---

① 据考古调查与发掘,栎阳城遗址位于陕西省西安市阎良区,地处渭河北岸的平原地带。详参陕西省文物管理委员会:《秦都栎阳遗址初步勘探记》,《文物》1966年第1期;中国社会科学院考古研究所栎阳发掘队:《秦汉栎阳城遗址的勘探和试掘》,《考古学报》1985年第3期。

② 《汉志》:蓝田属京兆尹,山出美玉,有虎候山祠,秦孝公置也。《汉书补注》先谦曰:《六国表》秦献公六年,县蓝田。孝盖献之误。《汉志汇释》周振鹤师:蓝田治陕西今县西。《中国历史地图集》战国"秦蜀图":在今陕西蓝田县西。

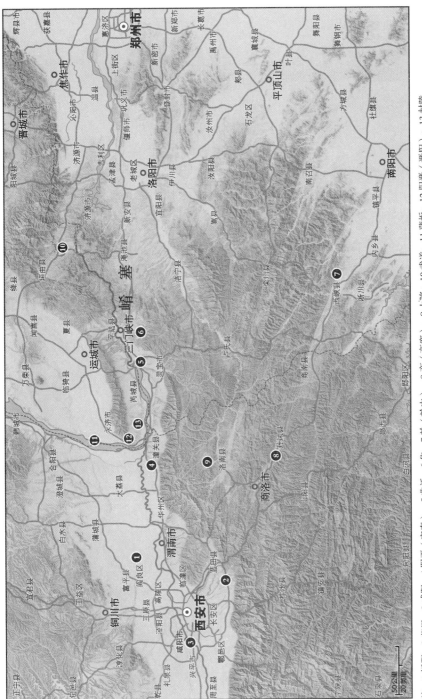

图16 战国时期关中、陕南、晋西南、豫西诸地地势图

注：1.栎阳；2.蓝田；3.咸阳；4.阴晋（宁秦）；5.曲沃；6.焦；7.瘀（於中）；8.商（商塞）；9.上洛；10.武遂；11.蒲坂；12.阴晋（晋阳）；13.封陵

是自南阳,道武关,至蓝田,又自蓝田至关中霸上而灭秦。①

(二)县栎阳

献公十一年(前374),又县栎阳。《史记》卷一五《六国年表》:

> 秦献公十一年,县栎阳。

又,《史记》卷四四《魏世家》:

> 魏武侯十三年(当作二十二年),秦献公县栎阳。

如前所述,秦献公二年,城栎阳,并徙都栎阳。献公十一年,又县栎阳,当是进一步强化栎阳的战略地位。②

三、取得魏河西之庞

秦献公二十三年(前362),韩、赵和魏之间因利害冲突而发生大战。魏相公叔痤大败韩、赵联军于浍水北岸,生擒赵将乐祚,取得赵的皮牢。③ 皮牢,今山西翼城东北(参见图18)。④ 就在这年,秦国乘机伐魏的少梁,大败魏军,俘虏了魏相公叔痤,攻取了魏河西之庞城。《史记》卷五《秦本纪》:

> 秦献公二十三年,与魏晋战少梁,虏其将公孙痤。

又,《史记》卷四四《魏世家》:

> 魏惠王九年,与秦战少梁,虏我将公孙痤,取庞。⑤

---

① 《史记》卷八《高祖本纪》:"乃用张良计,使郦生、陆贾往说秦将,啖以利,因袭攻武关,破之。又与秦军战于蓝田南,益张疑兵旗帜,诸所过毋得掠卤,秦人意,秦军解,因大破之。又战其北,大破之。乘胜,遂破之……沛公兵遂先诸侯至霸上。秦王子婴素车白马,系颈以组,封皇帝玺符节,降轵道旁。"

② 另外,近年,学者曾就献公徙都栎阳与"县栎阳"问题有进一步研究,详参史党社:《秦"徙治栎阳"及年代新辨》,《中国史研究》2020年第1期。

③ 《史记》卷四四《魏世家》:"[魏惠王]九年(当作八年)伐败韩于浍。与秦战少梁,虏我将公孙,取庞。"又,《六国年表》:"韩庄侯九年(当作昭侯元年)魏败我于浍。大雨三月。"又,《战国策·魏策一》:"魏公叔痤为魏将,而与韩、赵战浍北,禽乐祚。王说,郊迎,以赏田百万禄之。"

④ 详参《中国历史地图集》战国"韩魏图"。

⑤ 另外,《史记集解·魏世家》徐广曰:"《年表》云:虏我太子也。"

少梁,今陕西韩城西南(参见图15)①;庞,在今陕西韩城东南(参见图15)。②

四、献公时期疆域变迁小结

综上所述,献公有"复缪公之故地"的雄心,但仅收复了河西之庞。不过,献公已经开始变法图强。元年(前384),止从死③;二年(前383),城栎阳,徙都之;六年,初县蒲、蓝田、善明氏;七年(前378),初行为市;十年(前375),为户籍相伍④;十一年,县栎阳。献公的变法图强使秦开始崛起。《史记》卷四○《楚世家》:"宣王六年,周天子贺秦献公。秦始复强,而三晋益大,魏惠王、齐威王尤强。"⑤在秦献公时期,现存文献不见秦失地的记载。

第二节　孝公时期

献公卒,子孝公立。司马迁概述孝公初年的形势说:"孝公元年,河山以东疆国六,与齐威、楚宣、魏惠、燕悼、韩哀、赵成侯。并淮泗之间小国十余。楚、魏与秦接界。魏筑长城,自郑滨洛以北,有上郡。楚自汉中,南有巴、黔中。周室微,诸侯力政,争相并。秦僻在雍州,不与中国诸侯之会盟,夷翟遇之。"⑥在这种情况下,孝公继承献公的遗志,继续变法图强⑦,同时积极拓展疆土。

---

① 参见第53页注②。
② 参见第91页注④。
③ 《史记》卷五《秦本纪》:"献公元年,止从死。"
④ 《史记》卷六《秦始皇本纪》所附《秦记》。
⑤ 另外,《史记》卷五《秦本纪》亦曰:"(献公)二十一年,与晋战于石门,斩首六万,天子贺以黼黻。"
⑥ 《史记》卷五《秦本纪》。另外,据杨宽《战国史料编年辑证》,孝公元年为魏惠王九年,韩昭侯二年,赵成侯十四年,田桓公十四年,楚宣王九年,燕文公元年。
⑦ 《史记》卷五《秦本纪》:"昔我缪公自岐雍之间,修德行武,东平晋乱,以河为界,西霸戎翟,广地千里,天子致伯,诸侯毕贺,为后世开业,甚光美。会往者厉、躁、简公、出子之不宁,国家内忧,未遑外事,三晋攻夺我先君河西地,诸侯卑秦、丑莫大焉。献公即位,镇抚边境,徙治栎阳,且欲东伐,复缪公之故地,修缪公之政令。寡人思念先君之意,常痛于心。宾客群臣有能出奇计强秦者,吾且尊官,与之分土。"

一、向西攻取陇西獂戎之地

孝公初年,首先攻取了陇西的獂戎之地。《史记》卷五《秦本纪》:

> (孝公元年)出兵东围陕城,西斩戎之獂王。①

又,《水经》卷十七《渭水注》:

> 渭水又东南迳獂道县故城西,昔秦孝公西斩戎之獂王。应劭曰:獂,戎邑也。

獂,在今甘肃省陇西县东南(参见图3)。② 至此,秦陇西地区无戎患,秦西戎之患仅剩北部之义渠。

二、向东攻取魏地:秦地再次东至河

秦孝公时,依旧志在复穆公之故地,秦攻取的领土以魏河西之地居多,下面我们考察孝公时期秦攻取的魏地。

(一)魏围邯郸与秦取魏少梁

秦孝公八年(前354),赵攻卫,取漆、富丘。卫是魏之属国。魏为了救卫,派兵包围了赵都邯郸。③ 于是,秦趁魏、赵在东方大战之机,在元里战败魏国,取得魏河西之少梁。《史记》卷一五《六国年表》:

> 秦孝公八年,与魏战元里,斩首七千,取少梁。④

---

① 不过,也有可能是献公初年,攻取陇西獂戎地。《后汉书》卷八七《西羌传》:"(羌)至爰剑曾孙忍时,秦献公初立,欲复穆公之迹,穆公霸有西戎,公今欲复之。兵临渭首,灭狄獂戎。"又,《秦本纪》:秦孝公下令国中云:"献公即位,镇抚边境,徙治栎阳,且欲东伐,复缪公之故地,修缪公之政令。"所谓"镇抚边境",可能与伐獂戎有关。

② 参见第59页注④。

③ 《水经·济水注》引《竹书纪年》:"梁惠成王十六年邯郸伐卫,取漆、富丘城之。"又《战国策·秦策四》:"赵氏亦尝强矣。举左案齐,举右案魏,厌案万乘之国,二国,千乘之宋也。筑刚平,卫无东野,刍牧薪采,莫敢窥东门。当是时,卫危于累卵,天下之士相从谋曰:'吾将还其委质而朝于邯郸之君乎?'于是天下有称伐邯郸者,莫令朝行。魏伐邯郸。"又《史记》卷一五《六国年表》:(赵成侯)"二十一年,魏围我邯郸。"

④ 杨宽《战国史料编年辑证》:"《魏世家》《六国表》俱言秦战胜元里后,取魏少梁。但《秦本纪》不载'取少梁'事,盖秦一度取得少梁,不久仍为魏有,直至(秦孝公)二十五年后,秦大败魏将龙贾后,魏入少梁及河西于秦。"

又,《史记》卷四四《魏世家》:

魏惠王十七年(当作十六年),与秦战元里,秦取我少梁。围赵邯郸。

元里,在今陕西澄城稍东南(参见图15)①;少梁,在今陕西韩城市南(参见图15)。②

(二)齐魏桂陵之战与秦取魏安邑

魏国在东方的战争还在继续。魏围赵都邯郸,赵向齐求救。齐救赵攻魏,及魏拔邯郸,齐因承魏之弊,大破魏军于桂陵。③ 桂陵,在今河南长垣西北(参见图28)。④《吕氏春秋·不屈》:魏"围邯郸三年而弗能取,士民罢潞,国家空虚,天下之兵四至,众庶诽谤,诸侯不誉,谢于翟翦而更听其谋,社稷乃存。名宝散出,土地四削,魏国从此衰矣"。⑤由于魏在东方的惨败,秦孝公十年(前352),秦军趁机攻入河东,一度取得了魏之旧都安邑。⑥《史记》卷五《秦本纪》:

秦孝公十年,卫鞅为大良造,将兵围魏安邑,降之。⑦

---

① 参见第94页注①。
② 参见第53页注②。
③ 《史记》卷四六《田敬仲完世家》。又,《史记》卷四四《魏世家》:魏惠王十八年(当作十七年),"拔邯郸,赵请救于齐,齐使田忌、孙膑救赵,败魏桂陵"。另外,《六国年表》云:"邯郸降,齐败我桂陵。"《赵世家》亦云:"成侯二十二年魏惠王拔我邯郸,齐亦败魏于桂陵。"
④ 《史记正义》引《括地志》云:"故桂城在曹州乘氏县东北二十一里,故老云此即桂陵也。"缪文远:桂陵当在今河南长垣北。参见缪文远《战国制度通考》。《中国历史地图集》战国"韩魏图":桂陵,在今河南长垣西北。
⑤ 杨宽《战国史料编年辑证》:魏惠王于十六年围赵邯郸,十七年拔邯郸,十九年归邯郸,用兵于邯郸首尾四年之久,确使魏"士民罢潞,国家空虚",成为魏从此衰败之主因。
⑥ 杨宽《战国史料编年辑证》:《资治通鉴》作"秦大良造伐魏",不载"围魏安邑,降之"。胡三省注谓"是时魏都安邑,其兵犹强,庞涓、太子申、公子卬未败,安邑不应遽降于秦"。又谓:"《魏世家》于是年不书安邑降秦而《秦记》孝公十年书之,《通鉴》从《魏世家》,于显王二十九年书魏去安邑,徙大梁,而是年不书魏安邑降,盖亦疑而除去之。"顾炎武亦谓"此必安邑字误"。梁玉绳以为"固阳"字误。说皆不确。据《纪年》,是时魏已徙都大梁,而安邑已成秦所争夺之地。
⑦ 《史记》卷六八《商君列传》同。

又,《史记》卷一五《六国年表》:

  秦孝公十年,卫公孙鞅为大良造,伐安邑,降之。

安邑,在今山西夏县西北(参见图18)。① 卫鞅曾说孝公曰:"秦之与魏,譬若人之有腹心疾,非魏并秦,秦即并魏。何者? 魏居领厄之西,都安邑,与秦界河而独擅山东之利。利则西侵秦,病则东收地。今以君之贤圣,国赖以盛。而魏往年大破于齐,诸侯畔之,可因此时伐魏。魏不支秦,必东徙。东徙,秦据河山之固,东乡以制诸侯,此帝王之业也。"于此可见魏安邑及河东地区战略地位的重要。

(三)取得魏固阳

秦孝公十一年(前351),又趁胜降魏固阳。《史记》卷一五《六国年表》:

  秦孝公十一年城商塞。卫鞅围固阳,降之。②

固阳,一说在今内蒙古自治区的固阳县,一说可能在河西,但具体地望不详。③

(四)徙都咸阳

秦孝公十二年(前350),自栎阳徙都咸阳。《史记》卷五《秦本纪》:

  (孝公)十二年,作为咸阳,筑冀阙,秦徙都之。

---

 ① 《汉志》:安邑属河东,巫咸山在南,盐池在西南。魏绛自魏徙此,至惠王徙大梁。有铁官、盐官。莽曰河东。《汉书补注》先谦曰:绛徙安邑,武侯城之。惠王三十一年,秦地东至河,安邑近秦,于是徙都大梁,见《魏世家》。孝公时,围魏安邑,降之。昭襄王时,魏献安邑,见《秦纪》。《一统志》:故城今夏县北。吴卓信云:夏王城据鸣条冈,周三十里,西南遗址尚存。县西一里,亦有安邑故城,乃后魏分置之南安邑县。《汉志汇释》周振鹤师:治今山西夏县西北。《中国历史地图集》战国"韩魏图":安邑,在今山西夏县北。

 ② 杨宽《战国史料编年辑证》:前年秦卫鞅将兵围魏安邑而降之,次年卫鞅又围固阳而降之。此乃乘魏正与齐、赵相战之时机。

 ③ 杨宽:固阳旧说在今内蒙古自治区的固阳县,离秦、魏两国边境太远,当不足信。其地应在河西地区。参见氏著《商鞅变法》,上海人民出版社,1962年。

咸阳,在今陕西咸阳市东北(参见图16)。①

(五)东地渡洛

徙都咸阳后,随着不断向东蚕食,秦之东界再次到北洛河以东一带。《史记》卷五《秦本纪》:

(孝公)十二年,作为咸阳,筑冀阙,秦徙都之……东地渡洛。

洛水,今陕西北部的北洛河(参见图15)。② 如前所述,魏文侯时,魏攻取秦河西之地后,从郑沿着北洛河修筑了河西长城,所谓"魏滨洛筑长城"。秦此时东地渡洛,说明已攻破了魏此前所筑之河西长城。

(六)取得武城

秦孝公十九年(前343),取得魏之武城。《史记》卷一五《六国年表》:

秦孝公十九年,城武城。

武城,在今陕西华县东(参见图14)。③

(七)齐魏马陵之战与魏割河西之地与秦

公元前342至公元前341年,魏攻韩,韩求救于齐。齐派田忌、孙膑击魏救韩。魏军在马陵,为齐伏兵所败,损失十万兵,主将太子申、庞涓都战死。马陵,

---

① 《汉志》:渭城,故咸阳,高帝元年更名新城,七年罢,属长安。武帝元鼎三年更名渭城。有兰池宫。莽曰京城。《汉书补注》先谦曰:《秦纪》,孝公作咸阳,筑翼阙,徙都之。《三秦记》:在九嵕山南,渭水北,山水俱阳,故名咸阳。《一统志》:故城今咸宁县东。《汉志汇释》周振鹤师:治今陕西咸阳市东北。《中国历史地图集》战国"秦蜀图":咸阳,在今陕西咸阳东北。秦咸阳城遗址的考古工作已开展四十多年,郭城城墙还未发现,但是已经发现战国时代中晚期和秦代大量宫殿建筑基址、手工业作坊遗址、居址和墓地。结合历史文献记载与两千年来渭水的北移,根据考古发现相关遗存,推断秦咸阳城遗址范围西起今长陵车站附近,东至柏家嘴村,北由成国渠故道,南到西安市草滩农场附近(即秦代渭河北岸,汉长安城遗址北约3270米附近),东西约7200米、南北约6700米。在秦咸阳城遗址范围内考古勘探发现的宫殿建筑遗址,以咸阳原上今聂家沟至姬家沟之间的遗址最为密集,宫殿建筑遗址群周围发现墙垣遗存,推断这里应为秦咸阳宫遗址。参见《中国考古学·秦汉卷》,中国社会科学出版社,2010年。

② 洛水,即北洛河。《读史方舆纪要》:洛水,出陕西合水县北白于山,南流合漆沮水,至朝邑县南入渭水。此雍州之洛水也。

③ 参见第65页注③。

在今河南范县西南(参见图28)。① 商鞅又趁机率兵伐魏,虏魏将公子卬,迫使魏割河西之地献于秦,秦地得以再次东至河。《史记索隐·魏世家》引《竹书纪年》:

> (梁惠成王)二十九年五月,齐田朌伐我东鄙。九月,秦卫鞅伐我西鄙。十月,邯郸伐我北鄙。王攻卫鞅,我师败绩。

又,《史记索隐·商君列传》引《竹书纪年》:

> 魏惠王二十九年,秦卫鞅伐梁西鄙。

又,《史记》卷四四《魏世家》:

> (魏惠王)三十年,魏伐赵,赵告急齐。齐宣王用孙子计,救赵击魏。魏遂大兴师,使庞涓将,而令太子申为上将军……太子果与齐人战,败于马陵。齐虏魏太子申,杀将军涓,军遂大破。三十一年,秦、赵、齐共伐我,秦将商君诈我将军公子卬而袭夺其军,破之。秦用商君,东地至河,而齐、赵数破我,安邑近秦,于是徙治大梁。

又,《史记》卷六八《商君列传》:

> 其明年,齐败魏兵于马陵,虏其太子申,杀将军庞涓。其明年,卫鞅说孝公曰:"秦之与魏,譬若人之有腹心疾,非魏并秦,秦即并魏。何者?魏居领阸之西,都安邑,与秦界河而独擅山东之利。利则西侵秦,病则东收地。今以君之贤圣,国赖以盛。而魏往年大破于齐,诸侯畔之,可因此时伐魏。魏不支秦,必东徙。东徙,秦据河山之固,东乡以制诸侯,此帝王之业也。"孝公以为然,使卫鞅将而伐魏。魏使公子卬将而击之。军既相距,卫鞅遗魏将公子卬书曰:"吾始与公子驩,今俱为两国将,不忍相攻,可与公子面相见,盟,乐饮而罢兵,以安秦魏。"魏公子卬以为然。会盟已,饮,而卫鞅伏甲士而袭虏魏公子卬,因攻其军,尽破之以归秦。魏惠王兵数破于齐秦,国内空,日以削,恐,乃使使割河西

---

① 《史记正义》引虞喜《志林》云:"濮州甄城县东北六十余里有马陵,涧谷深峻,可以置伏。"按:庞涓败即此也。《中国历史地图集》战国"齐、鲁、宋图":马陵,在今河南范县西南。

之地献于秦以和。①

以上就是孝公时期秦所攻取的魏地,这些魏地的取得,终于使秦实现了"复穆公故地"之愿望。

三、秦通峭塞:打通东道的进一步努力

如前所述,自秦康公以来,晋扼守桃林之塞,使秦东道不通。此后秦始终致力于打通东方的道路,至战国初期,秦可能已控制函谷关。② 秦函谷关,在今河南灵宝东北(参见图45)。③ 秦惠公十年(前390),秦曾在函谷关东北的陕设县④,后来陕又被魏所占有。秦孝公元年(前361),秦再次出兵围陕城。《史记》卷五《秦本纪》:孝公元年,"出兵东围陕城"。至秦孝公四年(前358),即魏惠王十二年,秦又通治函谷关以东的峭塞。《淮南子·说林训》:

> 秦通峭塞而魏筑城也。

对此,高诱注曰:

---

① 又,《吕氏春秋·无义》:"公孙鞅之于秦,非父兄也,非有故也,以能用也。欲埋之责,非攻无以,于是为秦将而攻魏。魏使公子卬将而当之。公孙鞅之居魏也,固善公子卬,使人谓公子卬曰:'凡所为游而欲贵者,以公子之故也。今秦令鞅将,魏令公子当之,岂且忍相与战哉?公子言之公子之主,鞅亦请言之主而皆罢军。'于是,将归矣,使人谓公子曰:'归未有时相见,愿与公子坐而相去别也。'公子曰:'诺。'魏吏争之曰:'不可。'公子不听,遂相与坐。公孙鞅因伏卒与车骑,以取公子卬。"另外,杨宽《战国史料编年辑证》:以上两则,内容相同,当以《吕氏春秋》所述为原始。《魏世家》商君诈取公子卬以后,插叙:"秦用商君,东地至河,而齐、赵数破我,安邑近秦,于是徙治大梁。"误以魏迁大梁在鞅诈取魏公子卬之后。此卫鞅说孝公语,疑亦出后人增饰。

② 杨宽《战国史》:梁启超《战国载记》(收入《国史研究六篇》)误以为函谷关即今潼关,并说秦占有函谷关"宜在孝公之世",引贾谊《过秦论》说孝公据峭函之固为证。其实,秦在战国初期早就控制函谷关,否则的话,秦不可能于公元前390年在函谷关东北的陕设县。

③ 《中国历史地图集》战国"韩魏图"。

④ 《史记》卷一五《六国年表》:"秦惠公十年,与晋战武城。县陕。"

> 魏徙都于大梁,闻秦通治崤关,知欲来东兼之,故筑城设守备也。①

"秦通崤塞而魏筑城",可见秦通治崤塞对魏之威胁。崤塞,即崤山,又名嵚崟山,在今河南陕县东南至渑池县一带地区(参见图16)②,地形险阻,不易通行。《读史方舆纪要》:"洛阳西至新安,道路平旷。自新安西至潼关,殆四百里,重冈叠阜,连绵不绝,终日走硖中,无方轨列骑处,其间硖石及灵宝、阌乡,尤为险要。古之崤函在此,真所谓百二重关也!"

四、秦的疆域出现飞地:在中原建立据点

自三家分晋以来,三晋和楚,都积极向中原开拓,秦亦不甘落后。在秦孝公时,秦继续致力于打通东道,并通过在殷、上枳、安陵、山氏筑城,开始在中原建立据点,积极向中原开拓。

(一)城殷

秦孝公二年(前360),即周显王九年,伐韩,次于怀,在河内之殷筑城。《水经·朱沟水注》引《竹书纪年》:

> 秦师伐郑,次于怀。城殷。

---

① 杨宽《战国史料编年辑证》:"《水经·阴沟水注》云:'右渎东南经阳武城北,东南绝长城;经安亭北,又东北会左渎,左渎又东绝长城。'《水经·渠水注》又云:'圃田泽,在中牟县西,西限长城。'《续汉书·郡国志》河南郡下:'卷有长城,经阳武到密。'策士所造苏秦游说魏襄王之辞,谓魏'西有长城之界',《苏秦列传·集解》徐广曰:'荥阳卷县有长城,经阳武到密。'魏此时所筑西边长城,起自黄河边之卷,在今河南原阳西,东向到阳武,在今原阳东南,折而往西南行,到密;在今河南密县东北。《淮南子》所谓'秦通崤塞而魏筑城',所筑即此长城。"

② 《读史方舆纪要》:三崤山,亦曰二崤,一名嵚崟山,在今河南府洛宁县北六十里。其地或谓之崤渑,或谓之崤塞。《春秋》僖三十三年,晋人及姜戎败秦师于崤。《左传》:崤有二陵焉……杜预曰:古道在二崤间南谷中,谷深委曲,两山相嵌。《水经注》:崤有盘崤、石崤、千崤之山是为三崤……《元和志》:自东崤至西崤,长三十五里。东崤长阪数,峻阜绝涧,车不得方轨;西崤纯是石阪十二里,险不异东崤。此二崤皆在秦关之东,汉关之西(指函谷新旧关而言)。《舆地广记》:二崤山连入硖石界,自古险厄之地也(硖石,在陕州东南七十里)。大约出潼关,历陕州,入永宁界,又东,分为二道:东南入福昌县界云宜阳县,此即南道;东北入渑池县界此即北道。今自新安以西,历渑池、硖石渑池县至硖石驿七十里、陕州、灵宝、阌乡,而至于潼关,凡四百八十里。其地皆风流翼岸,巍峰插天,绝谷深委,峻坂纡回。崤、函之险,实甲于天下矣。《中国历史地图集》战国"韩魏图":崤塞,今河南陕县东南至渑池县。

又,郝懿行《竹书纪年校证》:

(周显王)九年,秦师伐郑,次于怀,城殷。①

周显王九年,即秦孝公二年,这里的郑是指韩。② 怀,今河南武陟县西南(参见图17)③;殷,在今河南武陟东南(参见图17)。④ 秦孝公二年的"城殷",使殷成为秦在河内的飞地。

(二)城上枳、安陵、山氏

如前所述,秦孝公八年(前354)⑤,即魏惠王十六年,秦乘魏进围赵邯郸的时机,在元里大败魏师,并取得少梁。与之同时,秦派公子壮率师伐韩,深入韩地,进围焦城,虽未攻克焦城⑥,但占据了上枳、安陵、山氏三地,并在那里筑城。《水经·渠水注》引《竹书纪年》:

梁惠成王十六年,秦公孙壮帅师城上枳、安陵、山氏。

焦城,在今河南尉氏西北(参见图17)⑦;上枳地望不详;安陵,在今河南鄢陵

---

① [清]郝懿行著,李念孔点校:《竹书纪年校证·周纪六·显王》,齐鲁书社,2010年。另外,郝懿行案:"'次于怀'及'城殷'本连文,写书者误分之,今据《水经·沁水注》连引,改为一条。注又引郭缘生《述征记》曰:'河之北岸,河内怀县有殷城。'可知殷有城旧矣。《太平寰宇记》四十八卷引作'至于怀殷',无'城'字,非。"

② 韩哀侯灭郑,由阳翟徙都郑,亦称新郑,从此韩亦或称郑。

③ 《汉志》:怀属河内郡。《汉书补注》先谦曰:《禹贡》覃怀在此,见《书》孔传,后但称怀。晋启南阳,遂属晋。《一统志》:故城今武陟县西南。《汉志汇释》周振鹤师:治今河南武陟县西南。《中国历史地图集》战国"韩魏图":怀在今河南武陟县西南。

④ 《元和志》云:"故殷城在怀州武陟县东南十里。"《大清一统志》卷一百六十:殷城在武陟县东南。《中国历史地图集》战国"韩魏图":殷在今焦作武陟东南。

⑤ 一说是孝公十一年,参见马非百《秦集史》。

⑥ 《水经·渠水注》引《竹书纪年》:"梁惠成王十六年,秦公孙壮帅师伐郑,围焦城,不克。"

⑦ 《水经·渠水注》:(渠水)又东,役水注之。水出苑陵县西,隟侯亭东,世谓此亭为却城,非也,盖隟、却声相近耳。中平陂,世名之泥泉也,即古役水矣。《山海经》曰:役山,役水所出,北流注于河。疑是水也。东北流迳苑陵县故城北,东北流迳焦城东,阳邱亭西,世谓之焦沟水。《竹书纪年》,梁惠成王十六年,秦公孙壮率师伐郑,围焦城,不克,即此城也。《中国历史地图集》战国"韩魏图":焦城在今河南尉氏西北。

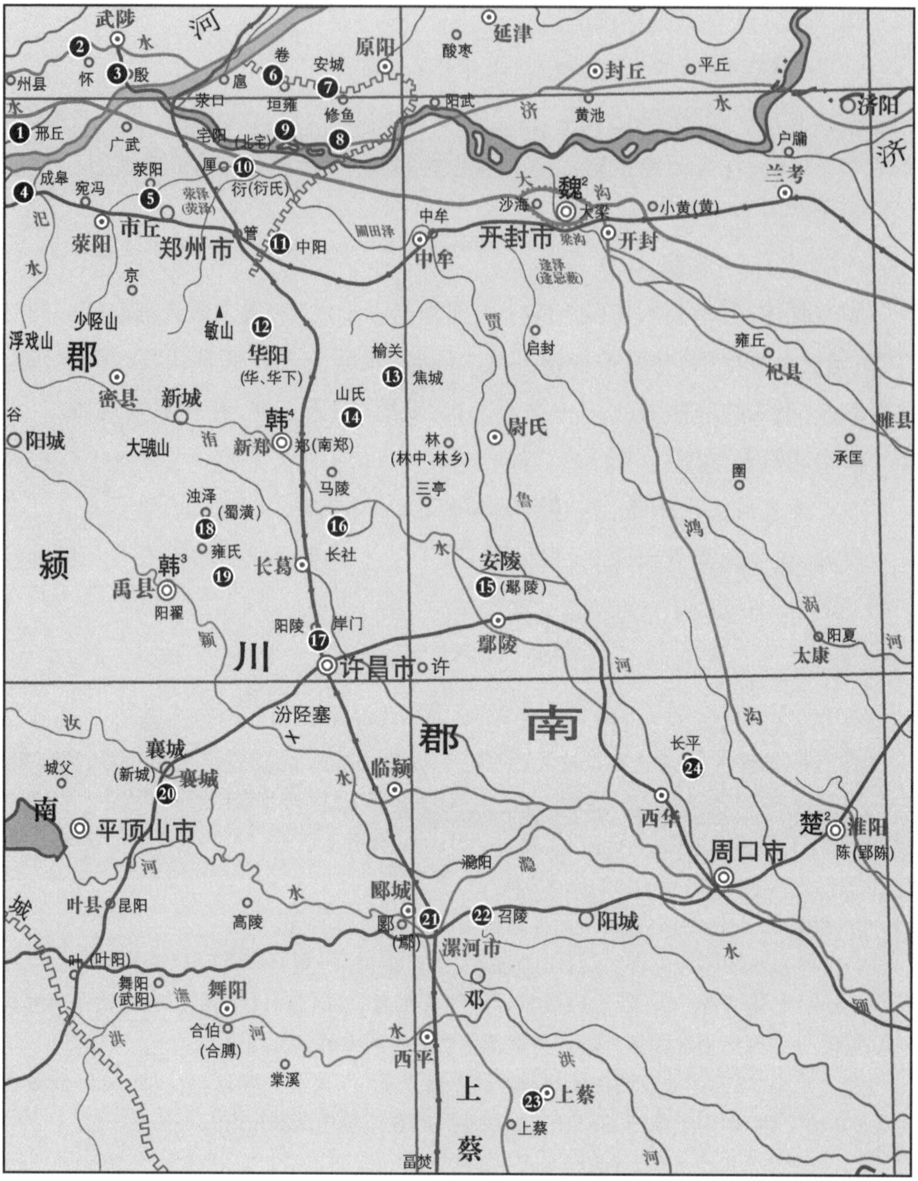

注:1.邢丘;2.怀;3.殷;4.成皋;5.荥阳;6.卷;7.安城;8.修鱼;9.垣雍;10.衍(衍氏);11.中阳;12.华阳;13.焦城;14.山氏;15.安陵;16.长社;17.岸门;18.浊泽(蜀潢);19.雍氏;20.襄城(新城);21.郾(鄢);22.召陵;23.上蔡(蔡);24.长平。

图17 战国时期豫北、豫西、豫中、豫南诸地地望图

(底图取自谭其骧主编《中国历史地图集》战国"韩魏图",地望标号新加)

北(参见图17)①;山氏,在今河南新郑东北(参见图17)。② 这样在韩魏两国的交界地区也出现了秦的飞地。

五、加强对商、於地区的控制

(一)城商塞

秦孝公十一年(前351),在商地修筑塞防。《史记》卷一五《六国年表》:

> 秦孝公十一年,城商塞。

商塞,当即商阪之塞,商阪即商山,在今陕西商洛市东南(参见图16),地形险阻。《史记》卷六九《苏秦列传》载苏秦说韩宣惠王曰:"韩北有巩、成皋之固,西有宜阳、商阪之塞"。《索隐》:"刘氏云'盖在商洛之间,适秦楚之险塞'是也。"《正义》:"商阪即商山也,在商洛县南一里,亦曰楚山,武关在焉。"

(二)封卫鞅於、商十五邑

由于卫鞅的破魏之功,孝公封卫鞅於、商十五邑。《史记》卷六八《商君列传》:

> 卫鞅既破魏还,秦封之於、商十五邑,号为商君。

商,在今陕西丹凤;於,在今河南内乡西。参见图16。③ 这也说明,至孝公晚年,秦已经取得了武关道所在的丹水河谷地区。

六、孝公时期疆域变迁小结

综上所述,在秦孝公享国的二十四年间,秦的疆域拓展主要在三个方面:其一,在孝公元年,攻灭了陇西之獂戎;其二,攻取魏地。孝公时期,魏国虽然仍十

---

① 《大清一统志》卷一百五十:"安陵城在鄢陵县西北……战国时魏襄王封其弟为安陵君。《后汉书·郡国志》刘昭注李奇曰:鄢陵六国时曰安陵……《史记正义》:在鄢陵县西北十五里。按:安陵当即鄢陵城。《水经注》分为二,姑存备考。"《中国历史地图集》战国"韩魏图":安陵在今河南鄢陵北。

② 《中国历史地图集》战国"韩魏图":山氏,在今河南新郑东北。

③ 《史记集解·商君列传》徐广曰:"弘农商县也。"《史记索隐·商君列传》:於、商,二县名,在弘农。《史记·商君列传·正义》:於、商在邓州内乡县东七里,古於邑也。商洛县在商州东八十九里,本商邑,周之商国。案:十五邑近此二邑。《中国历史地图集》战国"秦蜀图":商,在今陕西丹凤;於,在今河南内乡西。

分强大,但秦审时度势,利用魏国在东方与齐、赵等国大战之机会,相继取得了魏国的少梁、固阳、武城诸地,甚至一度降魏河东之旧都安邑。秦孝公十二年,"东地渡洛",至孝公二三年,魏割河西之地献于秦,继穆公之后,使秦地得以再次东至河。其三,继续致力于打通通往中原的道路,并在中原建立据点。孝公元年(前361),出兵围陕城;孝公二年(前360),在河内城殷;孝公四年(前358),又通治函谷关以东的崤塞;孝公八年(前354),派公子壮率师伐韩,在魏韩交界的上枳、安陵、山氏三地筑城。要之,秦此时继续打通东道与在中原筑城,建立据点,可能并非孤立事件,其目的都是为了向中原开拓。此外,在孝公时期,不仅东通崤塞,还东南筑商塞,进一步强化了对战略要地丹水河谷地区的控制。在孝公时期,不见秦失地的记载。

孝公时,秦迅速强大,这不能不归功于商鞅的变法。《战国策·秦策一》:"期年之后道不拾遗,民不妄取,兵革大强,诸侯畏惧。"又,《史记》卷六八《商君列传》:"行之十年,秦民大说,道不拾遗,山无盗贼,家给人足,民勇于公战,怯于私斗,乡邑大治。"但商鞅则以悲剧结束了自己的一生:及孝公卒,太子立,宗室多怨鞅,鞅亡,因以为反,而卒车裂以徇秦国。

第三节 惠文王时期攻取的三晋之地

孝公卒,子惠文王立。秦惠文王时期,秦的疆域有很大的开拓,下面先考察秦惠文王时期秦攻取的三晋之地。

一、攻取的魏地

(一)取魏阴晋

如前所述,在孝公时,秦取得了阴晋以西的武城。秦惠文王五年(前333),以阴晋人犀首为大良造①,在雕阴打败魏。② 秦惠文王六年(前332),魏以阴晋

---

① 《史记》卷一五《六国年表》:秦惠文王五年,阴晋人犀首为大良造。《史记》卷五《秦本纪》同。又,《史记》卷七〇《张仪列传》:犀首者,魏之阴晋人也,名衍,姓公孙氏。

② 《史记》卷一五《六国年表》:魏襄王二年(当作魏惠王后元二年),秦败我雕阴。

为和,秦取得武城东面的魏之阴晋。《史记》卷五《秦本纪》:

>(秦惠文君)六年,魏纳阴晋,阴晋更名宁秦。

又,《史记》卷一五《六国年表》:

>秦惠文王六年,魏以阴晋为和,命曰宁秦。

阴晋,在今陕西华阴东(参见图16)。① 阴晋是战略要地,秦得阴晋不仅便利了秦向东方的开拓,而且有利于关中的安全,这可能就是秦得阴晋将其更名为宁秦的原因。

(二)取魏雕阴及河西之地

秦惠文王七年至八年(前331—前330),秦又大举攻魏,虏其将龙贾,取得魏之雕阴及河西之地。《史记》卷五《秦本纪》:

>(秦惠文君)七年,公子卬与魏战,虏其将龙贾,斩首八万。八年,魏纳河西地。②

又,《史记》卷六九《苏秦列传》:

>(秦)惠王使犀首攻魏,禽将龙贾,取魏之雕阴,且欲东兵。

又,《史记》卷四四《魏世家》:

>(魏襄王)五年(当作魏惠王后元五年)秦败我龙贾军四万五千于雕阴,围焦、曲沃。予秦河西地。③

雕阴,在今陕西甘泉南(参见图18)。④ 雕阴大战,龙贾所统率的魏西边防秦主力军覆没,秦取得魏雕阴及河西。河西之地关系秦晋双方的安危,为此秦晋相争数百年,至此秦始全有河西之地。秦取得整个河西地区后,不仅有利于关中的

---

① 《汉志》:华阴属京兆尹,故阴晋,秦惠文王五年更名宁秦,高帝八年更名华阴。华山在南。《汉书补注》先谦曰:故魏地,文侯时,秦侵阴晋,见《魏世家》。惠王与赵肃侯遇此,见《赵世家》。公孙衍,阴晋人,见《秦纪》。《汉志汇释》周振鹤师:治陕西今县东。《中国历史地图集》战国"韩魏图":在今陕西华阴东。

② 杨宽《战国史料编年辑证》:"公子卬"当作"公孙衍"。

③ 《史记》卷一五《六国年表》作"与秦河西、少梁,秦围我焦、曲沃。"

④ 《汉志》:雕阴属上郡。颜注应劭曰:雕山在西南。《汉书补注》先谦曰:战国魏地,秦败龙贾军于此,见《魏世家》《苏秦传》。《一统志》:故城今州北,雕山在州西南。一名雕阴山。《汉志汇释》周振鹤师:治今陕西富县北。《中国历史地图集》战国"韩魏图":雕阴,在今陕西甘泉南。

安全,而且也便利了向东方的开拓。

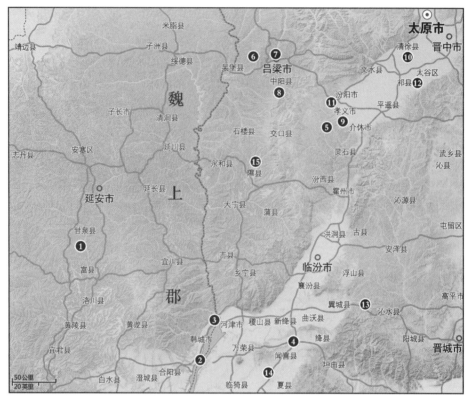

注:1.雕阴;2.汾阴;3.皮氏;4.曲沃;5.平周;6.蔺;7.离石;8.中阳;9.西都;10.梗阳;11.兹氏;12.祁;13.皮牢;14.安邑;15.蒲阳(蒲子)。

图18　战国时期陕北、山西诸地地望图

（三）取魏河外之曲沃

秦惠文王六年(前332)秦取得魏阴晋后,便利了秦沿着黄河南岸向东发展。秦惠文王八年(前330),在雕阴大战还未结束的时候,秦以樗里疾为主将①,出函谷关进围魏河外的重镇曲沃与焦。秦惠王八年,取得魏曲沃。《史记》卷四四《魏世家》：

(魏襄王)五年(当作魏惠王后元五年),秦败我龙贾军四万五千于雕阴,围焦、曲沃。予秦河西地。

---

① 《史记》卷七一《樗里子列传》:"樗里子者,名疾,秦惠王之弟也,与惠王异母。母,韩女也。樗里子滑稽多智,秦人号曰智囊。"

又,《史记》卷七一《樗里子列传》:

  秦惠王八年,爵樗里子右更,使将而伐曲沃,尽出其人,取其城,地入秦。

曲沃,在秦函谷关以东,今河南陕县以西(参见图16)。①《读史方舆纪要》:"曲沃城在(陕)州西南三十二里。因曲沃水为名。春秋时,晋侯使詹嘉守桃林之塞以备秦,时以曲沃之官守此,故名。"可见,曲沃是函谷关道上的战略要地。

(四)取魏河外之焦和河东之汾阴、皮氏

雕阴大战结束后的秦惠文王九年(前329),秦又渡河取得魏河东之汾阴、皮氏,是年还取得了魏河外之焦。《史记》卷五《秦本纪》:

  九年,渡河,取汾阴、皮氏。与魏王会应。围焦,降之。②

又,《史记》卷四四《魏世家》:

  (魏襄王)六年(当作魏惠王后元六年),与秦会应。秦取我汾阴、皮氏、焦。魏伐楚,败之陉山。③

焦,在今河南三门峡以西(参见图16)。④ 汾阴,今山西万荣西南(参见图18)⑤;皮氏,今山西河津(参见图18)。⑥ 汾阴、皮氏的取得便利了秦对三晋河东地区的进攻;焦和曲沃的取得,成为秦进攻中原的据点,便利了秦沿着黄河即函谷道继续向中原发展。

---

① 《大清一统志》卷一百七十五:曲沃城在(陕)州西南四十里,即今曲沃镇。《括地志》,曲沃有城,在陕县西南三十二里,因曲沃水为名。《中国历史地图集》战国"韩魏图":在秦函谷关以东,今河南三门峡以西。

② 《史记》卷一五《六国年表》同。

③ 《史记》卷一五《六国年表》作"与秦会应。秦取汾阴、皮氏。"

④ 《史记》卷四《周本纪》:武王追思先圣王,乃褒封神农之后于焦。《汉志》:宏农郡陕有焦城。《水经注》:陕县大城中有小城,故焦国也。《括地志》:焦城在陕城内东北百步,因焦水为名。《中国历史地图集》战国"韩魏图":在今河南三门峡西。

⑤ 《汉志》:汾阴属河东郡,介山在南。《汉书补注》先谦曰:战国魏地,襄王时,秦取之,见《秦纪》《魏世家》。《一统志》,故城今荣河县北。《汉志汇释》周振鹤师:治今山西万荣县西。《中国历史地图集》战国"韩魏图":汾阴,今山西万荣西南。

⑥ 《汉志》:皮氏属河东郡。《汉书补注》先谦曰:战国魏地,秦惠文王取之,复入魏,秦围之,见《秦纪》《魏世家》。《汉志汇释》周振鹤师:治今山西河津市。《中国历史地图集》战国"韩魏图":皮氏,今山西河津。

（五）魏效上洛于秦

秦惠文王九年（前329），即魏惠王后元六年，楚威王十一年，秦还利用楚魏战于陉山之机，取得了魏之上洛。《史记》卷四〇《楚世家》：

> （楚威王）十一年，威王卒，子怀王熊槐立。魏闻楚丧，伐楚，取我陉山。

又，《战国策·秦策四》：

> 楚魏战于陉山，魏许秦以上洛，以绝秦于楚。魏战胜，楚败于南阳，秦责赂于魏，魏不与。管浅谓秦王曰："王何不谓楚王曰：魏许寡人以地，今战胜，魏王倍寡人也。王何不与寡人遇？魏畏秦、楚之合，必与秦地矣。是魏胜楚而亡地于秦也；是王以魏地德寡人，秦之楚者多资矣。魏弱，若不出地，则王攻其南，寡人绝其西，魏必危。"秦王曰："善。"以是告楚，楚王扬言与秦遇，魏王闻之恐，效上洛于秦。

上洛，即今陕西洛南（参见图16）。①《大清一统志》："上洛北接熊华，南临汉江，东据武关，西连秦岭，屏倚金凤，襟带丹流。"可见上洛亦为战略要地。

（六）魏纳上郡

如前所述，秦惠王九年（前329），取得魏河东之汾阴、皮氏。秦惠文王十年（公元前328年），秦又进而围降了皮氏以北的魏蒲阳。随后，秦复与魏蒲阳，以之胁迫魏纳上郡十五县谢秦。《史记》卷五《秦本纪》：

> （秦惠文王）十年，张仪相秦。魏纳上郡十五县。②

又，《史记》卷一五《六国年表》：

> 秦惠文王十年，张仪相。公子桑围蒲阳，降之。魏纳上郡。

又，《史记》卷四四《魏世家》：

---

① 《汉志》：弘农郡领上雒县，《禹贡》雒水出冢领山，东北至巩入河，过郡二，千七十里。《汉书补注》先谦曰：春秋晋地，见《左》哀传，自此东至陆浑，谓之阴地，见宣传杜注。烈公时，楚伐我南都至此，见《纪年》。战国属魏，与楚战，以上雒许秦，见《国策》。《一统志》：故城今商州治。《汉志汇释》周振鹤师：治今陕西商县。《中国历史地图集》战国"韩魏图"：上洛，今陕西洛南。

② 杨宽《战国史料编年辑证》：《楚世家》作怀王元年"张仪始相秦惠王"，《赵世家》作肃侯二十二年"张仪相秦"。《韩世家》作宣惠王五年"张仪相秦"，年代皆相同。

魏襄王七年(当作魏惠王后元七年),魏尽入上郡于秦。秦降我蒲阳。①

又,《史记》卷七〇《张仪列传》:

秦惠王十年,使公子华与张仪围蒲阳②,降之。仪因言秦复与魏,而使公子繇质于魏。仪因说魏王曰:"秦王之遇魏甚厚,魏不可以无礼。"魏因入上郡少梁,谢秦惠王。惠王乃以张仪为相,更名少梁曰夏阳。

蒲阳,即今山西隰县(参见图18)。③ 魏之上郡,因方位得名,辖境相当于今陕西洛河以东,黄梁河以北,东北到子长、延安一带(参见图18)。④

(七)张仪伐取魏之陕

如前所述,孝公时曾一度围陕,并通洽崤塞,秦惠王八年(前330),取得魏曲沃,九年取得焦,秦惠文王十四年更为元年(前324),是年张仪伐取了魏之河外重镇陕。《史记》卷一五《六国年表》:

秦惠文王初更元年,相张仪将兵取陕。

又,《史记》卷五《秦本纪》:

(秦惠文王)十三年……使张仪伐取陕,出其人与魏。

又,《史记》卷七〇《张仪列传》:

(张)仪相秦四岁,立惠王为王。居一岁,为秦将,取陕。筑上郡塞。

陕,在今河南三门峡市西(参见图14)。⑤ 陕为函谷关外之重要城邑。秦惠公十年(前390)秦曾在陕设县,但不久陕为魏所有。如前所述,孝公时曾一度围

---

① 《史记》卷一五《六国年表》作"入上郡于秦"。
② 杨宽《战国史料编年辑证》:公子华,《六国表》作公子桑,《张仪列传》与《集解》引徐广曰"一作革"。
③ 《汉志》:蒲子属河东郡。《汉书补注》先谦曰:战国魏邑,一曰蒲阳。襄王七年,降于秦,复入魏,景愍王时,秦拔之,见《魏世家》《始皇纪》。《一统志》:故城今隰州东北八十里。吴卓信云,蒲子村。《汉志汇释》周振鹤师:治今山西隰县。《中国历史地图集》战国"韩魏图":蒲阳,即今山西隰县。
④ 参见杨宽《战国史》附"战国郡表"。
⑤ 参见第100页注①。

陕,并通治崤塞,秦惠文王五年(前333)取得阴晋,秦惠文王八年(前330),取得曲沃,九年(前329)取得焦,至此,秦又攻取了陕,基本上打通了通向中原的函谷道。

(八)伐取魏河东之曲沃、平周

秦惠文王后二年(前323)和后三年(前322),秦军深入河东,相继伐取魏河东之地曲沃和平周。《史记》卷五《秦本纪》:

> (惠文王)后二年,张仪与齐、楚大臣会啮桑。

又,《史记》卷四四《魏世家》:

> 魏襄王十三年(当作魏惠王后元十三年),张仪相魏……秦取我曲沃、平周。①

又,《史记》卷七〇《张仪列传》:

> (张仪)使与齐、楚之相会啮桑东,还而免相,相魏以为秦。欲令魏先事秦,而诸侯效之,魏王不肯听仪,秦王怒,伐取魏之曲沃平周。复阴厚张仪益甚,张仪惭,无以归报。②

魏之曲沃,在今山西闻喜东北(参见图18)③;魏之平周,在今山西介休西

---

① 《史记》卷一五《六国年表》同。又,《史记》卷五《秦本纪》:惠文王后三年,"韩、魏太子来朝。张仪相魏"。

② 杨宽《战国史料编年辑证》:"是年,张仪相魏而韩、魏太子朝秦,可见张仪'以魏合于秦、韩'之连横策略,已为魏、韩两国所接受。但张仪欲魏王先事秦而待诸侯效之,魏王不肯听从。秦王怒而伐取魏之曲沃、平周。曲沃在今河南三门峡市西南,平周在今山西介休西。可知秦于河东、河南分两路同时出击,以威胁魏国,迫使魏王听从。"作者注:此曲沃非河外之曲沃,当为河东之曲沃。

③ 《资治通鉴》"周显王四十七年"条:"秦张仪自啮桑还而免相,相魏。欲令魏先事秦而诸侯效之;魏王不听。秦王伐魏,取曲沃、平周。"胡注曰:"此曲沃在河东,晋桓叔所封之邑;汉武帝改名闻喜。《史记正义》曰:绛州桐乡县,晋曲沃邑。"《汉志》:闻喜,故曲沃。晋武公自晋阳徙此。武帝元鼎六年行过,更名。应劭曰:"今曲沃也。秦改为左邑。武帝于此闻南越破,改曰闻喜。"《汉书补注》先谦曰:曲沃,秦改左邑,武帝析左邑之桐乡,置闻喜,后汉并左邑入闻喜,故班于此县注云"故曲沃",而应云今曲沃也。若无左邑之并,则"故曲沃"三字当注在左邑下矣。后汉因。《一统志》:故城今闻喜县西南。《汉志汇释》周振鹤师:治今山西闻喜东北。《中国历史地图集》战国"韩魏图":曲沃,今山西闻喜东北。

(参见图18)。① 秦取得河东之曲沃和平周后,已深入到魏河东之腹地。

(九)复取魏河外之焦、曲沃

秦惠文王九年(前329),秦曾攻取魏河外之焦和曲沃,十一年(前327),秦归魏河外之焦、曲沃。更元十一年(前314),秦复取魏焦、曲沃。《史记》卷五《秦本纪》:

> (更元)十一年,樗里疾攻魏焦,降之。败韩岸门,斩首万,其将犀首走。

又,《史记》卷一五《六国年表》:

> 魏哀王(当作魏襄王)五年,秦拔我曲沃,归其人。走犀首岸门。②

又,《路史·国名纪戊》注引《竹书纪年》:

> (魏)襄王六年,秦取我焦。

秦惠文王九年(前329),秦曾攻取河外之焦和曲沃,十一年(前327),秦归魏河外之焦、曲沃,至此秦复取魏河外之焦、曲沃。③ 此后,河外之焦、曲沃就成为秦攻取中原的重要基地。

二、攻取的韩地

(一)一度拔韩宜阳

韩昭侯八年(前351),申不害相韩,修术行道,国内以治,诸侯不来侵伐。申不害死后,韩复衰。韩昭侯二十七年,即秦惠文王三年(前335),拔韩宜阳。《史记》卷一五《六国年表》:

> 秦惠文王三年,拔韩宜阳。

又,《史记》卷四五《韩世家》:

---

① 《汉志》:平周属西河郡。《汉书补注》先谦曰:战国魏地,襄王时秦取之,见《魏世家》。《一统志》:故城今介休县西。《汉志汇释》周振鹤师:治今山西孝义市西南。《中国历史地图集》战国"韩魏图":平周,今山西介休西。

② 《史记》卷四四《魏世家》作"秦使樗里子伐取我曲沃,走犀首岸门"。

③ 杨宽《战国史料编年辑证》:秦惠文王八九年间尝攻取焦与曲沃,十一年因张仪推行连横策略,又欲于下年召开秦惠称王,并与韩、魏相王之会,归焦、曲沃于魏。及是年再度使樗里疾攻取之。焦与曲沃相邻,《秦本纪》言是年攻魏焦而降之。《魏世家》言是年秦拔我曲沃,而《纪年》又谓魏襄王六年秦取我焦,较《秦本纪》迟一年,盖一时事。

韩昭侯二十四年(当作韩昭侯二十七年),秦来拔我宜阳。

宜阳,在今河南宜阳西(参见图 14)①,东通洛阳,战略地位非常重要。如前所述,早在秦惠公时,秦曾攻取了宜阳之六邑。这次攻取后,随后当又被韩取得,并驻重兵防守,直到秦武王,秦才最终取得宜阳,对此详见下文。

(二)取韩鄢

如前所述,在孝公时期,秦致力于打通东道,并通过城殷、上枳、安陵、山氏,开始在中原建立据点。秦惠文王后六年(前319),即韩宣惠王十四年,秦又攻取中原地区的韩地鄢。《史记》卷一五《六国年表》:

韩宣惠王十四年,秦来击我,取鄢。

又,《史记》卷四五《韩世家》:

(韩宣惠)王十四年,秦伐败我鄢。

鄢,在今河南鄢陵西北(参见图 17)。② 鄢之西北为韩都新郑,东北为魏都大梁,秦取得鄢,对韩、魏形成了很大的威胁。

(三)取得修鱼

秦国的强大和不断向东发展,引起了东方诸国的恐慌,于是出现了东方诸国的第一次合纵攻秦。《史记》卷一五《六国年表》:秦惠文王更元七年(前318),魏、韩、赵、楚、燕"五国共击秦,不胜而还"。又,《史记》卷五《秦本纪》:秦惠文王更元七年,"韩、赵、魏、燕、齐帅匈奴共攻秦"。又,《史记》卷四〇《楚世家》:楚怀王十一年(前318),"苏秦约从山东六国共攻秦,楚怀王为从长。至函谷关,秦出兵击六国,六国兵皆引而归,齐独后"。又,《史记》卷四四《魏世家》:魏哀王(当为襄王)元年(前317),"五国共攻秦,不胜而去"。又,《史记》卷四三《赵世家》:赵武灵王八年(前318),"韩击秦,不胜而去"。又,《史记》卷三四《燕世家》:燕王哙三年(前317),"与楚、三晋攻秦,不胜而还"。综上可知,尽管《史记》对此

---

① 参见第 99 页注⑤。
② 《汉志》:傿陵属颍川郡,莽曰左亭。颜注李奇曰:"六国为安陵。"师古曰:"傿音偃。"《汉书补注》先谦曰:官本《注》无"陵"字。引宋祁曰:安下当添"陵"字。先谦案:《魏世家》所谓安陵氏也。齐宣公伐之,见《田齐世家》。后汉因,傿作鄢。《续志》:春秋时曰鄢。刘注,郑共叔所保,晋败楚于鄢陵,然则此说不始《元和志》。鄢陵之战,《传》云亡师于鄢。是鄢陵亦单称鄢,故致此误。《一统志》:故城今鄢陵县西北,至许州七十五里。《汉志汇释》周振鹤师:治今河南陵县西北。《中国历史地图集》战国"韩魏图":鄢,今河南鄢陵西北。

事的记载不尽一致,但以三晋为主的东方诸国合纵攻秦则是事实。① 秦出函谷关击联军,联军不胜而退,秦使庶长疾统率大军出函谷关,追击从函谷关后退的三晋联军。庶长疾即樗里疾,是秦惠文王之异母弟,号为"智囊"。秦惠文王更

---

① 杨宽《战国史料编年辑证》:《楚世家》云:"楚怀王十一年,苏秦约从山东六国兵攻秦,楚怀王为从长,至函谷关,秦出兵击六国,六国兵皆引兵而归。"梁玉绳《史记志疑》云:"是时苏秦已死四年,约六国以伐秦者李兑也。《国策》甚明,此误。《古史》及《西溪丛话》已纠之。"考苏秦在齐湣王时用事,此时非已死,尚年幼也。此时约五国攻秦者,固非苏秦,然亦非李兑。李兑用事于赵,已非赵惠文王时。然则此役五国攻秦,主其事者谁何?曰:犀首是也。上年《魏策一》称燕、赵、齐、楚四国以事属犀首而使犀首相魏。又称韩公叔委之犀首以为功,犀首因相魏,而《张仪列传》则谓燕、赵、齐、楚以事委犀首,"三国相事,皆断于犀首"。又云:"张仪已卒之后,犀首入相秦,尝佩五国之相印,为约长。"《吕氏春秋·开春》高诱注亦云:"犀首,魏人公孙衍也,佩五国相印,能合从连横。"《史记志疑》论之曰:"继张仪而为秦相者樗里疾、甘茂、薛文、楼缓、魏冉,不闻公孙衍相秦之事……至所谓相五国者,即《陈轸传》相三国事而夸大也。"余谓犀首佩五国相印之说固为夸大,其尝约纵五国以攻秦固为事实。上年既有四国以事属犀首而犀首相魏事,此年即有五国攻秦之役,明五国攻秦乃犀首主其事,此其证一也。《秦本纪》谓是役匈奴亦与焉,所谓匈奴即指义渠之戎,《秦策二》《张仪列传》谓义渠君至魏,因公孙衍说,于五国伐秦时大败秦人于李帛之下,是五国伐秦,固公孙衍主其谋,此其证二也。公孙衍与张仪为政敌,公孙衍本为秦大良造,及张仪入秦用事而公孙衍去秦入魏为魏将,张仪为秦相与齐、楚大臣盟会于啮桑,而公孙衍约魏、赵、韩、燕、中山"五国相王"以相抗衡。张仪以秦势合魏、韩而相魏,公孙衍仍为魏将。及上年,公孙衍以陈轸之谋略,得四国相属而为魏相,张仪即去魏归秦而仍为秦相。至此,公孙衍复有约五国攻秦之举,仍由陈轸为之纠合,陈轸合三晋而东约齐王,亦得齐王许诺。公孙衍与张仪,一纵一横,其声势皆足以倾动天下,此楚之纵横家景春所以谓"公孙衍、张仪岂不诚大丈夫哉! 一怒而诸侯惧,安居而天下熄"(《孟子·滕文公下》,赵岐注:"景春,孟子时人,为从衡之术者。")此其明证三也。后世策士,误以公孙衍之事附诸苏秦,即司马迁所谓"然世言苏秦多异,异时事有类之者皆附苏秦"(《苏秦列传》太史公之言)。于是遂谓苏秦与张仪同时,一纵一横,苏秦曾佩六国相印为纵长,并臆造许多苏秦、张仪游说之辞,作为纵横家之榜样,不知其全非情实也。又杨宽《战国史料编年辑证》:《楚世家》谓山东六国共攻秦,楚怀王为从长,《秦本纪》则云韩、赵、魏、燕、齐帅匈奴共攻秦,《六国表》作魏、韩、赵、楚、燕共击秦,《燕策一》与《燕世家》又云:"与楚、三晋攻秦。"而《赵世家》于次年云:"与韩、魏共击秦。"《韩策一》则云:"五国约而攻秦,楚王为从长。"《楚策三》又谓"五国伐秦,魏欲和,使惠施之楚,楚将入之秦而使行和"。盖此役由五国相约共攻秦,五国本三晋与燕、楚,《六国表》与《燕策》之说是也。五国推楚王为从长,《楚世家》与《韩策》之说亦是也。陈轸合三晋而东约齐王,齐王许诺,是齐亦允以兵合三晋抗秦而阴持两端,此所以《楚世家》言山东六国共攻秦,《秦本纪》亦称齐参与共攻秦,而《楚世家》又言"秦出兵击六国,六国兵皆引兵而归,齐独后"。其实三晋先出战,不胜,楚虽为从长,未尝作为主力作战,故杜赫谓昭阳曰:"魏为子战,折兵之半。"因而"魏欲和"。《楚世家》谓山东六国共攻秦至函谷关,秦即出兵还击,五国随即退兵。《楚世家》谓"六国兵皆引而归,齐独后"。魏、赵、燕《世家》及《六国表》皆云"不胜而还"。

元八年(前317)樗里疾率秦军追到韩之修鱼,三晋在此与秦决战,被秦斩首八万多人,并生擒韩将鲠与申差,东方诸国声势浩大的合纵攻秦,以惨败告终。据此推测,秦很可能于此役取得了韩的修鱼。《史记》卷五《秦本纪》:

> (秦惠文王)后八年,秦使庶长疾与战修鱼,虏其将申差,败赵公子渴、韩太子奂,斩首八万二千。①

又,《史记》卷四三《赵世家》:

> (赵武灵王)九年,与韩、魏共击秦,秦败我,斩首八万级。齐败我观泽。②

又,《史记》卷四五《韩世家》:

> (韩宣惠王)十六年,秦败我修鱼,虏得韩将鲠、申差。③

---

① 杨宽《战国史料编年辑证》:原系于"七年"下,《樗里子列传·索隐》引《秦本纪》"惠文王后元八年,五国共围秦,使庶长疾与战修鱼,斩首八万"。《秦本纪·正义》云:"修鱼,韩邑也。《年表》云:秦败我修鱼,得韩将军申差。"不言《秦本纪》与《六国表》年代有差异,可知今本《秦本纪》确有脱误。原本当作"七年韩、赵、魏、燕、齐帅匈奴共攻秦。八年五国共攻秦,秦使庶长疾与战修鱼……",中间脱"八年五国共攻秦"七字,下文"八年张仪复相秦"又误衍"八年"二字。《六国表》作"与韩、赵战,斩首八万"。

② 《史记》卷一五《六国年表》作"与韩、魏击秦,齐败我观泽"。

③ 《史记》卷一五《六国年表》作"秦败我修鱼,得韩将军申差"。杨宽《战国史料编年辑证》:《六国表》原脱"韩"字,据《秦本纪·正义》引《年表》补。又,杨宽《战国史料编年辑证》:《韩世家》原作"秦败我修鱼,虏得韩将鲠、申差于浊泽",以下接连有:"韩氏急,公仲谓韩王……韩王不听,遂绝和于秦,秦因大怒,益甲于韩,大战,楚救不至韩。十九年,大破我岸门。"此文又见于《韩策一》第十七章,开首为"秦、韩战于浊泽,韩氏急,公仲明(当作'佣')谓韩王",下文与《韩世家》相同,所记为别一战役。盖秦、韩战于浊泽,韩王误信楚虚言起兵救韩,绝和于秦,楚救不至,因而为秦大败于岸门。浊泽之战与韩宣惠王十九年大败于岸门相关,而与是年五国合纵攻秦之举无关。是年秦将樗里疾大败三晋于修鱼,虏得韩将申差等人,《秦本纪》与《六国表》相同,与浊泽之战无关。修鱼在今河南原阳县西南,浊泽在今河南长葛县西北,相距有一百六十里以上,不可能在修鱼大败三晋之军,而在浊泽虏得韩将申差等人。《韩世家》"于浊泽"上当脱"秦韩战"三字,《韩策一》可以证之,系记别一战役,说明岸门之战大败之原因。今本《韩世家》因脱"秦韩战"三字,将"于浊泽"三字误连于"虏得韩将鲠、申差"。《资治通鉴》作者未能分辨,记此事作"虏其将、申差于浊泽",仍沿《韩世家》之讹误,马非百《秦集史·国君纪事》十五亦沿此误。

修鱼约在今河南原阳(参见图17)。①修鱼为韩邑,东靠保卫大梁的魏长城,此地已在函谷关以东五百里以外。

(四)伐取韩浊泽、岸门

修鱼大战后,秦对三晋的进攻并未就此停止。在接下来的几年,秦乘胜继续对三晋进攻。韩宣惠王十八年(前315)至十九年(前314),即秦惠文王更元十年至十一年,秦韩大战于浊泽和岸门②,韩大败,秦很可能又取得了韩之浊泽和岸门。《战国纵横家书·公仲倗谓韩王章》:

> 秦韩战于蜀潢,韩是(氏)急。公中(仲)倗胃(谓)韩王曰:"冶(与)国非可恃(恃)也。今秦之新欲伐楚,王不若因张义(仪)而和于秦,洛(赂)之以一名县,与之南伐楚,此以一为二之计也。"韩王曰:"善。"乃警公中(仲)倗,将使西讲于秦。楚王闻之,大恐。召陈轸而告之。陈轸曰:"夫秦之欲伐王久矣。今或得韩一名县具甲,秦韩并兵南乡(向)楚,此秦之所庙祠而求也,今已得之,楚国必伐。王听臣之为之,警四竟(境)之内,兴师救韩,名(命)战车,盈夏路,发信[臣,多]亓(其)车,重亓(其)敝(币),史(使)信王之救已也。韩为不能听我,韩之德王也,必不为逆以来,是[秦]韩不和也。[兵虽]至,楚国不大病矣。为能听我,绝和于秦,□必大怒,以厚怨韩。韩南□□必轻秦,轻秦,亓(其)应必不敬矣。是我因秦韩之兵,免楚国之患也。"楚之王若(诺)。乃警四竟(境)之内,兴师,言救韩,发信臣,多车,厚亓(其)敝(币),使之韩,胃(谓)韩王曰:"不谷谓(虽)小,已悉起之矣。愿大国肆意于秦,不谷将以楚□韩。"[韩王]说(悦),止公中(仲)之行……遂绝和于秦。秦因大怒,益师,与韩是(氏)战于岸门。楚救不至,函是

---

① 《读史方舆纪要》:"扈亭在(原武)县西北。《春秋》庄二十三年,公会齐侯盟于扈。又文七年,晋赵盾与宋、卫、齐、郑、曹、许诸侯盟于扈。其后往往会盟于此,盖其地在四方道里中也。《竹书》:晋出公二十二年,河绝于扈。又有武修亭,或以为修鱼也。《秦纪》:惠文王后七年,韩、魏、燕、齐率匈奴共攻秦,秦使樗里疾与战于修鱼。"杨宽《战国史料编年辑证》:"修鱼为韩邑,在今河南原阳县西南,东靠魏所筑用以保卫大梁之西边长城,此地已在函谷关以东五百里以外。"《中国历史地图集》战国"韩魏图":修鱼约在今河南原阳。

② 杨宽《战国史料编年辑证》:秦败韩于修鱼为韩宣惠王十六年事,而"秦、韩战于浊泽"乃十八年事,已辨明在周慎靓王四年案语中。

(氏)大败。

又,《战国策·韩策一》：

秦、韩战于浊泽,韩氏急。公仲明谓韩王曰:"与国不可恃。今秦之心欲伐楚,王不如因张仪为和于秦,赂之以一名都,与之伐楚。此以一易二之计也。"韩王曰:"善。"乃儆公仲之行,将西讲于秦。楚王闻之大恐,召陈轸而告之。陈轸曰:"秦之欲伐我久矣,今又得韩之名都一而具甲,秦、韩并兵南乡,此秦所以庙祠而求也。今已得之矣,楚国必伐矣。王听臣,为之儆四境之内选师,言救韩,令战车满道路;发信臣,多其车,重其币,使信王之救已也。纵韩为不能听我,韩必德王也,必不为雁行以来。是秦、韩不和,兵虽至,楚国不大病矣。为能听我绝和于秦,秦必大怒,以厚怨于韩。韩得楚救,必轻秦。轻秦,其应秦必不敬。是我因秦、韩之兵,而免楚国之患也。"韩王大说,乃止公仲。公仲曰:"不可,夫以实告我者,秦也;以虚名救我者,楚也。恃楚之虚名,轻绝强秦之敌,必为天下笑矣。且楚、韩非兄弟之国也,又非素约而谋伐秦矣。秦欲伐楚,楚因以起师言救韩,此必陈轸之谋也。且王以使人报于秦矣,今弗行,是欺秦也。夫轻强秦之祸,而信楚之谋臣,王必悔之矣。"韩王弗听,遂绝和于秦。秦果大怒,兴师与韩氏战于岸门,楚救不至,韩氏大败。

又,《史记》卷四五《韩世家》：

(韩宣惠王)十六年,秦败我脩鱼,虏得韩将鳀、申差于浊泽。韩氏急,公仲谓韩王曰:"与国非可恃也。今秦之欲伐楚久矣,王不如因张仪为和于秦,赂以一名都,具甲,与之南伐楚,此以一易二之计也。"韩王曰:"善。"乃警公仲之行,将西购于秦。楚王闻之大恐,召陈轸告之。陈轸曰:"秦之欲伐楚久矣,今又得韩之名都一而具甲,秦韩并兵而伐楚,此秦所祷祀而求也。今已得之矣,楚国必伐矣。王听臣为之警四境之内,起师言救韩,命战车满道路,发信臣,多其车,重其币,使信王之救己也。纵韩不能听我,韩必德王也,必不为雁行以来,是秦韩不和也,兵虽至,楚不大病也。为能听我绝和于秦,秦必大怒,以厚怨韩。韩之南交楚,必轻秦;轻秦,其应秦必不敬:是因秦、韩之兵而免楚国之患也。"楚王曰:"善。"乃警四境之内,兴师言救韩。命战车满道路,发信臣,多其车,重其币。谓韩王曰:"不谷国虽小,已悉发之矣。原大国遂肆志于秦,不谷将以楚殉韩。"韩王闻之大说,乃止公仲之行。公仲曰:"不可。夫以实伐我者秦也,以虚名救我者楚也。王恃楚之虚名,而轻绝疆秦之敌,王必为天下大笑。且楚韩非兄弟之国也,又非素约而谋伐秦也。已有伐形,因发兵言救韩,此必陈轸之谋也。且王已使人报于秦矣,今不行,是欺秦也。夫轻欺疆秦而信楚之谋臣,恐王必悔之。"韩王不听,遂绝于秦。秦因大怒,益甲伐韩,大战,楚救不至韩。十九年,大破我岸门。太子仓质于秦以和。

上引三则史料,以《战国纵横家书·公仲倗谓韩王章》较为原始,其次《战国策韩策一》,其次《史记·韩世家》。《战国纵横家书·公仲倗谓韩王章》云:"秦韩战于蜀潢,韩是(氏)急"。《战国策》云:"秦、韩战于浊泽,韩氏急。"《韩世家》云:韩宣惠王十六年,"秦败我脩鱼,虏得韩将鲠、申差于浊泽。韩氏急"。这说明:第一,浊泽即蜀潢;第二,今本《韩世家》"于浊泽"上当脱"秦韩战"三字,《韩世家》原文应为:"秦败我脩鱼,虏得韩将鲠、申差。秦、韩战于浊泽,韩氏急。"除了上述的记载,《秦本纪》和《六国年表》也记载了秦大败韩于岸门之事。《史记》卷十五《六国年表》:

> 魏哀王(当作魏襄王)五年,秦拔我曲沃,归其人。走犀首岸门。①

又,《史记》卷五《秦本纪》:

> (秦惠文王)更元十一年,樗里疾攻魏焦,降之。败韩岸门,斩首万,其将犀首走。

秦大败韩于修鱼以后,又败韩于浊泽和岸门,据此推测,秦可能也攻取了韩的浊泽和岸门。浊泽即蜀潢,在今河南长葛西北(参见图17)②;岸门在今河南许

---

① 《史记》卷四四《魏世家》作"秦使樗里子伐取我曲沃,走犀首岸门"。
② 《史记集解·魏世家》徐广曰:"长社有浊泽。"《大清一统志》卷一百七十二:浊泽在临颍县西北,亦名皇陂。《史记》:魏惠王元年,韩赵合军以伐魏,战于浊泽。注徐广曰:长社有浊泽。《水经注》:皇陂水出皇台七女冈北,皇陂即古长社县之浊泽也。《中国历史地图集》战国"韩魏图":在今河南长葛西北。

昌西北(参见图17),正当浊泽东南。①

(五)攻取韩石章

在修鱼大战后,秦还取得了韩之石章。《史记》卷五《秦本纪》:

> (秦惠文王更元)十年,韩太子苍来质。伐取韩石章……十一年……败韩岸门,斩首万,其将犀首走。②

石章地望不详,也有可能,浊泽(蜀潢)就是石章。③

三、攻取的赵地

(一)攻取赵之蔺、离石

秦惠文王十年(前328),即赵肃侯二十二年,赵疵与秦战于河西,秦杀疵,随后顺势攻取了赵之蔺、离石。《史记》卷四三《赵世家》:

> (赵肃侯)二十二年……赵疵与秦战,败,秦杀疵河西,取我蔺、离石。

离石,在今山西吕梁市离石区(参见图18)④;蔺,在离石之西(参见图18)。⑤

---

① 《史记正义·秦本纪》引《括地志》云:"岸门在许州长社县西北二十八里,今名西武亭。"杨宽《战国史》:岸门在今河南许昌西北,正当浊泽东南。《中国历史地图集》战国"韩魏图":在今河南许昌西北。

② 杨宽《战国史料编年辑证》:《韩世家》载宣惠王十九年"大破我岸门,太子仓质于秦以和"。事在次年,《秦本纪》载太子仓来质在此年,盖误上一年。

③ 杨宽《战国史料编年辑证》:浊泽之战之结果,是秦大败韩于岸门。秦大败韩于岸门,在秦惠王更元十一年,即韩宣惠王十九年,浊泽之战当在上一年。《秦本纪》载惠王更元十年"伐取韩石章",当是一时事。石章地望不详,或者即是"蜀潢"之音转通假。

④ 《汉志》:离石属西河郡。《汉书补注》先谦曰:战国赵地。肃侯时,秦取之,见《周纪》《赵世家》。《一统志》:故城今永宁州治。《府志》:东关北隅有县街遗址,古并尚存。《汉志汇释》周振鹤师:治山西吕梁市离石区。《中国历史地图集》战国"赵、中山图":离石,在今山西离石县。

⑤ 《汉志》:蔺属西河郡。《汉书补注》先谦曰:战国赵地。魏败赵于此。秦攻之。肃侯时,秦取之,复入赵。武灵王时,为秦所拔。并见《赵世家》。亦称北蔺,见《魏世家》。《一统志》:故城今永宁州西。《汉志汇释》周振鹤师:治今山西柳林县北。《中国历史地图集》战国"赵、中山图":蔺,在离石之西。

(二)取赵西都、中阳

秦惠文王后九年(前316),即赵武灵王十年,秦还伐取了赵的中阳和西都。《史记》卷五《秦本纪》:

> (秦惠文王更元)九年,伐取赵中都、西阳。

又,《史记》卷四三《赵世家》:

> 赵武灵王十年,秦取我西都及中阳。

又,《史记》卷一五《六国年表》:

> 秦惠文王更元九年,取赵中都、西阳、安邑。

秦此次伐取的赵之两地,《秦本纪》和《六国年表》作中都、西阳,《赵世家》作西都、中阳,应以《赵世家》为是。① 西都,可能在今山西孝义(参见图18)②;中阳,在今山西中阳东(参见图18)。③

(三)再度攻取赵之蔺

秦惠文王更元十二年(前313),即赵武灵王十三年,秦又攻取了赵的蔺。《史记》卷四三《赵世家》:

> (赵武灵王)十三年,秦拔我蔺,虏将军赵庄。④

又,《史记》卷五《秦本纪》:

> (秦惠文王更元)十二年,王与梁王会临晋。庶长疾攻赵,虏赵将庄。⑤

---

① 杨宽《战国史料编年辑证》:梁玉绳以为当依《赵世家》作西都、中阳,《汉书·地理志》两地属河西郡。若中都属太原,西阳属山阳,梁说是也。《秦本纪·正义》曾列举三者之异,盖《秦本纪》、《六国表》久已有误。是时秦不能攻至中都、西阳。今本《史记·赵世家》有误作"中都、西阳"者。又,缪文远《战国史系年辑证》:《秦本纪》与《六国表》俱误作"中都、西阳",梁氏《志疑》已驳之。西都,邑名,在今山西平遥西南。中阳,邑名,在今山西中阳东。

② 《汉志》:西都属西河郡,莽曰五原亭。《汉书补注》先谦曰:战国赵地。武灵王时,秦取之,见《赵世家》。钱坫云:今孝义县地。《汉志汇释》周振鹤师:今地无考。

③ 《汉志》:中阳属西河郡。《汉书补注》先谦曰:战国赵地,秦取之。秦昭襄王、赵惠文王会此,见《秦纪》《赵世家》。《汉志汇释》周振鹤师:治山西今县。《中国历史地图集》战国"赵、中山图":中阳,在今山西中阳东。

④ 《史记》卷一五《六国年表》作"秦拔我蔺,虏将赵庄"。

⑤ 《史记》卷七一《樗里子列传》作"秦惠王二十五年使樗里子为将,伐赵,虏赵将军庄豹,拔蔺"。

蔺,在今山西离石西(参见图18)。① 如前所述,在惠文王十年(前328)时,蔺已为秦攻取,后可能复归赵,至此又被秦攻取。

第四节 惠文王时期攻灭苴、巴、蜀和臣丹、犁

在秦国西南,分布有蜀、巴、苴、丹、犁等小国或部族。其中蜀最大,巴次之,蜀王别封弟葭萌于汉中,号苴侯,命其邑曰葭萌。②

一、灭蜀之准备:开辟石牛道

惠文王即位之初,已有灭蜀之心。为此,数以美女进,蜀王感之,故朝秦。③ 秦又欺骗蜀王,诱其开辟了秦蜀石牛道。《水经·沔水注》引来敏《本蜀论》云:

> 秦惠王欲伐蜀而不知道,作五石牛,以金置尾下,言能屎金。蜀王负力,令五丁引之成道。秦使张仪、司马错寻路灭蜀,因曰石牛道。

又,《华阳国志》卷三《蜀志》:

> 周显王之世,蜀王有褒汉之地,因猎谷中,与秦惠王遇。惠王以金一笥遗蜀王,蜀王报珍玩之物,物化为土,惠王怒。群臣贺曰:"天承我矣,王将得蜀土地。"惠王喜,乃作石牛五头,朝泻金其后,曰:"牛便金。"有养卒百人。蜀人悦之,使使请石牛,惠王许之,乃遣五丁迎石牛。既不便金,怒遣还之,乃嘲秦人曰:"东方牧犊儿。"秦人笑之曰:"吾虽牧犊,当得蜀也。"

又,《艺文类聚》九十四引《蜀王本纪》:

---

① 参见第136页注⑤。
② 《华阳国志》卷三《蜀志》。
③ 《华阳国志》卷三《蜀志》:周显王二十二年(当作三十二年),蜀侯使朝秦。秦惠王数以美女进,蜀王感之,故朝焉。惠王知蜀王好色,许嫁五女于蜀。蜀遣五丁迎之,还到梓潼,见一大蛇入穴中,一人揽其尾,掣之不禁,至五人相助,大呼泄蛇,山崩,时压杀五人及秦五女,并将从;而山分为五岭,直顶上有平石。蜀王痛伤,乃登之,因命曰五妇冢山。川平石上为望妇堠(廖注:"'川'当作'穿',属下读"),作思妻台,今其山或名五丁冢。又,《秦本纪》:秦惠文王元年,"楚、韩、赵、蜀来朝"。

秦惠王欲伐蜀，乃刻五石牛，置金其后……牛下有养卒，以为此天牛也，能便金。蜀王以为然，即发卒千人，使五丁力士拖牛成道。致三枚于成都。秦道得通，石牛力也。后遣丞相张仪等随石牛道伐蜀。

任乃强《华阳国志校补图注》云："石牛道，谓自汉入蜀之西道。其路线自汉中入阳平关，循水道至葭萌，自葭萌溯清水河谷，逾马鸣阁（今马角坝）至江油（今彰明），历涪、雒，至成都。与今宝成铁路线同。"（参见图19）①

二、司马错论伐蜀

秦大败三晋联军于修鱼的第二年，即秦惠文王更元九年（前316），苴、蜀相攻击，各来告急于秦。② 秦惠王欲发兵以伐蜀，以为道险狭难至，而韩又来侵秦，秦惠王欲先伐韩，后伐蜀，恐不利；欲先伐蜀，恐韩袭秦之敝。犹豫未能决。司马错的分析使惠文王最终决定先灭蜀。《战国策·秦策一》：

> 司马错与张仪争论于秦惠王前。司马错欲伐蜀，张仪曰："不如伐韩。"王曰："请闻其说。"对曰："亲魏善楚，下兵三川，塞轘辕、缑氏之口（《张仪列传》《新序·善谋》'轘辕、缑氏'作'什谷'），当屯留之道，魏绝南阳，楚临南郑，秦攻新城、宜阳，以临二周之郊，诛周主之罪，侵楚、魏之地，周自知不救，九鼎宝器必出。据九鼎，按图籍，挟天子以令天下，天下莫敢不听，此王业也。今夫蜀，西辟之国，而戎狄之长也（《张仪列传》'长'作'伦'，《新序·善谋》误作'偷'；作'伦'于义为长）。弊兵劳众，不足以成名，得其地不足以为利。臣闻争名者于朝，争利者于市，今三川、周室，天下之市朝也，而王不争焉，顾争于戎狄，去王业远矣。"司马错曰："不然。臣闻之，欲富国者，务广其地；欲强兵者，务富其民；欲王者务博其德。三资者备，而王随之矣。今王之地小民贫，故臣愿从事于易。夫蜀西辟之国也，而戎狄之长也，而有桀、纣之乱，以秦

---

① 任乃强：《华阳国志校补图注》，上海古籍出版社，2007年。
② 《史记》卷七〇《张仪列传》："苴、蜀相攻击，各来告急于秦。秦惠王欲发兵以伐蜀，以为道险狭难至，而韩又来侵秦，秦惠王欲先伐韩，后伐蜀，恐不利；欲先伐蜀，恐韩袭秦之敝，犹豫未能决。"又，《华阳国志》卷一《巴志》："周显王时，楚国衰弱，秦惠文王与巴、蜀为好，蜀王弟苴侯（'侯'字原脱，从廖寅校补）私亲于巴。巴蜀世战争。周慎王五年蜀王伐苴侯，苴侯奔巴，巴为求救于秦。"

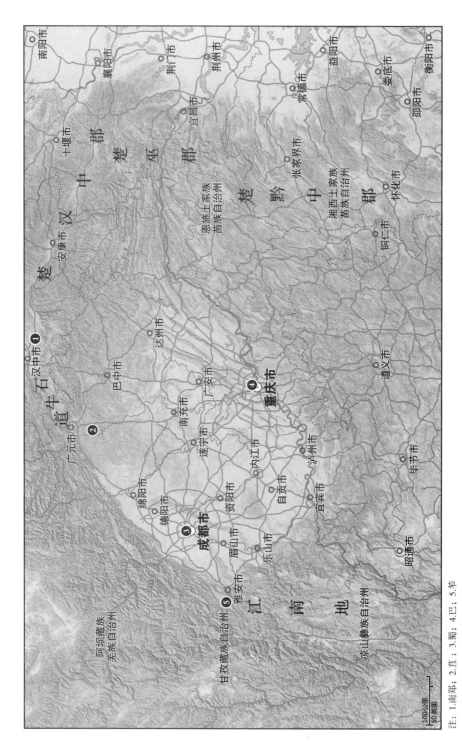

图19 战国时期长江上游地区诸地地望图

注：1.南郑；2.苴；3.蜀；4.巴；5.笮

攻之,譬如使豺狼逐群羊也。取其地,足以广国也;得其财,足以富民;缮兵,不伤众而彼已服矣。故拔一国而天下不以为暴,利尽西海,诸侯不以为贪,是我一举而名实两附,而又有禁暴正乱之名。今攻韩,劫天子。劫天子,恶名也,而未必利也,又有不义之名,而攻天下之所不欲危(《张仪列传》《新序》'危'下皆有'矣',语意较为完善),臣请谒其故:周,天下之宗室也,齐,韩之与国也('韩'下原衍'周'字,从《张仪列传》及《新序》删)。周自知失九鼎,韩自知亡三川,则必将二国并力合谋,以因于齐、赵,而求解乎楚、魏,以鼎与楚,以地与魏,王不能禁。此臣所谓危,不如伐蜀之完也。"惠王曰:"善。寡人听子。"①

又,《华阳国志》卷三《蜀志》:

蜀王别封弟葭萌于汉中,号苴侯,命其邑曰葭萌焉。苴侯与巴王为好,巴与蜀仇,故蜀王怒,伐苴侯。苴侯奔巴,求救于秦。秦惠王方欲谋楚,群臣议曰:"夫蜀西僻之国,戎狄为邻,不如伐楚。司马错、中尉田真黄曰:'蜀有桀、纣之乱,其国富饶,得其布帛金银,足给军用。水通于楚,有巴之劲卒,浮大舶舩以东向楚,楚地可得。楚亡则天下并矣。"惠王曰:"善。"

三、伐取苴、巴、蜀

秦惠文王更元九年(前316),秦惠王派了司马错、都尉墨等人从汉中经石牛道伐蜀,蜀国灭亡,接着司马错等人又攻灭了苴国和巴国。《史记》卷五《秦本纪》:

---

① 杨宽《战国史料编年辑证》:梁玉绳《史记志疑》云:"考《纪》《表》及《华阳国志》皆云王死蜀灭,无贬号之事,当是因封公子通为蜀侯而误。"其说非是。秦攻杀蜀王后,仍以蜀为属国,即《秦策一》所谓"蜀既属",《张仪列传》所谓"蜀既属秦",改封蜀王子弟为侯,称为"蜀国",封为"蜀侯"。按战国时代封君制度,封君之相常由国王派遣,因而使陈庄相蜀。《秦本纪》载秦惠文王更元十一年"公子通封于蜀",公子通当为原蜀王子弟,非秦之公子。《华阳国志》言"周赧王元年秦惠王封子通国为蜀侯"。通国即公子通,《华阳国志》误为秦惠王之子。

(秦惠文王更元)九年,司马错伐蜀,灭之。①

又,《华阳国志》卷三《蜀志》:

周慎王五年秋,秦大夫张仪、司马错、都尉墨等从石牛道伐蜀。蜀王自于葭萌拒之,败绩。王遁走至武阳,为秦军所害。其相、傅及太子退至逢乡("逢"当作"逢"),死于白鹿山。开明氏遂亡,凡王蜀十二世。冬十月蜀平,司马错因取苴与巴焉。

又,《华阳国志》卷一《巴志》:

周慎王五年,蜀王伐苴侯,苴侯奔巴,巴为求救于秦。秦惠文王遣张仪、司马错救苴、巴,遂伐蜀灭之。仪贪巴、苴之富,因取巴,执王以归,置巴、蜀及汉中郡,分其地为四十一县。②

又,《史记索隐·秦本纪》引《蜀王本纪》:

张仪伐蜀,蜀王开战不胜,为仪所灭也。

又,《史记》卷一三〇《太史公自序》:

自司马氏去周适晋,分散……在秦者名错,与张仪争论,于是惠王使错将伐蜀,遂拔,因而守之。③

又,《水经·江水注》:

及七国称王,巴亦王焉。秦惠王遣张仪等救苴侯于巴,仪贪巴、苴之富,因执其王以归,而置巴郡焉,治江州。

---

① 《史记》卷一五《六国年表》作"击蜀,灭之"。
② 杨宽《战国史料编年辑证》:旧各本作"为一县"或"为二县",《路史·大昊纪》罗注所引作"分为三十二县",任乃强据《汉书·高帝纪》刘邦为汉王,王巴、蜀,与汉中三郡共四十一县,谓是秦置此三郡时共有四十一县,当以四十一县为正。又,杨宽《战国史料编年辑证》:《华阳国志》谓秦"置巴、蜀及汉中郡,分其地为四十一县"。其实,三郡之建置非一时事。秦灭巴后,即设郡,灭蜀后,初设封国。直到秦昭王二十二年改设为郡,秦建汉中郡,在秦惠文王后元十三年,即周赧王三年攻取楚汉中地以后。见《秦本纪》。
③ 杨宽《战国史料编年辑证》:"因而守之",《集解》引苏林曰:"守,郡守也。"此说恐不确。秦灭蜀后,仍封蜀王后裔以为属国,并以陈庄为相,并未立即在蜀设郡。所谓"因而守之",谓驻军而守。"守"亦为武职之称。《华阳国志》称周赧王元年秦惠王封蜀侯同时,"以陈庄为相","以张若为蜀守"。司马错为蜀守,盖为时不久。

上述记载虽有不同①,但秦在惠文王时伐灭了苴、巴、蜀则是一致的。蜀,建都成都(参见图19),有今四川省西部长江上游以北地区,并兼有今陕西省西南一部分地②;巴,建都于巴(参见图19),今重庆嘉陵江北岸,有今四川省东部地区③;苴即葭萌(参见图19)④,今四川剑阁东北,广元南,宝轮院附近。⑤《战国策·秦策一》第七章:"蜀既属,秦益强、富厚,轻诸侯。"又,前引《华阳国志》卷三《蜀志》:司马错、中尉田真黄曰:"其国富饶,得其布帛金银,足给军用。水通于楚,有巴之劲卒,浮大舶舩以东向楚,楚地可得。楚亡则天下并矣。"可见,秦取得巴蜀之地后,对秦具有极其重要的意义。

四、臣丹、犁

秦惠文王更元十四年(前311),西南夷丹、犁臣服于秦。《史记》卷五《秦本纪》:

> (秦惠文王更元)十四年,伐楚,取召陵。丹、犁臣。蜀相壮杀蜀侯来降。⑥

---

① 杨宽《战国史料编年辑证》:《秦本纪》但言"司马错伐蜀,灭之",扬雄《蜀王本纪》始言张仪伐蜀而灭之。《华阳国志》等书因而言张仪、司马错共伐灭蜀。是时张仪主伐韩,司马错主伐蜀,争论于秦惠王前,王听信错言而使错将伐蜀。《太史公自序》所言甚是。错因灭蜀而守之。秦惠王末年蜀相陈庄反,杀秦王所封蜀侯通国,王遣甘茂、张仪会司马错伐蜀诛陈庄。疑《蜀王本纪》将伐蜀、诛陈庄之役与伐灭蜀之事混为一谈,遂误以为张仪与司马错共伐灭蜀。
② 详参杨宽《战国史》第七章《战国初期各国的疆域和少数部族的分布》。
③ 详参杨宽《战国史》第七章《战国初期各国的疆域和少数部族的分布》。
④ 杨宽《战国史料编年辑证》:苴与巴同为蜀附近小国。苴侯居于葭萌,在今四川剑阁东北。任乃强《华阳国志校补图注》以为苴即褒,在陕西汉中西北,不确。苴当即郶,春秋早期已存在,传世有铜器,现藏上海博物馆,详见马承源主编:《商周青铜器铭文选》,文物出版社,1988年。"郶"即《说文》"𨛜郶",《说文》云:"蜀地也。"《集韵》谓"郶,乡名,在临邛"。临邛今四川邛崃。"苴""郶"原为一声之转。
⑤ 详参杨宽《战国史》第七章《战国初期各国的疆域和少数部族的分布》。
⑥ 越,《史记集解》徐广曰:"一作赵。"

丹、犁,是蜀西南的两个部族。①

第五节　惠文王时期攻取的楚地

如前所述,秦自康公以来,秦楚形成同盟,互为声援,共同制晋。此后更以婚姻相结,秦楚和好数百年。进入战国,随着晋的一分为三,以及国际形势的深刻变化,至秦惠文王后期,秦楚关系破裂,秦攻取了楚国的大片领土。

一、秦韩魏联盟与楚齐联盟的形成及秦失曲沃

(一)秦韩魏联盟的形成

如前所述,公孙衍第一次合纵攻秦,秦出函谷关,在修鱼大败三晋联军。灭亡巴、蜀后,秦又向三晋进攻,攻取魏在河外的焦和曲沃,败韩于浊泽和岸门,攻取了赵国的蔺,使秦在东方有进一步的发展。不仅如此,秦惠文王更元十一年(前314),秦大破韩于岸门之后,还把韩的太子仓作为秦国的人质,迫使韩国屈服。②《史记》卷四五《韩世家》:

(韩宣惠王)十九年,大破我岸门,太子仓质于秦以和。

又,《史记》卷五《秦本纪》:

(秦惠文王更元十一年)太子仓来质。

秦惠文王更元十二年(前313),魏国的内政也受到秦的干预,按秦国的意思立公子政为太子。③《史记》卷一五《六国表》:

魏哀王(当作襄王)六年,秦来立公子政为太子,与秦王会临晋。

这样就在秦国的主导下,形成了秦、韩、魏三国联盟。

---

① 详参杨宽《战国史》第七章《战国初期各国的疆域和少数部族的分布》。又,《史记正义·秦本纪》:"二戎号也,臣伏于蜀。蜀相杀蜀侯,并丹、犁二国降秦。在蜀西南姚府管内,本西南夷,战国时蜀、滇国,唐初置犁州、丹州也。"

② 杨宽《战国史料编年辑证》:《韩世家》载宣惠王十九年"大破我岸门,太子仓质于秦以和",事在次年。《秦本纪》载太子仓来质在此年,盖误上一年。

③ 杨宽《战国史料编年辑证》:《魏世家》同,惟"来"误作"求"。

(二)楚齐联盟的形成与秦失曲沃

秦在东方的进一步发展以及秦韩魏联盟的形成对楚、齐显然是威胁,尤其对楚国形成了很大的威胁。因为楚国不仅与秦接壤,而且秦惠文王更元九年(前316),秦取巴、蜀后,还对楚形成了直接威胁,所谓"其国富饶,得其布帛金银,足给军用。水通于楚,有巴之劲卒,浮大舶舩以东向楚,楚地可得"。① 为了解除这种威胁,大约在楚怀王十六、七年间,楚国先发制人,北围秦之曲沃、於中。《史记》卷四一《越王句践世家》:

> 楚三大夫张九军,北围曲沃、於中,以至无假之关三千七百里,景翠之军北聚鲁、齐、南阳。②

曲沃在今河南三门峡市西南(参见图16),正当函谷关东北。③ 於中在今河南西峡县东(参见图16),正当武关以东。④ 曲沃、於中为秦之战略要地。

楚国在齐的帮助下取得了秦的战略要地曲沃,楚齐联盟形成。《战国策·秦策二》:

> 齐助楚攻秦,取曲沃。其后秦欲伐齐,齐、楚之交善,惠王患之,谓张仪曰:"吾欲伐齐,齐、楚方欢,子为寡人虑之奈何?"张仪曰:"王其为臣约车并币,臣请试之。"

又,《史记》卷四〇《楚世家》:

> 秦欲伐齐,而楚与齐从亲,秦惠王患之,乃宣言张仪免相,使张仪南见楚王。

齐助楚攻取曲沃之后,楚将进一步攻取於中,形势对秦颇为不利。因此秦必

---

① 《华阳国志》卷三《蜀志》。
② 杨宽《战国史料编年辑证》:考《越世家》所载齐使游说楚王之语,乃楚怀王十六七年之形势,所谓"楚三大夫张九军,北围曲沃、於中"。曲沃在今河南三门峡市西南,正当函谷关东北。於中在今河南西峡县东,正当武关以东。楚发大军围攻曲沃、於中,目的在于解除秦从函谷关与武关向外进攻之威胁。所谓"景翠之军北聚鲁、齐南阳",用以巩固楚之北方防守,以备向韩魏进攻。此皆楚怀王十六七年间事。景翠乃楚怀王时之柱国,统兵作战在楚怀王十七年至二十九年间。可见此乃楚怀王时事,与楚威王无涉也。
③ 参见第125页注①。
④ 杨宽《战国史料编年辑证》:於中在今河南西峡县东,正当武关以东、楚方城以西地方,於中连同商密(今河南淅川县西南)一带合称商於之地。《中国历史地图集》战国"秦蜀图":於(於中)在今河南西峡县东。

须设法瓦解齐楚的联盟,做好反击楚军的准备。于是秦派张仪前往楚国①,破坏楚齐联盟。这样自康公以来,随着国际形势的变化,数百年之秦楚和好关系开始破裂。

二、张仪欺楚与秦攻取楚汉中、上蔡、召陵

(一)张仪欺楚

张仪入楚见怀王,以齐、楚绝交为交换条件,答应进献楚正在围攻中之商於之地。② 楚王听了很高兴,不听陈轸劝阻,坚决与齐国绝交。③ 等到楚与齐真正绝交,楚派将军前往接受献地,张仪却回答说只有六里。于是楚怀王大怒,大举发兵伐秦。《史记》卷四〇《楚世家》:

> (楚王)因使一将军西受封地。张仪至秦,详醉坠车,称病不出三月,地不可得。楚王曰:"仪以吾绝齐为尚薄邪?"乃使勇士宋遗北辱齐王。齐王大怒,折楚符而合于秦。秦齐交合,张仪乃起朝,谓楚将军曰:"子何不受地?从某至某,广袤六里。"楚将军曰:"臣之所以见命者六百里,不闻六里。"即以归报怀王。怀王大怒,兴师将伐秦。陈轸又曰:

---

① 《史记》卷七〇《张仪列传》:张仪者,魏人也……张仪已学游说诸侯。尝从楚相饮,已而楚相亡璧,门下意张仪,曰:"仪贫无行,必此盗相君之璧。"共执张仪,掠笞数百,不服,醳之。其妻曰:"嘻!子毋读书游说,安得此辱乎?"张仪谓其妻曰:"视吾舌尚在不?"其妻笑曰:"舌在也。"仪曰:"足矣。"……张仪既相秦,为文檄告楚相:"始吾从若饮,我不盗而璧,若笞我。若善守汝国,我顾且盗而城!"

② 《史记》卷四〇《楚世家》:(张仪)谓楚王曰:"敝邑之王所甚说者无先大王,虽仪之所甚原为门阑之厮者亦无先大王。敝邑之王所甚憎者无先齐王,虽仪之所甚憎者亦无先齐王。而大王和之,是以敝邑之王不得事王,而令仪亦不得为门阑之厮也。王为仪闭关而绝齐,今使使者从仪西取故秦所分楚商于之地方六百里,如是则齐弱矣。是北弱齐,西德于秦,私商于以为富,此一计而三利俱至也。"怀王大悦,乃置相玺于张仪,日与置酒,宣言"吾复得吾商于之地"。

③ 《史记》卷四〇《楚世家》:"群臣皆贺,而陈轸独吊。怀王曰:'何故?'陈轸对曰:'秦之所为重王者,以王之有齐也。今地未可得而齐交先绝,是楚孤也。夫秦又何重孤国哉,必轻楚矣。且先出地而后绝齐,则秦计不为。先绝齐而后责地,则必见欺于张仪。见欺于张仪,则王必怨之。怨之,是西起秦患,北绝齐交。西起秦患,北绝齐交,则两国之兵必至。臣故吊。'楚王弗听,因使一将军西受封地。"

"伐秦非计也。不如因赂之一名都,与之伐齐,是我亡于秦,取偿于齐也,吾国尚可全。今王已绝于齐而责欺于秦,是吾合秦齐之交而来天下之兵也,国必大伤矣。"楚王不听,遂绝和于秦,发兵西攻秦。秦亦发兵击之。

张仪欺骗楚王,一方面是为了使楚齐绝交,另一方面可能也是秦的缓兵之计,使秦做好全面反击歼灭楚军的准备。①

(二)秦联合韩魏大败楚,取楚汉中地

秦惠文王更元十三年(前312),楚大举发兵进攻秦,秦联合韩魏相继大败楚于丹阳和蓝田,取楚汉中地。《史记》卷五《秦本纪》:

(秦惠文王)更元十三年,庶长章击楚于丹阳,虏其将屈匄,斩首八万;又攻取汉中,取地六百里,置汉中郡。楚围雍氏,秦使庶长疾助韩而东攻齐到濮("濮"原误作"满",据《六国年表》《战国策·齐策六》改)。助魏攻燕。②

又,《史记》卷八四《屈原贾生列传》:

怀王怒,大兴师伐秦。秦发兵击之,大破楚师于丹、浙,斩首八万,虏楚将屈匄,遂取楚之汉中地。怀王乃悉发国中兵以深入击秦,战于蓝田。魏闻之,袭楚至邓,楚兵惧,自秦归。而齐竟怒不救楚,楚大困。

又,《史记》卷四五《韩世家》:

(韩宣惠王)二十一年,与秦共攻楚,败楚将屈丐,斩首八万于丹阳。

又,《史记》卷四〇《楚世家》:

(楚怀王)十七年春,与秦战丹阳,秦大败我军,斩甲士八万,虏我大将军屈匄,裨将军逢侯丑等七十余人,遂取汉中之郡。楚怀王大怒,乃悉国兵复袭秦,战于蓝田,大败楚军。韩、魏闻楚之困,乃南袭楚,至于邓。楚闻,乃引兵归。

又,《史记》卷七一《樗里子甘茂列传》:

(秦惠王二十六年,樗里子)魏章攻楚,败楚将屈丐,取汉中地。秦

---

① 参见杨宽《战国史》之相关论述。
② 《史记》卷一五《六国年表》作"庶长章击楚,斩首八万"。

又,《史记》卷七一《樗里子甘茂列传》:

> 甘茂者,下蔡人也,事下蔡史举先生,学百家之术。因张仪、樗里子而求见秦惠王,王见而说之,使将,而佐魏章略定汉中地。

楚汉中郡(参见图19)因汉水得名,辖境有今陕西东南角,南到今湖北西北角。①

(三)取楚上蔡

秦惠王更元十三年(前312),又取楚上蔡。《水经·汝水注》引《竹书纪年》:

> 魏章率师及郑师伐楚,取上蔡。②

上蔡,今河南上蔡西南(参见图17)。③

(四)取楚召陵

秦惠文王更元十四年(前311),又攻取楚召陵。《史记》卷五《秦本纪》:

> (秦惠文王更元)十四年伐楚,取召陵。

召陵,今河南漯河东北(参见图17)。④

综上所述,在秦惠文王时期,秦取得的楚地有汉中、上蔡、召陵。秦取汉中后,以其地置汉中郡,楚的西北门户落入秦人之手。秦取得楚汉中郡后,使关中、

---

① 详参杨宽《战国史》附录一"战国郡表"。
② 杨宽《战国史料编年辑证》:《水经注》引此条未记年,今本《纪年》系于周显王二十三年,即魏惠王二十四年,朱右曾《汲冢纪年存真》从之,不足信。魏章乃随张仪由魏入秦而为将者,秦武王即位初,张仪与魏章同时被逐走。魏章为秦逐走在魏襄王九年,距魏惠王二十四年已有三十六年。马非百《秦集史·国君纪事》十五系此条于秦惠王更元十三年魏章与韩师大胜楚于丹阳之后。此说可从,盖魏章乘胜,率秦师及韩师进而攻取上蔡。
③ 《汉志》:上蔡,故蔡国,周武王弟叔度所封。《汉书补注》先谦曰:战国楚地,尝为郡。《楚世家》云,上蔡之郡也。《纪年》:魏章帅师及郑伐楚,取上蔡,是后旋入魏。《一统志》:故城今上蔡县西五十里。《汉志汇释》周振鹤师:治河南今县西南。《中国历史地图集》战国"韩魏图":上蔡,今河南上蔡西南。
④ 《汉志》:召陵属汝南郡。师古曰:即桓公伐楚,次于召陵者也。召读曰邵。《汉书补注》先谦曰:黄帝南伐至此,见《封禅书》。后为楚地,秦惠文王伐取之,见《秦纪》。《一统志》:故城今郾城县东三十五里。《汉志汇释》周振鹤师:治河南漯河市城区东。《中国历史地图集》战国"韩魏图":召陵,今河南漯河东北。

汉中和巴蜀连成一片,这不仅使秦的本土关中更为安全,而且使秦地尽居楚之上游,对楚形成高屋建瓴之势,这大概是秦最终胜楚的地理原因。

第六节　蚕食义渠之地

秦惠文王时期,秦除了攻占三晋之地,灭苴、巴、蜀,臣丹、犁,还不断蚕食义渠之地。义渠是西戎中比较强大的一支,活动在秦国的北面。战国时,义渠已经筑有城邑。① 秦国对付义渠的策略,就是公孙衍对义渠君所说的:"中国无事于秦,则秦且烧焫获君之国;中国为有事于秦,则秦且轻使重币而事君之国也。"② 本节考察惠文王时期秦蚕食的义渠之地。

一、义渠臣于秦

秦惠文王七年(前331),义渠臣于秦。《史记》卷一五《六国年表》:

> 秦惠文王七年,义渠内乱,庶长操将兵定之。

又,《后汉书》卷八七《西羌传》:

> 义渠国乱,秦惠王遣庶长操将兵定之,义渠遂臣于秦。

二、县义渠

秦惠文王十一年(前327),县义渠。《史记》卷五《秦本纪》:

> (秦惠文王)十一年,县义渠……义渠君为臣。③

---

① 《后汉书》卷八七《西羌传》:"是时义渠、大荔最强,筑城数十,皆自称王。"
② 《战国策·秦策二》。
③ 杨宽《战国史料编年辑证》:殿本《史记考证》引杭世骏云:"此时义渠不得为县。《犀首列传》云义渠起兵袭秦大败秦李伯之下。若义渠已为县,秦必更置令长,何至十年之后反为所败。"顾颉刚《秦与西戎》驳之云:"此说殊非。义渠国土广大,惠文初年稍蚕食,立其所得之地为县,并不妨害义渠国之存在。"(《史林杂识》)今按:既云"县义渠"又云"义渠君为臣",似乎义渠国已为秦之县,其实不然。《资治通鉴》亦作"秦县义渠以其君为臣"。胡注云"义渠,西戎国名,秦取之以为县,班《志》,义渠道属北地郡,《括地志》:宁、庆、原三州,秦之北地郡也"似乎整个北地郡已成为秦之县。其说不确。四年前,义渠内乱,秦派兵平定之,义渠君因而称臣于秦,即《后汉书·西羌传》所云:"义渠国乱,秦惠王遣庶长操将兵定之,义渠遂臣于秦。"

又,《史记》卷一五《六国年表》:

  (秦惠文王)十一年,义渠君为臣。

三、攻取郁郅

秦惠文王更元六年(前319),秦取得义渠之郁郅。① 《后汉书》卷八十七《西羌传》:

  秦伐义渠,取郁郅。

郁郅,在今甘肃庆阳县(参见图13)。②

四、攻取徒泾等二十五城

秦惠文王更元十年(前315),秦伐义渠,取徒泾等二十五城。《史记》卷五《秦本纪》:

  (秦惠文王更元)十年,伐取义渠二十五城。③

又,《后汉书》卷八七《西羌传》:

  秦伐义渠,取徒泾二十五城。④

又,《史记》卷一一〇《匈奴列传》亦云:

  至于惠王,遂拔义渠二十五城。⑤

据《汉志》,徒泾属西河郡,具体地望不详。

五、惠文王时期疆域变迁小结

综上所述,秦惠文王时期,秦的疆域在北面、东面、南面及西南、东南方向均

---

① 杨宽《战国史料编年辑证》:《后汉书·西羌传》原文谓在"义渠国乱,秦惠王遣庶长操将兵定之,义渠遂臣于秦"之"后八年",以此推算知当在此年。
② 《汉志》:郁郅属北地郡。《汉书补注》先谦曰:本义渠戎地,秦惠王伐取之,见《后书·西羌传》。《一统志》:故城今安化县治。《汉志汇释》周振鹤师:治今甘肃庆阳市。《中国历史地图集》战国"秦蜀图":郁郅,在今甘肃庆阳。
③ 《史记》卷一五《六国年表》作"侵义渠得二十五城。"
④ 《后汉书》卷八七《西羌传》记在"义渠败秦师于李伯"之明年。
⑤ 《资治通鉴》胡注:"按上卷,显王四十二年,秦县义渠,以其君为臣,是已得义渠矣。今又侵得二十五城,何也?盖先此秦以义渠为县,君为臣,虽臣属于秦,义渠之国未灭也,秦稍蚕食侵其地。今得二十五城,义渠之国所余无几矣。盖秦兼并诸侯,不尽其国不止也。"

有很大的开拓。这些地区的取得,不仅使秦的本土更为安全,秦更为富庶,而且使秦的领土深入到了关东地区,对关东六国,尤其是楚、韩、魏、赵形成了严重威胁。

第七节　武王时期

秦惠文王卒,子武王立,武王享国四年。① 本节考察武王时期秦的疆域变迁。

一、攻取韩宜阳

如前所述,秦惠公时,曾取得韩宜阳之六邑;秦惠文王时,秦曾一度攻取了宜阳,但不久当又被韩所收复。秦武王三年(前308),秦使甘茂攻韩宜阳。《史记》卷五《秦本纪》:秦武王三年,"武王谓甘茂曰:'寡人欲容车通三川,窥周室,死不恨矣。'其秋,使甘茂、庶长封('封'当为'寿'之形误)伐宜阳"。②宜阳是战略要

---

① 《史记》卷五《秦本纪》。
② 又,《史记》卷四五《韩世家》:"(韩)襄王四年,与秦武王会临晋。其秋,秦使甘茂攻我宜阳。"《史记》卷一五《六国年表》作"与秦会临晋。秦击我宜阳"。杨宽《战国史料编年辑证》:《秦本纪》言"使甘茂、庶长封伐宜阳",庶长封不见其他记载。《秦策二》第六章、《甘茂列传》谓甘茂欲约魏共伐韩,武王令向寿辅行。《甘茂列传》《韩策一》第十九章又记向寿守宜阳,将以伐韩,韩公仲使苏代谓向寿曰:"禽困覆车,公破韩,辱公仲。"又云:"今公取宜阳以为功。"则向寿尝参与"破韩""取宜阳"之役,因而镇守宜阳。可知《秦本纪》"庶长封"必为"庶长寿"之形误。鲍彪注谓"宜阳盖寿议攻,而甘茂攻之",犹为未达一间。《秦策二》第八章"甘茂攻宜阳,三鼓之而卒不上,秦之右将有尉对曰"云云,鲍彪《注》:"尉,军尉。"既称"右将",不应又称"有尉","有尉"亦当为"向寿"之误,形似而讹。向寿为秦昭王母宣太后之外族,武王时已任职用事,官至庶长,昭王时向寿为相。

地,韩倾全力防守,秦倾全力攻取,战争非常激烈①。秦武王四年(前307),秦最终攻下了宜阳。《史记》卷五《秦本纪》:

  (秦武王)四年拔宜阳,斩首六万。②

又,《史记》卷四五《韩世家》:

  (韩襄王)五年秦拔我宜阳,斩首六万。③

宜阳,在今河南宜阳西(参见图14)。④《读史方舆纪要》:"苏秦说赵曰:韩弱则效宜阳,宜阳效则上郡绝。说韩曰:韩西有宜阳、商阪之塞。张仪曰:秦攻新

---

① 《史记》卷七一《樗里子甘茂列传》:秦武王三年谓甘茂曰:"寡人欲容车通三川,以窥周室,而寡人死不朽矣。"甘茂曰:"请之魏,约以伐韩。"而令向寿辅行。甘茂至,谓向寿曰:"子归言之于王曰:'魏听臣矣,然愿王勿伐。'事成,尽以为子功。"向寿归以告王,王迎甘茂于息壤。甘茂至,王问其故,对曰:"宜阳大县也,上党、南阳积之久矣,名为县,其实郡也。今王倍数险,行千里而攻之,难。昔曾参之处费,鲁人有与曾参同姓名者杀人,人告其母曰'曾子杀人',其母织自若。顷之一人又告之曰'曾参杀人',其母尚织自若也。顷又一人告之曰'曾参杀人',其母投杼下机,逾墙而走。夫以曾参之贤而其母信之也,三人疑之,其母惧焉。今臣之贤不若曾参,王之信臣又不如曾参之母信曾参也,疑臣者非特三人,臣恐大王之投杼也。始张仪西并巴、蜀之地,北开西河之外(《秦策》'开'作'取'),南取上庸,天下不以多张仪而贤先王。魏文侯令乐羊将而攻中山,三年而拔之,乐羊返而论功,魏文侯示之谤书一箧,乐羊再拜稽首曰:'此非臣之功也,主君之力也。'今臣,羁旅之臣也,樗里子、公孙奭二人者挟韩而议之,王必听之,是王欺魏而臣受公仲侈之怨也。"王曰:"寡人不听也,请与子盟。"卒使丞相甘茂伐宜阳,五月而不拔,樗里子、公孙奭果争之。武王召甘茂,甘茂曰:"息壤在彼。"王曰:"有之。"因大悉起兵,使甘茂击之,斩首六万,遂拔宜阳。韩襄王使公仲侈入谢,与秦平。"又,《战国策·秦策二》第八章:甘茂攻宜阳,三鼓之而卒不上。秦之右将有尉对曰(即对甘茂言):"公不论兵,必大困。"甘茂曰:"我羁旅而得相秦,我以宜阳饵王。今攻宜阳不拔,公孙衍、樗里疾挫我于内(公孙衍当作公孙显,显一作郝,又作奭,但作'衍'乃音近而讹),而公中以韩穷我于外('公中'读作'公仲'),是无茂之日已('茂'原作'伐',吴师道云:'一本作茂,盖字讹。'今据改)。请明日鼓之而不可下,因以宜阳之郭为墓。"于是出私金以益公赏。明日鼓之,宜阳拔。又《战国策·秦策二》第九章:"宜阳未得,秦死伤者众,甘茂欲息兵。左成谓甘茂曰:公内攻于樗里疾、公孙衍(当作公孙显),而外与韩侈为怨(当作'韩佣','佣''侈'形近而误),今公用兵无功,公必穷矣。公不如进兵攻宜阳,宜阳拔则公之功多矣,是樗里疾、公孙衍无事也('公孙衍'当作'公孙显'),秦众尽怨之深矣。"

② 《史记》卷一五《六国年表》亦作"拔宜阳城,斩首六万,涉河,城武遂"。

③ 《史记》卷一五《六国年表》记载同。

④ 参见第99页注⑤。

城、宜阳,以临二周之郊。又说韩曰:秦下甲据宜阳,断韩之上地。苏代曰:秦起乎宜阳而触平阳。皆谓此也。又周王曰:宜阳城方八里,材士十万。故甘茂亦云:宜阳,大县也。秦惠文王三年,拔韩宜阳,既而韩复取之。又武王四年,使甘茂伐宜阳,五月而不拔,大起兵拔之。盖渑池、二崤,实皆在宜阳境内,为控扼之要地。孔氏曰:宜阳,韩之大郡,伐取之,三川路乃通。"可见,宜阳为战略要地。

二、一度攻取韩之武遂

在取得韩宜阳之后,秦军又渡河攻取了韩的武遂。《史记》卷五《秦本纪》:

(秦武王)四年拔宜阳,斩首六万。涉河,城武遂。

又,《史记》卷一五《六国年表》:

(秦武王)四年,拔宜阳城,斩首六万,涉河,城武遂。

武遂,在今山西垣曲县东南(参见图16)。① 杨宽先生认为:武遂正当宜阳以北,为韩南北重要通道上之关塞,从武遂南下渡河可通大县宜阳,北上可直达韩之旧都平阳。《史记》卷四〇《楚世家》载,是时楚臣昭雎见楚怀王曰:"秦破韩宜阳,而韩犹复事秦者,以先王墓在平阳,而秦之武遂去之七十里,以故尤畏秦。"可见,武遂为战略要地。

---

① 杨宽《战国史料编年辑证》:"武遂在今山西垣曲县东南,黄河以北,正当宜阳以北,为韩重要之关塞,并有重要之通道,南下渡河可通大县宜阳,北上可直达韩之旧都平阳(今山西临汾市西南)。'隧'常用以指山岭、河流上以及地面下穿凿之通道,武遂即利用黄河与山岭穿凿而成,用以贯通韩南北之通道。《秦本纪》与《六国表》皆谓秦拔韩宜阳之后,即渡河占有武遂而筑城防守,绝断韩贯通南北之通道,以此作为威胁要挟韩国屈服之手段。《楚世家》载是时楚臣昭雎见楚怀王曰:'秦破韩宜阳,而韩犹复事秦者,以先王墓在平阳,而秦之武遂去之七十里,以故尤畏秦。'又曰:'韩已得武遂于秦,以河山为塞,所报德莫如楚厚,臣以为其事王必疾。'武遂为利用河山之天险穿凿而成之通道,故昭雎谓韩得归武遂,'以河山为塞'。由武遂北上可直达平阳,其实不止七十里,共有二百里,《韩世家》《六国表》皆谓韩釐王六年与秦武遂地二百里,即指此而言。《楚世家·正义》谓武遂近平阳,不确。《读史方舆纪要》谓武遂在平阳西七十里,非是。《韩世家·正义》又谓武遂为宜阳近地,亦无当。由武遂渡河南下至宜阳,亦有百里之遥。秦尝两次占有武遂而复归武遂,以此为要挟韩屈从之手段,韩襄王十六年孟尝君合纵,齐合韩、魏之师攻秦入函谷关,迫使秦求和,秦即以河外及武遂归还韩,又以河外及封陵归还魏,盖武遂与封陵为韩、魏防守之要地。"《中国历史地图集》战国"韩魏图":武遂在今山西垣曲县东南。

三、一度攻取楚黔中地

秦武王三年(前308),即周赧王七年,秦司马错可能一度取楚黔中地。《华阳国志》卷三《蜀志》:

> (周赧王)七年,封公子恽为蜀侯,司马错率巴、蜀众十万,大舶船(张本"船"作"舡")米六百万斛,浮江伐楚,取商於之地,为黔中郡。

又,《华阳国志》卷一《巴志》:

> 司马错自巴涪水,取楚商於地,为黔中郡。

又,《华阳国志》卷一《巴志》:

> 涪陵郡,巴之南鄙。从枳南入,折丹涪水("折",廖本作"析",《太平寰宇记》引作"沂",他本多作"折"),本与楚商於之地接。秦将司马错由之取楚商於地,为黔中郡。

又,《水经·江水注》:

> 《华阳记》曰:枳县在江州巴郡东四百里,治涪陵水会……其水南导武陵郡。昔司马错拆舟此水,取楚黔中地。

关于此处的商於之地,非陕南之商於之地,而是楚黔中郡(参见图19)。杨宽先生认为,在今湖南省西部及贵州省东北部。① 不过,楚后来又收复了黔中郡,直到秦昭襄王三十年(前277),秦才最终取得楚黔中郡。

四、武王时期疆域变迁小结

综上所述,在秦武王在位的四年间,秦攻取了韩之宜阳和武遂,并可能一度攻取了楚之黔中郡。这一时期,现存文献不见秦失地之记载。武王有力好戏,力士任鄙、乌获、孟说皆至大官。王与孟说举鼎,绝膑而死。②

---

① 杨宽《战国史料编年辑证》:是年秦遣司马错率水师十万,乘船由巴伐楚,从枳南入,攻取楚商於之地,即楚黔中地,在今湖南省西部及贵州省东北部,枳在今四川涪陵,涪陵水即今乌江。所谓"其水南导武陵郡",指其水东南流向湖南省西部。任乃强《华阳国志校补图注》谓:"商於地为楚盐商行盐所至之地,如鳖与且兰、毋敛、平夷、朱提、僰道等民族部落之地。"皆为推测之辞,并无确据。鳖在今贵州遵义,且兰在今贵州黄平附近,平夷在贵州西部毕节附近,朱提在今云南昭通,僰道在今四川宜宾,皆非此时楚之势力所能及。

② 《史记》卷五《秦本纪》。

第八节　秦文化遗存反映的战国中期之秦疆域

迄今为止,在甘肃天水、陇南、平凉地区,陕西宝鸡、咸阳、西安、铜川、渭南地区、四川广元、内蒙古鄂尔多斯这十个地区发现了战国中期的秦文化遗存。在一定程度上,这些遗存的地理分布反映了战国中期之秦疆域。下面我们对这些秦文化遗存的具体地域分布及相关情况做一简要叙述。

一、甘肃天水地区

天水地区发现的甘谷毛家坪遗址、天水董家坪遗址均有战国中期的秦文化遗存。这两个遗址的具体分布地域及相关情况已经在前文《秦文化遗存反映的西周及其以前的秦人活动地域》一节中做了叙述,这里不再重复。

二、甘肃陇南地区

陇南地区发现的礼县西山遗址有战国中期的秦文化遗存。另外,2004年早期秦文化联合课题组对西汉水上游东起天水市天水乡,西至礼县江口乡约60余公里的干流两岸及其支流红河、永坪河、燕子河等河流两岸调查发现的包含周秦文化的38处遗址中,可能也有战国中期的秦文化遗存。西汉水上游调查发现的38处周秦文化遗址及礼县西山秦文化遗址已经在前文《秦文化遗存反映的西周及其以前的秦人活动地域》一节中做了叙述,这里不再重复。

三、甘肃平凉地区

平凉地区发现的甘肃灵台县洞山东周墓群有战国中期的秦文化遗存。洞山东周墓群已经在《秦文化遗存反映的春秋早期之秦疆域》一节中做了叙述。这里需要补充的是,滕铭予认为,灵台洞山M7的年代为战国中期。①

---

① 详参滕铭予《秦文化:从封国到帝国的考古学观察》附表二"长陇地区墓葬统计表"。

四、陕西宝鸡地区

宝鸡地区发现的陇县店子秦墓、陇县韦家庄秦墓、宝鸡斗鸡台秦墓、阳平秦家沟秦墓、凤翔邓家崖秦墓、凤翔西沟道秦墓、凤翔八旗屯秦国墓葬、凤翔高庄秦墓、凤翔西村秦墓和凤翔雍山血池秦汉祭祀遗址、秦国都城雍城遗址、凤翔秦公陵园遗址、凤县双石铺秦墓、宝鸡晁峪东周秦墓、宝鸡郭家崖秦国墓地和凤翔六道村战国秦墓均有战国中期的秦文化遗存。陇县店子秦墓、凤翔八旗屯秦国墓葬和宝鸡晁峪东周秦墓遗址的情况已经在《秦文化遗存反映的春秋早期之秦疆域》一节中做了叙述,阳平秦家沟秦墓、凤翔秦国都城雍城遗址和凤翔秦公陵园遗址已经在《秦文化遗存反映的春秋中期之秦疆域》一节中做了叙述。陇县韦家庄秦墓、凤翔高庄秦墓、凤翔八旗屯西沟道秦墓、凤翔邓家崖秦墓已经在《秦文化遗存反映的春秋晚期之秦疆域》一节中做了叙述。凤翔南指挥乡西村秦墓、扶风县飞凤山秦墓、宝鸡郭家崖秦国墓地和凤翔雍山血池秦汉祭祀遗址的地理分布及其相关情况已经在《秦文化遗存反映的战国早期之秦疆域》做了介绍。下面我们仅把宝鸡斗鸡台遗址、凤县双石铺秦墓和凤翔六道村战国秦墓的地理分布及其相关情况做一简要介绍。

(一)宝鸡斗鸡台秦墓

宝鸡斗鸡台(参见图10),在宝鸡市东约7公里处,北依渭北平原,南临渭河。1934年4月26日,由中华民国北平研究院史学研究会和陕西省政府联合组建的考古会,在徐炳昶、苏秉琦等考古学家的带领下,开始对宝鸡斗鸡台墓地进行考古发掘。在三次较大规模的发掘中,以沟东区的发掘成果最为显著,共发现墓地104座,并出土了大量珍贵文物。① 滕铭予认为,宝鸡斗鸡台N2、H16的年代为战国中期,K10、H7、C4、A3、12、13的年代为战国晚期至秦代。②

(二)凤县双石铺秦墓

1984年12月,凤县双石铺二中在建校舍时发现一座墓葬(参见图10),这座墓从墓葬的形制、葬式及出土的器物来看,均与历年来宝鸡地区发掘的秦人小墓

---

① 苏秉琦:《斗鸡台沟东区墓葬》,《苏秉琦考古学论述选集》,文物出版社,1984年。
② 详参滕铭予《秦文化:从封国到帝国的考古学观察》附表三"宝鸡地区墓葬统计表"。

大体相同,皆是长方形土坑竖穴墓,仰身屈肢葬。该墓葬当为战国时期的秦墓。① 杨亚长认为此墓为战国中晚期的秦墓。②

(三)凤翔六道村战国秦墓

六道村秦墓位于凤翔县城东南的六道村,纸坊河东岸二级阶地上,东距纸(坊)郭(店)乡级公路约500米,北距纸坊街约2公里(参见图10)。发掘23座秦墓,年代为战国中期晚段到战国晚期。③

五、陕西咸阳地区

咸阳地区发现的咸阳任家嘴秦墓、咸阳黄家沟秦墓、乾县夹道村秦墓、西北林学院秦墓和秦都城咸阳遗址均有战国中期的秦文化遗存。咸阳任家嘴秦墓已经在前文《秦文化遗存反映的春秋中期之秦疆域》做了介绍,乾县夹道村秦墓已经在前文《秦文化遗存反映的战国早期之秦疆域》做了介绍,这里不再重复。

(一)咸阳黄家沟秦墓

黄家沟墓葬区(参见图11)位于咸阳市东北15公里,东起窑店公社毛王村,西至石桥公社摆旗寨。东西长4公里、南北宽3公里。墓葬分布密集。1975年初平整土地,许多墓葬暴露出来,秦都咸阳考古队随即清理了32座,1975年秋和1977年春又清理了50座。除M17和M38为唐墓外,其余均为战国中期至秦代的秦墓。④

(二)西北林学院秦墓

1984年至1986年,咸阳市文管会配合西北林学院(参见图11)基建施工清理古墓、抢救文物。1984年4月,西北林学院在校门基建钻探处理丙型二号楼基时,发现了古墓葬。咸阳市文管会清理古墓22座。其中秦墓17座,唐墓3座,宋墓2座。17座秦墓的年代为战国晚期。⑤ 在继丙型二号住宅楼清理工作

---

① 刘宝爱、胡智仁:《凤县双石铺发现一座秦墓》,《文博》1991年第6期。

② 杨亚长:《略论陕南地区的战国墓葬》,《考古与文物》1997年第4期。

③ 陕西省考古研究院、宝鸡市考古研究所:《凤翔六道村战国秦墓发掘简报》,《文博》2013年第2期。

④ 详参秦都咸阳考古队:《咸阳市黄家沟战国墓发掘简报》,《考古与文物》1982年第6期。

⑤ 咸阳市文管会:《西北林学院古墓清理简报》,《考古与文物》1992年第3期。

之后,又清理了土浸室、3 号学生楼、托儿所几处地基,清理古墓 30 座。这三处清理的 30 座古墓中,战国中、晚期秦国墓 20 座。①

2004 年 6 月,在位于陕西省武功县的西北农林科技大学南校区学生食堂建筑工地钻探出一批古代墓葬,墓葬以战国秦墓为主,有少量汉唐墓葬。西北农林科技大学南校区(原西北林学院)邻近古邰国遗址和杜家坡遗址,是该地区古代主要墓葬区。此次共发掘战国秦墓 66 座,大体时代应为战国中晚期。②

(三)秦都城咸阳遗址

秦咸阳城遗址(参见图 11)的考古工作已开展四十多年,郭城城墙还未发现,但是已经发现战国时代中晚期和秦代大量宫殿建筑基址、手工业作坊遗址、居址和墓地。结合历史文献记载与两千年来渭水的北移,根据考古发现相关遗存,推断秦咸阳城遗址范围西起今长陵车站附近,东至柏家嘴村,北由成国渠故道,南到西安市草滩农场附近(即秦代渭河北岸,汉长安城遗址北约 3270 米附近),东西约 7200 米、南北约 6700 米。在秦咸阳城遗址范围内考古勘探发现的宫殿建筑遗址,以咸阳塬上今聂家沟至姬家沟之间的遗址最为密集,宫殿建筑遗址群周围发现墙垣遗存,推断这里应为秦咸阳宫遗址。③

六、陕西西安地区

西安地区发现的蓝田泄湖战国墓、长安客省庄秦墓、西安南郊秦墓、西安半坡秦墓、西安南郊曹家堡战国墓、栎阳城遗址和高陵县益尔公司秦墓均有战国中期的秦文化遗存。长安客省庄秦墓的情况已经在前文《秦文化遗存反映的春秋早期之秦疆域》一节中做了介绍;西安南郊秦墓遗址和高陵县益尔公司秦墓的情况已经在前文《秦文化遗存反映的春秋晚期之秦疆域》一节中做了介绍,西安半坡秦墓的情况已经在前文《秦文化遗存反映的战国早期之秦疆域》一节中做了介绍,这里不再重复。

---

① 详参高忠玉、赵彩秀:《西北林学院基建中发现的古墓葬》,《文博》1996 年第 5 期。
② 陕西省考古研究所:《西北农林科大战国秦墓发掘简报》,《考古与文物》2006 年第 5 期。
③ 《中国考古学·秦汉卷》,中国社会科学出版社,2010 年。

（一）蓝田泄湖战国墓

泄湖遗址位于西安市蓝田县泄湖镇东北黄土断崖上（参见图11）。遗址东南距蓝田县城10公里，西北至西安市约30多公里。地处西安经蓝田通往商洛地区的公路旁，交通十分方便。该遗址面积大、堆积厚，是一处从新石器时期到战国时期的多层次堆积的遗址。1957年由秦都咸阳考古队首先调查发现。1986年春季，秦都咸阳考古队在渭水流域调查以庙底沟类型为特征的新石器时期文化遗址时再一次复查了该遗址。同年秋季和次年春季，秦都咸阳考古队在此进行了试掘，在遗址上部地层中发现十余座战国时期的中小型陶器墓。其中四座墓葬的情况保存较好。这批墓葬的年代，根据墓葬形制和出土器物可初步定为战国中晚期。[1]

（二）西安南郊曹家堡战国墓

2013年5月，西安市文物保护考古研究院在西安市南郊曹家堡村南发掘清理了9座古墓葬（参见图11）。这批墓葬出土于曹家堡村南，东距下杜城村约1500米。根据墓葬形制及出土陶鬲特征来看，M8年代较晚，应为战国晚期至汉初墓葬，其余8座应为战国中期墓葬。[2]

（三）栎阳城遗址

按《史记》卷五《秦本纪》的记载，秦献公二年（前383），秦"城栎阳"。秦栎阳城址位于陕西西安阎良区（参见图11），石川河流经古城北部和东部。栎阳古城为一处东西长约2500米，南北宽约1600米的长方形城址。经勘探，仅发现南墙和西墙。[3]

七、陕西铜川地区

铜川地区发现的铜川枣庙秦墓、耀县城东秦墓均有战国中期的秦文化遗存。铜川枣庙秦墓的情况已经在《秦文化遗存反映的春秋中期之秦疆域》中做了介绍，这里不再重复。

---

[1] 中国社会科学院考古研究所陕西六队：《陕西蓝田泄湖战国墓发掘简报》，《考古》1988年第12期。

[2] 西安市文物保护考古研究院张小丽、刘汉兴：《西安南郊曹家堡清理九座秦墓》，《中国文物报》2013年7月19日第008版。

[3] 《中国考古学·两周卷·秦国都城》，中国社会科学出版社，2004年。

耀县城东秦墓

中国社会科学院考古所西安研究室第一工作队因配合基建,于1957年3月30日至5月8日,曾派马建熙、冉宪复二位同志在耀县城东约3华里的山腰中的一个平台上(参见图11)清理了古墓6座。其中战国墓1座,出土随葬品5件,汉墓4座,出土随葬品149件,不明年代的墓葬1座,没有随葬器物。① 滕铭予认为,耀县城东M11的年代为战国中期,M7的年代为战国晚期,M4、M8的年代为秦代。②

八、陕西渭南地区

渭南地区发现的华县东阳秦墓、大荔朝邑战国墓葬、富平战国秦墓和渭南阳郭庙湾战国秦墓均有战国中期的秦文化遗存。华县东阳秦墓已经在《秦文化遗存反映的春秋中期之秦疆域》做了介绍,大荔朝邑战国墓葬已经在《秦文化遗存反映的战国早期之秦疆域》中做了介绍,这里不再重复。

(一)富平战国秦墓

1998年月11月,陕西省富平县水工队在温泉引水工程工地发现一座战国秦墓。该墓位于富平县城关乡迤山村四社北约100米的公路北侧(参见图11),为长方形竖穴式土坑墓。墓口用木板封盖,反映了战国中期秦墓木椁室退化的时代特征。该墓所处地理位置为祖泉河北岸高塬地带,地势较为平坦。在该墓东、西、北约2公里的范围内相继有战国墓被发现,可以推断该地为战国秦人的一个重要墓地。③

(二)渭南阳郭庙湾战国秦墓

渭南阳郭庙湾战国秦墓位于关中环线干道K169附近的庙湾村(参见图11),西北距渭南城中心约25公里,其西有渭(南)蓝(田)公路自北向南穿过。2006年11月至12月,钻探共发现古墓葬1000余座,其中秦墓32座。据发掘简报,这批秦墓的年代为战国中、晚期。④

---

① 马建熙:《陕西耀县战国、西汉墓葬清理简报》,《考古》1959年第3期。
② 详参滕铭予《秦文化:从封国到帝国的考古学观察》附表五"铜川地区墓葬统计表"。
③ 陕西省富平县文物局井增利:《富平新发现一座战国秦墓》,《考古与文物》2001年第1期。
④ 陕西省考古研究院、渭南市考古研究所:《陕西渭南阳郭庙湾战国秦墓发掘简报》,《文博》2011年第5期。

九、四川广元地区

在四川广元地区地区发现的战国中期的秦文化遗存仅有青川县郝家坪村战国墓。

四川青川县郝家坪村战国墓

青川县在川北白龙江下游,地当川、甘、陕三省交界处。1979年1月,青川县城郊公社白井坝生产队社员在郝家坪修建房屋时,发现一座古墓。四川省博物馆和青川县文化馆随即进行清理。随后,又在郝家坪双坟梁发现100座战国墓(参见图20)。自1979年2月至1980年7月,先后做了三次发掘,共清理墓葬72座,编号为M1至M72。青川墓群为秦人墓葬,早期墓葬年代为战国中期,晚期相当于战国晚期。①

十、内蒙古鄂尔多斯地区

在内蒙古鄂尔多斯地区的秦汉广衍故城及其附近墓地发现了战国中期的秦文化遗存。

秦汉广衍故城及其附近墓地

1975—1976年,内蒙古语文历史研究所在准格尔旗进行考古调查时,发现并调查了秦汉广衍故城。这座古城,位于准格尔旗勿尔图沟注入特牛川(窟野河上游支流)的南岸台地上(参见图37),依山面水,形势险要。广衍县城从战国秦惠文王十年(前328)"魏纳上郡十五县"属秦,一直到秦亡,秦在此统治了一百二十余年。秦汉广衍故城附近的墓地共发现5处,即八垧地梁、壕赖梁、杨家塔、上塔、古圪旦。发掘其中墓葬18座。通过发掘,确认了一批秦墓,其中包括汉王朝统治下的秦人墓。发掘的18座墓葬可划分为五期,从战国中晚期一直延续到西汉中期。②

---

① 四川省博物馆等:《青川县出土秦更修田律木牍——四川青川县战国墓发掘简报》,《文物》1982年第1期。

② 内蒙古语文历史研究所崔璿:《秦汉广衍故城及其附近的墓葬》,《文物》1977年第5期;崔璿:《内蒙古发现的秦文化遗存》,《内蒙古社会科学》1984年第6期;《中国考古学·秦汉卷》之内蒙古的秦代墓,中国社会科学出版社,2010年。

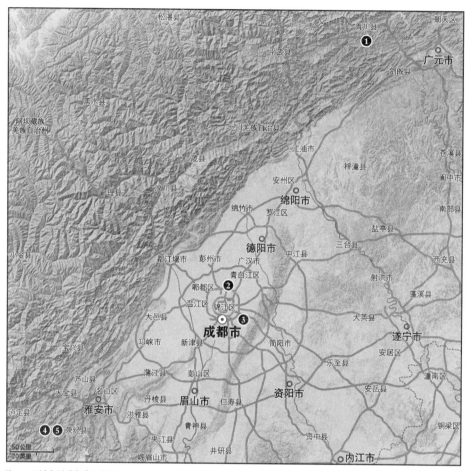

注：1.四川青川县郝家坪村战国墓；2.成都新都清镇村秦墓；3.成都龙泉驿北干道木椁墓群；4.荥经古城坪秦汉墓葬；5.荥经曾家沟战国墓群

图20 广元、成都、雅安地区秦文化遗址分布图

十一、小结

综上所述，目前已经发现的战国中期的秦文化遗存分布范围西到甘肃甘谷、礼县，东到陕西华县和渭南市区，北到甘肃灵台、陕西的铜川和耀县、内蒙古准格尔旗，南到陕西凤县、四川青川。这比文献记载之秦在战国中期的疆域范围要小很多。

第七章 战国晚期的秦疆域变迁

按前述战国时代早中晚三期之分期标准,战国晚期大致相当于秦昭襄王至秦始皇统一六国。据此,本章考察昭襄王至始皇帝二十六年(前221)时期秦之疆域变迁。

第一节 昭襄王时期所得诸国之地

武王娶魏女为后,无子。武王卒,立异母弟,是为昭襄王,昭襄王享国长达五十六年。① 我们分两节考察昭襄王时期的疆域变迁,本节考察昭襄王时期所得诸国之地。

一、攻取的韩地

(一)复取韩武遂

秦昭襄王即位时年少,母宣太后自治,太后任异父长弟魏冉为政。② 宣太后是楚人,秦楚又开始和好。《史记》卷四〇《楚世家》:"秦昭王初立,乃厚赂于楚。楚往迎妇。二十五年,怀王入与秦昭王盟,约于黄棘。秦复与楚上庸。二十六

---

① 《史记》卷五《秦本纪》。
② 《史记》卷七二《穰侯列传》:"秦武王卒,无子,立其弟为昭王。昭王母故号为芈八子,及昭王即位,芈八子号为宣太后。宣太后非武王母。武王母号曰惠文后,先武王死。宣太后二弟:其异父长弟曰穰侯,姓魏氏,名冉。同父弟曰芈戎,为华阳君。而昭王同母弟曰高陵君、泾阳君。而魏冉最贤,自惠王、武王时任职用事。武王卒,诸弟争立,唯魏冉力为能立昭王。昭王即位,以冉为将军,卫咸阳。诛季君之乱,而逐武王后出之魏,昭王诸兄弟不善者皆灭之,威振秦国。昭王少,宣太后自治,任魏冉为政。"

年,齐、韩、魏为楚负其从亲而合于秦,三国共伐楚。楚使太子入质于秦而请救。秦乃遣客卿通将兵救楚,三国引兵去。"于是,在秦昭襄王四年(前303),即韩襄王九年,秦乘势攻取了魏蒲阪、晋阳、封陵①,复取韩武遂。《史记》卷四五《韩世家》:

  (韩襄王)九年,秦复取我武遂。

又,《史记》卷一五《六国年表》

  (韩襄王)九年,秦取武遂。

武遂,在今山西垣曲东南(参见图16)。② 如前所述,武遂为战略要地,秦武王时,秦曾涉河取韩武遂,秦昭襄王元年(前306),秦复与韩武遂③,此时秦又取之。

(二) 取韩穰

秦昭襄王六年(前301),齐、韩、魏三国又共攻楚方城(参见图21)。双方夹沘水(参见图21)而军,相持六月。最终,在垂沙大败楚军,杀楚将唐蔑,这就是齐、韩、魏三国联合共攻楚的垂沙之战。④ 垂沙,在今河南唐河西南(参见图21),临沘水。⑤ 垂沙之战对楚国的打击甚为惨重。不仅楚宛、叶以北之地为韩、魏取得⑥,

---

① 参见本节"攻取的魏地"。
② 参见第153页注①。
③ 参见本章第二节《昭襄王时期的失地》。
④ 《吕氏春秋·处方》:"齐令章子将而与韩、魏攻荆(按:章子即匡章),荆令唐蔑将而拒之。军相当六月而不战……与荆人夹沘水而军……因练卒以夜奄荆人所盛守,果杀唐蔑。"又,《秦本纪》:"齐使章子、魏使公孙喜、韩使暴鸢共攻楚方城,取唐昧。"杨宽《战国史料编年辑证》:《秦本纪》系于昭王八年,误后二年。
⑤ 杨宽《中国历史编年辑证》:"《水经·㵽水注》引盛弘之云:'叶东界有故城,始犨县,东至瀙水,达比阳界,南北联,联数百里,号为方城,一谓之长城云。'楚方城利山脉高地,连结瀙水与沘水堤防筑城,故方城亦称连隄。陉山、垂沙,皆当为方城附近沘水旁之地名。"《中国历史地图集》战国"楚越图":垂沙,在今河南唐河西南。
⑥ 《战国策·西周策》载韩庆为西周谓薛公曰:"君以齐为韩、魏攻楚,九年取宛、叶以北,以强韩、魏。"又,《史记》卷七五《孟尝君列传》:苏代为西周谓曰:"君以齐为韩、魏攻楚九年,取宛、叶以北以强韩、魏。"《史记正义》:宛在邓州,叶在许州。二县以北旧属楚,二国共没入韩、魏。杨宽《战国史料编年辑证》:盖三国大胜楚于方城,杀楚将唐昧而取得方城以外宛、叶以北之地,齐不能占有而为韩、魏所分得。

楚太子横为质于齐①,而且楚国内部庄蹻率众起事,一度造成了楚国的四分五裂。② 垂沙之战为秦攻取韩、楚之地创造了机会。秦昭襄王六年(前301),即韩襄王十一年,秦乘齐韩魏与楚大战之机,先攻取了韩之穰。《史记》卷四五《韩世家》:

(韩襄王)十一年,秦伐我取穰。

又,《史记》卷一五《六国年表》

(韩襄王)十一年,秦取我穰。

穰,今河南邓州市(参见图21)。③

(三)攻取韩武始

由于垂沙之战对楚国的打击甚为惨重,秦在攻取了韩之穰以后,接着开始攻取楚地。④ 秦昭襄王九年(前298),当秦楚大战之际,齐孟尝君则联合韩魏发动了对秦国的进攻。⑤ 联军一直攻到了函谷,并且在函谷打败了秦军,形势对秦极

---

① 《战国策·楚策四》:"长沙(当作'垂沙')之难,楚太子横为质于齐。"又,《战国策·赵策四》:"魏败楚于陉山,禽唐明。楚王惧,令昭应奉太子以委和于薛公。"

② 《荀子·议兵》:"兵殆于垂沙,唐蔑死,庄蹻起,楚分而为三四。"《商君书·弱民篇》作"唐蔑死于垂涉,庄蹻发于内,楚分为五"。《韩诗外传》卷四第十章、《史记·礼书》同。杨宽《战国史料编年辑证》:庄蹻乘齐、韩、魏三国大败楚军于方城而杀楚大将唐蔑(即唐眛)之时,"暴郢"而使"楚分而为三四"。

③ 《汉志》:穰属南阳郡。师古曰:今邓州县是也。《汉书补注》先谦曰:楚别邑,秦得之,封公子悝为穰侯,后入韩,秦又取之,昭襄王与楚顷王会此,见《秦纪》《韩世家》。《一统志》:故城今邓州东南。《汉志汇释》周振鹤师:治今河南邓州市。《中国历史地图集》战国"楚越图":今河南邓州市。

④ 参见本节"攻取的楚地"。

⑤ 《史记》卷一五《孟尝君列传》:"秦昭王闻其贤,乃先使泾阳君为质于齐,以求见孟尝君……昭王即以孟尝君为秦相。人或说秦昭王曰:'孟尝君贤,而又齐族也,今相秦,必先齐而后秦,秦其危矣。'于是秦昭王乃止。囚孟尝君,谋欲杀之……孟尝君怨秦,将以齐为韩、魏攻楚,因与韩、魏攻秦,而借兵食于西周。"

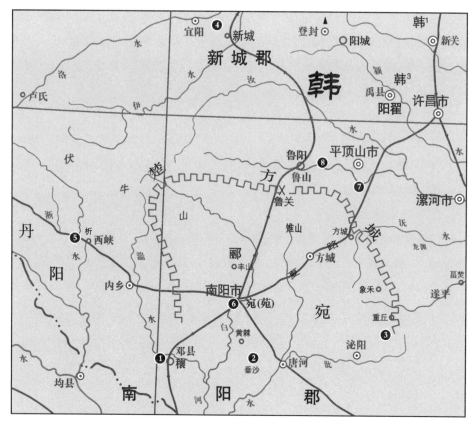

注：1.穰；2.垂沙；3.重丘；4.新城；5.析；6.宛；7.叶；8.应

图 21　战国时期豫西南诸地地望图

（截取自谭其骧主编《中国历史地图集》战国"楚越图"，地望标号新加）

为不利。① 在这种情况下，秦不得已割地讲和。齐孟尝君得以合纵攻秦入函谷，

---

① 《史记》卷四六《田敬仲完世家》："（齐湣王）二十六年（当作三年）齐与韩、魏共攻秦，至函谷军焉。"《六国年表》作"与魏、韩共击秦"。又，《韩世家》："（韩襄王）十四年，与齐、魏王共击秦，至函谷而军焉。"《六国年表》作"与齐、魏共击秦"。杨宽《战国史料编年辑证》：此谓"函谷"，连崤塞而言。函谷在今河南三门峡西南，崤塞在三门峡东南。又称为"崤下"，亦通称为关阪或关或郭。范雎谓秦"右陇蜀，左关阪"（《战国策·秦策三》），关阪即指此。《战国策·赵策一》所谓"崤下之事"，《战国策·赵策四》所谓"三国攻秦""齐人戎郭"，皆指此役。"戎"与"军"同义。又，《魏世家》："（魏哀王）（当作襄王）二十一年，与齐、韩共败秦军函谷。"《六国年表》作"与齐、韩共击秦于函谷"。另详参本章第二节《昭襄王时期的失地》。

在很大程度上与秦当时正全力与楚国大战有关。① 当楚地的战争结束以后,在秦昭襄王十二年(前295),秦又与楚握手言和。② 接着秦就对韩、魏展开了报复性反攻。秦昭襄王十三年(前294),攻取了韩的武始。《史记》卷五《秦本纪》:

> (秦昭襄王)十三年向寿伐韩,取武始。

此武始一说在邯郸西南③,一说在唐洛州武始县西南十里。④ 联系秦接下来继续攻取韩之新城、伊阙,似以后一说为是,但唐洛州武始县具体在今何地不详。

(四)攻取韩新城

秦昭襄王十三年(前294),秦接着攻取了韩的新城。《史记》卷五《秦本纪》:

> (秦昭襄王)十三年,左更白起攻新城。

又,《史记》卷七三《白起列传》:

> 白起者,郿人也。善用兵,事秦昭王。昭王十三年而白起为左庶长,将而击韩之新城。

又,秦简《编年记》:

> (秦昭襄王)十三年,攻伊阙。

杨宽认为,此新城建于称为龙门之伊阙以南五十里(参见图22),当时

---

① 孟尝君合纵攻秦入函谷在秦昭襄王九年,据《秦本纪》,秦昭襄王十年,秦楚大战还未结束。

② 《史记》卷五《秦本纪》:"(秦昭襄王)十二年,楼缓免,穰侯魏冉为相,予楚粟五万石。"这可能是为了在全力攻韩魏时,防止楚帮助韩魏。

③ 《读史方舆纪要》:"武始城县(即邯郸县)西南五十里。战国时韩地。秦昭襄王十三年,向寿伐韩,取武始。汉因置武始县,属魏郡。武帝封赵敬肃王子昌为侯邑。后汉省。《汉志》注:武始县有拘涧水,东北至邯郸,入于白渠。"《大清一统志》卷二十一:武始故城在邯郸县西南。战国时韩地。《史记》:秦昭襄王十三年,向寿伐韩取武始即此。汉置武始县属魏郡……《括地志》,故城在邯郸县西南五十里。

④ 《史记正义·秦本纪》引《括地志》云:"武始故城在洛州武始县西南十里。"《读史方舆纪要》:"洛州汉河南郡。北齐曰洛州。隋、唐因之。开元初,曰河南府,领河南等县二十六。即今河南府。"但此洛州武始县在今何地不详。

168　帝国的形成与崩溃——秦疆域变迁史稿

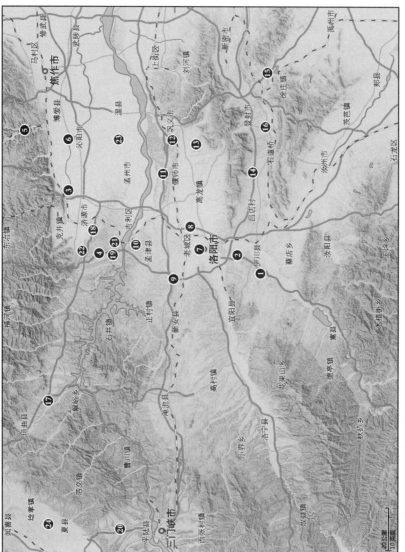

图22　战国时期晋西南、豫北、豫西诸地地望图

注：1.新城；2.伊阙；3.少曲；4.高平（向）；5.陉城；6.野王；7.河南；8.洛城；9.穀城；10.平阴；11.偃师；12.巩；13.缑氏；14.纶氏；15.阳城；16.负黍；17.垣；18.轵；19.邓；20.吴城；21.河雍；22.河邕；23.曲阳；24.安邑

亦可统称为伊阙。①

(五)伊阙大战与拔韩五城

秦昭襄王十四年(前293),魏佐韩攻秦,白起大败韩、魏、周之师于伊阙,斩首二十四万,拔五城。《史记》卷四四《魏世家》:

> (魏昭王)三年佐韩攻秦。秦将白起败我军伊阙二十四万。

又,《史记》卷四五《韩世家》:

> (韩)釐王三年,使公孙喜率周、魏攻秦,秦败我二十四万,虏喜伊阙。②

又,《史记》卷五《秦本纪》:

> (秦昭襄王)十四年,左更白起攻韩、魏于伊阙,斩首二十四万,虏公孙喜,拔五城。③

又,《史记》卷七二《穰侯列传》:

> (秦)昭襄王十四年,魏冉举白起,使代向寿将而攻韩、魏,败之伊

---

① 杨宽《战国史料编年辑证》:《秦本纪》言昭王十三年白起攻新城,十四年攻韩、魏于伊阙,《白起列传》大略相同。《秦本纪·正义》引《括地志》云:"洛州伊阙县本汉新城县,隋文帝改为伊阙,在洛州南七十里。"《高祖本纪》"新城三老"《正义》引《括地志》云:"洛州伊阙县在州南七十里,本汉新城县也。隋文帝改新城为伊阙,取伊阙山为名。"《秦本纪·正义》引《括地志》云:"伊阙在洛州南十九里。"又引《水经注》云:"当大禹疏龙门以通水,两山相对,望之若阙,伊水历其间,故谓之伊阙。"并谓"今洛南犹谓之龙门也"。《白起列传》"攻韩、魏于伊阙",《正义》亦云:"今洛州南十九里伊阙山号曰龙门是也。"据此可知伊阙在洛州南十九里,新城则在洛州南七十里。秦简《编年记》记昭襄王"十三年攻伊阙","十四年伊阙","伊阙"下当脱"陷"字。盖新城为韩新建之城,用以防守与保卫伊阙之要害者,故此新城,既名新城,亦可统称为伊阙。白起于昭王十三年所攻者为新城,《编年记》统称为攻伊阙,白起于十四年又大破韩、魏于伊阙。是役相战两年,白起先攻克韩之新城,继而韩得魏之助,退守伊阙,白起又大破之。《吕氏春秋》记"韩氏城新城"事,当在白起攻新城之前,因军情紧急,限期十五日而成。此一新城建于称为龙门之伊阙以南五十里,当时亦可统称为伊阙。此新城与楚之新城不同,楚之新城更在其西南约五十里,在今伊川县西南。

② 《史记》卷一五《六国年表》作"秦败我伊阙二十四乃,虏将喜"。

③ 《史记》卷一五《六国年表》作"白起击伊阙,斩首二十四万"。

阙,斩首二十四万,虏魏将公孙喜。①

伊阙,今洛阳市东南(参见图 22)。②《读史方舆纪要》引宋祁曰:"伊阙,洛阳南面之险也。自汝、颍北出,必道伊阙,其间山谷相连,阻厄可恃。"是役白起大败韩、魏、周之师于伊阙,斩首二十四万,拔五城。五城具体名称不详,可能为伊阙周围的韩之五城。

(六)涉河取韩安邑以东至乾河

伊阙大战,秦斩首韩、魏士卒二十四万,使韩魏遭受重创。于是,在伊阙大战后,秦又乘胜渡河北上攻取韩魏之地。秦昭襄王十四年(前293),白起涉河取韩安邑以东至乾河之地。《史记》卷七三《白起王翦列传》:

> 白起为左更,攻韩、魏于伊阙,斩首二十四万,又虏其将公孙喜,拔五城。起迁为国尉,涉河取韩安邑以东至乾河。

安邑,今山西夏县西北(参见图 23)。③ 乾河(干河),即教水,教水在垣曲县东(参见图 23)。④

---

① 杨宽《战国史料编年辑证》:上年秦将白起攻韩,攻克韩新建用以防卫伊阙之新城。此年韩得魏之助,防守伊阙,并对秦反攻。魏、韩、东周联军之主帅为公孙喜,乃魏之大将,八年前曾统率大军与齐将匡章、韩将暴鸢共攻楚方城,大破楚军而杀楚将唐昧。伊阙为韩在中原重要之关塞,因而伊阙之战成为秦与韩、魏之决战。伊阙之战又称周南之战,《韩非子·说林下》云:"周南之战,公孙喜死焉。"《周季编略》谓是役"杀魏将犀武,虏韩将公孙喜",非是。

② 《史记正义·秦本纪》引《括地志》云:"伊阙在洛州南十九里。注《水经》云'昔大禹疏龙门以通水,两山相对,望之若阙,伊水历其间,故谓之伊阙'。"按:今洛南犹谓之龙门也。《大清一统志》卷一百六十三:伊阙关在洛阳县南二十五里。伊阙关,后汉灵帝时为河南八关之一。《中国历史地图集》战国"韩魏图":伊阙,今洛阳东南。

③ 参见第 114 页注①。

④ 《大清一统志》卷一百十八:教水在垣曲县东。《山海经》:教山,教水出焉,西流注于河,是水冬干而夏流,实惟干河。《水经注》:教水出垣县北教山,南迳辅山南,历鼓钟上峡悬洪五丈,飞流注壑,广十许步,南流历鼓钟川,分为二涧,一西北出一百六十里,今闻喜县东北谷口,故沟存焉;一水历治官城西阜,下有大泉西流注涧,与教水合伏石下,南至下峡重源双发,南至西马头山坡下,又伏流南十余里,复出谓之伏流水,入于河。《县志》:有沇水河,旧名舜清河,在县东半里许,南流入河,伏现不常,本朝康熙元年知县董尔性开,引水溉田名城东渠。《中国历史地图集》战国"韩魏图":教水即干河,在今垣曲东,韩武遂北,于武遂入黄河。

第七章 战国晚期的秦疆域变迁 171

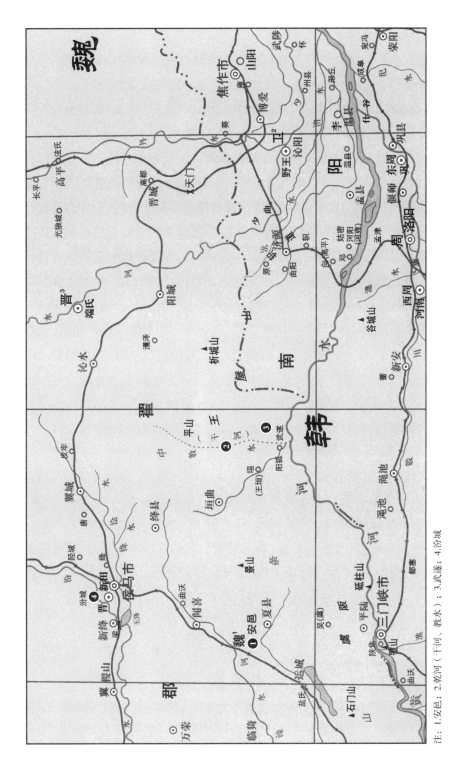

图 2.3 战国时期安邑、乾河、武遂、汾城地望图
(底图取自谭其骧主编《中国历史地图集》战国"韩魏图",地望标号新加)

注：1.安邑；2.乾河（干河、教水）；3.武遂；4.汾城

(七)韩献给秦武遂地二百里

秦昭襄王十七年(前290),即韩釐王六年,韩与秦武遂地二百里。《史记》卷四五《韩世家》:

> (韩釐王)六年,与秦武遂地二百里。

又,《史记》卷一五《六国年表》:

> (韩釐王)六年,与秦武遂地方二百里。

武遂,在今山西垣曲东南(参见图23)。① 杨宽先生认为:武遂之"遂"当读作"隧",武遂是穿凿山岭地带而成,用以贯通韩国黄河南北两区,并具有关塞的性质。由此北上可以直达韩的故都平阳(今山西临汾西南),南下渡黄河可以直达韩的大县宜阳。韩釐王六年"与秦武遂地二百里",就是被迫将这条二百里的交通要道全部给秦。②

(八)拔韩宛

伊阙大战后,秦不仅渡河北上攻取了韩、魏在河东和河内的大片领土,还乘胜南下攻取韩、楚之地。秦昭襄王十六年(前291),即韩釐王五年,拔韩宛。秦简《编年记》:

> (秦昭襄王)十六年,攻宛。

又,《史记》卷四五《韩世家》:

> (韩釐王)五年,秦拔我宛。③

又,《史记》卷五《秦本纪》:

> (秦昭襄王)十六年,左更错取轵及邓。冉免。封公子市宛,公子悝邓,魏冉陶,为诸侯。

宛,即今河南南阳市(参见图21)。④ 如前所述,垂沙之战对楚国的打击甚为

---

① 参见第153页注①。
② 杨宽《战国史料编年辑证》。
③ 《史记》卷一五《六国年表》亦作"秦拔我宛城"。
④ 《汉志》:宛属南阳郡。《汉书补注》先谦曰:春秋战国楚地。百里奚亡秦走此,见《秦纪》。秦昭王攻楚取之,又入韩,秦拔之,以封公子市,楚顷襄王与秦会此,见《秦纪》、楚、韩《世家》。《中国历史地图集》战国"楚越图":即今河南南阳市。

惨重,楚宛、叶以北之地为韩、魏所取得。① 此时之宛当属韩楚两国,所以有攻楚取宛,和攻韩取宛之记载。

(九)取韩少曲、高平

秦在昭襄王十七年(前290)取得韩武遂地方二百里以后,约有二十五年的时间,现存文献不见秦攻取韩地的记载,直到秦昭襄王四十二年(公元前265年),秦又开始攻取韩地。这与魏人范雎入秦,向秦昭襄王献"远交近攻"之策有关。约于秦昭襄王二十六年(前281),秦趁五国破齐之机,取得了极为富庶的陶及其周围地区②,这是秦相魏冉久已想要取得的,后来就成为他的封邑。秦昭襄王三十六年(前271),秦又谋伐齐,以广其陶邑。次年,秦取得了齐之刚、寿。③ 秦昭襄王三十八年(前269)④,因为赵不履行交换城邑的协议⑤,秦国派了中更胡阳(一作胡易,或作胡伤)越过韩的上党,向赵的险要地区阏与进攻,结果被赵

---

① 《战国策·西周策》载韩庆为西周谓薛公曰:"君以齐为韩、魏攻楚,九年取宛、叶以北,以强韩、魏。"又,《孟尝君列传》记苏代为西周谓孟尝君,亦有相同之说辞。《孟尝君列传》:苏代为西周谓曰:(《索隐》《战国策》作"韩庆为西周谓薛公")"君以齐为韩、魏攻楚九年,取宛、叶以北以强韩、魏(《正义》宛在邓州,叶在许州。二县以北旧属楚,二国共没入韩、魏)。"杨宽《战国史料编年辑证》:盖三国大胜楚于方城,杀楚将唐昧而取得方城以外,宛、叶以北之地,齐不能占有而为韩、魏所分得。

② 参见本节"攻取的齐地"。

③ 参见本节"攻取的齐地"。

④ 杨宽《战国史料编年辑证》:赵破秦于阏与,《赵世家》《六国表》《廉颇蔺相如列传》均列于赵惠文王二十九年,即秦昭襄三十七年,惟《秦本纪》在昭王三十八年。考秦简《编年记》亦在三十八年,当以《秦本纪》为是。《资治通鉴》记赵奢大败秦师于阏与于周赧王四十五年即秦昭王三十七年,又记秦胡伤攻赵阏与不拔于次年,误分一事于两年。《大事记》《战国纪年》《周季编略》皆沿其误。

⑤ 《战国策·赵策三》:秦攻赵蔺、离石、祁,拔,赵以公子郚为质于秦,而请内焦、黎、牛狐之城,以易蔺、离石、祁于秦("秦"原作"赵",从鲍本改)。赵背秦,不予焦、黎、牛狐。秦王怒,令公子缯请地。赵王乃令郑朱对曰:"夫蔺、离石、祁之地,旷远于赵,而近于大国。有先王之明与先臣之力,故能有之。今寡人不逮,其社稷之不能恤,安能收恤蔺、离石、祁乎?寡人有不令之臣,实为此事也,非寡人之所敢知。"卒倍秦。杨宽《战国史料编年辑证》:秦攻取赵蔺、离石、祁,事当秦昭王三十五、三十六年,即周赧王三十三、三十四年,在秦使胡伤攻阏与之前十二、十三年。据《赵策》文,秦使胡伤攻赵阏与,由于赵请纳焦、黎、牛狐三城换取蔺、离石、祁三邑,失约背秦。盖秦攻拔蔺、离石、祁三邑在十二、十三年之前,而赵请纳三城以易蔺、离石、祁三邑则当为不久之事。

大败。① 魏冉攻取齐的刚、寿,"以广其陶邑",进一步壮大自己的势力与秦越韩上党攻赵阏与大败,这两件事为魏人范雎成功游说昭襄王提供了条件。范雎在得到秦昭襄王召见后,严厉抨击魏冉越过韩、魏攻齐取刚、寿的行为。《史记·穰侯列传》:"魏人范雎自谓张禄先生,讥穰侯之伐齐,乃越三晋以攻齐也,以此时奸说秦昭王。昭王于是用范雎。"范雎提出了"远交近攻"策略,认为这样才能巩固所攻取的土地,所谓"得寸则王之寸,得尺亦王之尺"。② 于是秦昭襄王听从客卿范雎计谋,专注于攻取与秦接壤的地区。范雎以韩为秦心腹之患,"秦、韩之地形相错如绣,秦之有韩,若木之有蠹,人之病心腹",其远交近攻策略之重点即在攻韩,因而在"邢丘拔而魏请附"以后③,即向昭襄王献计,请举兵攻韩。④ 秦昭襄王四十二年(前265),秦伐韩取其少曲、高平。秦简《编年记》:

---

① 秦简《编年记》:(秦昭襄王)卅八年阏与。又,《秦本纪》:(秦昭襄王)三十八年,中更胡伤攻赵阏与,不能取。又,《赵世家》:[赵惠文王]二十九年(当作三十年)秦、韩相攻,而围阏与,赵使赵奢将,击秦,大破秦军阏与下,赐号为马服君。又,《六国年表》:赵惠文王二十九年(当作三十年),秦拔我阏与("拔"当作"攻"),赵奢将击秦,大败之,赐号曰马服。

② 《史记》卷七九《范雎蔡泽列传》:(范雎)因进曰:"夫穰侯越韩、魏而攻齐纲、寿,非计也。少出师则不足以伤齐,多出师则害于秦。臣意王之计,欲少出师而悉韩、魏之兵也,则不义矣。今见与国之不亲也,越人之国而攻,可乎? 其于计疏矣。且昔齐湣王南攻楚,破军杀将,再辟地千里,而齐尺寸之地无得焉者,岂不欲得地哉,形势不能有也。诸侯见齐之罢獘,君臣之不和也,兴兵而伐齐,大破之。士辱兵顿,皆咎其王,曰:'谁为此计者乎?'王曰:'文子为之。'大臣作乱,文子出走。故齐所以大破者,以其伐楚而肥韩、魏也。此所谓借贼兵而赍盗粮者也。王不如远交而近攻,得寸则王之寸也,得尺亦王之尺也。今释此而远攻,不亦缪乎! 且昔者中山之国地方五百里,赵独吞之,功成名立而利附焉,天下莫之能害也。今夫韩、魏,中国之处而天下之枢也,王其欲霸,必亲中国以为天下枢,以威楚、赵。楚强则附赵,赵强则附楚,楚、赵皆附,齐必惧矣。齐惧,必卑辞重币以事秦。齐附而韩、魏因可虏也。"昭王曰:"吾欲亲魏久矣,而魏多变之国也,寡人不能亲。请问亲魏奈何?"对曰:"王卑词重币以事之;不可,则割地而赂之;不可,因举兵而伐之。"王曰:"寡人敬闻命矣。"乃拜范雎为客卿,谋兵事。卒听范雎谋,使五大夫绾伐魏,拔怀。

③ 参见本节"攻取的魏地"。

④ 《战国策·秦策三》:雎复说昭王曰:"秦、韩之地形相错如绣,秦之有韩,若木之有蠹,人之病心腹。天下有变,为秦害者莫大于韩,王不如收韩。"王曰:"寡人欲收韩,韩不听,为之奈何?"范雎曰:"举兵而攻荥阳,则成皋之路不通;北斩太行之道,则上党之兵不下,一举而攻荥阳,则其国断而为三。夫韩见亡,焉得不听? 若韩听而霸事可成也。"王曰:"善。"《史记》卷七九《范雎蔡泽列传》记载大体相同。

(秦昭襄王)卅二年,攻少曲。

又,《史记》卷七九《范雎蔡泽列传》:

范雎相秦二年,秦昭王之四十二年,东伐韩少曲、高平,拔之。

少曲,当由于在少水(即沁水)弯曲处而得名,在今河南济源东北(参见图22)①;高平,在少曲之西南,在今河南孟县西(参见图22)。② 两地正当太行山脉之西南,因而成为秦推行范雎伐韩"北断太行之道"战略必攻之起点。③

(十)攻取韩汾水旁的汾城、太行陉旁的陉城等地

秦昭襄王四十三年(前264),秦又攻取了韩汾水边的汾城、太行陉旁的陉城等地。《史记》卷七三《白起王翦列传》:

---

① 《史记索隐·苏秦列传》:地名,近宜阳也。《史记正义·苏秦列传》:在怀州河阳县西北,解在《范雎传》。《史记集解·范雎蔡泽列传》引徐广曰:"苏代曰'起少曲,一日而断大行'。"《史记索隐·范雎蔡泽列传》按:苏云'起少曲,一日而断太行',故刘氏以为盖在太行西南。杨宽《战国史料编年辑证》:少曲在少水(即沁水)弯曲处而得名,在今河南济源东北。《中国历史地图集》战国"韩魏图":少曲在今河南济源东北。

② 《史记正义》引《括地志》云:"南韩王故城在怀州河阳县西北四十里。俗谓之韩王城,非也。春秋时周桓王以与郑。《纪年》云'郑侯使辰归晋阳向,更名高平,拔之'。则少曲当与高平相近。"杨宽《战国史料编年辑证》:高平在少曲之西南,在今河南孟县西,高平原名向。《中国历史地图集》战国"韩魏图":在今河南孟县西。

③ 杨宽《战国史料编年辑证》:《范雎列传》叙范雎为相,"一饭之德必偿,睚眦之怨必报"之后,接叙伐韩少曲、高平。梁玉绳《史记志疑》论之曰:"上文方叙雎偿德报怨,便当接入报魏、齐仇一役,何得横插伐韩事。遍检《纪》《表》《世家》《列传》,亦无秦昭四十二年伐韩事。少曲虽无考,盖与高平相近,而高平为魏地,《赵世家》云反高平于魏是也。况雎相二年,乃秦昭王四十三年,昨四十二年,疑此廿三字当衍。"此说非是。据秦简《编年记》,昭王四十二年确有攻少曲之事。可知《传》所叙至确。《燕策二》第一章苏代约燕王,言"秦正告韩曰:我起乎少曲,一日而断太行",又曰:"已得宜阳、少曲"("宜阳"当是"曲阳"之误),是少曲确为韩地,因在少水(即沁水)弯曲处而得名,在今河南济源东北。高平在少曲之西南,在今河南孟县西,据古本《竹书纪年》,高平原名向,魏襄王四年韩以此地归魏。一度此地为秦攻占,秦昭王二十年苏秦、李兑约五国攻秦,秦又以此地归魏,见于《赵世家》惠文王十六年所载苏厉遗赵王书。此时又归属于韩。两地正当太行山脉之西南,《索隐》云"刘氏以为盖在太行西南",是也。因而成为秦推行范雎伐韩"北断太行之道"战略必攻之起点。范雎为相在昭王四十一年,至四十二年首尾正是"相秦二年"。范雎主张以"远交近攻"之策作为秦进行统一战争之方针,其伐韩"北断太行之道"战略,盖欲切断上党通韩都新郑之通道,从而夺取韩之上党郡大块土地。

>（秦）昭王四十三年，白起攻韩陉城，拔五城，斩首五万。①

又，《史记》卷七九《范雎蔡泽列传》：

>（秦）昭王四十三年，秦攻韩汾、陉，拔之，因城河上广武。

又，《史记》卷四五《韩世家》：

>（韩桓惠王）九年，秦拔我陉，城汾旁。②

陉城，当在太行八陉之第二陉即太行陉的旁边（参见图22）。③

汾城，当指在汾水旁所筑之城，所谓"城汾旁"，可能即汉河东郡临汾，在今山西侯马市西北（参见图23），为当时河东郡之郡治所在。④

(十一) 攻取韩南阳

秦昭襄王四十四年（前263），秦又攻韩，取其南阳之地。《史记》卷五《秦本纪》：

>（秦昭襄王）四十四年，攻韩南阳（"阳"原误作"郡"，从《六国年

---

① 又，《史记》卷五《秦本纪》："（秦昭襄王）四十三年，武安君白起攻韩拔九城，斩首五万。"另外，杨宽《战国史料编年辑证》：《白起列传》谓"白起攻韩陉城，拔五城"，疑"陉城"乃"陉、汾"之误。《范雎列传》作"秦攻韩汾、陉"，盖指汾水两岸汾城、陉城一带。《韩世家》与《六国表》言"秦拔我陉，城汾旁"，而《范雎列传》则称"因城河上广武"，《索隐》引刘氏云："此河上，盖近河之地，本属韩，今秦得而城。"此说可疑，陉城既在汾旁，因得陉城，而"城河上广武"，"河"疑"汾"之误。

② 《史记》卷一五《六国年表》同。

③ 杨宽《战国史》第八章《秦攻取韩上党和破赵于长平》："陉"原是指连山中断之处，陉城就是太行陉旁边的城邑，这是太行山脉通道的关口。《中国历史地图集》战国"韩魏图"：陉城在今山西翼城西，临近汾水。

④ 杨宽《战国史料编年辑证》：《秦本纪》言：是年"十二月益发卒军汾城旁"，《正义》引《括地志》云："临汾古城在绛州正平县东北二十五里，即古临汾县故城也，按汾城即此城也。"汾城即汉河东郡临汾，在今山西侯马市西北，为当时河东郡之郡治所在。近年江西遂川出土秦戈铭文有称"临汾守"者，可以证明。《中国历史地图集》战国"韩魏图"：汾城在今山西新绛县东北，临近汾水。

表》《白起列传》改正），取之。①

又，《史记》卷一五《六国年表》：

(秦昭襄王)四十四年，秦攻韩取南阳。

又，《史记》卷七三《白起王翦列传》：

(秦昭襄王)四十四年，白起攻南阳、太行道，绝之。

又，秦简《编年记》：

(秦昭襄王)卌四年，攻大行，□攻。

又，《史记》卷四五《韩世家》：

(韩桓惠王)十年，秦击我于太行，我上党郡守以上党郡降赵。

又，《史记》卷一五《六国年表》：

(韩桓惠王)十年，秦击我太行。

又，《战国策·韩策一》：

秦攻陉，韩使人驰南阳之地（"驰"读作"移"。移，易也）。秦已驰，又攻陉，韩因割南阳之地。秦受地，又攻陉。陈轸谓秦王曰："国形不便故驰，交不亲故割。今割矣而交不亲，驰矣而兵不止，臣恐山东之无以驰割事王者矣。且王求百金于三川而不可得，求千金于韩，一旦而

---

① 杨宽《战国史料编年辑证》：钱大昕《潜研堂文集》卷十二"答问九"，以为《秦本纪》攻韩南郡，《六国表》作南阳，当以南阳为是，甚确。钱氏又谓："韩之南阳，即秦、汉之南阳郡，昭王三十五年初置南阳郡者也。昭王十六年拔韩宛城，又封魏冉穰侯，皆南阳郡地，是南阳属秦已久。而此时又云攻取韩南阳，盖战国时，大郡或领十数城，非一时所能尽拔。秦虽置南阳郡，尚未全有其地，至是始悉取之。"此说大谬。《白起列传·集解》曰："此南阳，河内修武是也。"《正义》又曰："案：南阳属韩，秦攻之，则韩太行羊肠道绝矣。"此说是也。盖韩、魏有两处名南阳，一处即秦、汉之南阳郡，与楚上庸相近。另一处乃太行山之南阳，因地处太行山之南而得名。《续汉书·郡国志》：河内郡修武故南阳。《汉书·地理志》注引应劭曰："晋始启南阳，今南阳城是也。"修武在今河南获嘉县，《白起列传》称昭王四十五年"伐韩之野王，野王降秦，上党道绝"。野王在今河南沁阳县，当修武之西南。是时秦攻取韩之南阳、野王，占有太行山东南一带，以绝断韩上党郡与韩国都之通道。《白起列传》称"攻南阳、太行道，绝之"，又称"上党道绝"，《蔡泽列传》记蔡泽说范雎曰："今君相秦，计不下席，谋不出廊庙，坐制诸侯，利施三川，以实宜阳；决羊肠之险，塞太行之道。"亦指此而言。此乃范雎攻破韩国之计谋。范雎说秦昭王曰："北断太行之道，则上党之师不下；王一兴兵而攻荥阳，则其国断而为三。"秦简《编年记》称是年攻太行，《韩世家》称秦击我于太行，皆指太行道而言。

具。今王攻韩,是绝上交而固私府也,窃为王弗取也。"①

此南阳,为太行山以南之地。②

(十二)攻取韩野王等十城

秦昭襄王四十五年(前262),秦又攻韩,取得韩野王等十城。《史记》卷五《秦本纪》：

  (秦昭襄王)四十五年,五大夫贲攻韩,取十城。③

又,《史记》卷七三《白起王翦列传》：

  (秦昭襄王)四十五年,伐韩之野王,野王降秦,上党道绝。

又,秦简《编年记》：

  (秦昭襄王)卌五年,攻大壄王("壄"即"野"之别体)。

野王,在今河南沁阳(参见图22)。④

(十三)攻取韩的缑氏、纶氏

---

① 杨宽《战国史料编年辑证》：鲍彪曰："此事史不书。后至韩桓惠王九年秦拔我陉,然陈轸、张仪同时,仪死至桓惠九年,四十六年矣,轸必不存,故因旧。"鲍彪因陈轸与张仪同时,以为此事远在韩桓惠九年之前。其实,此章之陈轸,与《秦策三》第十二章之张仪同为字误。此事固当在韩桓惠九年。王念孙曰：鲍说甚谬。驰读为移。移,易也。谓以南阳之地易秦地也。下文曰"国形不便故驰",谓两国之地形不便,故交相易也。王说尚不确切。此时韩以"驰割"(即移割)事秦,并非由于两国间地形不便而作友好之相互交易,而是在秦不断进攻中,韩以其他土地割让,换取秦正谋攻取之城邑。韩之南阳,指太行山东南一带之地,包括野王等地在内,此乃韩由中原连通上党之太行通道所在。此时秦相范雎之策谋,欲攻取南阳之太行道,以切断韩上党郡与其国都之联系,从而攻占全部上党地区。韩以"国形不便",欲以其他地方"驰割"于秦,但秦一面接受"驰割"之地,一面继续进攻,欲韩割南阳之地,因此韩以"驰割"事秦,秦仍进攻不上,因而韩桓惠王十年秦即攻取韩之南阳之太行道,迫使韩上党郡守以上党郡降赵。

② 据《史记》卷七三《白起王翦列传》："(秦昭襄王)四十四年,白起攻南阳、太行道,绝之。"此南阳当为太行山以南之南阳。《中国历史地图集》战国"韩魏图"：太行山以南之地亦为南阳。

③ 《史记》卷一五《六国年表》作"攻韩取十城"。

④ 《汉志》：壄王属河内郡,太行山在西北。卫元君为秦所夺,自濮阳徙此。莽曰平壄。《汉书补注》先谦曰：《左传》王取田于郑,则壄王郑邑后属卫,详本志。又属韩,秦昭襄王伐降之,见《白起传》。壄王好气任侠,见本志及《货殖传》。《中国历史地图集》战国"韩魏图"：野王,在今河南沁阳。

秦昭襄王四十六年（前261），秦又攻取了韩的缑氏、纶氏。《史记》卷七三《白起王翦列传》：

(秦昭襄王)四十六年，秦攻韩缑氏、蔺，拔之。

"蔺"乃"纶"之音转，蔺即纶氏。① 缑氏，在今河南偃师市东南（参见图22）②；纶氏在今登封县西南（参见图22）。③

（十四）长平大战与韩献垣雍

秦昭襄王四十五年（前262），野王降秦，使韩上党道绝。秦昭襄王四十七年（前260），秦攻韩上党，上党降赵④，秦因攻赵，赵发兵击秦，相距。秦使武安君白起击，大破赵于长平，四十余万尽杀之，这就是长平大战。⑤ 长平，在今山西高平

---

① 杨宽《战国史料编年辑证》：《正义》云："检诸地记，颍川无蔺，《括地志》云：洛州嵩县本夏之纶国也。在缑氏东南六十里。《汉书·地理志》云：纶氏属颍川郡。按既攻缑氏、蔺，二邑合相近，恐沦、蔺声相近，字随音而转作蔺。"缑氏在今河南登封县西北，纶氏在今登封县西南。传世有戈，刻铭云："七年仑氏命（读作'令'）韩□、工师荣原、冶□。"仑氏即纶氏，乃韩之兵器。见黄盛璋《试论三晋兵器的国别和年代及其相关问题》（收入所著《历史地理考古论丛》，齐鲁书社，1982年）。

② 《汉志》：缑氏属河南郡。《汉书补注》先谦曰：春秋周侯氏，见《左》昭传。《周策》作缑氏。《一统志》：故城今偃师县南二十里，引旧《志》云故县村。《汉志汇释》周振鹤师：治今河南偃师市东南。《中国历史地图集》战国"韩魏图"：今河南偃师市东南。

③ 《汉志》：纶氏属颍川郡。《汉书补注》先谦曰：春秋郑邑。楚吾得及秦伐郑，围之，见《纪年》。后汉因。《续志》作轮氏，云建初四年置，疑复之误。《陈寔传》亦作轮氏。吴卓信云：《后书注》及括地、元和诸《志》，并以为即夏少康纶邑，非也。纶在梁国虞城县。《一统志》：故城今登封县西南七十里。《汉志汇释》周振鹤师：治今河南登封市西。《中国历史地图集》战国"韩魏图"：纶氏在今登封县西。

④ 《史记》卷七三《白起王翦列传》：(秦昭襄王)四十五年，伐韩之野王，野王降秦，上党道绝。其守冯亭与民谋曰："郑道已绝，韩必不可得为民。秦兵日进，韩不能应，不如以上党归赵。赵若受我，秦怒，必攻我。赵被兵，必亲韩，韩、赵为一，则可以当秦。"因使人报赵。赵孝成王与平阳君、平原君计之。平阳君曰："不如勿受。受之，祸大于所得。"平原君曰："无故得一郡，受之便。"赵受之，因封冯亭为华阳君。

⑤ 《史记》卷五《秦本纪》。又，《六国年表》作"白起破赵长平，杀卒四十五万"。杨宽《战国史料编年辑证》：长平之战首尾三年，《编年记》与《秦本纪》《六国表》《白起列传》相同，记长平之战于秦昭王四十七年，盖是年为秦用全力攻破长平也。

西北(参见图 24)。① 秦破赵长平后,又迫使韩献垣雍于秦。《史记》卷五《秦本纪》:

> (秦昭襄王)四十八年十月,韩献垣雍。

垣雍,在今河南原阳西(参见图 17)。② 垣雍一作衡雍,是韩魏交界的交通要道所在,南有荥泽,如果决荥泽而水灌大梁,魏就要灭亡。事实上,后来秦始皇攻灭魏国就是用这个办法。可见,秦取得垣雍,对魏形成了严重威胁。③

(十五)尽有韩上党

秦破赵长平后,不仅迫使韩献垣雍于秦,还尽有韩之上党。《史记》卷五《秦本纪》:

> (秦昭襄王)四十八年十月,韩献垣雍。秦军分为三军。武安君归。王龁将伐赵武安、皮牢,拔之。司马梗北定太原,尽有韩上党。正月兵罢,复守上党。

韩上党郡(参见图 24),在今山西沁河以东一带地区,北与赵的上党郡相接。④《大清一统志》卷一百七:"上党全有太行之险固,实为东洛之藩垣。诸峰特起,雄峙天下,为太行总会,山川环抱有自然之险。"

---

① 《大清一统志》卷一百七:长平故城在高平县西北,战国赵邑。《史记·秦本纪》,昭襄王四十七年,使武安君白起大破赵于长平。《中国历史地图集》战国"韩魏图":长平,在今山西高平西北。

② 《史记集解·秦本纪》司马彪曰:"河南卷县有垣雍城。"《大清一统志》卷一百六十:垣雍城在原武县西北五里,即衡雍也。《左传》僖公二十八年,晋侯败楚师于城濮,还至于衡雍。注:衡雍,郑地,今荥阳卷县。《史记·秦本纪》,昭襄王四十八年,韩献垣雍。《中国历史地图集》战国"韩魏图":垣雍,今河南原阳西。

③ 杨宽《战国史》第八章《秦攻取韩上党和破赵于长平》:秦和赵相持于长平很久,秦为了防止魏参与合纵攻秦,允许把韩的垣雍(今河南原阳西)割给魏。垣雍一作衡雍,是韩魏交界的交通要道所在,又是水上交通要道所在,南有荥泽,如果决荥泽而水灌大梁,魏就要灭亡,当时朱己游说魏王已指出这点。后来秦始皇攻灭魏国就是用这个办法。当时魏的平都君就已看到这点,因而对魏王说:"秦赵久相持于长平而无决,天下合于秦则无赵,合于赵则无秦,秦恐王之变也,故以垣雍饵王也。秦战胜赵,王敢责垣雍之割乎?"(《魏策四》)可知长平决战关系到秦赵两强的兴亡,这将决定今后由谁来完成统一的大决战。等到秦战胜于长平,秦就迫使韩献垣雍于秦,秦就可以进一步用此来控制和要挟魏了。

④ 详参杨宽《战国史》附录一"战国郡表"。

（十六）攻取韩阳城、负黍

长平大战后，秦军乘胜进围赵都邯郸。秦昭襄王五十年（前257），魏公子信陵君无忌窃兵符发兵救赵，楚兵同时来救①，秦国大败退去②，韩赵魏乘胜夺回了被秦占去的部分土地。③ 秦围邯郸虽受挫，但稍事整顿后，继续向东攻取三晋之地。秦昭襄王五十一年（前256），攻取韩阳城、负黍。《史记》卷五《秦本纪》：

> （秦昭襄王）五十一年，将军摎攻韩，取阳城、负黍，斩首四万。

又，《史记》卷四《周本纪》：

> （周赧王）五十九年，秦取韩阳城、负黍。

阳城，今河南登封东南（参见图22）④；负黍，今河南登封西南（参见图22）。⑤

以上为秦昭襄王时期攻取的韩地，下面我们考察秦昭襄王时期攻取的魏地。

二、攻取的魏地

（一）伐取魏蒲阪、晋阳（阳晋）、封陵

如前所述，秦昭襄王四年（前303），"齐、韩、魏为楚负其从亲而合于秦，三国共攻楚，楚使太子入质于秦而请救"。秦乃遣客卿通将兵救楚，三国引兵去。秦

---

① 《史记》卷四三《赵世家》："（赵孝成王）八年（当作九年），平原君如楚请救，还，楚来救，魏公子无忌亦来救，秦围邯郸乃解。"

② 《史记》卷七九《范雎蔡泽列传》："秦大破赵于长平，遂围邯郸。已而与武安君有隙，言而杀之，任郑安平，使击赵。郑安平为赵所围，急，以兵二万人降赵。"又，《史记》卷五《秦本纪》：（秦昭襄王）五十年，武安君白起有罪死。龁攻邯郸，不拔，去，还奔汾军。二月余，攻晋军，斩首六千。晋、楚流死河二万人（"死"下疑脱"我"字，"河"当作"汾"），攻汾城。

③ 参见本章第二节《昭襄王时期的失地》。

④ 《汉志》：阳城属颍川郡。《汉书补注》先谦曰：阳城见《孟子》，春秋郑地。战国韩哀侯取之。桓惠王时，为秦所拔，见郑、韩《世家》。《一统志》：故城今登封县东南三十五里，俗名之为告成镇。《汉志汇释》周振鹤师：治今河南登封东南。《中国历史地图集》战国"韩魏图"：阳城，今河南登封东南。

⑤ 《史记正义》：今河南府县也。负黍亭在阳城县西南三十五里，本周邑，亦时属韩也。《大清一统志》卷一百六十三：负黍亭在登封县西南。《左传》，定公六年，郑伐负黍。杜预注：阳城县西南有负黍亭。《史记》，郑繻公十六年败韩兵于负黍。郑君乙二年，负黍反复归韩。韩桓惠王十七年，秦拔我阳城、负黍。《水经注》，颍水中源流迳负黍亭东。京相璠曰，在阳城县西南二十七里，世谓之黄城。《中国历史地图集》战国"韩魏图"：负黍，今河南登封西南。

不仅攻取了韩的武遂①,还攻取了魏的蒲阪、晋阳、封陵。《史记》卷一五《六国年表》:

> 魏哀王(当作襄王)十六年,秦拔我蒲阪、晋阳、封陵。②

又,《史记》卷五《秦本纪》:

> (秦昭襄王)四年,取蒲阪。

又,秦简《编年记》:

> (秦昭襄王)四年,攻封陵。

蒲阪,在今山西永济西(参见图16)③;晋阳(阳晋),在今山西永济西南(参见图16)④;封陵,在今山西风陵渡(参见图16)。⑤ 蒲阪、晋阳(阳晋)、封陵皆为河西通往河东之重要渡口,为军事上必争之地。

---

① 参见本节"攻取的韩地"。
② 《史记》卷四四《魏世家》"蒲阪"作"蒲反","晋阳"作"阳晋"。《史记索隐·魏世家》引《纪年》作"晋阳、封谷"。
③ 《汉志》:蒲反属河东郡,有尧山、首山祠。雷首山在南。故曰蒲,秦更名,莽曰蒲城。应劭曰:"秦始皇东巡见长坂,故加'反'云。"孟康曰:"本蒲也,晋文公以赂秦,后秦人还蒲,魏人喜曰'蒲反矣'。谓秦名之,非也。"臣瓒曰:"《秦家》云'以垣为蒲反',然则本非蒲也。"师古曰:"应说是。"《汉志汇释》周振鹤师:治今山西永济市西南。《中国历史地图集》战国"韩魏图":蒲阪,在今山西永济西。
④ 《大清一统志》卷一百一:阳晋城在虞乡县西。《史记·魏世家》:哀王十六年秦拔我阳晋。《正义》云,阳晋当作晋阳。《括地志》:晋阳故城今名晋城,在蒲州虞乡县西三十五里。胡三省《通鉴》注:晋阳,《史记》作阳晋,其地当在蒲坂之东,风陵之西,大河之阳且本晋地,故谓之阳晋。《中国历史地图集》战国"韩魏图":晋阳在今山西永济西南。
⑤ 《史记正义·魏世家》:封陵亦在蒲州。《大清一统志》卷一百一:风陵堆在永济县南,一名封陵。《史记·魏世家》,襄王十六年,秦拔我蒲坂、阳晋、封陵,二十三年,秦复予我河外及封陵为和。《正义》云,封陵在蒲州。《水经注》:潼关之直北隔河有层阜巍然独秀孤峙河阳,世谓之风陵。戴延之所谓风堆者也。《元和志》:风陵故山在县南五十里,与潼关相对。《寰宇记》:有风陵城在其上。《旧志》:风陵坡在州南六十里风陵乡。杨宽《战国史料编年辑证》:《纪年》之封谷即是封陵,即今山西永济县南封陵渡。《中国历史地图集》战国"韩魏图":封陵在今山西风陵渡。

（二）拔魏襄城

如前所述，秦昭襄王九年（前298），当秦楚大战之际①，齐孟尝君联合韩魏发动了对秦国的进攻，联军一直攻到了函谷，并且在函谷打败了秦军。在这种情况下，秦不得已割地讲和。② 齐孟尝君得以合纵攻秦入函谷，在很大程度上与秦当时正全力与楚国大战有关。③ 当楚地的战争结束以后，秦就对韩、魏展开了报复性反攻。秦昭襄王十二年（前295），即魏昭王元年，拔魏襄城。《史记》卷一五《六国年表》：

魏昭王元年，秦尉错来击我襄。④

又，《史记》卷四四《魏世家》：

魏昭王元年，秦拔我襄城。

襄城，在今河南襄城（参见图17）。⑤

（三）攻取魏

如前所述，秦昭襄王十四年（前293），左更白起攻韩、魏于伊阙，斩首韩魏士卒二十四万，韩魏遭受重创。⑥ 伊阙大战后，秦乘胜渡河北上攻取韩、魏之地。秦昭襄王十五年（前292），白起为大良造，攻魏，拔之。秦简《编年记》：

（秦昭襄王）十五年，攻魏。

又，《史记》卷五《秦本纪》：

（秦昭襄王）十五年，大良造白起攻魏，取垣，复予之。

又，《史记》卷七三《白起王翦列传》：

---

① 参见本节"攻取的楚地"。
② 参见本章第二节《昭襄王时期的失地》。
③ 参见本节"攻取的楚地"。
④ 杨宽《战国史料编年辑证》：《资治通鉴》胡注："尉，国尉也。"非是。据《秦本纪》，司马错于昭王十四年、十六年皆为左更，不应此时已为尉。此后白起由左更升迁国尉，可知国尉较左更为高。疑此《六国表》有误，"尉"疑"将"字之误。
⑤ 《资治通鉴》胡注："班《志》：襄城县属颍川郡。以分地考之，颍川属韩境。盖魏与韩分有颍川之地，用兵争强，疆场之间，朝韩暮魏，则此时襄城或为魏土，容亦有之。"《大清一统志》卷一百七十二：襄城故城在今襄城县西。战国时为魏邑。《中国历史地图集》战国"韩魏图"：襄城在今河南襄城。
⑥ 参见本节"攻取的韩地"。

(秦昭襄王十五年)白起为大良造,攻魏,拔之,取城小大六十一。①

魏,在今山西芮城县北(参见图14)。②

(四)取轵、邓

秦昭襄王十六年(前291),秦继续攻取魏河内之地,左更司马错取魏轵及邓。《史记》卷五《秦本纪》:

(秦昭襄王)十六年,左更错取轵及邓。

轵,在今河南济源县东南(参见图22)③;邓,在今济源县南(参见图22)。④ 太行山八陉,第一为轵关陉。《史记》卷六九《苏秦列传》载苏秦说赵曰:"秦下轵道则南阳危。"可见,轵、邓都是战略要地。

(五)魏献给秦河东地四百里

秦昭襄王十七年(前290),即魏昭王六年,魏国在秦的连续攻击下,予秦河东地方四百里。《史记》卷四四《魏世家》:

---

① 杨宽《战国史料编年辑证》:《秦本纪》言:是年"白起攻魏,取垣,复予之",而《白起列传》称:"攻魏,拔之,取城小大六十一。"但《魏世家》记"秦拔我城大小六十一"在后三年,《六国表》亦记在秦昭王十八年、魏昭王七年。当以《魏世家》《六国表》为是。又,杨宽《战国史料编年辑证》:《六国表》谓昭王十八年"客卿错击魏,至轵,取城大小六十一"。《穰侯列传》又谓"拔魏之河内,取城大小六十余"。轵即在河内,可知"取城大小六十一"即在河内,为司马错所攻取。《白起列传》谓白起于昭王十五年攻魏拔之,取城小大六十一,当有错误。

② 杨宽《战国史料编年辑证》:韩连琪《睡虎地秦简编年记考证》(收入《先秦两汉史论丛》,齐鲁书社,1986年)以为魏即魏武侯别都所在之魏县,在今山西芮城县北。非是。考魏武侯作为别都之魏,在今河北大名西南,非秦所能攻及。此乃西周时分封之魏国所在,此时沿用作为地名,地在阳晋、封陵之东,盖秦于昭王四年攻取阳晋封陵之后,进一步向东开拓。《中国历史地图集》战国"韩魏图":魏,在今山西芮城县北。

③ 《汉志》:轵属河内郡。《汉书补注》徐松曰:太行山八陉,第一曰轵关陉,盖以县命名。先谦曰,战国郑地,后入韩。聂政轵深井里人也。梁惠成王取轵道,见《纪年》。秦昭襄王伐魏取轵,见《秦纪》。《一统志》:故城今济源县南十三里。《汉志汇释》周振鹤师:治今河南济源市东南。《中国历史地图集》战国"韩魏图":今河南济源市东南。

④ 《大清一统志》卷一百六十:邓城在孟县西南。战国魏邑。《史记》卷五《秦本纪》:昭襄王十六年左更错取轵及邓。《括地志》:故邓城在河阳县西三十一里。杨宽《战国史料编年辑证》:轵及邓在魏之河内。《正义》引《括地志》云:故轵城在怀州济源县东南三十里,故邓城在怀州河阳县西三十一里,并六国时魏邑也。按:二城相连,故云及也。《中国历史地图集》战国"韩魏图":邓在今济源县南。

(魏昭王)六年,予秦河东地方四百里。①

又,《战国策·魏策三》:

芒卯谓秦王曰:"王之士未有为之中者也。臣闻明主不胥中而行("胥"原作"骨",鲍本改作"脊",金正炜云:"六朝人书胥多作骨,胥,待也。"),王之所欲于魏者,长羊、王屋、洛林之地也,王能使臣为魏之司徒,则臣能使魏献之。"秦王曰:"善。"因任之以为魏之司徒。谓魏王曰:"王所患者上地也,秦之所欲于魏者,长羊、王屋、洛林之地也,王献之秦,则上地无忧患,因请以下兵东击齐,攘地必远矣。"魏王曰:"善。"因献之秦,地入数月,而秦兵不下。魏王谓芒卯曰:"地已入数月,而秦兵不下何也?"芒卯曰:"臣有死罪。虽然,臣死则契折于秦,王无以责秦。王因赦其罪,臣为王责约于秦。"乃之秦,谓秦王曰:"魏之所以献长羊、王屋、洛林之地者,有意欲以下大王之兵东击齐也。今地已入,而秦兵不可下,臣则死人也,虽然后山东之士,无以利事王者矣。"秦王愯然曰:"国有事,未澹下兵也,今以兵从。"后十日,秦兵下,芒卯并将秦、魏之兵以东击齐,启地二十二县。

又,《史记》卷七二《穰侯列传》:

穰侯封四岁,为秦将攻魏,魏献河东方四百里。

杨宽先生认为,魏此次献给秦的河东四百里地可能在王屋山附近一带。②

(六)攻取魏河内之城大小六十一

秦昭襄王十八年(前289),秦继续攻魏,至轵,攻取魏河内之城大小六十一。《史记》卷一五《六国年表》:

(秦昭襄王)十八年,客卿错击魏,至轵,取城大小六十一。

又,《史记》卷四四《魏世家》:

(魏昭王)七年,秦拔我城大小六十一。

又,《史记》卷七二《穰侯列传》:

---

① 《史记》卷一五《六国年表》同。
② 杨宽《战国史料编年辑证》:《魏世家》言予秦河东地方四百里,不详记城邑之名。《魏策三》谓所献乃长羊、王屋、洛林之地,王屋为山名,在垣东北,即今山西垣曲县东北,长羊、洛林当为王屋附近之地。盖秦于前年已攻取魏,在今山西芮城县北,上年又攻垣,是年魏被迫进献附近一带山地与秦。

穰侯封四岁,为秦将攻魏,魏献河东方四百里。拔魏之河内,取城大小六十余。

秦此次攻取的魏大小六十余城当为河内之城邑。①

（七）攻取垣、河雍

秦昭襄王十八年（前289），白起、司马错还攻取了魏的垣和河雍。《史记》卷七三《白起列传》：

（秦昭襄王十六年），（白）起与客卿错攻垣城，拔之。

又，秦简《编年记》：

（秦昭襄王）十七年，攻垣、枳（枳即轵）。

又，《史记》卷五《秦本纪》：

（秦昭襄王）十七年，城阳君入朝，及东周君来朝。秦以垣为蒲阪、皮氏（当作"秦攻垣及蒲阪、皮氏"）。王之宜阳。②

又，秦简《编年记》：

（秦昭襄王）十八年，攻蒲反。

又，《史记》卷五《秦本纪》：

（秦昭襄王）十八年，错攻垣、河雍，决桥取之。

垣，在今山西垣曲东南（参见图22）③；河雍即河阳，在今河南孟县西（参见

---

① 杨宽《战国史料编年辑证》：《六国表》谓昭王十八年"客卿错击魏，至轵，取城大小六十一"。《穰侯列传》又谓"拔魏之河内，取城大小六十余"。轵即在河内，可知"取城大小六十一"即在河内，为司马错所攻取。《白起列传》谓白起于昭王十五年攻魏拔之，取城小大六十一，当有错误。

② 杨宽《战国史料编年辑证》：《秦本纪·索隐》云："'为'当为'易'，盖字讹也。"此为臆说。据《秦本纪》，前二年"秦攻垣，复予之"，秦简《编年记》又言十八年攻蒲反。可知此说不确。"秦以垣为蒲阪、皮氏"，当为"秦攻垣及蒲阪、皮氏"之误，《编年记》可证。枳即轵，《秦本纪》载"左更错取轵"在上年。

③ 《汉志》：垣属河东郡，《禹贡》，王屋山在东北。《汉书补注》先谦曰：战国魏地，一名王垣，武侯城之，秦取复予，后终取之，见《秦纪》。《始皇纪》《魏世家》亦名武垣。《一统志》：故城今垣曲县西二十里。《汉志汇释》周振鹤师：治今山西垣曲县东南。《中国历史地图集》战国"韩魏图"：垣，在今山西垣曲东南。

图 22)。① 河雍与孟津间设有浮桥,为黄河中游主要渡口。

(八) 拔魏新垣、曲阳

赵武灵王推行胡服骑射,攻取中山和胡地,收编林胡、楼烦的军队,军事力量大为增强②,这样就形成了秦、齐、赵三强鼎立的形势。秦想联合齐国,一举攻灭赵国。于是在秦昭襄王十九年(前288)十月,昭襄王自立为西帝,使魏冉致齐湣王为东帝③,形成了秦齐联盟,并邀约韩、魏、燕,订立了共同伐赵的盟约,欲三分赵国。帛书《战国纵横家书》第二十一章《苏秦献书赵王》:"且五国之主尝合衡谋伐赵,疏分赵壤,箸(著)之蛎(盘)筝(盂),属之祝谐(籍)。"又,《战国策·赵策一》:昔者五国之王,尝合横而谋伐赵,参分赵国壤地,著之盘盂,属之雠柞。又,《史记》卷四三《赵世家》:"天下属行,以谋王也。燕秦之约成而兵出有日矣。五国三分王之地。"《史记正义·赵世家》:"谓秦、齐、韩、魏、燕三分赵之地也。"但是,秦齐的联盟最终被苏秦破坏。他向齐王分析形势,认为"伐赵不如伐桀宋

---

① 《汉志》:河阳属河内郡。《汉书补注》先谦曰:《一统志》:故城今孟县西三十五公里。孟津在县南十八里,又名富平津。《汉志汇释》周振鹤师:治今河南孟州市西。杨宽《战国史料编年辑证》:河雍即河阳,河阳有单称阳者,《水经·济水注》引《纪年》"更名阳为河雍",在魏襄王四年。河雍与孟津间设有浮桥,为黄河中游主要渡口。《中国历史地图集》战国"韩魏图":在今河南孟县西。

② 《史记》卷四三《赵世家》。

③ 《史记》卷一五《六国年表》:秦昭襄王十九年十月为帝,十二月复为王,任鄙卒。《史记》卷一五《六国年表》:齐湣王三十六年(当作十三年)为东帝二月,复为王。《史记》卷五《秦本纪》:(秦昭襄王)十九年王为西帝,齐为东帝,皆复去之。《史记》卷四四《魏世家》作"秦昭王为西帝,齐湣王为东帝,月余,皆复称王归帝"。《史记》卷四〇《楚世家》作"齐、秦各自称为帝,月余,复归帝为王"。《史记》卷四六《田敬仲完世家》作"王为东帝,秦昭王为西帝……齐去帝复为王,秦亦去帝位"。《史记》卷七二《穰侯列传》作"昭王十九年,秦称西帝,齐称东帝,月余,吕礼来,而齐、秦各复归帝为王"。《史记》卷八〇《乐毅列传》作"齐湣王……与秦昭王争重为帝,已而复归之,诸侯皆欲背秦而服于齐"。《韩非子·内储说下》:穰侯相秦而齐强,穰侯欲立秦为帝,而齐不听,因请立齐为东帝,而不能成也。

之利",并进而劝说齐王"释帝以收天下,倍约宾秦,无争重,而王以其间举宋"。①苏秦不仅破坏了秦齐联盟,而且反过来合纵齐、赵、燕、韩、魏组成了攻秦联盟秦。帛书《战国纵横家书》第四章:"齐、勺(赵)遇于阿,王忧之。臣与于遇,约功

---

① 《史记》卷四六《田敬仲完世家》:三十六年,王为东帝,秦昭王为西帝。苏代自燕来,入齐,见于章华东门。齐王曰:"嘻,善,子来。秦使魏冉致帝,子以为何如?"对曰:"王之问臣也卒,而患之所从来微,愿王受之而勿备称也。秦称之,天下安之,王乃称之,无后也。且让争帝名,无伤也。秦称之,天下恶之,王因勿称,以收天下,此大资也。且天下立两帝,王以天下为尊齐乎?尊秦乎?"王曰:"尊秦。"曰:"释帝,天下爱齐乎?爱秦乎?"王曰:"爱齐而憎秦。"曰:"两帝立约伐赵,孰与伐桀宋之利?"王曰:"伐桀宋利。"对曰:"夫约钧,然与秦为帝而天下独尊秦而轻齐,释帝则天下爱齐而憎秦,伐赵不如伐桀宋之利,故愿王明释帝以收天下,倍约宾秦,无争重,而王以其间举宋。夫有宋,卫之阳地危。有济西,赵之阿东国危。有淮北,楚之东国危。有陶、平陆,梁门不开。释帝而贷之以伐桀宋之事,国重而名尊,燕楚所以形服,天下莫敢不听,此汤武之举也。敬秦以为名,而后使天下憎之,此所谓以卑为尊者也。愿王孰虑之。"于是齐去帝复为王,秦亦去帝位。又,《战国策·齐策四》:苏秦自燕之齐(《田世家》"苏秦"作"苏代"),见于华章南门(《史记》作"章华东门"),齐王曰:"嘻!子之来也,秦使魏冉致帝子以为何如。"对曰:"王之问臣也卒,而患之所从生者微,今不听,是恨秦也;听之,是恨天下也。不如听之以卒秦,勿庸称也以为天下。秦称之,天下听之,王亦称之,先后之事,帝名为无伤也。秦称之,而天下不听,王因勿称,其于以收天下,此大资也。"苏秦谓齐王曰:"齐、秦立为两帝,王以天下为尊秦乎,且尊齐乎?"王曰:"尊秦。""释帝则天下爱齐乎?且爱秦乎?"王曰:"爱齐而憎秦。""两帝立,约伐赵,孰与伐宋之利也?"王曰:"不如伐宋。"(原无此六字,据姚注"刘本有'王曰不如伐'"而增补。鲍本作"对曰伐宋利"。《史记》作"王曰伐桀宋利")对曰:"夫约与秦为帝,而夫下独尊秦而轻齐,齐释帝,则天下爱齐而憎秦,伐赵不如伐宋之利,故臣愿王明释帝以就天下,倍约侯秦,勿使争重,而王以其间举宋。夫有宋则卫之阳城危,有淮北则楚之东国危,有济西则赵之河东危,有陶、平陆则梁门不启('陶'原误作'阴',据《史记》改正)。故释帝而贰之以伐宋之事,则国重而名尊,燕、楚以形服,天下不敢不听,此汤武之举也。敬秦以为名,而后使天下憎之,此所谓以卑易尊者也,愿王之熟虑也!"

(攻)秦去帝"。① 此次合纵攻秦迫使秦归还了此前攻占的部分赵魏之地,即归还魏温、轵、高平,归还赵王公、符逾。② 但是,在秦将温、轵、高平等地归还于赵魏,五国之兵罢于成皋不久之后,秦齐为了各自的利益又很快达成了默契。《战国策·燕策二》第一章:"秦欲攻安邑,恐齐救之,则以宋委于齐,曰:'宋王无道,为木人以写寡人(鲍本"写"作"象",《苏秦列传》亦作"写"),射其面,寡人地绝兵远,不能攻也,王苟能破宋有之,寡人如自得之。'"③ 为了换取秦不干涉齐灭宋,齐默许秦攻魏。《战国策·魏策二》:"五国伐秦,无功而还。其后齐欲伐宋,而

---

① 杨宽《战国史料编年辑证》:阿有东阿、西阿。西阿属赵,在今河北保定东。东阿属齐,在今山东阳谷县东北。此当为齐之东阿,与赵相邻,齐、赵两君在阿会晤,当出于齐之主动。齐王盖接受苏秦之计谋而邀请赵王相会,苏秦因而得以参与。赵臣之参与者当为奉阳君李兑。处此赵国存亡之紧急时刻,因而即商定五国合纵伐秦之计,并推奉阳君为纵长,主持其事。《战国策·赵策四》记苏秦曰:"今之攻秦,为赵也。五国伐赵,赵必亡矣。秦逐李兑,李兑必死,今之伐秦也,以救李子之死也。"又《战国纵横家书》第十一章,苏秦自赵献书于齐王:曰:臣暨(既)从燕之梁(梁)矣,臣至勺(赵)所闻于乾(韩)、梁(梁)之功(攻)秦,无变志矣。以雨,未得遬(速)也。臣之所得于奉阳君者,乾(韩)、梁(梁)合,勺(赵)氏将悉上党以功(攻)秦。奉阳君谓臣:楚无秦事,不敢与齐遇。齐、楚果遇,是王收秦已,亓(其)不欲甚。欲王之赦梁(梁)王而复见之。勺(赵)氏之虑,以为齐、秦复合,必为两商(敌)以功(攻)勺(赵),若出一口。若楚遇不必,虽必,不为功,愿王之以毋遇喜奉阳君也。臣以足下之所与臣约者告燕王:"臣以(已)好处于齐,齐王终臣之身不谋燕燕(一'燕'字衍文)。臣得用于燕,终臣之身不谋齐。"燕王甚兑(悦),亓(其)于齐循善。事卬(昂)曲尽从王。王坚三晋亦从王,王取秦、楚亦从王。然而燕王亦有苦。天下恶燕而王信之。以燕之事齐也为尽矣。先为王绝秦,挚(质)子,宦二万甲自食以功(攻)宋,二万甲自食以功(攻)秦,乾(韩)、梁(梁)岂能得此于燕(哉)。尽以为齐,王猶(犹)听恶燕者(上此下四十九字错简移第十二章),燕王甚苦之。愿王之为臣甚安燕王之心也。燕、齐循善,为王何患无天下。杨宽《战国史料编年辑证》:此当在五国攻秦开始阶段,韩、魏已出兵,因遇雨而未能迅速进军。赵之奉阳君已许允,韩、魏既合兵,赵将悉发上党之兵攻秦。并谓燕之事齐,在以前派二万兵"自食以攻宋"之后,又发二万兵"自食以攻秦"。又因奉阳君怀疑齐、楚两国之君相会必为收秦,盼齐王不与楚王会晤,又盼齐王与魏王相会,说明苏秦正谋巩固与三晋之联盟,以便胜秦。

② 详参本章第二节《昭襄王时期的失地》。

③ 又,《战国策·秦策一》:泠向谓秦王曰:向欲以齐事王,使攻宋也(姚注:"使一作故")。宋破,晋国危,安邑王之有也。燕、赵恶齐、秦之合,必割地以交于王矣(金正炜云:"交当为效")。齐必重于王。则向之攻宋也,且以恐齐而重王(金正炜云"恐字疑本为悠,言将使天下疾齐之悠,而交走秦也")。王何恶向之攻宋乎?向以王之明为先知之,故不言。

秦禁之。齐令宋郭之秦请合而以伐宋,秦王许之。"①秦齐双方为了达到各自的目的,都不惜牺牲第三方的利益。在齐的默许下,秦昭襄王二十年(前287),即魏昭王九年,秦又继续分兵两路攻魏。一路攻河内,拔新垣、曲阳。《史记》卷四四《魏世家》:

> (魏昭王)九年,秦拔我新垣、曲阳之城。

曲阳,在今河南济源县西(参见图22)②;新垣即在曲阳附近。③

(九)魏被迫献纳安邑

秦兵另一路攻河东之安邑。第二年,即秦昭襄王二十年(前287),魏被迫献纳安邑。秦简《编年记》:

> (秦昭襄王)廿年,攻安邑。

又,《史记》卷五《秦本纪》:

> (秦昭襄王)二十一年,错攻魏河内。魏献安邑,秦出其人,募徙河东,赐爵,赦罪人迁之。④

---

① 又,《史记》卷四六《田敬仲完世家》:"三十八年,伐宋。秦昭王怒曰:'吾爱宋与爱新城、阳晋同。韩聂与吾友也,而攻吾所爱,何也?'苏代为齐谓秦王曰:'韩聂之攻宋,所以为王也。齐强,辅之以宋,楚魏必恐,恐必西事秦,是王不烦一兵,不伤一士,无事而割安邑也,此韩聂之所祷于王也。'秦王曰:'吾患齐之难知。一从一衡,其说何也?'对曰:'天下国令齐可知乎?齐以攻宋,其知事秦以万乘之国自辅,不西事秦则宋治不安。中国白头游敖之士皆积智欲离齐秦之交,伏式结轶西驰者,未有一人言善齐者也,伏式结轶东驰者,未有一人言善秦者也。何则?皆不欲齐秦之合也。何晋楚之智而齐秦之愚也!晋楚合必议齐秦,齐秦合必图晋楚,请以此决事。'秦王曰:'诺。'于是齐遂伐宋,宋王出亡,死于温。齐南割楚之淮北,西侵三晋,欲以并周室,为天子。泗上诸侯邹鲁之君皆称臣,诸侯恐惧。"

② 《读史方舆纪要》卷四十九《河南四》"济源县曲阳城"条:"曲阳城县西南十五里。亦曰阳城,古阳樊也。服虔云:阳,邑名;樊,仲山父所居。僖二十五年,晋文公定王室,次于阳樊,王与晋阳樊、温、原、攒、茅之田。《国语》王以阳樊赐晋,是也。后为曲阳。《史记》:魏昭王九年,秦拔我新垣、曲阳之城。杜预曰:野王县西南有阳城,故阳樊也,即河雍矣。胡三省曰:修武县有阳乡,盖春秋之阳樊。晋大兴初,耿稚自洛□渡河,袭击刘粲,粲大败,走保阳乡,是也。新垣,即垣之别名。"《中国历史地图集》战国"韩魏图":曲阳在今河南济源县西。

③ 杨宽《战国史料编年辑证》:曲阳在今河南济源县西;新垣即在曲阳附近。《正义》云:"新垣近曲阳,未详端的所之处也。"新垣、曲阳皆在轵、高平之西。

④ 杨宽《战国史料编年辑证》:《六国表》作"魏纳安邑及河内"。当以《秦本纪》为是。是年错攻魏河内。魏献安邑,未尝以河内地区全部献纳。

安邑,魏之故都,今山西夏县西北(参见图 18)。①《史记·商君列传》载卫鞅说孝公曰:"秦之与魏,譬若人之有腹心疾,非魏并秦,秦即并魏。何者?魏居领阨之西,都安邑,与秦界河而独擅山东之利。利则西侵秦,病则东收地……魏不支秦,必东徙。东徙,秦据河山之固,东乡以制诸侯,此帝王之业也。"又,《读史方舆纪要》:"《战国策》,秦有安邑,则韩必无上党。三晋之祸,盖始于失河外,而成于亡安邑。"可见,安邑的战略地位极其重要。

(十)围攻魏都大梁,攻取安城

当秦顺利攻取魏之旧都安邑之后,秦却以齐破宋为由,发动了对齐的进攻,而且取得了极为富庶的陶。② 秦乘五国破齐取得陶之后,又围攻魏都大梁,想要攻破大梁,一举灭亡魏国,使秦在中原的领土与新得之陶连成一片。这不仅可以巩固对陶的占有,而且可以横断山东各国"纵亲之腰"。于是,秦昭襄王二十四年(前283),秦大举攻魏。秦简《编年记》:"(秦昭襄王)廿四年攻林。"林在中牟县东北,大梁之西北,并临近黄河。③ 接着秦军就攻取了大梁西北的安城。《史记》卷四四《魏世家》:

(魏昭王)十三年,秦拔我安城,兵到大梁,去。④

又,《史记》卷五《秦本纪》:

(秦昭襄王)二十四年,与楚王会鄢,又会穰。秦取魏安城,至大梁,燕、赵救之,秦军去。⑤

秦此次攻魏的主要目标是大梁,但由于燕赵的救解,秦未能如愿。但还是取

---

① 参见第 114 页注①。
② 参见本节"攻取的齐地"。
③ 杨宽《战国史料编年辑证》:当时中原称林者,有南、北两地,皆因有森林而得名。《水经·渠水注》考定,北林在中牟县西南,新郑以北四十许里,是时秦所攻之林,当为此林,但其地点当在中牟县东北、大梁之西北,并临近黄河。《中国历史地图集》战国"韩魏图":林(林中、林乡)在今河南尉氏西。
④ 《史记》卷一五《六国年表》作"兵到大梁而还"。
⑤ 《史记》卷一五《六国年表》作"与楚会穰"。

得了魏之安城。安城在大梁之西北,在今河南原阳县西南,南靠魏长城(参见图17)。①

(十一)魏入温等三县以和

由于燕赵的救解,秦围攻大梁受挫。秦昭襄王二十六年(前280)左右,有人献书秦王,建议改变攻取大梁之计。因为秦攻大梁,东方各国必合纵来救,而且"山东尚强",不如南下攻楚,"其兵弱,天下不能救,地可广大",秦于是发兵南下伐楚。② 等到楚地的战争结束以后,秦昭襄王三十二年(公元前275年),秦再次围攻大梁。由于韩来救,秦攻取大梁的计划再次落空,但迫使魏入温等三县以和。《史记》卷五《秦本纪》:

> (秦昭襄王)三十二年,相穰侯攻魏至大梁,破暴鸢,斩首四万,鸢走,魏入三县以和。③

又,《史记》卷四四《魏世家》:

> (魏安釐王)二年,(秦)又拔我二城,军大梁下,韩来救,予秦温

---

① 《大清一统志》卷一百六十:安城在原武县东南。《史记·魏世家》,昭王十三年秦拔安城。又,无忌谓魏王曰:通韩上党于共、宁,使道安城,出入赋之。《通鉴地理通释》:安城在郑州原武县东南二十里。杨宽《战国史料编年辑证》:《集解》引《地理志》:汝南有安成县。《正义》引《括地志》:安城在汝阳东南七十里,在今河南平舆县南。其说非是。杨守敬辨之曰:"考史接言秦兵到大梁,安成在大梁南四五百里,既非秦往大梁所经,且是时汝南地属楚,非魏有也。《阴沟水注》古渎东南径阳武城北,又东南绝长城,径安亭北。此安亭在大梁西,亭西南为魏之安城无疑。《魏世家》使道安成云云,《正义》引《括地志》,故城在郑州原武县东南二十里,指此。"此说甚是。此安城在大梁之西北,在今河南原武东南,原阳县西南,南靠魏长城。秦兵出函谷关及殽塞,经周、韩之地,越魏长城,攻拔安城,以此为进攻大梁之据点。由此向东南进军,为进攻大梁方便之路线。而大梁西北之林,为驻屯大军以便进攻之基地,因必首先攻克之。《中国历史地图集》战国"韩魏图":安城在今河南原阳西。

② 参见本节"攻取的楚地"。

③ 杨宽《战国史料编年辑证》:《秦本纪》暴鸢,《韩世家》作暴戴,"鸢""戴"音义俱同。据《魏世家》,《秦本纪》所谓"魏入三县以和",三县包括秦所拔之二城,所入者实仅温一县。梁玉绳《史记志疑》谓"斩首四万"是秦昭王三十三年事,《秦本纪》误书于三十二年,是也。《穰侯列传》云:"明年(指秦昭王三十三年),魏背秦,与齐从亲,秦使穰侯伐魏,斩首四万,走魏将暴鸢,得魏三县,穰侯益封。"此又误以韩将暴鸢误为魏将,并将秦败暴鸢误次于昭王三十三年。

以和。①

温,在今河南温县西南(参见图22)。②

(十二)攻取魏卷、蔡、中阳、长社

秦昭襄王三十三年(前274),秦接着攻取了魏的卷、蔡、中阳、长社。秦简《编年记》:

> (秦昭襄王)卅三年,攻蔡、中阳。

又,《史记》卷五《秦本纪》:

> (秦昭襄王)三十三年,客卿胡伤攻魏卷、蔡阳、长社,取之。

又,《史记》卷四四《魏世家》:

> (魏安釐王)三年,秦拔我四城,斩首四万。

以上引秦简《编年记》与《秦本纪》比勘,可知《秦本纪》之"蔡阳",当是"蔡、中阳"之误。《魏世家》《六国年表》谓"秦拔我四城",四城当即卷、蔡、中阳、长社。③ 据杨宽先生考证,卷在今河南原阳县西(参见图17),中阳在今河南郑州市东(参见图17),长社在今河南长葛县东北(参见图17),蔡在今河南上蔡县西南(参见图17)。

---

① 《史记》卷一五《六国年表》无"又"字,有"秦"字,"予"作"与"。

② 《汉志》:温属河内郡,故国,已姓,苏忿生所封也。《汉书补注》先谦曰:苏忿生见《左》隐、成传。狄灭之,周以与晋,见僖传。战国分属魏,宋王死焉。安釐王元年予秦,并见《魏世家》。《一统志》:故城今温县西南三十里。《汉志汇释》周振鹤师:治河南今县东。《中国历史地图集》战国"韩魏图":温,在今河南温县西南。

③ 杨宽《战国史料编年辑证》:以秦简《编年记》与《史记》比勘,可知《秦本纪》与《穰侯列传》之"蔡阳",当是"蔡、中阳"之误。西汉南阳郡有蔡阳,当今湖北枣阳县东,时属楚,非魏地。《秦本纪·正义》引《括地志》云:"蔡阳,今豫州上蔡水之阳,古城在豫州北七十里。"盖以古蔡国所在之上蔡,又名蔡阳,但于史籍无确据。是时蔡为魏地,中阳亦为魏地,即梁惠王十七年郑釐侯(即韩昭侯)来朝中阳之中阳。《魏世家》《六国表》谓"秦拔我四城",四城当即卷、蔡、中阳、长社。卷在今河南原阳县西,中阳在今河南郑州市东,长社在今河南长葛县东北,蔡在今河南上蔡县西南,皆在韩、魏接境之边缘,盖秦兵据韩地以攻取魏西边之城邑。《中国历史地图集》战国"韩魏图":卷在今河南原阳县西,中阳在今河南郑州市东,长社在今河南长葛县东北。

(十三)华阳大战与魏入南阳以和

秦昭襄王三十四年(前273),赵、魏联合进攻韩的华阳,韩告急与秦。① 《战国策·韩策三》:赵、魏攻华阳,韩谒急于秦,冠盖相望,秦不救。韩相国谓田苓曰:"事急。愿公虽疾,为一宿之行。"田苓见穰侯,穰侯曰:"韩急乎?何故使公来?"田苓对曰:"未急也。"穰侯怒曰:"是何以为公之主使乎('主'原误作'王',从鲍本及《韩世家》改正)。冠盖相望,告弊邑甚急,公曰'未急',何也?"田苓曰:"彼韩急则将变矣。"穰侯曰:"公无见王矣!臣请今发兵救韩('今'原作'令',今从《韩世家》改正)。八日中,大败赵、魏于华阳之下。"② 秦救韩败赵、魏于华阳,史称华阳大战。华阳,或称华、华下,在今河南新郑北。③ 秦救韩败赵、魏于华阳后,魏入南阳以和。秦简《编年记》:

(秦昭襄王)卅四年,攻华阳。

又,《史记》卷五《秦本纪》:

击芒卯、华阳破之,斩首十五万,魏入南阳以和。④

又,《史记》卷一五《六国年表》:

魏安釐王四年,与秦南阳以和。

---

① 秦昭襄王三十三年(前274),秦攻取的魏的卷、蔡、中阳、长社等地都在韩、魏两国的边界附近,可能是韩已被迫与秦连横,秦是越过韩向魏攻取的。所以,次年魏投入赵的怀抱,赵、魏联合进攻韩的华阳。详参杨宽《战国史》第八章《秦破赵、魏的华阳之役》。

② 又,《史记》卷四五《韩世家》:(韩釐王)二十三年,赵、魏攻我华阳。韩告急于秦,秦不救。韩相国谓陈筮曰:"事急,愿公虽病,为一宿之行。"陈筮见穰侯。穰侯曰:"事急乎?故使公来。"陈筮曰:"未急也。"穰侯怒曰:"是可以为公之主使乎?夫冠盖相望,告敝邑甚急,公来言未急,何也?"陈筮曰:"彼韩急则将变而佗从,以未急,故复来耳。"穰侯曰:"公无见王,请今发兵救韩。"八日而至,败赵、魏于华阳之下。是岁,釐王卒,子桓惠王立。

③ 《史记集解·秦本纪》司马彪曰:"华阳,亭名,在密县。"《史记正义·秦本纪》引《括地志》云:"故华城在郑州管城县南三十里。《国语》云史伯对郑桓公,虢、郐十邑,华其一也。华阳即此城也。"按:是时韩、赵聚兵于华阳攻秦,即此矣。《中国历史地图集》战国"韩魏图":华阳(华、华下)在今河南新郑北。

④ 杨宽《战国史料编年辑证》:"击芒卯、华阳"乃三十四年事,此误上一年。

此南阳,可能指太行山以南之南阳(参见图23)。①

(十四)伐魏取怀

如前所述,范雎在得到秦昭襄王召见后,提出了"远交近攻"策略,认为这样才能巩固所攻取的土地,所谓"得寸则王之寸,得尺亦王之尺"。② 于是秦昭襄王听从客卿范雎计谋,专注于攻取与秦接壤的三晋之地及楚之地。秦昭襄王三十九年(前268),秦昭襄王听从客卿范雎远交近攻策略,派五大夫绾伐魏,攻取了怀。《史记》卷七九《范雎蔡泽列传》:

> 卒听范雎谋,使五大夫绾伐魏,拔怀。

又,秦简《编年记》:

> (秦昭襄王)卅九年,攻怀。

又,《史记》卷四四《魏世家》:

> (魏安釐王)九年,秦拔我怀。

又,《史记》卷一五《六国年表》:

> (魏安釐王)九年,秦拔我怀城

怀,在今河南武陟县西南(参见图17)。③

---

① 关于此南阳的地望,《史记集解·秦本纪》徐广曰:"河内修武,古曰南阳,秦始皇更名河内,属魏地。荆州之南阳郡,本属韩地。"《史记正义·秦本纪》引《括地志》云:"怀获嘉县即古之南阳。杜预云在晋州山南河北,故曰南阳。秦破芒卯军,斩首十五万,魏入南阳以和。"不过,《秦本纪》接云:"三十四年,秦与魏、韩上庸地为一郡,南阳免臣迁居之。三十五年,佐韩、魏、楚伐燕。初置南阳郡。"又,杨宽《战国史》第八章《秦破赵、魏的华阳之役》:"同时魏遣段干崇请求割地讲和,终于割南阳予秦,秦因而在公元前二七二年把所占韩、魏的南阳和楚的宛,合建为南阳郡。"据此,此南阳也可能指今河南南阳。

② 参见本节"攻取的韩地"。

③ 《汉志》:怀属河内郡。《汉书补注》先谦曰:《禹贡》覃怀在此,见《书》孔传,后但称怀。周为苏忿生邑,以与郑,见《左》隐传。晋启南阳,遂属晋。赤狄围焉,见宣传。战国分属赵、魏,魏败赵于此。安釐王时,为秦所拔,见赵、魏《世家》。《沁水注》:沁水自州来,东过怀县北。《韩诗外传》曰:武王伐纣,到邢丘,更名邢丘曰怀县,北有沁阳城,沁水迳其南而东注,下入武德。先谦案,据《荀子》,则怀非武王改名,《外传》似误。《左传》:狄围怀及邢丘,则怀非邢丘也。邢丘近怀地,徐广注以为邢丘在平皋,是。《一统志》:故城今武陟县西南。《汉志汇释》周振鹤师:治今河南武陟县西南。《中国历史地图集》战国"韩魏图":今河南武陟县西南。

（十五）攻取魏邢丘

秦昭襄王四十一年（前266），秦又攻取了魏的邢丘。秦简《编年记》：

> （秦昭襄王）卌一年，攻邢丘。

又，《史记》卷五《秦本纪》：

> （秦昭襄王）四十一年夏，攻魏，取邢丘、怀。①

又，《史记》卷四四《魏世家》：

> （魏安釐王）十一年，秦拔我郯丘。（《魏世家·集解》徐广曰："郯丘一作廪丘，又作邢丘。"）

又，《史记》卷一五《六国年表》：

> 魏安釐王十一年，秦拔我廪丘。（《六国年表·集解》徐广曰："或作邢丘。"）

又，《史记》卷七九《范雎蔡泽列传》：

> 后二岁（指秦王卒听范雎谋，使大夫绾伐魏拔怀之后二年），拔邢丘。

又，《战国策·秦策三》：

> （秦）王曰："寡人欲亲魏，魏多变之国也，寡人不能亲，请问亲魏奈何？"范雎曰："卑辞重币以事之，不可，削地而赂之，不可，举兵而伐之。"于是举兵而攻邢丘，邢丘拔而魏请附。

邢丘，在今河南温县东二十里（参见图17）。②

---

① 杨宽《战国史料编年辑证》：取怀在上二年，此误下二年。又，杨宽《战国史料编年辑证》：《秦本纪》载昭王四十一年"夏攻魏，取邢丘、怀"，此误以秦攻取魏怀与攻取邢丘同年。《范雎列传》言"使五大夫绾伐魏拔怀，后二岁拔邢丘"，是也。秦简《编年记》亦记攻怀在昭王卅九年，攻邢丘在卅一年。《秦本纪·集解》引《韩诗外传》："武王伐纣，到于邢丘，勒兵于宁，更名邢丘曰怀，宁曰修武。"此以怀与邢丘为一地而前后异名，其实不然。《左传》宣公六年"赤狄伐晋，围怀及邢丘"，明为二邑。怀在今河南武陟县西南，邢丘在今河南温县东二十里，两地邻近。

② 《史记集解·秦本纪》徐广曰："邢丘在平皋。"骃案：《韩诗外传》武王伐纣，到于邢丘，勒兵于宁，更名邢丘曰怀，宁曰修武。《史记正义·秦本纪》引《括地志》云："平皋故城本邢丘邑，汉置平皋县，在怀州武德县东南二十里。故怀城，周之怀邑，在怀州武陟县西十一里。"《大清一统志》卷一百六十：平皋故城在温县东。本晋邢邱邑。《左传》：宣公六年，赤狄伐晋围邢邱。注：今河内平皋县。战国属魏。《史记》：秦昭襄王四十一年攻魏取邢丘。《汉志》：河内郡平皋。注：应劭曰：晋号曰邢丘，以其在河之皋，处势平夷故曰平皋。后汉、晋因之。《中国历史地图集》战国"韩魏图"：邢丘在今河南温县东。

(十六) 攻取河东的魏吴城

秦昭襄王五十三年 (前254) 秦使将军摎伐魏，攻取河东的吴城 (即虞城)。《史记》卷五《秦本纪》：

（秦昭襄王) 五十三年，天下来宾。魏后，秦使摎伐魏，取吴城 ("吴"读为"虞")。韩王入朝。魏委国听令。

吴城，即虞城，今山西平陆北 (参见图22)。①

以上为秦在昭襄王时期攻取的魏地，下面我们考察秦昭襄王时期，秦攻取的赵地。

三、攻取的赵地

(一) 取赵梗阳

如前所述，秦在伊阙大战中，重创韩魏，取得韩魏的大片领土。② 随后，秦又把矛头指向了赵国。在秦昭襄王十九年 (前288)，即赵惠文王十一年，赵国派董叔联合魏军攻宋，秦国乘隙而入，攻取了赵的梗阳。《史记》卷四三《赵世家》：

（赵惠文王) 十一年，董叔与魏氏伐宋。得河阳于魏。秦取梗阳。③

又，《史记》卷一五《六国年表》：

（赵惠文王) 十一年，秦拔我桂④阳。

---

① 《大清一统志》卷一百十七：虞城在平陆县东北六十里，一名吴城。《史记·吴世家》：武王克殷，求太伯仲雍之后，封虞仲于周之北故夏墟。《汉书·地理志》：大阳县吴山上有吴城，武王封周章弟仲于河北，是为北吴，后世谓之虞，十二世为晋所灭。《括地志》：故虞城在县东北五十里虞山上。杨宽《战国史料编年辑证》："吴"读为"虞"，吴城即虞城，为周武王封弟虞仲之邑。《正义》引《括地志》云："虞城古城在陕州河北县东北五十里虞山之上，亦名吴山。"《左传》哀公元年《正义》引皇甫谧云："今河东大阳县西山上虞城是也。"《中国历史地图集》战国"韩魏图"：在今山西平陆北。

② 参见本节"攻取的韩地""攻取的魏地"。

③ 杨宽《战国史料编年辑证》：《赵世家》言秦取梗阳，梗阳在今山西清徐县。《六国表》误作桂阳。《资治通鉴》误作杜阳。桂阳、杜阳皆非赵地。胡三省云："杜阳近栒邑，接上郡、北地之境，赵地西至上郡肤施，或者其时并有杜阳欤。"其说无据。杜阳在今陕西麟游县西北，在秦旧都雍 (今陕西凤翔县) 之东北，赵不可能并有其地。

④ 《史记集解·六国年表》：徐广曰："一作梗。"

梗阳,在今山西清徐县(参见图18)。①

(二)攻取兹氏和祁

秦昭襄王二十三年(前284),秦与三晋、燕合纵攻齐。五国破齐后,当乐毅独率燕师继续攻齐的时候,秦、魏则分别攻取齐刚取得的宋地。秦取得了陶及其周围地区,这是秦相魏冉久已想要取得的,可能在秦昭王二十六年(前281),陶成为他的封邑。② 秦乘五国破齐取得陶之后,又围攻魏都大梁,想要攻破大梁,一举灭亡魏国,使秦在中原的领土大为扩展,与新得陶连成一片。但是,由于燕赵的救解,秦围攻大梁未能如愿③,随后秦就转而攻取楚、赵之地。我们先看在此背景下秦攻取的赵地。秦昭襄王二十五年(前282)开始,秦攻取了赵之兹氏和祁。秦简《编年记》:

(秦昭襄王)廿五年,攻兹氏。

又,《史记》卷五《秦本纪》:

(秦昭襄王)二十五年,拔赵二城。

又,《史记》卷四三《赵世家》:

(赵惠文王)十七年,秦怨赵不与己击齐,伐赵,拔我两城。

---

① 《汉志》:梗阳乡,魏戊邑。莽曰大原亭。《汉书补注》先谦曰:《官本考证》云,戊,监本讹成,今据《左传》《史记》改正。先谦案,秦昭王取之,见《赵世家》。《汾水注》,汾水自晋阳来,南迳梗阳县故城东,故榆次之梗阳乡,献子以邑魏戊。京相璠云,晋阳县南六十里榆次界有梗阳城,汾水又南即洞过水会,下入大陵。先谦案,《续志》榆次下刘注云,《左传》曰谓涂水。晋阳下刘注云,《汉官》曰,南有梗阳城,证之京说,盖梗阳后并入晋阳。《大清一统志》卷九十六:梗阳故城在徐沟县西。《元和志》:梗阳故城春秋晋大夫祁氏邑。《左传》曰:晋灭祁氏分为七县,魏戊为梗阳大夫是也。《中国历史地图集》战国"韩魏图":在今山西清徐县。

② 详参本节"攻取的齐地"。

③ 详参本节"攻取的魏地"。

据杨宽先生的考证,此两城可能是兹氏和祁。①兹氏在今山西汾阳南(参见图18)②,祁,即今山西祁县(参见图18)。③

(三)攻取离石

秦昭襄王二十六年(前281),又攻取了赵之离石。秦简《编年记》:

(秦昭襄王)廿六年,攻离石。

又,《史记》卷四三《赵世家》:

---

① 杨宽《战国史料编年辑证》:是时秦乘五国合纵破齐之时机,攻取三晋之地,《秦本纪》《赵世家》《六国表》皆谓秦拔赵两城,未明言何地。《西周策》第六章苏厉谓周君曰:"败韩、魏,杀犀武;攻赵,取蔺、离石、祁,皆白起也。"钱穆据此谓"杀犀武在秦昭王十四年,前攻赵拔两城十一年,然则两城者蔺与祁也。云蔺、离石者,兼言两年事"。盖秦攻离石即在秦昭王二十六年。见其所著《公孙龙说赵惠文王偃兵考》(《先秦诸子系年》,商务印书馆,2001年)。但秦简《编年记》云是年攻兹氏,可知拔赵两城,兹氏必为其一。韩连琪《睡虎地秦简编年记考证》云:"秦攻兹氏,不见于史。《水经·原水》:'原公水出兹氏县西羊头山,并过其县北。注:县故秦置也。'是兹氏当即秦昭王取祁后改称……《汉书·地理志》有祁、兹氏并列太原郡,或至汉时兹氏又分祁、兹氏两县。"此说非是。祁县在今山西祁县东南,兹氏在今山西汾阳南。中隔大泽昭余祁,显为两城,不容混而为一。出土有兹氏尖足布与圆足布,皆为赵币,可知赵已称兹氏,非出秦之改称。《赵世家》载惠文十年秦取梗阳,梗阳在今山西清徐,由梗阳南下,即是祁城。由祁向西,越昭余祁泽,即为兹氏。是年秦攻取赵之两城,必为祁与兹氏无疑。蔺在离石之东,靠近西河。《赵世家》载肃侯二十二年"赵疵与秦战,败,秦杀疵河西,取我蔺、离石"。武灵王十九年,王召楼缓谋曰:"我先王因世之变,以长南蕃之地,属阻漳、滏之险,立长城,又取蔺、郭狼,败林人于荏,而功未遂。"郭狼即皋狼,在离石西北,盖肃侯已收复蔺、皋狼等地。《周本纪》周赧王三十四年苏厉谓周君曰:"北取赵蔺、离石者皆白起也。"《西周策》作"取蔺、离石、祁者皆白起"。《吕氏春秋·审应篇》公孙龙谓赵惠文王曰:"今蔺、离石入秦,而王缟素布总。"《燕策三》苏代约燕王,谓秦"已得宜阳(当作"曲阳")、少曲,至蔺、石,因以破齐为天下罪",石即离石。《赵策三》云:"秦攻赵,蔺、离石、祁拔,赵以公子郚为质于秦。"皆以蔺、离石连称。盖蔺与离石同时为白起所拔,时在周赧王三十四年,较白起拔祁与兹氏迟一年。

② 《汉志》:兹氏属太原郡。《汉书补注》先谦曰:《原公水篇》:原公水出兹氏县西羊头山,东过其县北,入汾。注云,县故秦置也。《一统志》:故城今汾阳县治。《汉志汇释》周振鹤师:治今山西汾阳县东南。《中国历史地图集》战国"赵、中山图":兹氏在今山西汾阳南。

③ 《汉志》:祁属太原郡。《汉书补注》先谦曰:晋祁奚食邑,见《左》襄传。战国属赵,见《国策》。《一统志》:故城今祁县东南五里。《汉志汇释》周振鹤师:治山西今县东南。《中国历史地图集》战国"赵、中山图":祁,即今山西祁县。

(赵惠文王)十八年,秦拔我石城。①

又,《史记》卷八一《廉颇蔺相如列传》在叙述"完璧归赵"故事后,亦云:

其后秦伐赵,拔石城。

据杨宽先生考证,石城即离石。② 离石,即今山西离石县(参见图18)。③

(四)取得赵之代、光狼城

在秦昭襄王二十七年(前280),又取得了赵之代、光狼城。《史记》卷五《秦本纪》:

(秦昭襄王)二十七年,错攻楚。赦罪人迁之南阳。白起攻赵,取代、光狼城。

又,《史记》卷一五《六国年表》:

(秦昭襄王)二十七年,击赵,斩首三万。

又,《史记》卷四三《赵世家》:

---

① 《史记》卷一五《六国年表》同。

② 杨宽《战国史料编年辑证》:梁玉绳《史记志疑》辨赵世家"秦拔我石城"事云:"《正义》引右北平之石城县及相州石城为证,而在北平者燕境,在相州者魏境,皆非赵地,胡注《通鉴》谓即魏西河之离石县,然赵肃侯二十二年秦已取之矣,何待是时始拔乎?"考石城固即离石。《周本纪》周赧王三十四年苏厉谓周君曰:"秦破韩、魏,扑师武,北取赵蔺、离石者皆白起也。"《西周策》同,惟作"取蔺、离石、祁者皆白起"。周赧王三十四年正当赵惠文王十八年,与《赵世家》《六国表》赵惠文王十八年拔石城之说合,此其证一也。《吕氏春秋·审应览》公孙龙谓赵惠文王曰:"今蔺、离石入秦,而王缟素布总,东攻齐得城而王加膳置酒。"考《赵世家》次年赵奢将,攻齐麦邱,取之。公孙龙既以蔺、离石入秦与攻齐得城为先后事,明是年秦所拔赵之石城即离石,此其证二也。《燕策二》《苏秦列传》苏代约燕王曰:秦□已得宜阳、少曲("宜阳"当作"曲阳"),致蔺、石,因以破齐为天下罪,秦欲攻魏重楚,则以南阳委于楚。据此,是秦得赵蔺、石固在天下合纵破齐后。《西周策》苏厉谓周君曰:"败韩、魏,杀犀武,攻赵取蔺、离石、祁者皆白起□今攻梁,梁必破。"与苏代约燕王语,以秦得蔺石后欲攻魏之说又合,是石固离石之简称,此其证三也。《赵策三》云:"秦攻赵,蔺、离石、祁拔,赵以公子郚为质于秦,而请内焦、黎、牛狐之城,以易蔺、离石、祁于赵。赵背秦□秦王大怒,令卫胡易伐赵,攻阏与。"考阏与之役,在赵惠文王二十九年,事既由易回蔺、离石、祁失信而起,明赵失蔺、离石、祁,固当在赵惠文王时。此其证四也。秦简《编年记》正作"秦昭王廿六年攻离石",此其证五也。赵肃侯二十二年秦尝取赵蔺、离石,不久即收复。是年又为秦所拔。是年为秦所拔者亦为蔺、离石两城,说明已在上年案语中。

③ 参见第136页注④。

(赵惠文王)十九年,秦败我二城,赵与魏伯阳。赵奢将,攻齐麦丘,取之。①

又,《史记》卷七三《白起王翦列传》:

(秦昭襄王)二十七年,白起攻赵,取光狼城。

代,在今河北蔚县东北(参见图27)②;光狼城在今山西高平西(参见图24)。③

(五)攻赵拔三城

秦昭襄王二十七年(前280),秦取得赵之代、光狼城后,秦转而攻取楚地④,直到秦昭王襄四十二年(前265),现存文献不见秦攻取赵地。秦昭襄王四十二年(前265),即赵孝成王元年,秦再次拔赵三城。《史记》卷一五《六国年表》:

赵孝成王元年,秦拔我三城,平原君相。

又,《史记》卷四三《赵世家》:

(赵)孝成王元年,秦伐我,拔三城。赵王新立,太后用事,秦急攻之。

秦昭襄王三十七(前270)、三十八(前269)两年,秦曾持续越韩上党攻赵之

---

① 《史记》卷一五《六国年表》作"秦败我军,斩首三万"。杨宽《战国史料编年辑证》:《赵世家》言是年"秦败我二城"。梁玉绳云"败当作取",即《秦本纪》所言"取代、光狼城"。《六国年表》谓"击赵,斩首三万",可知是役亦是大战。

② 《汉志》:代属代郡。颜注:应劭曰:故代国。《汉书补注》先谦曰:战国代灭于赵。《一统志》,故城今蔚州东。《汉志汇释》周振鹤师:治今河北蔚县东北。《中国历史地图集》战国"赵、中山图":代,在今河北蔚县东北。

③ 《资治通鉴》胡注:"索隐曰:地志不载光狼城,盖属赵国。《史记正义》曰:光狼故城,在泽州高平县西二十里。康曰:本中山地,赵武灵王取之,其地在代。余考史以代光狼城联而书之,康以为其地在代可也。又云本中山地;中山与代旧为两国,代在山之阴,中山在山之阳;既云在代,不当又云本中山地。如康意,抑以为光狼本代地,赵襄子灭代而中山侵有光狼地;武灵王既灭中山,始有光狼之地。白起自上郡、九原、云中下兵,始能败赵军,取光狼。史既不先序其兵行之路,后又无考,光狼城之所,阙疑可也。"《大清一统志》卷一百七:光狼城在高平县西。《史记·秦本纪》,昭襄王二十七年白起攻赵取光狼城。《括地志》:光狼故城在泽州高平县西。《县志》:在县西三十里,其地名秦赵村,今名强营村。《中国历史地图集》战国"赵、中山图":在今山西高平西。

④ 详参本节"攻取的楚地"。

阏与而不能取。① 随后秦即接受范雎之建议，调整战略，"王不如远交而近攻，得寸则王之寸也，得尺亦王之尺也。今释此而远攻，不亦缪乎。"②因此，此三城虽不详在何地，但很可能是与秦接壤之地。

（六）秦攻取赵之皮牢和武安，并定太原

如前所述，秦昭襄王四十七年（前260），秦攻韩上党，上党降赵，秦因攻赵，赵发兵击秦，相距。秦使武安君白起击，大破赵于长平，四十余万尽杀之，这就是长平大战。秦破赵长平后，又乘胜攻取了赵之皮牢和武安，并定太原。《史记》卷五《秦本纪》：

> （秦昭襄王）四十八年十月，韩献垣雍，秦军分为三军。武安君归。王龁将伐赵武安、皮牢，拔之。司马梗北定太原，尽有韩上党。正月兵罢，复守上党。

又，《史记》卷七三《白起王翦列传》：

> （秦昭襄王）四十八年十月，秦复定上党郡。秦分军为二：王龁攻皮牢，拔之。司马梗定太原。

又，《韩非子·初见秦》：

> （赵氏）悉其士民军于长平之下，以争韩之上党，大王以诏破之（《战国策·秦策一》"诏"误作"诈"），拔武安。③

又，秦简《编年记》：

> （秦昭襄王）卅八年，攻武安。

皮牢，今山西翼城东北（参见图24）。④ 武安，今河北武安西南（参见图

---

① 秦简《编年记》：（秦昭襄王）卅八年，攻阏舆。又，《秦本纪》：（秦昭襄王）三十八年，中更胡伤攻赵阏与，不能取。又，《赵世家》：（赵惠文王）二十九年（当为三十年），秦、韩相攻，而围阏与，赵使赵奢将，击秦，大破秦军阏与下，赐号为马服君。

② 详参《战国策·秦策三》；《史记》卷七九《范雎蔡泽列传》。

③ 《战国策·秦策一》同。

④ 《大清一统志》卷九十九：皮牢城在翼城东三十里，今名牢寨村。《史记·赵世家》，成侯十三年，魏败我浍，取皮牢。《正义》，浍水在县东南，皮牢当在浍之侧。《中国历史地图集》战国"赵、中山图"：皮牢，今山西翼城东北。

24)。① 赵太原郡,因地区在太原而得名。辖境相当于今山西句注山以南,霍山以北,五台、阳泉以西,黄河以东地区(参见图27)。②

(七)攻赵取二十余县

长平大战后,秦军乘胜进围赵都邯郸,赵人坚守邯郸。秦昭襄王五十年(前257),魏公子信陵君无忌窃兵符发兵救赵,楚兵同时来救,秦国大败退去。韩赵魏乘胜夺回了被秦占去的部分土地。③ 秦围攻邯郸虽然受挫,但稍事整顿后,于秦昭襄王五十一年(前256)继续向东进攻,攻取三晋之地。秦昭襄王五十一年(前256),秦攻赵取其二十余县。《史记》卷五《秦本纪》:

(秦昭襄王)五十一年,攻赵取二十余县,首虏九万。

此二十余县的具体名称、地望不详。

以上为昭襄王时,秦攻取的赵地。

四、攻取的楚地

(一)垂沙之战与取楚重丘

如前所述,秦昭襄王六年(前301),齐、韩、魏三国共攻楚方城。双方夹沘水而军,相持六月。最终,在垂沙大败楚军,杀楚将唐昧(唐蔑),这就是齐、韩、魏三国联合共攻楚的垂沙之战。垂沙之战对楚国的打击至为惨重。不仅楚宛、叶以北之地为韩、魏所取得,楚太子横为质于齐,而且楚国内部庄蹻率众起事,一度造成了楚国的四分五裂。④ 垂沙之战为秦攻取楚地创造了机会。秦昭襄王六年(前301),即楚怀王二十八年,秦国以此前质于秦的楚太子杀死了秦大夫为接口,也对楚发动了战争,攻取了楚的重丘。《史记》卷四〇《楚世家》:

(楚怀王)二十七年,秦大夫有私与楚太子斗,楚太子杀之而亡归。

二十八年,秦乃与齐、韩、魏共攻楚,杀楚将唐昧,取我重丘而去。

---

① 《汉志》:武安属魏郡。《汉书补注》先谦曰:战国秦地,昭襄王以封白起为武安君,赵奢破秦军于此。盖以此时属赵,秦王取之,并见《秦纪》。李牧又封武安君,盖复属赵,见《赵世家》。《一统志》:故城今武安县西南。《汉志汇释》周振鹤师:治河北武安市西南。《中国历史地图集》战国"赵、中山图":武安,今河北武安西南。
② 详参杨宽《战国史》附录一"战国郡表"。
③ 详参本章第二节《昭襄王时期的失地》。
④ 详参本节"攻取的韩地"。

204　帝国的形成与崩溃——秦疆域变迁史稿

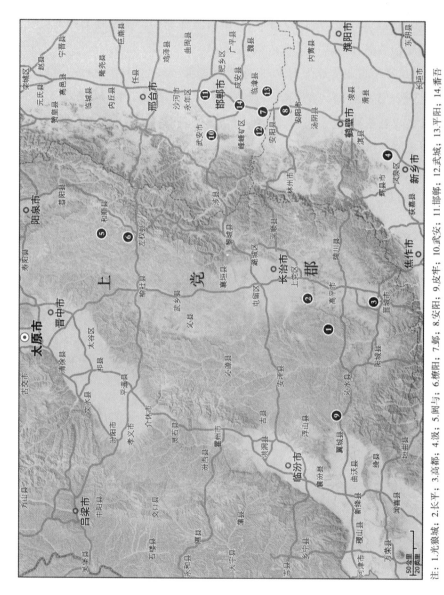

图24　战国时期太行山南部东西两侧诸地望图

注：1.光狼城；2.长平；3.高都；4.汲；5.阏与；6.橑阳；7.邯；8.安阳；9.皮牢；10.武安；11.邯郸；12.武城；13.平阳；14.番吾

又,《史记》卷一五《六国年表》:

  楚怀王二十七年,秦、韩、魏、齐败我将军唐眛于重丘。

又,《史记》卷四六《田敬仲完世家》:

  (齐湣王)二十三年(当作齐宣王十九年),与秦击败楚于重丘。

重丘,在今河南泌阳县东北(参见图21)。①

(二)秦取楚新城

秦昭襄王七年(前300),秦又攻取了楚的新城。秦简《编年记》:

  (秦昭襄王)六年,攻新城,七年,新城陷。

又,《史记》卷五《秦本纪》:

  (秦昭襄王)七年,拔新城。

又,《史记》卷一五《六国年表》:

  楚怀王二十九年,秦取我襄城,杀景缺。

秦攻取新城可能有齐的参与。② 一说新城可能就是襄城,在今河南襄城县

---

① 杨宽《战国史料编年辑证》:王念孙曰:垂沙古读若垂陀(说见《唐韵正》),垂沙盖地名之叠韵者,《韩诗外传》及《淮南子·兵略训》并作兵殆于垂沙,《楚策》云:"垂沙之事,死者以千数,则作垂沙者是。"考《楚策四》第七章"长沙之难楚太子横为质于齐","长沙"亦"垂沙"之字误。《秦本纪》谓此役齐、魏、韩共攻楚方城,而《赵策四》又云"魏败楚于陉山,禽唐明。楚王惧,令昭应奉太子以委和于薛公"。《吕氏春秋·处方篇》又称章子与荆夹沘水而军。方城、陉山、沘水皆在南阳郡,垂沙当即沘水旁地名。《荀子》杨倞注:"垂沙,地名,未详所在,《汉书·地理志》沛郡有垂乡,岂垂沙乎?"考沛郡蕲县之垂乡,与此役无关。《资治通鉴》综合《史记·秦本纪》与《楚世家》之记载,谓"秦庶长奂会韩、魏、齐兵伐楚,败其师于重丘,杀其将唐眛,遂取重丘"。胡三省注又引《水经注》:"沘水又西,溴水注之,水出芘丘山,南入于沘水",推定重丘即芘丘。顾观光从其说,以为重丘即垂沙。考《楚策二》第三章:"术视伐楚,楚令昭鼠以十万军汉中,昭雎胜秦于重丘。"据此,重丘在秦、楚两国之间。余谓是年秦庶长奂伐楚,斩首二万而取得重丘,同年齐、韩、魏三国联军大破楚于垂沙,杀楚将唐眛,《史记》误混为一事。《水经·灈水注》引盛弘之云:"叶东界有故城,始鱣县,东至灈水,达比阳界,南北联,联数百里,号为方城,一谓之长城云。"楚方城利山脉高地,联结灈水与沘水堤防筑成,故方城亦称连隄。陉山、垂沙,皆当为方城附近沘水旁之地名。《中国历史地图集》战国"楚越图":重丘在今河南泌阳县东北。

② 杨宽《战国史料编年辑证》:《楚世家》谓秦复攻楚、破楚而杀楚将景缺,楚怀王恐,乃使太子为质于齐。而《楚策二》又谓齐、秦约攻楚,楚令景翠以六城赂齐,以太子为质。盖是年秦攻楚新城,杀楚将景缺,是由于"齐、秦约攻楚",故楚欲以六城赂齐,以太子为质于齐。

(参见图17)①；一说新城，在今河南伊川县西南(参见图21)。② 当以后一说为是，此新城在今河南伊川县西南。

(三)攻楚取新市等八城

秦昭襄王八年(前299)，即楚怀王三十年，秦又攻楚，取得了楚新市等八城。《史记》卷五《秦本纪》：

(秦昭襄王)八年，使将军芈戎攻楚取新市。

又，秦简《编年记》：

(秦昭襄王)八年，新城归。③

又，《史记》卷四〇《楚世家》：

(楚怀王)三十年，秦复伐楚，取八城。④

又，《史记》卷五《秦本纪》：

(秦昭襄王)九年，奂攻楚取八城，杀其将景快("快"为"缺"之讹)。

新市，今湖北京山县东北(参见图25)。⑤

---

① 《史记正义·秦本纪》引《括地志》云：许州襄城县即古新城县也。《史记正义·秦本纪》云：按《世家》《年表》，则"新"字误作"襄"。《中国历史地图集》战国"楚越图"：在今河南襄城县。

② 杨宽《战国史料编年辑证》："新城在今河南伊川县西南，楚尝于此设新城郡。见《楚策一》第十三章，已说明在周赧王十二年案语中。"《中国历史地图集》战国"楚越图"：新城在今河南伊川县西南。

③ 马非百《秦简大事记集传》：此处"归"字与上"五年归蒲反"之"归"字意义不同。"归蒲反"是将蒲反退还原主。"新城归"则是承上文"新城陷"之后，是表示又将失地收复回来。《秦本纪》："(昭襄王)八年，使将军芈戎攻楚，取新市。"《集解》骃案：《晋地记》曰："江夏有新市县。"案：此新市在今湖北省京山县东北。此时秦兵决无深入到京山县地之可能。《汉志》有新市县，属巨鹿郡，则在今河北省新乐县西南，又非楚地。疑新市乃新城之讹。七年新城陷，今又取之，故曰新城归。与此正合。

④ 《史记》卷一五《六国年表》作"秦取我八城"。

⑤ 《大清一统志》卷二百六十五：新市故城在京山县东北，本楚地，后汉为侯国，属江夏郡。《史记·秦本纪》：昭襄王八年使将军芈戎攻楚取新市。《中国历史地图集》战国"楚越图"：新市即今湖北京山县东北。

（四）取楚析十五城

由于垂沙之战大败，楚太子横为质于齐。秦骗楚怀王入秦，"要以割巫、黔中之郡"不得。① 秦昭襄王九年（前298），即楚顷襄王元年，秦又攻取楚析等十五城。《史记》卷四〇《楚世家》：

> （楚）顷襄王横元年，秦要怀王不可得地，楚立王以应秦。秦昭王怒，发兵出武关攻楚，大败楚军，斩首五万，取析十五城而去。

又，秦简《编年记》：

> （秦昭襄王）九年攻析。

又，《史记》卷一五《六国年表》：

> 楚顷襄王元年，秦取我十六城。

析，在今河南内乡县西北（参见图21）。②

（五）攻取宛、叶

如前所述，秦昭襄王十四年（前293），白起攻韩、魏于伊阙，秦斩首韩魏士卒二十四万，韩魏遭受重创。③ 伊阙大战后，秦不仅渡河北上攻取了韩魏在河东和河内的大片领土，还南下攻取了韩楚之地。秦昭襄王十五年（前292），攻楚，取宛、叶。《史记》卷五《秦本纪》：

---

① 《史记》卷四〇《楚世家》：秦昭王遗楚王书曰："始寡人与王约为弟兄，盟于黄棘，太子为质，至欢也。太子陵杀寡人之重臣，不谢而亡去，寡人诚不胜怒，使兵侵君王之边。今闻君王乃令太子质于齐以求平，寡人与楚接境壤界，故为婚姻，所从相亲久矣。而今秦、楚不欢，则无以令诸侯。寡人愿与君王会武关，面相约，结盟而去，寡人之愿也，敢以闻下执事。"……于是往会秦昭王。昭王诈令一将军伏兵武关，号为秦王。楚王至，则闭武关，遂西至咸阳……秦因留楚王，要以割巫、黔中之郡。楚欲盟，秦欲先得地。楚王怒曰："秦诈我而又强要我以地。"不复许秦，秦因留之。楚大臣患之，乃相与谋曰："吾王在秦不得还，要以割地，而太子为质于齐，齐、秦合谋，则楚无国矣。"乃欲立怀王子在国者。昭雎曰："王与太子俱困于诸侯，而今又倍王命而立其庶子，不宜。"乃诈赴于齐……齐王卒用其相计而归楚太子。太子横至，立为王，是为顷襄王。乃告于秦曰："赖社稷灵，国有王矣。"

② 《汉志》：析县属弘农郡。《汉书补注》先谦曰：春秋之白羽，楚邑。秦人过析隈，见《左》僖传。又迁许于此，见《昭传》。襄王时，秦取之，见《楚世家》。《一统志》：故城今内乡县西北百二十里。《汉志汇释》周振鹤师：治今河南西峡县。《中国历史地图集》战国"楚越图"：析在今河南内乡县西北。

③ 详参本节"攻取的韩地"。

(秦昭襄王)十五年大良造白起攻魏,取垣,复予之。攻楚,取宛。①

又,《史记》卷七二《穰侯列传》:

(秦昭襄王十五年)又取楚之宛、叶。

宛,即今河南南阳市(参见图21)②;叶,在今河南叶县西南(参见图21)。③

(六)取得黔中、上庸、汉北地

在秦昭襄王十五年(前292),攻楚,取宛、叶以后,直到秦昭襄王二十七年(前280),现存文献不见秦攻取楚地的记载。秦昭襄王二十七年(前280),秦再次攻取楚地,其原因主要如下:如前所述,白起在攻赵取得蔺、离石、祁之后,秦曾派白起第二次围攻大梁,由于赵、燕再次出兵救魏,秦兵被围困于林中(即林或林乡),又未能如愿。秦昭襄王二十七年(前280)左右,有人献书秦王,建议改变攻取大梁之计。《战国策·魏策四》:"或献书秦王曰:"臣窃闻大王之谋出事于梁,谋恐不出于计矣,愿大王之熟计之也。梁者,山东之要也。有蛇于此,击其尾其首救,击其首其尾救,击其中身首尾皆救。今梁者天下之中身也,秦攻梁者,是示天下要断山东之脊也。是山东首尾皆救中身之时也。山东见亡必恐,恐必大合,山东尚强,臣见秦之必大忧可立而待也。臣窃为大王计,不如南出事于南方,其兵弱,天下不能救,地可广大,国可富,兵可强,主可尊。王不闻汤之伐桀乎,试之弱密须氏以为武教,得密须氏而汤之服桀矣。今秦国与山东为仇,不先以弱为武教,兵必大挫,国必大忧。"秦果南攻蓝田、鄢、郢。"④因为秦攻大梁,东方各国

---

① 杨宽《战国史料编年辑证》:《秦本纪》称是年攻楚取宛,《穰侯列传》亦谓取楚之宛、叶,而《韩世家》《六国表》之韩表皆记"秦拔我宛"在次年。据秦简《编年记》"攻宛",确在次年。《秦本纪》《穰侯列传》盖误上一年。《资治通鉴》从《韩世家》《六国表》记"秦伐韩拔宛"在次年,而《周季编略》既记"秦伐楚取宛、叶"在此年,又记"秦伐韩取宛"在次年。前此九年,齐、魏、韩共攻楚方城,杀楚将唐昧,韩、魏尝取得宛、叶北地。顾观光谓"盖一地而韩、楚两属也"。但宛之主要部分,其时尚当属楚,是时为秦所攻取,非同时共攻两国。

② 参见第172页注④。

③ 《汉志》:叶属南阳郡,楚叶公邑。《汉书补注》先谦曰:春秋战国属楚,秦昭襄王取之,见《秦纪》。《汉志汇释》周振鹤师:治河南今县南。《中国历史地图集》战国"楚越图":在今河南叶县西南。

④ 杨宽《战国史料编年辑证》:鲍彪曰:"蓝田,秦地,疑衍文。"非是。战国时有两地名蓝田:一在秦国,在今陕西蓝田县西。另一蓝田,在楚国,在今湖北钟祥县西北,汉水之西,即《续汉书·郡国志》南郡之蓝口聚,或作蓝田口聚,正当鄢之南,郢之北,为从鄢攻郢必经之地。

必合纵来救,而且"山东尚强",不如南下攻楚,"其兵弱,天下不能救,地可广大",秦因而制定攻取楚都鄢郢的计划。另外,此时,楚顷襄王也听信楚人弋射者之说,欲再次合纵燕赵伐秦。秦闻之,遂发兵伐楚。① 秦昭襄王二十七年(前280),秦军分两路攻楚,一路攻邓。② 一路因蜀攻黔中,楚军败。这一年秦军不仅攻下了黔中,而且迫使楚割上庸、汉北地予秦。《史记》卷五《秦本纪》:

  (秦昭襄王)二十七年,错攻楚。赦罪人迁之南阳。白起攻赵,取代、光狼城。又使司马错发陇西,因蜀攻楚黔中,拔之。③

又,《史记》卷四〇《楚世家》:

---

① 《史记》卷四〇《楚世家》:"十八年,楚人有好以弱弓微缴加归雁之上者,顷襄王闻,召而问之。对曰:'小臣之好射鶀雁、罗鸗,小矢之发也,何足为大王道也。且称楚之大,因大王之贤,所弋非直此也……王朝张弓而射魏之大梁之南,加其右臂而径属之于韩,则中国之路绝而上蔡之郡坏矣。还射圉之东,解魏左肘而外击定陶,则魏之东外弃而大宋、方与二郡者举矣。且魏断二臂,颠越矣;膺击郯国,大梁可得而有也。王縞缴兰台,饮马西河,定魏大梁,此一发之乐也。若王之于弋诚好而不厌,则出宝弓,碆新缴,射嗃鸟于东海,还盖长城以为防,朝射东莒,夕弳浿丘,夜加即墨,顾据午道,则长城之东收而太山之北举矣。西结境于赵而北达于燕,三国布媭,则从不待约而可成也。北游目于燕之辽东而南登望于越之会稽,此再发之乐也。若夫泗上十二诸侯,左萦而右拂之,可一旦而尽也。今秦破韩以为长忧,得列城而不敢守也;伐魏而无功,击赵而顾病,则秦魏之勇力屈矣,楚之故地汉中、析、郦可得而复有也。王出宝弓,碆新缴,涉鄳塞,而待秦之倦也,山东、河内可得而一也。劳民休众,南面称王矣。故曰秦为大鸟,负海内而处,东面而立,左臂据赵之西南,右臂傅楚鄢郢,膺击韩魏,垂头中国,处既形便,势有地利,奋翼鼓媭,方三千里,则秦未可得独招而夜射也。'欲以激怒襄王,故对以此言。襄王因召与语,遂言曰:'夫先王为秦所欺而客死于外,怨莫大焉。今以匹夫有怨,尚有报万乘,白公、子胥是也。今楚之地方五千里,带甲百万,犹足以踊跃中野也,而坐受困,臣窃为大王弗取也。'于是顷襄王遣使于诸侯,复为从,欲以伐秦。秦闻之,发兵来伐楚。"

② 秦简《编年记》:"(秦昭襄王)廿七年,攻邓。"

③ 杨宽《战国史料编年辑证》:《资治通鉴》胡注:"秦兵时因蜀出巴郡枳县路,以攻拔楚之黔中。"所谓"出巴郡枳县路",盖本《华阳国志》。《华阳国志》载周赧王七年,司马错从枳南入,以巴、蜀水师攻取楚商於地为黔中郡,实则此役未能攻拔楚之黔中,此后十年,楚怀王受骗入秦而被留,秦尝"要以割巫、黔中之郡"。秦亦未得黔中。因而是年又遣司马错调发陇西之众,入蜀而再攻楚黔中,拔之。考《秦本纪》又云:秦昭襄王三十年"蜀守若伐楚,取巫郡及江南为黔中郡"。《水经·沅水注》云:"秦昭襄王二十七年使司马错以陇蜀军攻楚,楚割汉北与秦。至三十年,秦又取楚巫、黔及江南地,以为黔中郡。"未叙及司马错拔黔中事,盖秦昭襄王二十七年至三十年间,楚尝一度收复黔中。因而秦之设黔中郡在三十年蜀守若伐楚取得巫、黔及江南之后。

(楚顷襄王)十九年,秦伐楚,楚军败,割上庸、汉北地予秦。

又,《史记》卷一五《六国年表》:

(楚顷襄王)十九年,秦击我,与秦汉北及上庸地。

黔中,在今湖南省西部及贵州省东北部(参见图25)①;上庸,在今湖北竹溪东南(参见图25)②;汉北当即汉水北岸地区(参见图25)。

(七)拔鄢、邓、西陵

秦昭襄王二十七(前280)、二十八年(前279),秦将白起在结束赵地的战争以后,又南下相继攻取了楚之鄢、邓、西陵。《史记》卷五《秦本纪》:

(秦昭襄王)二十八年,大良造白起攻楚,取鄢、邓,赦罪人迁之。③

又,《史记》卷七三《白起王翦列传》:

---

① 参见第154页注①。

② 《汉志》:上庸属汉中郡。《汉书补注》先谦曰:春秋庸国,楚灭之,见《左传》,后为上庸,秦取之。《国策》:张仪谓郑袖,欲以上庸之地六县赂楚也。昭王时以归楚,后败楚,复取之,见《秦纪》《六国表》。《一统志》:故城今竹山县东南。《汉志汇释》周振鹤师:治今湖北竹山县西南。《中国历史地图集》战国"楚越图":上庸,在今湖北竹溪东南。

③ 又,《元和郡县图志》卷二十一:"故宜城,在县南九里,本楚鄢县。秦昭王使白起伐楚,引蛮水灌鄢城,拔之,遂取鄢,即此城也。"杨宽《战国史料编年辑证》:《大事记·解题》云:"鄢,楚之别都也,在今襄州之宜城县。南丰曾氏巩曰:荆及康狼,楚之西山也。水出二山之间,东南而流,春秋之世曰鄢水……秦昭王二十八年,使白起将攻楚,去鄢百里立堨,壅是水为渠,以灌鄢,遂拔之。秦既得鄢,以为县。"《读史方舆纪要》又云:"长渠在宜城县西四十里,亦曰罗川,又曰鄢水,亦曰白起渠,即蛮水也。秦昭王二十八年使白起攻楚,去鄢百里立堨,壅是水为渠,以灌鄢。鄢入秦,而起所为渠不废,今长渠是也。"今案:白起引水灌鄢,乃此次秦大举攻楚之重要战役。长谷水即蛮水、鄢水,亦称白起渠,今鄢之遗址尚存,在今湖北宜城县东南,俗称楚皇城。白起渠之遗迹亦存于古城之西北。今古城东北角有缺口,即引水灌城之入口,东城墙南端又有出口,东南更有洼地。参看杨宽《中国古代都城制度史研究》上编第八章"楚之别都鄢",上海古籍出版社,1993年。

第七章　战国晚期的秦疆域变迁　211

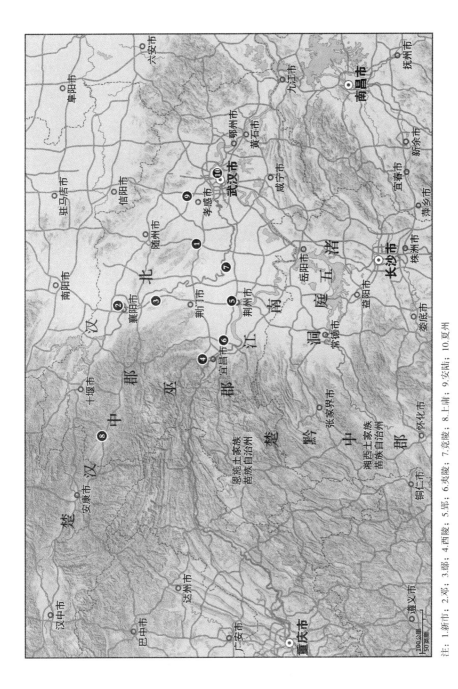

图 25　战国时期长江中游地区诸地地望图

注：1.新市；2.邓；3.鄢；4.西陵；5.郢；6.夷陵；7.竟陵；8.上庸；9.安陆；10.夏州

后七年(秦襄昭王二十八年),白起攻楚,拔鄢、邓五城。①

又,秦简《编年记》:

(秦昭襄王)廿七年,攻邓。

又,《史记》卷四〇《楚世家》:

(楚顷襄王)二十年秦将白起拔我西陵。

又,《史记》卷一五《六国年表》:

楚顷襄王二十年秦拔鄢、西陵。

又,《水经·江水注》:

江水又东径西陵县故城南,《史记》秦昭王遣白起伐楚取西陵者也。

鄢,原为楚的别都,在今湖北宜城东南(参见图25)②;邓,今湖北襄樊(参见

---

① 杨宽《战国史料编年辑证》:《资治通鉴》作"秦白起伐楚,取鄢、邓、西陵"。梁玉绳《史记志疑》综合《秦本纪》《六国表》《楚世家》,以为"《白起列传》言拔鄢、邓五城,乃拔鄢、邓、西陵三城之误"。考秦简《编年记》书"攻邓"于秦昭王二十七年,或者攻邓在二十七年,至二十八年而拔之。邓在今湖北襄樊市北,鄢在今湖北宜城县东南,西陵在今湖北新洲县西。惟《资治通鉴》胡三省注以为西陵非汉江夏郡之西陵,"西陵即夷陵,《汉书·地理志》夷陵县属南郡,《水经》江水东径夷陵县,又东径西陵峡,盖县城去峡不远"。程恩泽《国策地名考》从其说,以为"当时秦兵所及,亦仅至安陆而上,未尝越汉阳武昌而至黄州也",亦谓西陵指西陵峡。其实非是。《秦策四》第九章言是年"白起拔楚西陵,或拔鄢、郢、夷陵"。金正炜《补释》云:"此文或,犹又也,说见《经传释词》,非谓别将"。盖白起分兵两路进攻,东路拔西陵,西路拔鄢、郢、夷陵,可知西陵与夷陵非指一地。《水经注》亦以为白起所伐取之西陵,即西陵县故城。《白起列传》称"其明年攻楚,拔郢、烧夷陵,遂东至竟陵,楚王亡去郢,东走徙陈"。郢在今湖北江陵县西北,夷陵在今湖北宜昌市东南,竟陵在今湖北潜江县东北。秦简《编年记》又谓秦昭王廿九年"攻安陆",安陆在今湖北云梦县,在竟陵东北约一百里,西陵则又在安陆以东约一百公里。是役白起于两年间,攻取得楚都周围许多城邑,东至西陵,西至夷陵,大约有三百公里宽阔之富庶地带,楚因而大为削弱。秦以斩首为功,每次大战得胜,皆有斩首多少万之记录,但是役除鄢之战,白起引水灌城,淹死军民数十万以外,未见有斩首多少万之记载,盖如白起所说楚军"各有散心,莫有斗志"(姚本《战国策》末章武安君答应侯语),《楚世家》所谓"楚襄王兵散,遂不复战"。

② 《汉志》:宜城属南郡。故鄢,惠帝三年更名。《汉书补注》先谦曰:战国楚地,秦昭襄王取之,见《秦纪》。《一统志》:故城今宜城县南。《汉志汇释》周振鹤师:治湖北宜城市南。《中国历史地图集》战国"楚越图":在今湖北宜城东南。

图25)①；西陵，一说，在今湖北新洲西②；一说，在今湖北宜昌东北(参见图25)。③

鄢、邓的地理形势非常重要。《读史方舆纪要》："府跨连荆、豫，控扼南北，三国以来，尝为天下重地。庾亮刺荆州，闻石勒新死，议伐之。上言：襄阳北接宛、洛，南阻汉水，其险足固，其土足食。后庾翼亦表言：襄阳，荆楚之旧，西接益、梁，与关陇咫尺，北去河洛，不盈千里，土沃田良，方城险峻，水陆流通，转运无滞，进可以扫荡秦、赵，退可以保据上流。议者谓襄阳去江陵步道五百里，势同唇齿，无襄阳则江陵受敌。自庾翼镇襄阳，田土肥良，桑梓遍野，带以沔水，阻以重山，北接宛、洛，平涂直至，跨对樊、沔，为鄢、郢北门。部领蛮左，常为重镇。《荆州记》曰：襄阳者，旧楚之北津，从襄阳渡江，经南阳出方关即方城，是周、郑、晋、卫之道；其东津经江夏，出平泽关或曰即平靖关，是通陈、蔡、齐、宋之道。胡氏寅曰：襄阳，上流门户，北通汝、洛，西带秦、蜀，南遮湖广，东瞰吴越，欲退守江左，则襄阳不如建邺，欲进图中原，则建邺不如襄阳，欲御强寇，则建邺、襄阳乃左右臂也。林氏奇曰：江陵，郢也。襄阳，鄢也宜城，即故鄢。自江陵而图北方，必经襄阳。襄阳，楚之北津也。"④

(八)取得楚都郢

秦昭襄王二十九年(前278)，白起继续攻楚，拔郢。《史记》卷五《秦本纪》：

(秦昭襄王)二十九年，大良造白起攻楚，取郢为南郡，楚王走。周

---

① 《汉志》：邓属南阳郡，故国。《汉书补注》先谦曰：邓侯吾离朝鲁，见《左桓传》。楚文王灭之，见《庄传》。韩、魏南袭楚至此，见《楚世家》。秦昭襄王取以封公子悝，见《秦纪》。秦为县，见《水注》。《一统志》：故城今襄阳县北。《汉志汇释》周振鹤师：治湖北襄樊市襄阳区西北。《中国历史地图集》战国"楚越图"：邓，今湖北襄樊。

② 《汉志》：西陵属江夏郡，有云梦官。莽曰江阳。《汉书补注》先谦曰：《一统志》：故城今黄冈县西北。黄陂半入西陵境，孙吴所置。《汉志汇释》周振鹤师：治湖北武汉市新洲区西。杨宽《战国史》：《通鉴》胡三省《注》以为西陵即《水经·江水注》所说夷陵县的西陵峡，并非汉江夏郡的西陵县。程恩泽《国策地名考》从其说，其实非是。《秦策四》第九章载："(楚)顷襄王二十年秦白起拔楚西陵，或拔鄢、郢、夷陵。""或"犹"又"也(《经传释词》)，可知西陵与夷陵非一地。《水经·江水注》以白起伐取的西陵即西陵县故城，甚是。秦简《编年记》载昭王廿九年攻安陆，西陵又在安陆以东一百多里。

③ 《中国历史地图集》战国"楚越图"：西陵，约湖北宜昌西北。

④ 详见《读史方舆纪要》卷七十五"湖广五·襄阳府"条。

君来。王与楚王会襄陵。白起为武安君。

又,《史记》卷一五《六国年表》:

秦昭襄王二十九年,白起击楚,拔郢,更东至竟陵,以为南郡。

又,《史记》卷七二《穰侯列传》:

四岁(指秦昭襄王二十九年),而使白起拔楚之郢,秦置南郡,乃封白起为武安君。白起者,穰侯之所任举也,相善。

又,《水经·江水注》:

秦昭襄王二十九年,使白起拔鄢、郢,以汉南地而置南郡焉。《周书》曰:"南,国名也。"……按:韩婴叙《诗》云:其地在南郡、南阳间。《吕氏春秋》所谓禹自涂山巡省南土者也。是郡取名焉。

郢在今湖北江陵西北(参见图25)。①鄢原为楚的别都,就在楚都郢以北约二百里(参见图25)。这一带当时统称为鄢郢,为楚的政治中心。②《史记》卷七三《白起王翦列传》:"楚王亡去郢,东走徙陈,秦以郢为南郡。"

(九)攻取夷陵和竟陵等楚都周围之地

接着又西攻至夷陵,东攻至竟陵,横扫郢之周围地区。《史记》卷七三《白起王翦列传》:

(白起)攻楚拔郢,烧夷陵,遂东至竟陵。楚王亡去郢,东走徙陈,秦以郢为南郡。白起迁为武安君。

又,《史记》卷四〇《楚世家》:

(楚顷襄王)二十一年,秦将白起遂拔我郢,烧先王墓夷陵。楚王兵散,遂不复战,东北保于陈城。③

又,《水经·江水注》:

江水又东径故城北……北对夷陵县之故城。城南临大江,秦令白起伐楚,三战而烧夷陵者也。应劭曰:"夷山在西北,盖因山以名县也。"

---

① 《汉志》:郢属南郡,楚别邑,故郢。莽曰郢亭。《汉志汇释》周振鹤师:治今湖北江陵东北。《中国历史地图集》战国"楚越图":郢,在今湖北江陵。

② 参见杨宽《战国史》第八章《秦将白起攻取楚都郢和攻破楚国》

③ 《史记》卷一五《六国年表》作"秦拔我郢,烧夷陵,王亡走陈。"

又,《水经·沔水注》:

> 巾水又西径竟陵县北,西注扬水,谓之巾口。水西有古竟陵大城,古郧国也……昔白起拔郢,东至竟陵即此也。

又,《战国策·秦策三》蔡泽谓应侯:

> 白起率数万之师,以与楚战,一战而举鄢、郢,再战而烧夷陵。

又,《史记》卷七六《平原君虞卿列传》载毛遂谓楚王:

> 白起小竖子耳,率数万之众,兴师以与楚战,一战而举鄢、郢,再战而烧夷陵,三战而辱王之先人。

夷陵在今湖北宜昌东南(参见图25)①,竟陵在今湖北潜江东北(参见图25)。②

(十)攻取安陆

秦昭襄王二十九年(前278)还攻取了安陆。秦简《编年记》:

> (秦昭襄王)二十九年,攻安陆。

安陆,在今湖北云梦(参见图25)。③

(十一)攻取洞庭、五渚、江南

秦军还渡江南下攻取了洞庭湖周围地区。《韩非子·初见秦》:

> 秦与荆大战,大破荆,袭郢,取洞庭、五渚、江南,荆王君臣亡走,东服于陈。④

洞庭、五渚、江南,当即长江以南的洞庭湖及其周围地区(参见图25)。⑤

---

① 《汉志》:夷陵属南郡。都尉治。莽曰居利。颜注:应劭曰:夷山在西北。《汉志汇释》周振鹤师:治今湖北宜昌市东。《中国历史地图集》战国"楚越图":夷陵在今湖北宜昌东南。

② 《汉志》:江夏郡竟陵郧乡,楚郧公邑。《汉志汇释》周振鹤师:治今湖北潜江市西北。《中国历史地图集》战国"楚越图":竟陵在今湖北潜江东北。

③ 《汉志》:安陆属江夏郡。《汉志汇释》周振鹤师:在今湖北云梦县。《中国历史地图集》战国"楚越图":安陆,在今湖北云梦。

④ 《战国策·秦策一》"五渚"作"五都","服"作"伏"。

⑤ 杨宽《战国史料编年辑证》:《苏秦列传·集解》引《战国策》,亦作"五渚",作"渚"为是。据此可知白起大破楚军,在取得楚郢郢以后,更南下取得洞庭五渚,包括洞庭湖周围之水泽地带,大片长江以南土地。又案:是年秦所取江南,乃楚之江南。《正义》引《括地志》云:"江南,今黔府亦在其地也。"《华阳国志·蜀志》载秦昭襄王二十二年张若为蜀守,"因取筰及其江南地",则指金沙江以南地区,与此非一事。

（十二）复拔楚巫、黔中郡

在秦昭襄王三十年（前277），秦复拔楚巫、黔中郡。《史记》卷五《秦本纪》：

> （秦昭襄王）三十年，蜀守若伐楚，取巫郡及江南，为黔中郡。

又，《史记》卷七三《白起列传》：

> 武安君因取楚，定巫、黔中郡。

又，《史记》卷四〇《楚世家》：

> （楚顷襄王）二十二年，秦复拔我巫、黔中郡。①

又，《水经·沅水注》：

> 沅水又东径临沅县南……县治武陵郡下，本楚之黔中郡矣。秦昭襄王二十七年使司马错以陇、蜀军攻楚，楚割汉北与秦。至三十年，秦又取巫、黔及江南地，以为黔中郡。

秦昭襄王二十七年（前280），秦将司马错率陇西、蜀郡兵攻拔楚黔中，不久可能被楚收复。三十年（前277）秦发大军再度拔取巫、黔中，初置黔中郡。②

---

① 《史记》卷一五《六国年表》作"秦拔我巫、黔中。"
② 对此杨宽先生有辨析，杨宽《中国史料编年辑证》：秦昭王二十七年秦将司马错率陇西、蜀郡兵攻拔楚黔中，不久即为楚所收复，故《水经注》但言"使司马错以陇、蜀军攻楚"，而不言"拔楚黔中"。三十年秦发大军伐楚、再度拔取巫、黔中，初置黔中郡，故《楚世家》言"秦复拔我巫、黔中郡"，《水经注》亦谓"秦又取巫、黔及江南地"，《资治通鉴》又称"秦武安君定巫、黔中"，"定"即谓确实占有。是役秦之主将，《白起列传》《春申君列传》并言是白起，《秦本纪》则谓蜀守张若，梁玉绳《史记志疑》以为起与若共之，是也。白起当为统帅，张若则以蜀守率蜀郡兵随同作战。秦之黔中郡治在黔中。《元和郡县图志》辰州沅陵县下载："秦黔中故郡城在县西二十里。"《秦本纪·正义》引《括地志》亦云："黔中故城在辰州沅陵县西二十里。"在今湖南沅陵县西二十里。汉改黔中郡为武陵郡，郡治移义陵，在今湖南溆浦县。末汉移治临沅，在今湖南常德市东。《读史方舆纪要》卷八十武陵县下云："临沅城一名张若城。《地记》：'秦昭王三十年使白起伐楚，起定黔中，留其将张若守之，若因筑此城以招楚。'"

黔中郡，因黔山得名，辖境有今湖南西部及贵州东北部（参见图25）。① 楚巫郡，巫郡因巫山得名，辖境有今湖北清江中、上游和四川东部（参见图25），楚怀王时已设郡。②

综上所述，破齐后，秦再次攻取楚地，自昭襄王二十七年（前280）至三十年（前277）相继攻取的楚地有上庸、汉北地、鄢、邓、西陵、楚都郢、夷陵和竟陵等楚都周围之地、洞庭、五渚、江南、安陆、巫、黔中郡。③《战国策·秦策四》："顷襄王二十年，秦白起拔楚西陵，或拔鄢、郢、夷陵，烧先王之墓，王徙东北，保于陈城，楚遂削弱，为秦所轻。"

（十三）取楚之夏州

秦昭襄王四十五年（前262），即楚考烈王元年，秦还取楚夏州。《史记》卷一五《六国年表》：

楚考烈王元年，秦取我夏州。④

又，《史记》卷四〇《楚世家》：

（楚）考烈王元年，纳夏州于秦，是时楚益弱。⑤

夏州，当为楚东部之地区名，指汉水与长江合流之间，包括汉阳以下，长江以

---

① 参见杨宽《战国史》附录一"战郡国表"。
② 参见杨宽《战国史》附录一"战郡国表"。
③ 白起曾对昭襄王分析过大败楚之原因。苏辙《古史·白起传》："（秦昭襄）王乃使应侯往见武安君，责之曰：'楚地方五千里，持戟百万，君前率数万之众入楚，拔鄢、郢，焚其庙，东至竟陵，楚人震恐，东徙而不敢西向……'武安君曰：'是时楚王恃其国大，不恤其政，而群臣相妒以功，谄谀用事，良臣斥疏，百姓心离，城池不修，既无良臣，又无守备，故起所以得引兵深入，多倍城邑，发梁焚舟以专民心，掠于郊野以足军食。当此之时，秦中士卒，以军中为家，将帅为父母，不约而亲，不谋而信，一心同功，死不旋踵。楚人自战其地，咸顾其家，各有散心，莫有斗志，是以能有功也。'"（杨宽：原为苏辙《古史·白起传》，采自《战国策》，今本《战国策》失载，姚宏以此收入《战国策》附于末尾。）
④ 杨宽《战国史料编年辑证》："夏"字原脱，《苏秦列传》"东有夏州"下，《集解》引徐广曰："楚考烈王元年秦取夏州。"今据补。
⑤ 杨宽《战国史料编年辑证》："夏"字原脱，今据《苏秦列传·集解》引徐广之说加以补正。

西之水泽地带,为楚东边之要地(参见图 25)。①

以上是秦昭襄王时期,秦攻取的楚地,下面我们考察昭襄王时期秦攻取的齐地。

五、攻取的齐地

(一)伐齐河东九城,改为秦之九县

如前所述,秦齐双方为了达到各自的目的,不惜牺牲第三方的利益。在齐的默许下,秦昭襄王二十年(前 287),秦又继续分兵两路攻魏。一路攻河内,拔新垣、曲阳。秦兵另一路攻河东之安邑。第二年,魏被迫献纳安邑。② 但是,当秦顺利攻取魏之旧都安邑之后,秦却以齐破宋为由,发动了对齐的进攻。《战国策·燕策二》:"(秦)已得安邑,塞女戟,因以破宋为齐罪。秦欲攻齐,恐天下救之,则以齐委于天下,曰:'齐王四与寡人约,四欺寡人,必率天下以攻寡人者三,有齐无秦,无齐有秦,必伐之,必亡之。'"③于是,在秦昭襄王二十二年(前 285),使将军蒙骜伐齐河东九城,改为秦之九县。《史记》卷四六《田敬仲完世家》:

---

① 《大清一统志》卷二百六十一:夏州在汉阳县北。杨宽《战国史料编年辑证》:《苏秦列传》楚"东有夏州"下,《集解》云:徐广曰:楚考烈王元年,秦取夏州,骃案《左传》:楚庄王伐陈,乡取一人焉以归,谓之夏州。注者不说夏州所在。车胤《桓温集》云:"夏口城上数里有洲名夏州,东有夏州谓此也。"《正义》云:"大江中州也,夏水口在荆州江陵县东南二十五里。"《周季编略》据《集解》所引徐广说,改作"楚纳夏州于秦",甚是。惟据《正义》以为夏州在江陵县,不确。秦昭襄王二十九年,白起攻取楚都郢及其周围地区,江陵县一带当早已为秦所取。江永《春秋地理考实》谓"夏州盖在北岸江、汉合流之间,其后汉水遂有夏名"。程恩泽《国策地名考》以为夏州当指汉阳一带,亦即《离骚》所谓夏浦。今案:夏州当为楚东部之地区名,指汉水与长江合流之间,包括汉阳以下,长江以西之水泽地带,为楚东边之要地,此时楚被迫而献纳于秦,故《楚世家》云"是时楚益弱"。若仅为一城名州,《楚世家》不能据此谓"楚益弱"。但《楚世家·集解》引徐广曰"南郡有州陵县"以解释,《续汉书·郡国志》南郡州陵县下有注云:"楚考烈王纳州于秦,即其地。"则《楚世家》早已作"纳州"而脱"夏"字。盖《楚世家》先脱"夏"字,后人又据《楚世家》误删《六国年表》之"夏"字。楚顷襄王时有封君夏侯,《楚策四》庄辛谓楚顷襄王:"君王左州侯,右夏侯。"夏侯当即封于夏州。

② 详参本节"攻取的魏地"。

③ 《史记》卷六七《苏秦列传》同,唯"秦欲攻齐","齐"误作"韩"。《战国纵横家书》第二十一章苏秦献书赵王,亦云:秦"故以齐饵天下"。《史记》卷四三《赵世家》载苏厉为齐遗赵王书亦云:秦"故以齐啖天下"。又,《战国策·赵策一》又作"故以齐为饵,先出声于天下,欲邻国闻而观之也"。

(齐湣王)三十九年(当作十六年),秦来伐,拔我列城九。①

又,《史记》卷五《秦本纪》:

(秦昭襄王)二十二年,蒙武伐齐河东(蒙武当作蒙骜),为九县。与楚王会宛。与赵王会中阳。②

综合《田敬仲完世家》和《秦本纪》记载,秦此次所拔齐九城,为齐黄河以东的九个城,后改为秦之九县,但具体名称、地望不详。

(二)取得陶

次年,即秦昭襄王二十三年(前284),秦又与三晋、燕合纵攻齐。《史记》卷四六《田敬仲完世家》:"(齐湣王)四十年,燕、秦、楚、三晋合谋,各出锐师以伐,败我济西。王解而却,燕将乐毅遂入临淄,尽取齐之宝藏器。湣王出亡,之卫。卫君辟宫舍之,称臣而共具。……楚使淖齿将兵救齐,因相齐湣王。淖齿遂杀湣王而与燕共分齐之侵地卤器。"又,《史记》卷五《秦本纪》:"(秦昭襄王)二十三年,尉斯离与三晋、燕伐齐,破之济西。王与魏王会宜阳,与韩王会新城。"③五国破齐后,秦、魏正分别攻取齐刚取得的宋地。昭襄王二十六年(前281),秦取得了陶及其周围地区。《韩非子·定法》:

穰侯越韩、魏,东攻齐五年,而秦不益尺土之地,乃成其陶邑之封。④

---

① 《史记》卷一五《六国年表》作"秦拔我列城九"。
② 《史记》卷一五《六国年表》作"蒙武击齐"。
③ 《史记》卷一五《六国年表》作"尉斯离与韩、魏、赵、燕共击齐,破之"。
④ 关于秦取得陶之时间,杨宽《战国史料编年辑证》:《穰侯列传》:"其明年(秦昭襄王十六年),烛(寿烛)免,复相冉,乃封魏冉于穰,复益封陶,号曰穰侯。"《韩世家》襄王十一年《正义》云:"穰,人羊反,邓州县也。"《穰侯列传》谓秦昭王十六年"魏冉复相秦而封于穰,复益封陶"。亦有年代错误。是年秦尚未攻取得陶,秦将攻齐取得之陶作为魏冉封邑,乃秦昭王二十六年事。又杨宽:秦未还师至本国,而乘五国合纵破齐之时机,移兵与魏争夺齐所兼并之宋地。定陶一带原为宋最富庶之区,奉阳君李兑与穰侯魏冉皆欲取为封邑。是时李兑既不便越卫、魏而攻取陶邑,魏虽与宋接壤,便于夺得宋地,但其兵力不足与秦争夺,穰侯因而得以逐步攻占定陶一带。秦自昭王二十二年开始攻齐,至二十六年取得定陶一带,当魏冉三次复为丞相时,陶邑成为其封邑。故《韩非子·定法》云:"穰侯越韩、魏东攻齐五年,而秦不益尺土之地,乃成其陶邑之封。"盖早先攻取河东之列城九,因移兵争夺宋地而放弃。可知魏冉三次复相时,取得当时最富庶之陶邑作为封地,有巨大之市租收入,因而"私家富重于王室"。是魏冉封于陶在三次复相时,《史记》误以为在再次复相时耳。

陶,即在今山东定陶县(参见图26)。①《史记》卷一二九《货殖列传》说:"陶、睢阳亦一都会也。"又说陶为"天下之中,诸侯四通,货物所交易也"。范蠡居此,"十九年之中三致千金"。陶繁华富庶,是秦相魏冉久已想要取得的,后来就成为他的封邑。

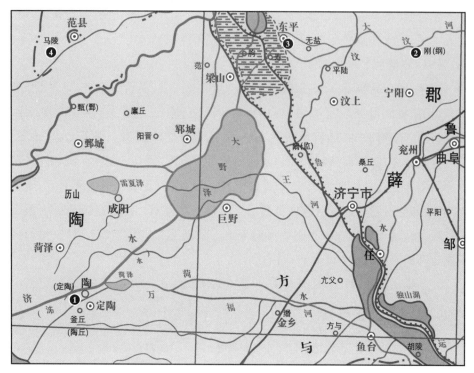

注:1.陶(陶郡);2.刚;3.寿;4.马陵

图 26　战国时期鲁西南诸地地望图

(底图取自谭其骧主编《中国历史地图集》战国"齐鲁宋图",地望标号新加)

(三)穰侯谋广陶邑与攻取齐刚、寿

如上所述,秦昭襄王二十六年(前281),秦取得了陶及其周围地区。秦穰侯

---

① 《大清一统志》卷一百四十四:定陶故城在定陶县西北四里。周武王弟振铎封于曹,以为都邑。春秋哀公八年宋灭曹,遂为宋邑。十四年,宋向魋入于曹以叛,亦曰陶。《史记》:范蠡居陶,自谓陶朱公。《战国策》,楚人说顷襄王,外击定陶则魏之东外弃。又,秦穰侯邑于此,所谓侵刚寿以广其陶邑者。秦置定陶县,汉五年彭越为梁王,都定陶。后为济阴郡治。《中国历史地图集》战国"齐鲁宋图":在今山东定陶县。

魏冉在取得陶邑作为封邑后,就谋进一步扩大其封地。秦昭襄王三十六年(前271),秦谋伐齐,以广其陶邑,次年,秦取得了齐之刚、寿。《史记》卷七二《穰侯列传》:

> (秦)昭王三十六年,相国穰侯言客卿灶,欲伐齐取刚、寿以广其陶邑。①

又,《史记》卷一五《六国年表》:

> (齐襄王)十四年,秦、楚击我刚、寿。

又,《史记》卷四六《田敬仲完世家》:

> (齐襄王)十四年,秦击我刚、寿。②

又,秦简《编年记》:

> (秦昭襄王)卅七年,□寇刚。③

又,《史记》卷五《秦本纪》:

> (秦昭襄王)三十六年,客卿灶攻齐,取刚、寿予穰侯。④

刚,今山东宁阳东北(参见图26)⑤,寿,今山东东平西南(参见图26)。⑥ 客

---

① 杨宽《战国史料编年辑证》:《资治通鉴》周赧王四十五年载:"穰侯言客卿灶于秦王,使伐齐,取刚、寿以广陶邑。"是《资治通鉴》作者所见《史记》,"客卿灶"下有"于王"两字。黄式三云:"言客卿灶"当作"用客卿灶言。"

② 杨宽《战国史料编年辑证》:梁玉绳谓:《六国表》"楚"字衍,《秦记》《田完世家》《穰侯列传》《范雎列传》无"楚"字。

③ 杨宽《战国史料编年辑证》:《编年记》所记秦攻伐别国之事皆称"攻",唯此用贬词作"寇",或者以为此乃作者对穰侯越韩、魏而攻齐纲、寿,表示指斥。但《编年记》中未见有反对穰侯之意图,原文此三字并不清楚,第一字不能辨识,第二、三两字,右侧残缺。因而所识"寇"字,恐不确。

④ 杨宽《战国史料编年辑证》:秦取刚、寿,当从《编年记》《田世家》《六国表》,定在昭王三十七年。《秦本纪》"六"乃"七"字之误。"刚"抑或作"纲",《范雎列传》记雎曰:"夫穰侯越韩、魏而攻齐纲、寿,非计也。"

⑤ 《汉志》:刚属泰山郡。《大清一统志》卷一百三十:刚县故城在宁阳县东北三十五里。战国时齐之刚邑。秦昭王三十六年取齐刚、寿。《中国历史地图集》战国"齐鲁宋图":刚,今山东宁阳东北。

⑥ 《大清一统志》卷一百四十二:寿张故城在东平州西南。战国齐刚、寿邑。《史记》:秦昭襄王三十七年客卿竈攻齐取刚、寿。《中国历史地图集》战国"齐鲁宋图":寿,今山东东平西南。

卿灶曾对穰侯说:"攻齐之事成,陶为万乘,长小国,率以朝,天下必听,五伯之事也。"(《战国策·秦策三》"天下"作"天子")。① 穰侯攻取齐的刚、寿,其目的就是,"以广其陶邑",进一步壮大自己的势力。

六、起兵灭义渠

秦昭襄王三十五年(前272),即周赧王四十三年,秦最终攻灭了义渠,遂有义渠之地。《后汉书》卷八七《西羌传》:

> 及昭王立,义渠王朝秦,遂与昭王母宣太后通,生二子。至赧王四十三年,宣太后诱杀义渠王于甘泉宫,因起兵灭之,始置陇西、北地、上郡焉。②

《后汉书·西羌传》:"周贞王八年,秦厉公灭大荔,取其地。赵亦灭代戎,即北戎也。韩、魏复共稍并伊、洛、阴戎,灭之。其遗脱者皆逃走,西逾汧、陇。自是中国无戎寇,唯余义渠种焉。"至此,义渠亦为秦攻灭。义渠据有今陕西省北部、甘肃省东部和宁夏等地(参见图13)。③

七、灭西周

如上所述,秦围攻邯郸虽然受挫,但稍事整顿后,于秦昭襄王五十一年(前256)继续向东进攻。这时东方各国又发动合纵抗秦的运动,西周君也参与了这次合纵的行动,会同各国锐师出伊阙,企图截断秦通向阳城的后路。秦将摎便向西周发动进攻,西周君尽献其邑和人口给秦国,西周灭亡。《史记》卷五《秦本纪》:

---

① 参见帛书《战国纵横家书》第十九章。
② 杨宽《战国史料编年辑证》:蒙文通《周秦少数民族研究》"义渠与匈奴"条云:"《秦本纪》言:昭王二十年,王之上郡北河,此义渠灭始置地也。以前例后,则列传言杀义渠王甘泉宫,遂伐残义渠,应在二十年以前,则赧王四十三年,为行'四'字,正昭王之五年,而义渠灭也。"此说不可信。考《战国策·秦策三》及《范雎列传》,雎入秦,待命岁余,昭王始见之,曰:"寡人宜以身受令久矣。会义渠之事急,寡人日自请太后。今义渠之事已,寡人乃得以身受命。"是时昭王已立三十六年。足证《后汉书·西羌传》之说不误,当在秦昭王三十五年,即周赧王四十三年。《大事记》列之于周赧王四十四年,盖误后一年。
③ 参见杨宽:《战国史》,上海人民出版社,1998年,第285页。

(秦昭襄王)五十一年,将军摎攻韩,取阳城、负黍,斩首四万。攻赵取二十余县,首虏九万。西周君背秦,与诸侯约从,将天下锐兵出伊阙攻秦,令秦毋得通阳城,于是秦使将军摎攻西周。西周君走来自归,顿首受罪,尽献其邑三十六城,口三万。秦王受献,归其君于周。

又,《史记》卷四《周本纪》:

(周赧王)五十九年,秦取韩阳城、负黍,西周恐,倍秦,与诸侯约从,将天下锐师出伊阙攻秦,令秦无得通阳城。秦昭王怒,使将军摎攻西周。西周君奔秦,顿首受罪,尽献其邑三十六,口三万。秦受其献,归其君于周。周君、王赧卒,周民遂东亡。秦取九鼎宝器,而迁西周公于𢠸狐。

又,《史记》卷四三《赵世家》:

(赵孝成王)十年……而秦攻西周,拔之。徒父祺出。①

西周都于河南,有河南、缑氏、榖城三邑。② 河南在今河南洛阳市(参见图22)③;缑氏在今河南偃师市东南(参见图22)④;榖城在今河南洛阳市西北(参见图22)。⑤

---

① 杨宽《战国史料编年辑证》:"徒父祺出",《正义》云:"赵见秦拔西周,故令徒父祺将兵出境也。"是年周赧王死,秦拔西周,使天子绝灭,故赵使徒父祺出访邻国,图谋联合挽救。

② 《史记集解·周本纪》徐广曰:"周比亡之时,凡七县,河南、洛阳、榖城、平阴、偃师、巩、缑氏。"又,《读史方舆纪要·历代州域形势一》:"显王二年,韩、赵即其所封,分周为二。河南、缑氏、榖城三邑,属西周。洛阳、平阴、偃师、巩四邑,属东周……盖东西周之名,前后凡三变:初言东西周者,以镐京对洛邑而言;中间言东西周者,以王城对成周而言;最后言东西周,则以河南对巩而言也。"

③ 《汉志》:河南属河南郡。《汉书补注》先谦曰:平王东迁,至景王十一世,皆居此。敬王迁雒阳,王城遂废。考王封弟揭于河南,复居于此。是为西周。桓公、王赧亦自雒阳徙居西周,见《周纪》。《汉志汇释》周振鹤师:治今河南洛阳市,故址犹存。《中国历史地图集》战国"韩魏图":河南即今河南洛阳市。

④ 参见第179页注②。不过,据《史记》卷七三《白起王翦列传》,缑氏为韩地,在昭襄王四十六年时已经被秦攻取。参见本节"攻取的韩地"。

⑤ 《史记正义·周本纪》引《括地志》云:"故榖城在洛州河南县西北十八里苑中。"《大清一统志》:榖城故城在洛阳县西北。春秋故周邑也。《左传》定公八年,单子伐榖城。汉置榖城县,属河南郡。《水经注》:城西临榖水故名。《中国历史地图集》秦"山东南部诸郡图":在今河南洛阳市西北。

八、攻取"笮及其江南地"

秦昭襄王二十二年(前285),即周赧王三十年,蜀守张若攻取"笮及其江南地"。《华阳国志》卷二《蜀志》:

> (周赧王)三十年,疑蜀侯绾反,王复诛之。但置蜀守。张若因取笮及其江南地。

笮,西南夷,活动于今四川大渡河两岸雅安一带(参见图19)①;江南地,指金沙江以南地区②,不过,此"江南地"也可能指大渡河以南地区(参见图19)。③

第二节 昭襄王时期的失地

一、昭襄王初年的失地

(一)与韩武遂

秦昭襄王元年(前306),公仲倗使韩珉之秦求武隧。甘茂言秦昭襄王,以武遂复归之韩,秦复与韩武遂。《战国策·韩策三》:

> 公仲倗使韩珉之秦求武隧,而恐楚之怒也,唐客谓公仲曰:"韩之事秦也,且以求武隧也,非弊邑之所憎也。韩已得武隧,其形乃可以善楚。……"公仲倗说,士(通"仕")唐客于诸公,而使之主韩楚之事。④

又,《史记》卷七一《樗里子甘茂列传》:

---

① 《史记集解·西南夷列传》徐广曰:"笮音昨,在越巂。"《史记索隐·西南夷列传》韦昭云:"笮县在越巂。"《史记·西南夷列传·正义》引《括地志》云:笮州本西蜀徼外,曰猫羌巂。《华阳国志》:雅州邛郲山本名邛笮山,故邛人、笮人界。《中国历史地图集》秦"淮汉以南诸郡图":笮在今四川大渡河两岸雅安一带。

② 杨宽《中国历史编年辑证》:《华阳国志·蜀志》载:秦昭襄王二十二年张若为蜀守,"因取笮及其江南地",指金沙江以南地区。

③ 因为笮在今四川大渡河两岸一带,那么此"江南地"当指今四川大渡河以南地区。

④ 杨宽《战国史料编年辑证》:韩珉一作韩岷,《战国纵横家书》作韩貣,韩臣之亲秦者,是时公仲倗使之秦求归武遂。其后韩珉曾因亲秦而为齐湣王之相。

> 甘茂竟言秦昭王,以武遂复归之韩。向寿、公孙奭争之,不能得。
> 向寿、公孙奭由此怨,谗甘茂。

又,《史记》卷四五《韩世家》:

> (韩襄王)六年,秦复与我武遂。

武遂,在今山西垣曲东南(参见图16)。① 如前所述,在秦武王四年(前307),取得韩宜阳之后,秦军又渡河攻取了韩的武遂,此时复归武遂于韩。

(二)秦楚和好与复归楚上庸

如前所述,秦昭襄王新立,昭襄王的母亲宣太后掌权。宣太后是楚人,秦楚开始和好。秦来楚"迎妇",秦楚联姻;经楚怀王的推荐,由宣太后外族的向寿出任秦相②;秦昭襄王三年(前304),楚王和秦王在黄棘相会结盟,秦复与楚上庸。《史记》卷五《秦本纪》:

> (秦昭襄王)三年,王冠。与楚王会黄棘,与楚上庸。

又,《史记》卷四〇《楚世家》:

> (楚怀王)二十五年,怀王入与秦昭王盟,约于黄棘,秦复与楚上庸。③

上庸,今湖北竹溪东南(参见图25)。④ 上庸为楚汉中郡地,如前所述,秦惠文王后十三年时,秦攻取了楚汉中郡,此时秦复与楚上庸。

(三)复与魏蒲阪

秦昭襄王五年(前302),秦复与魏蒲阪。《史记》卷五《秦本纪》:

> (秦昭襄王)五年,魏王来朝应亭,复与魏蒲阪。⑤

又,《史记》卷四四《魏世家》:

> (魏哀王)(当作襄王)十七年,与秦会临晋,秦予我蒲反。⑥

又,秦简《编年记》:

> (秦昭襄王)五年,归蒲反。

---

① 参见第153页注①。
② 《史记》卷七一《甘茂列传》。
③ 《史记》卷一五《六国年表》作"与秦王会黄棘,秦复归我上庸"。
④ 参见第210页注②。
⑤ 《史记》卷一五《六国年表》作"魏王来朝"。
⑥ 《史记》卷一五《六国年表》同,唯"秦予我蒲反"作"复我蒲坂"。

秦昭襄王四年(前303),齐、韩、魏为楚负其从亲而合于秦,三国共攻楚,楚使太子入质于秦而请救。秦乃遣客卿通将兵救楚,三国引兵去,秦不仅攻取了韩的武遂,还攻取了魏的蒲阪、晋阳、封陵。① 秦昭襄王五年(前302),秦复与魏蒲坂。蒲坂,今山西永济西(参见图16)。②

二、孟尝君合纵攻秦与秦之失地

秦昭襄王九年(前298),当秦楚大战之际③,齐孟尝君联合韩魏发动了对秦国的进攻。④ 联军一直攻到了函谷⑤,并且在函谷打败了秦军。⑥ 至昭襄王十一年(前296),赵、宋、中山亦加入攻秦。《史记》卷五《秦本纪》:"(昭襄王)十一年,齐、韩、魏、赵、宋、中山五国共攻秦,至盐氏而还。"⑦形势对秦极为严峻。《战国策·秦策四》:"三国攻秦,入函谷,秦王谓楼缓曰:'三国之兵深矣,寡人欲割河东而讲。'对曰:'割河东,大费也;免于国患,大利也,此父兄之任也,王何不召公子池而问焉。'王召公子池而问焉,对曰:'讲亦悔,不讲亦悔。'王曰:'何也?'对曰:'王割河东而讲,三国虽去,王必曰:"惜矣! 三国且去,吾特以三城从之。"此讲之悔也。王不讲,三国入函谷,咸阳必危。王又曰:"吾爱三城而不讲。"此

---

① 参见本节"攻取的韩地""攻取的魏地"。
② 参见第182页注③。
③ 参见本节"攻取的楚地"。
④ 《史记》卷七五《孟尝君列传》:"孟尝君怨秦,将以齐为韩、魏攻楚,因与韩、魏攻秦,而借兵食于西周。"
⑤ 《史记》卷四六《田敬仲完世家》:"[齐湣王]二十六年(当作三年)齐与韩、魏共攻秦,至函谷军焉。"《史记》卷一五《六国年表》作"与魏、韩共击秦"。又,《史记》卷四五《韩世家》:"[韩襄王]十四年与齐、魏王共击秦,至函谷而军焉。"《史记》卷一五《六国年表》作"与齐、魏共击秦"。
⑥ 《史记》卷四四《魏世家》:"(魏哀王当作襄王)二十一年,与齐、韩共败秦军函谷。"《史记》卷一五《六国年表》作"与齐、韩共击秦于函谷"。
⑦ 杨宽《战国史料编年辑证》:三国攻秦函谷先后有三年之久,赵、宋持观望态度,及是年三国得胜,攻入函谷,于是赵、宋起兵与齐、魏、韩三国向河东进攻,攻至盐氏,迫使秦归还已占有之河外及封陵、武遂,此皆魏、韩两国重要之防守要塞,经两国收复,可以解除秦东侵之威胁。

又不讲之悔也。'王曰：'钧吾悔也，宁亡三城而悔，无危咸阳而悔也。寡人决讲矣。'"①在这种情况下，秦不得已割地讲和。《战国策·秦策四》：

> 卒使公子池以三城讲于三国，三国之兵乃退。

又，《史记》卷五《秦本纪》：

> 秦与韩、魏河北及封陵以和。

又，《史记》卷一五《六国年表》：

> 韩襄王十六年，与齐、魏击秦，秦与我武遂和。

又，《史记》卷四五《韩世家》：

> （韩襄王）十六年，秦与我河外及武遂。

齐、魏、韩为主的东方诸国的这次合纵攻秦前后三年之久，最终秦派公子池割地求和，"卒使公子池以三城讲于三国，三国之兵乃退"，此三城，一为予韩之武遂，一为予魏之封陵，另外一城，杨宽先生认为是封陵西北的阳晋。② 这样昭襄王此前所取得的魏蒲阪、晋阳、封陵及韩武遂均复为韩魏收复。

三、苏秦合纵攻秦与秦之失地

如前所述，赵武灵王时形成了秦、齐、赵三强鼎立的形势。秦想联合齐国，一举攻灭赵国。于是秦昭襄王自立为西帝，使魏冉致齐湣王为东帝，形成了秦齐联盟。但是，秦齐的联盟最终不仅被苏秦破坏，而且苏秦反过来合纵齐、赵、燕、韩、

---

① 《韩非子·内储说上》大体相同，唯"函谷"误作"韩"，"公子池"作"公子氾"。
② 杨宽《战国史料编年辑证》：吴师道云："按：三城者，武遂与韩，封陵与魏，齐城与齐。武遂、封陵在河东，齐城无考。"梁玉绳《史记志疑》于《秦本纪》云："秦和三国，以武遂与韩，封陵与魏，齐城与齐，《策》所云秦以三城讲于三国者，乃此及《表》皆不言齐，《田完世家》亦不言与我齐城，反载与韩河外，又不及魏……武遂、封陵皆在河外，故三国《世家》俱称河外，《策》作河东，此作河北，盖自秦言之曰东，自三国言之曰北，统言之曰河外。"考"齐城与齐"之说，不可据信。余谓三城者，武遂与韩，封陵、晋阳（又称阳陵）与魏，齐则无与焉。晋阳即在封陵之西北，其重要性次于封陵，史文略而未记。秦于周赧王十二年拔魏蒲阪、晋阳、封陵，次年秦归蒲阪于魏，晋阳封陵仍为秦所占有也。《赵策四》第二章，或谓齐王曰："臣为足下谓魏王曰：……王之事齐也，无入朝之辱，无割地之费，齐为王之故，虚国于燕、赵之前，用兵于二千里之外，故攻城野战，未尝不为王先被矢石也，得二都，割河东，尽效之于王。"可知此役齐用兵于二千里之外，得河东二都归魏，齐未有所得，盖形势不能有也。

魏，组成了攻秦联盟，迫使秦归还了此前攻占的部分赵魏之地。① 帛书《战国纵横家书》第二十一章，苏秦献书赵王：

> 五国之兵出有日矣，齐乃西师以唫（禁）强秦，史（使）秦废令疏服而听，反温、轵、高平于魏，反王公、符逾于赵，此天下所明知也。

又，《战国策·赵策一》：

> 齐乃西师以禁秦国，使秦发令素服而听，反温、轵、高平于魏，反三公、什清、于赵，此天下之明知也。②

又，《史记》卷四三《赵世家》：

> 齐倍五国之约而殉王之患，西兵以禁强秦，秦废帝请服，反高平、根柔于魏，反巠分、先俞于赵。

杨宽《战国史料编年辑证》："温在今河南温县西南，轵在今河南济源县南。高平即向，在今济源县西南，皆为河阳附近之城邑。时孟津与河阳间，架有浮拼，为魏河南联结河内之通道，为确保此一通道之安全，温、轵、高平为魏必争之地。因而魏参与五国攻秦，首先欲返归此三邑。在此五国联合攻秦之形势下，秦欲分化五国，缓和其攻势，不得不废除帝号，恢复称王，而将此三邑归还于魏，又将二邑归还于赵。归赵之二邑，因记载有讹，不详所在。"归赵之二邑，《战国纵横家书》曰王公、符逾；《战国策·赵策一》曰三公、什清；《赵世家》曰巠分、先俞；其具体地望不详。返魏之三县，《战国纵横家书》曰温、轵、高，《战国策·赵策一》曰温、轵、高，《赵世家》则曰高平、根柔，应以《战国纵横家书》和《战国策·赵策一》所记为是。温在今河南温县西南（参见图22）③；轵在今河南济源县东南（参见图22）④；高平即向，在今济源县西南（参见图22）。⑤

四、楚收复秦所拔江旁十五邑

（秦昭襄王）三十一年（前276），即楚顷襄王二十三年，楚收复了此前秦所拔

---

① 详参本节"攻取的魏地"。
② 《战国纵横家书》第二十一章同，《史记》卷四三《赵世家》赵惠文王十六年下，作苏厉为齐遗赵王书。
③ 参见第193页注②。
④ 参见第184页注③。
⑤ 参见第175页注②。

江旁十五邑。《史记》卷五《秦本纪》：

> （秦昭襄王）三十一年，白起伐魏，取两城。楚人反我江南。

又，《史记》卷一五《六国年表》：

> 楚顷襄王二十三年，秦所拔我江旁反秦。

又，《史记》卷四〇《楚世家》：

> （楚顷襄王）二十三年，襄王乃收东地兵，得十余万，复西取秦所拔我江旁十五邑以为郡，距秦。

杨宽认为，此江旁十五邑，当指今巴东一带临江地区，原属楚江南。①

五、围邯郸大败与秦之失地

（一）围邯郸大败

长平大战后，秦军乘胜进围赵都邯郸，赵人坚守邯郸。秦昭襄王五十年（前257），魏公子信陵君无忌窃兵符发兵救赵，楚兵同时来救，秦国大败退去。《史记》卷四三《赵世家》：

> （赵孝成王）八年（当为九年）平原君如楚请救，还，楚来救，魏公子无忌亦来救，秦围邯郸乃解。

又，《史记》卷七九《范雎蔡泽列传》：

> 秦大破赵于长平，遂围邯郸。已而与武安君有隙，言而杀之，任郑安平，使击赵。郑安平为赵所围，急，以兵二万人降赵。

又，《史记》卷五《秦本纪》：

> （秦昭襄王五十年）十二月，武安君白起有罪死。龁攻邯郸，不拔，去，还奔汾军。二月余，攻晋军，斩首六千。晋、楚流死冯二万人（"死"下疑脱"我"字，"河"当作"汾"），攻汾城。

由于魏楚等国合纵救解，秦围邯郸大败，韩赵魏乘胜夺回了被秦占去的部分土地。

（二）秦失部分河东之地

信陵君率魏师破秦兵于邯郸后，乘胜追击溃退之秦兵至河东，攻汾城，夺回若干河东郡之城邑。《史记》卷五《秦本纪》：

---

① 详参杨宽《战国史料编年辑证》。

(秦昭襄王)五十年十二月,益发卒军汾城旁。武安君白起有罪死。龁攻邯郸,不拔,去,还奔汾军。二月余,攻晋军,斩首六千。晋、楚流死冯二万人("死"下疑脱"我"字,"河"当作"汾"),攻汾城。①

又,《吕氏春秋·有度篇》:

魏安釐王攻燕救赵(乾道本作"攻赵救燕",从顾广圻改正),取地河东,攻尽陶、卫之地。

所谓"取地河东",即指信陵君率魏师破秦兵于邯郸后,乘胜追击溃退之秦兵至河东,攻汾城,夺回若干河东郡之城邑。

(三)秦失太原之地

如前所述,秦昭襄王四十七年(前260),大破赵于长平,四十余万尽杀之。秦破赵长平后,又乘胜攻取了赵之皮牢和武安,并定太原。② 但是,秦庄襄王二年(前248),攻取赵榆次、新城、狼孟等三十七城,再定太原,置太原郡。③ 这说明,秦围邯郸大败后,赵可能曾乘胜收复了长平大战后,被秦攻取的太原郡的部分地区。

(四)秦失上党之地

如前所述,秦破赵长平后,不仅迫使韩献垣雍于秦,还尽有韩之上党。④ 秦庄襄王三年(前247),即韩桓惠王二十六年,秦再次悉拔韩上党。⑤ 这说明,秦围

---

① 《史记》卷七九《范雎蔡泽列传》称"王稽为河东守,与诸侯通,坐法诛"。又,《战国策·秦策三》称河东郡之军吏"告王稽、杜挚以反"。这说明王稽于汾城大败之后,亦尝有投降赵、魏之计议。

② 参见本节"攻取的赵地"。

③ 详参本章第三节《庄襄王时期的疆域变化》。

④ 《史记》卷五《秦本纪》:"(秦昭襄王)四十八年十月,韩献垣雍。秦军分为三军。武安君归。王龁将伐赵武安、皮牢,拔之。司马梗北定太原,尽有韩上党。正月兵罢,复守上党。"

⑤ 《史记》卷四五《韩世家》:(韩桓惠王)二十六年,秦悉拔我上党。另参本章第二节《庄襄王时期的疆域变化》。

邯郸大败后,韩也乘胜收复了长平大战后,被秦攻取的上党郡的部分地区。①

(五)秦失陶郡

如前所述,陶原为宋地。齐灭宋后,为齐占有。五国合纵破齐后,为秦所得,作为魏冉封邑。魏冉死后,设立为郡。陶郡,因陶邑(即定陶)得名。辖境有今山东阳到定陶一带(参见图26)。②《韩非子·有度篇》:

> 魏安釐王攻燕救赵(乾道本作"攻赵救燕",从顾广圻改正),取地河东,攻尽陶、卫之地("卫"原误作"魏",据《饰邪》篇改正)。

又,《韩非子·饰邪篇》:

> 初时者,魏数年东乡,攻尽陶、卫。

秦被魏、楚联军大破秦于邯郸后,地处魏东之秦陶郡,遂陷于孤立无援之境地,被魏攻取。地处陶郡西北之卫国,亦同时被魏兼并。

(六)秦失汝南应地

魏、楚合纵救赵攻秦得胜,韩亦参与合纵攻秦,可能于秦昭襄王五十一年(前256),夺回汝南应邑。《战国策·秦策三》:

> 应侯失韩之汝南。③

应,在今河南宝丰县南,当汝水之南(参见图21)。因而亦称汝南。

---

① 杨宽《战国史料编年辑证》:《秦本纪·正义》云:"上党又反,秦故攻之。"梁玉绳辨之曰:"前此昭王四十八年尽有上党地,北定太原,是时何烦再攻?疑前所定者惟降赵之城邑十七;今所攻者,并其余城而攻之,故《韩世家》云秦悉拔我上党也。《纪》及《表》欠明。《正义》谓上党又反,故攻之,臆测之词,非事实矣。"此说非是。《秦本纪》昭襄王四十八年既称"尽有韩上党",必已尽取之。自魏、楚联军破秦军于邯郸,又大败秦军于河东之后,韩即参与合纵攻秦,秦相范雎之封邑应既为韩所收复,则上党亦必为韩所收复,盖与赵之收复太原同时。故是年秦在攻赵再定太原之后,继而攻韩,再悉拔韩之上党。《正义》之说并非臆测,盖事实也。

② 详参杨宽《战国史》附录一"战国郡表"。

③ 杨宽《战国史料编年辑证》:鲍注:"汝南,豫州郡,近应国,应侯尝取得之。"鲍说非是。汉汝南郡分秦颍川郡设置,离应三百余里,应侯无由得之,张琦、顾观光以为汝南即指应,应在今河南宝丰县南,当汝水之南。因而亦称汝南。《韩非子·定法篇》云"应侯攻韩八年,成其汝南之封",可证。此言应侯失韩之汝南,又言"应侯亡地",即指其封邑无疑。蒙骜谓"以韩之细也,显逆诛,夺君地",可知是时应侯封邑为韩所夺。盖魏、楚合纵救赵攻秦得胜,韩亦参与合纵攻秦,夺回应邑,当即在此年。《周季编略》系之于上年,非是。上年韩尚未参与合纵攻秦也。

综上所述,秦在围邯郸大败之后,所失之地有河东、上党、太原的部分之地以及陶郡和应。

六、昭襄王时期疆域变迁小结

综上所述,秦昭襄王在位的五十六年间,秦虽然也有失地,但取得了韩、赵、魏、楚齐、西周及义渠的大片领土。这些领土的取得,为秦统一六国打下了坚实的基础,由秦完成统一的形势日益明显。

第三节 庄襄王时期的疆域变化

昭襄王卒,子孝文王立。孝文王元年(前250)十月己亥即位,三月辛丑卒,子庄襄王立。① 本节考察秦庄襄王时期的秦疆域变化。

一、灭东周,尽入其国

秦庄襄王元年(前249),东周君与诸侯谋秦,秦使相国吕不韦诛之,尽入其国。《史记》卷五《秦本纪》:

> (秦)庄襄王元年,大赦罪人,修先王功臣,施德厚骨肉而布惠于民。东周君与诸侯谋秦,秦使相国吕不韦诛之,尽入其国。秦不绝其祀,以阳人地赐周君,奉其祭祀。②

又,《史记》卷四《周本纪》:

> 后七岁,秦庄襄王灭东周。东西周皆入于秦,周既不祀。

东周都于巩,有洛阳、平阴、偃师、巩四邑。③ 巩即今巩县西南(参见图22)④;

---

① 《史记》卷五《秦本纪》。
② 《秦始皇本纪》附《秦记》同。
③ 参见第223页注②。
④ 《汉志》:鞏属河南郡。东周所居。《汉书补注》先谦曰:战国属周,后分为韩地。《韩策》苏秦云:韩北有巩也。庄襄王时,以献秦,见《秦纪》。《汉志汇释》周振鹤师:治河南巩义市西南。《中国历史地图集》战国"韩魏图":巩在今巩县西南。

洛阳即今洛阳市东北(参见图22)①;平阴即今孟津东北(参见图22)②;偃师即今偃师(参见图22)。③

二、攻取的赵地:榆次、新城、狼孟等三十七城,置太原郡

如前所述,秦围邯郸大败后,韩、赵也乘胜收复了长平大战后被秦攻取的上党和太原两郡的部分地区。④ 秦庄襄王二年(前248),攻取赵榆次、新城、狼孟等三十七城,再定太原,次年置太原郡。《史记》卷一五《六国年表》:

> 秦庄襄王二年,蒙骜击赵榆次、新城、狼孟,得三十七城。

又,《史记》卷八八《蒙恬列传》:

> (秦庄襄王)二年,蒙骜攻赵,取三十七城。

又,《史记》卷三四《燕召公世家》:

> (燕王喜)七年,秦拔赵榆次三十七城,初置太原郡。⑤

又,《史记》卷四三《赵世家》:

> (赵孝成王)十八年,延陵钧率师从相国信平君助魏攻燕。秦拔我榆次三十七城。

又,《史记》卷五《秦本纪》:

> (秦庄襄王)二年,使蒙骜攻赵,定太原。三年(当为"三月"之误),

---

① 《汉志》:雒阳属河南郡。《汉志汇释》周振鹤师:治今河南洛阳市东。《中国历史地图集》战国"韩魏图":在今河南洛阳市东北。
② 《汉志》:平阴属河南郡。颜注引应劭曰:在平城南,故曰平阴。《汉书补注》先谦曰:春秋郑地,战国入周。王子朝作乱,晋师军于此,见《左》昭传。有河津,见《高纪》及陈平、曹参《传》。《汉志汇释》周振鹤师:治今河南孟津县北。《中国历史地图集》秦"山东南部诸郡图":在今河南孟津东北。
③ 《汉志》:偃师属河南郡。《汉书补注》先谦曰:《雒水注》:雒水自雒阳来,东会合水,迳计素渚,直偃师故县南,下入缑氏,又自缑氏来,北合阳渠水又迳偃师城东,王莽之师氏也,下入巩。《汉志汇释》周振鹤师:治河南偃师市稍东。《中国历史地图集》战国"韩魏图":即今河南偃师。
④ 参见本章第二节《昭襄王时期的失地》。
⑤ 杨宽《战国史料编年辑证》:《秦本纪》《六国表》《水经·汾水注》皆谓秦置太原郡在次年。

蒙骜攻魏高都、汲,拔之。攻赵榆次、新城、狼孟,取三十七城。四月日食。①

又,《史记》卷六《秦始皇本纪》附《秦记》:

(秦庄襄王)立二年,取太原地。

又,《史记》卷一五《六国年表》:

秦庄襄王三年,王龁击上党,初置太原郡。魏公子无忌率五国却我军河外,蒙骜解去。

又,《史记》卷五《秦本纪》:

(秦庄襄王)三年(原误作"四年",今改正),王龁攻上党,初置太原郡。魏将无忌率五国兵击秦,秦却于河外。蒙骜败,解而去。

又,《水经·汾水注》:

太原郡治晋阳城,秦庄襄王三年立。

榆次,在今山西榆次市(参见图27)②;新城,在今山西朔州市南(参见图27)③;狼孟,在今山西阳曲县(参见图27)④;太原郡(参见图27),因地区在太原而得名,辖境相当于今西句注山以南,霍山以北,五台、阳泉以西,黄河以东地

---

① 杨宽《战国史料编年辑证》:梁玉绳云:"'使蒙骜攻赵定太原'八字乃羡文。《年表》及《赵世家》《蒙恬列传》皆无其事。盖所谓攻赵者,因是年有蒙骜攻赵取三十七城之事也。所谓定太原者,因明年有置太原郡之事也。二事下文皆书之,则此为错出无疑。况前十二年得韩上党地,已北定太原矣,何烦再定乎?"其说非是。秦昭王四十八年于大破赵于长平之后,使"司马梗北定太原,尽有韩上党",但五十年魏、楚合纵救赵邯郸之围,大破秦军,并大败秦军于河东之后,形势大变。赵孝成王十年当秦昭王五十一年,《赵世家》称"赵将乐乘、庆舍攻秦信梁军,破之",因而秦所"定太原"又为赵恢复。是年秦重振旗鼓,"使蒙骜攻赵,定太原"。下文云"攻赵榆次、新城、狼孟,取三十七城",即是"定太原"之军事行动。

② 《汉志》:榆次属太原郡。《汉书补注》先谦曰:春秋晋地,但名榆,属魏邑,见《左》昭传。战国属赵,秦庄襄王取之,见《秦纪》《赵世家》。《汉志汇释》周振鹤师:治今山西榆次市。《中国历史地图集》战国"赵、中山图":榆次在今山西榆次市。

③ 《史记正义·秦本纪》引《括地志》云:新城一名小平城,在朔州善阳县西南四十七里。《中国历史地图集》战国"赵、中山图":在今山西朔州市南。

④ 《汉志》:狼孟属太原郡。《汉书补注》先谦白:战国赵地,秦庄襄王取之,复入赵,始皇取之,见《秦纪》《始皇纪》。《汉志汇释》周振鹤师:治今山西阳曲县。《中国历史地图集》战国"赵中山图":在今山西阳曲县。

区①,郡治晋阳,晋阳在今山西太原西南(参见图27)。②

三、攻取的魏地:高都、汲

秦庄襄王二年(前248),还取魏高都、汲。《史记》卷五《秦本纪》:

> (秦庄襄王)二年,使蒙骜攻赵,定太原。三年(当为"三月"之误),蒙骜攻魏高都、汲,拔之。攻赵榆次、新城、狼孟,取三十七城。③

高都,今山西晋城(参见图24)④;汲,今河南汲县西南(参见图24)。⑤ 不久汲可能被魏收复,详见下文始皇帝七年秦复取魏之汲。

四、攻取的韩地:成皋、荥阳,再次悉拔韩上党

(一)取韩成皋、荥阳

如上所述,秦庄襄王元年(前249),秦灭东周,接着使蒙骜伐韩,韩献成皋、荥阳,连同原先的西周和东周故土,合建成三川郡。《史记》卷四五《韩世家》:

> (韩桓惠王)二十四年,秦拔我城皋、荥阳。

又,《史记》卷五《六国年表》:

---

① 详参杨宽《战国史》附录一"战国郡表"。
② 《汉志》:晋阳属太原郡。《汉书补注》先谦曰:春秋晋地,战国属赵,秦始皇拔定之,见《赵世家》《秦纪》。《晋水注》:城在晋水之阳,故曰晋阳。《一统志》:故城今太原县治。《汉志汇释》周振鹤师:治今山西太原市西南。《中国历史地图集》战国"赵、中山图":晋阳在今山西太原西南。
③ 《史记集解·秦本纪》引徐广曰:"汲一作波"。杨宽《战国史料编年辑证》:《秦本纪》云:"蒙骜攻魏高都、汲,拔之。"梁玉绳云:"'汲'字当依徐广作'波',秦拔魏汲在始皇七年也。"黄式三云:"拔汲在始皇七年、魏景湣王三年,见《秦记》及《魏世家》,此当删'汲'字。"今无据可以确定。
④ 《汉志》:高都属上党郡,莞谷,丹水所出,东南入泫水。有天井关。《汉书补注》先谦曰:战国魏地,秦庄王拔之,见《秦纪》。亦云韩邑,见《淮南》高注。《汉志汇释》周振鹤师:治今山西晋城市。《中国历史地图集》战国"韩魏图":今山西晋城市。
⑤ 《汉志》:汲属河内郡。《汉书补注》先谦曰:战国魏地,秦庄襄王拔之,见《秦纪》《始皇纪》《魏世家》。《汉志汇释》周振鹤师:治河南今县西南。《中国历史地图集》战国"韩魏图":在今河南汲县西南。

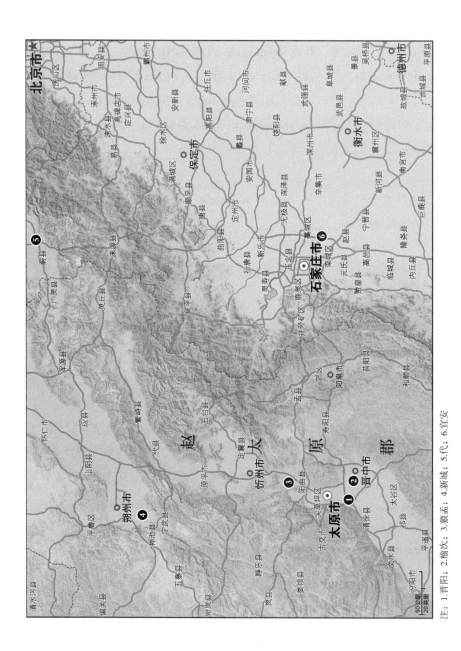

图27 战国时期太行山北部东西两侧诸地地望图

注：1.晋阳；2.榆次；3.狼孟；4.新城；5.代；6.宜安

秦庄襄王元年,蒙骜取成皋、荥阳,初置三川郡。吕不韦相,取东周。

又,《史记》卷五《秦本纪》:

(秦)庄襄王元年,大赦罪人,修先王功臣,施德厚骨肉而布惠于民……使蒙骜伐韩,韩献成皋、巩。秦界至大梁,初置三川郡。①

成皋,在今河南巩县东北(参见图17)②;荥阳,在今河南荥阳东北(参见图17)。③《读史方舆纪要》:"其重险,则有虎牢,虎牢关在开封府郑州汜水县西二里,一名成皋关,亦曰古崤关。其地古东虢国,郑为制邑。"又,《读史方舆纪要》:"吕氏曰:荥阳、成皋,自春秋以来,尝为天下重镇。由秦而上,晋楚于此争霸;由秦而下,楚汉于此分雄。后之有事者,未尝不睥睨此地而决成败焉。"可见,成皋、荥阳均为战略要地。

(二)秦再次悉拔韩上党

秦围邯郸大败后,韩、赵也乘胜收复了长平大战后被秦攻取的上党和太原两郡的部分地区。④ 秦庄襄王三年(前247),秦再次悉拔韩上党。《史记》卷一五《六国年表》:

秦庄襄王三年,王龁击上党,初置太原郡。魏公子无忌率五国却我

---

① 梁玉绳曰:"巩,荥阳之误。巩为东周所居。"
② 《汉志》:成皋属河南郡,故虎牢。或曰制。师古曰:《穆天子传》云,七萃之士,生捕兽,即献天子,天子畜之东虢,号曰兽牢。《汉书补注》先谦曰:颜注虎作兽,避唐讳。春秋郑地。《左》哀二年传,孟献子请城虎牢以逼郑。十年,晋师城梧及制,是虎牢即制矣。班以前无明文,故或之。《左》隐传杜注,又以制为荥阳。晋智伯得成皋,分属韩,遂以取郑,见《韩策》。秦庄襄王时,韩献之,后复入韩,桓惠王时,秦拔之,见《秦纪》《韩世家》。《汉志汇释》谭其骧曰:虎牢战国始称成皋,韩邑;秦以为关,汉为县。制是东虢故地。班固知东虢在荥阳,不敢肯定就是虎牢,故称"或曰"。其实也是错的。据《左传》,襄公十年,晋"命诸侯之师城虎牢而戍之,晋师城梧及制",虎牢与制非一地甚明(见《〈汉书·地理志〉选释》,收于《长水集》,人民出版社,2009年)。《汉志汇释》周振鹤师:治今河南荥阳市西北。《中国历史地图集》战国"韩魏图":成皋在今河南巩县东北。
③ 《汉志》:荥阳属河南郡。《汉书补注》先谦曰:荥阳,春秋郑制邑,见《左》隐传。后属韩,桓惠王时,秦拔之,见《韩世家》。《汉志汇释》周振鹤师:治今河南荥阳市东北。《中国历史地图集》战国"韩魏图":荥阳在今河南荥阳东北。
④ 参见本章第二节《昭襄王时期的失地》。

军河外,蒙骜解去。

又,《史记》卷五《秦本纪》:

(秦庄襄王)三年(原误作"四年",今改正),王龁攻上党,初置太原郡。魏将无忌率五国兵击秦,秦却于河外。蒙骜败,解而去。五月丙午,庄襄王卒,子政立,是为秦始皇帝。

又,《史记》卷四五《韩世家》:

(韩桓惠王)二十六年,秦悉拔我上党。①

秦庄襄王三年(前247),秦再次悉拔韩上党后,置上党郡。② 但是,尽管此时秦已经置上党郡,但其辖境仅为原来韩之上党郡,还不包括赵之上党郡,因为直到始皇帝十一年(前236)秦才取得赵上党郡。③ 韩上党郡有今山西沁河以东一带地区,北与赵上党郡相接(参见图24)。④《史记》卷四三《赵世家》载苏厉为齐遗赵王书曰:"韩之上党去邯郸百里。"又,《大清一统志》卷一百三:"上党,西塞之固,东带三阙,据天下肩脊,当河朔咽喉,肘京洛而履蒲津,倚太原而跨河朔,太行瞰其面,并门负其背。"秦取得韩上党郡后,对赵之上党郡及赵都邯郸形成了严重威胁。

---

① 《史记》卷一五《六国年表》作"秦拔我上党。"杨宽《战国史料编年辑证》:《秦本纪·正义》云:"上党又反,秦故攻之。"梁玉绳辨之曰:"前此昭王四十八年尽有上党地,北定太原,是时何烦再攻? 疑前所定者惟降赵之城邑十七;今所攻者,并其余城而攻之,故《韩世家》云秦悉拔我上党也。《纪》及《表》欠明。《正义》谓上党又反,故攻之,臆测之词,非事实矣。"此说非是。《秦本纪》昭王四十八年既称"尽有韩上党",必已尽取之。自魏、楚联军破秦军于邯郸,又大败秦军于河东之后,韩即参与合纵攻秦,秦相范雎之封邑应既为韩所收复,则上党亦必为韩所收复,盖与赵之收复太原同时。故是年秦在攻赵再定太原之后,继而攻韩,再悉拔韩之上党。《正义》之说并非臆测,盖事实也。

② 《史记》卷六《秦始皇本纪》:"庄襄王死,政代立为秦王。当是之时,秦地已并巴、蜀、汉中,越宛有郢,置南郡矣;北收上郡以东,有河东、太原、上党郡;东至荥阳,灭二周,置三川郡。"可见,已置上党郡。这说明秦置上党郡的时间必在秦庄襄王三年(前247)秦再次悉拔韩上党后。

③ 参见本章第四节《秦王政时期的疆域变迁》。

④ 详参杨宽《战国史》附录一"战国郡表"。

五、庄襄王时期疆域变迁小结

综上所述,秦庄襄王在位的三年间,秦灭东周,尽入其国;取得韩国之成皋、荥阳,再次悉拔韩上党;取得魏国之高都、汲;取得赵国之榆次、狼孟、赵新城等三十七城,再定太原。与之同时,设置三川、太原、上党三郡。现存文献不见秦庄襄王时期的失地记载。

第四节　秦王政时期的疆域变迁

庄襄王卒,子政年十三岁,代立为秦王。吕不韦为相,招致宾客游士,欲以并天下。李斯为舍人。蒙骜、王齮、麃公等为将军。王年少,初即位,委国事大臣。秦王政立二十六年,初并天下,号为始皇帝。本节考察秦王政时期,即始皇帝元年(前246)至二十六年(前221)的疆域变迁。秦王政时期亦按照《史记》卷一五《六国年表》,采用"始皇帝"这一称号纪年。

一、断"山东纵亲之腰":攻取韩魏之地置东郡

(一)复攻魏之卷

如前所述,由于魏楚及韩的合纵救赵,使秦围邯郸大败①,秦庄襄王三年(前247),魏信陵君又合纵,率燕、赵、韩、楚、魏五国兵,击退秦将蒙骜于河外。② 秦吸取这些教训之后,就致力于攻取韩、魏之地,建置东郡,决定从地理上截断"山东纵亲之腰"。秦始皇帝二年(前245),复攻取魏之卷。③《史记》卷五《秦本纪》:

---

①　参见本章第二节《昭襄王时期的失地》。
②　《史记》卷五《秦本纪》:秦庄襄王三年,"魏将无忌率五国兵击秦(《正义》:信陵君也。率燕、赵、韩、楚、魏之兵击秦也),秦却于河外。蒙骜败,解而去"。
③　如前所述,秦昭襄王时,曾攻取魏之卷,后来卷可能被魏收复。

>（秦始皇帝）二年，麃公将卒攻卷，斩首三万。①

又，秦简《编年记》：

>（今）（即秦始皇帝）三年，卷军。八月，喜揄史。②

卷，在今河南原阳县西（参见图17）。③

（二）攻取韩十余城

秦始皇帝三年（前244），即韩桓惠王二十九年，攻取韩十余城。《史记》卷一五《六国表》：

>秦始皇帝三年，蒙骜击韩取十二城，王齮死。

又，《史记》卷四五《韩世家》：

>（韩桓惠王）二十九年，秦拔我十三城。

又，《史记》卷八八《蒙恬列传》：

>（秦）始皇三年，蒙骜攻韩，取十三城。④

此次攻取的韩十二或十三城之地望不详。但考虑到秦此时致力于为了建置"断山东纵亲之腰"的东郡，据此推测，这十二或十三城很可能在后来东郡的范围内，即便不是在东郡的范围，但其目的可能也是为了防范东方诸国的合纵。

（三）攻取魏之畼、有诡

---

① 杨宽《战国史料编年辑证》：梁玉绳云："秦昭王三十四年已取魏卷，何烦此时攻之？疑'卷'字误。"《史记会注考证》云："古钞本、南本'卷'作'权'。""卷"字实不误。秦简《编年记》云："三年，卷军。"盖二年攻卷得胜，次年墓主喜到此服役，参与军事行动。

② 杨宽《战国史料编年辑证》：是年墓主喜至卷服军役。八月为揄史。以下文"四年□军，十一月喜□安陆□史"比勘，知"揄"当为地名。黄盛璋释"揄"为榆关（见所著《云梦秦简编年记地理与历史问题》，收入《历史地理与考古论丛》），甚为确当。卷在今河南原阳县西，原为魏邑。榆关在大梁西南，在今河南中牟县南，两地相近。

③ 《大清一统志》卷一百六十：卷县故城在原武县西北。战国魏邑。《史记·苏秦列传》：据卫取淇、卷，则齐必入朝秦。又，《秦本纪》：昭襄王三十二年，客卿吴伤攻魏卷，取之。注：《正义》曰，卷城在郑州原武县西北七里。汉属河内郡，晋魏属荥阳郡，北齐省。欧阳忞《舆地广记》，故城在原武县东。《中国历史地图集》战国"韩魏图"：卷，在今河南原阳县西。

④ 杨宽《战国史料编年辑证》：《秦始皇本纪》《韩世家》《蒙恬列传》皆作蒙骜攻韩，取十三城。惟《六国表》作十二城，《资治通鉴》《稽古录》亦作十二城。《周季编略》云："《秦记》十三城，《韩世家》《蒙恬列传》同，《年表》作十二，《资治通鉴》《大事记》作十一。《通鉴》刻本亦有作十一城者。

秦始皇帝四年（前 243），又攻取了魏之旸、有诡。《史记》卷六《秦始皇本纪》：

> （秦始皇帝三年十月）将军蒙骜攻魏氏旸、有诡。

又，《史记》卷六《秦始皇本纪》：

> （秦始皇帝）四年，拔旸、有诡。三月军罢。

旸、有诡的地望不详。由于秦此时攻取魏地是为了建置东郡，据此推测，旸、有诡很可能在东郡的范围内。也有可能，诡津即有诡之津。诡津，在今河南浚县（参见图28）。① 如果这一推测成立，那么旸、有诡当在今河南浚县与滑县一带。

（四）攻取魏二十城，初置东郡

秦始皇帝五年（前 242），又攻取魏酸枣、燕、虚、桃人、长平、雍丘、山阳等二十城，初置东郡。《史记》卷六《秦始皇本纪》：

> （秦始皇帝）五年，将军骜攻魏，定酸枣、燕、虚、长平、雍丘、山阳城，皆拔之，取二十城。初置东郡。

又，《史记》卷一五《六国年表》：

> （秦始皇帝）五年，蒙骜取魏酸枣二十城，初置东郡。

又，《战国策·秦策四》：

> 先帝文王、庄王、王之身三世而不接地于齐，以绝从亲之要，今王三使盛桥守事于韩，盛桥以其地入秦，而出百里之地（《史记》《新序》"出"作"得"），王可谓能矣。王又举甲兵而攻魏，杜大梁之门，举河内，拔燕、酸枣、虚、桃人，楚、燕之兵云翔而不敢救，王之功亦多矣。②

又，《史记》卷四四《魏世家》：

---

① 《中国历史地图集》战国"韩魏图"：诡津（围津、白马口）为今河南浚县之黄河津渡。
② 杨宽《战国史料编年辑证》：《秦策四》第十章原为"有人说秦王"，高诱注："秦王名正"，《史记·春申君列传》误作"春申君说秦昭王"，《新序·善谋篇》第九章从之。《春秋后语》亦从之。姚宏据以增补《战国策》，其实非是。又，杨宽《战国史料编年辑证》：《史记索隐》云："按秦使盛桥守事于韩，亦如楚使召滑相越然也，并内行章义之难。""越"字今本误作"赵"。金正炜云："《始皇纪》：'王弟长安君成桥将军击赵，反。'此即其人。成、盛古通用。"其说是。《秦始皇本纪》未载盛桥此事，或因其后盛桥反叛，前功不得记载。《史记集解》于"拔燕、酸枣、虚"下引徐广说，以为"秦始皇五年取酸枣、燕、虚"。据此可见，盛桥此事亦当在秦始皇五年或稍前。

(魏)景湣王元年,秦拔我二十城,以为秦东郡。①

又,《史记》卷七七《魏公子列传》:

秦闻公子死,使蒙骜攻魏,拔二十城,初置东郡。

又,《史记》卷八八《蒙恬列传》:

(秦始皇帝)五年,蒙骜攻魏,取二十城,作置东郡。

雍丘在今河南杞县(参见图28)②,山阳在今河南焦作市东南(参见图28)③,长平在今河南西华县西北(参见图17)④,酸枣在今河南延津县东南(参见图28)⑤,虚在今延津县东(参见图28)⑥,燕在今延津县东北(参见图28)⑦,桃人又

---

① 《史记》卷一五《六国年表》作"秦拔我二十城"。

② 《汉志》:雍丘属陈留郡,故杞国也,周武王封禹后东楼公。先春秋时徙东北,二十一世简公为楚所灭。《汉书补注》先谦曰:雍丘,春秋郑地,宋败郑师于此,见《左》哀传。战国韩伐取之,见《六国表》、郑、韩《世家》。又入魏,亦作雍丘,齐韩取以与宋,见《燕策》。复属魏,始皇攻定之,见《始皇纪》。《一统志》:故城今杞县治。《汉志汇释》周振鹤师:治今河南杞县。《中国历史地图集》战国"韩魏图":雍丘在今河南杞县。

③ 《汉志》:山阳属河内郡,东太行山在西北。《汉书补注》先谦曰:战国魏地,秦攻定之,以予嫪毐,见《始皇纪》。《一统志》:故城今修武县西北三十五里。《汉志汇释》周振鹤师:治今河南焦作市东。《中国历史地图集》战国"韩魏图":山阳在今河南焦作市东南。

④ 《汉志》:长平属汝南郡。《汉书补注》先谦曰:战国魏地。《国策》芒卯曰:秦王欲魏长平,始皇攻定之,见《始皇纪》。《一统志》:故城今西华县东北十八里。《汉志汇释》周振鹤师:治今河南西华县东北。《中国历史地图集》战国"韩魏图":长平在今河南西华县西北。

⑤ 《汉志》:酸枣属陈留郡。《汉书补注》:以地多酸枣故名,见《通典》《元和志》。春秋郑地,驷带与游吉盟此,见《左传》。战国魏文侯伐而城之,见《魏世家》。韩哀侯灭郑,地入韩,为都,见《韩世家》。旋入魏,故《国策》苏秦云"魏有酸枣"。襄王时,河水决其郛,见《纪年》,始皇攻定之,见《始皇纪》。《一统志》:故城今延津县北十五里。《汉志汇释》周振鹤师:治今河南原阳县东北。《中国历史地图集》战国"韩魏图":酸枣在今河南延津县东南。

⑥ 参见第244页注①。

⑦ 《大清一统志》卷一百五十八:南燕故城在延津县北故胙城东。《中国历史地图集》战国"韩魏图":燕在延津县东北。

第七章 战国晚期的秦疆域变迁 243

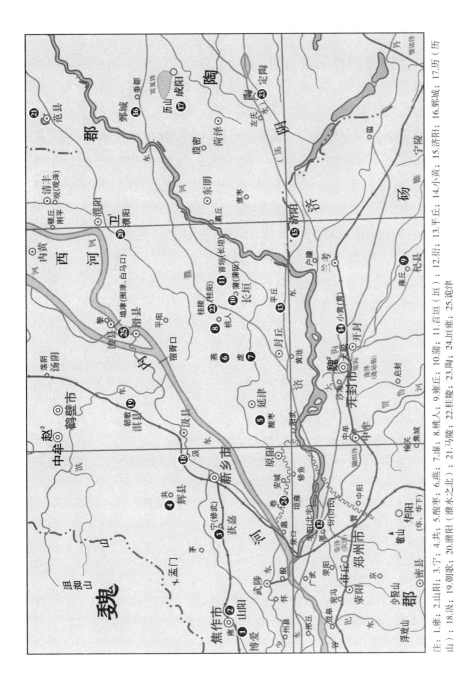

图28 战国时期黄河下游诸地地望图
（底图取自谭其骧主编《中国历史地图集》战国"韩魏图"，地望标号新加）

注：1.雍；2.山阳；3.宁；4.共；5.酸枣；6.燕；7.虚；8.桃人；9.雍丘；10.蒲；11.首垣（垣）；12.衍；13.平丘；14.小黄；15.济阴；16.鄄城；17.历（历山）；18.汲；19.朝歌；20.濮阳（濮水之北）；21.马陵；22.桂陵；23.陶；24.垣雍；25.跪津

在燕、虚二地之东,在今河南长垣西北(参见图28)。① 此次攻取的二十城中的其余诸城名称、地望不详。

(五)攻取朝歌、濮阳,扩大东郡的范围

秦始皇帝六年(前241),山东各国再次合纵攻秦。《史记》卷一五《六国年表》:"(秦始皇帝)六年,韩、魏、赵、卫、楚共击秦。"又,《史记》卷五《秦本纪》:"(秦始皇帝)六年韩、魏、赵、卫、楚共击秦,取寿陵。秦出兵,五国兵罢。"又,《史记》卷四三《赵世家》:"(赵悼襄王)四年,庞煖将赵、楚、魏、燕之锐师攻秦蕞,不拔。移攻齐,取饶安。"又,《史记》卷四〇《楚世家》:"(楚考烈王)二十二年,与诸侯共伐秦,不利而去,楚东徙都寿春,命曰郢。"又,《史记》卷七八《春申君列传》:"春申君相二十二年,诸侯患秦攻伐无已时,乃相与合从西伐秦,而楚王为从长,春申君用事。至函谷关,秦出兵攻,诸侯兵皆败走。"上述记载虽有不同,但赵将庞煖带了赵、楚、魏、韩等五国的军队合纵攻秦则是事实。② 秦出兵反攻,五国联军后撤。秦始皇帝六年(前241),攻取朝歌,拔卫,徙卫野王,并濮阳为东郡,继续扩大东郡的范围。《史记》卷六《秦始皇本纪》:

(秦始皇帝)六年,拔卫,迫东郡,其君角率其支属徙居野王,阻其

---

① 《大清一统志》卷一百五十八:桃城在延津县北,战国魏邑也。杨宽《战国史料编年辑证》:是年秦攻取魏二十城,不在同一地区。《史记集解》云:"《地理志》:陈留有雍丘县,河内有山阳县。"雍丘在今河南杞县,当魏都大梁之东南,此即《秦策四》"有人"谓秦王所说"杜大梁之门"。山阳在今河南焦作市东南,此即《秦策四》"有人"所说"举河内"。此为河内之重要城邑,其后即为嫪毐之封邑。《资治通鉴》胡注云:"余考上下文,此非河内之山阳,盖班《志》山阳郡之地。"其说非是。汉之山阳郡地,在今山东巨野、嘉祥一带,是时秦军尚不能攻及。《正义》谓长平故城在陈州宛丘县西六十六里,在今河南西华县西北,盖远在魏之南边。《索隐》谓虚即《春秋》桓公十二年"会于虚"之虚,又谓:"《战国策》曰:'拔燕、酸枣、虚、桃人',桃人亦魏地。"其说是也。酸枣在今河南延津县东南,虚在延津县东,燕在延津县东北,桃人又在燕、虚二地之东,在今河南长垣西北,此四城即属秦初置之东郡。秦初置东郡不过数城,其后秦继续向东进攻,使东郡进一步扩大。

② 杨宽《战国史料编年辑证》:梁玉绳引翟灏曰:"卫微弱仅存,被秦迎逐,徙居野王,将救亡不暇,何敢攻秦,盖燕、楚、赵、魏、韩五国伐秦耳。此《纪》误以卫替燕,而《赵世家》误脱韩也。至取寿陵之说更非,无论不胜而罢,未尝取秦寸土,而五国所攻者,乃新丰之蕞,非寿陵也。"今案:是役虽推楚王为纵长,实由赵将庞煖为主帅,庞煖不仅为军事家,且为纵横家。《汉书·艺文志》,兵权谋家著录有《庞煖》三篇,纵横家又著录有《庞煖》二篇。所攻者为函谷关,以《楚世家》所记为实。蕞在今陕西临潼北,已深入秦地,非此时五国之师所能攻及。

山以保魏之河内。①

又，《史记》卷四四《魏世家》：

(魏景湣王)二年，秦拔我朝歌。卫徙野王。

又，《史记》卷一五《六国年表》：

(魏景湣王)二年，秦拔我朝歌，卫从濮阳徙野王。

又，《史记》卷三七《卫康叔世家》：

(卫)元君十四年(当为十二年)，秦拔魏东地，秦初置东郡，更徙卫野王县，而并濮阳为东郡。

又，《史记》卷七八《春申君列传》：

秦徙卫野王，作置东郡。

又，《史记》卷八六《刺客列传》：

荆卿好读书击剑，以术说卫元君，卫元君不用。其后秦伐魏，置东郡，徙卫元君之支属于野王。

又，《水经·睢水注》：

秦始皇徙卫君角于野王，置东郡，治濮阳县。

朝歌，在今河南淇县(参见图28)②；濮阳，在今河南濮阳西南(参见图

---

① 杨宽《战国史料编年辑证》：《秦始皇本纪》言是年秦拔卫，迫东郡，其君角率其支属徙居野王。盖魏安釐王二十四年，即秦昭王五十四年，卫怀君因与秦连横，为魏所因杀，另立魏王之婿卫元君作为附庸。上年秦攻取魏东地设东郡，是年攻拔濮阳，并归入东郡而作为郡治，于是另立角以为卫君，命角率其支属(并非卫之全族)徙居野王，作为秦之附庸。野王在今河南沁阳县，原属魏之河内，故《本纪》谓"阻其山以保魏之河内"。《卫世家》谓是年卫元君徙野王，不确。《卫世家》又谓其后十一年，即卫元君二十五年，元君卒，子君角立。君角九年秦并天下，二十一年秦二世废君角为庶人，卫绝祀。所谓君角为元君之子，亦不确。所谓卫至秦二世废为庶人，当是事实。盖卫因与秦连横为魏所灭、作为附庸，秦因而拔卫后，另立君角为卫君作为附庸，延至秦二世方废为庶人。

② 《汉志》：朝歌属河内郡，纣所都。周武王弟康叔所封，更名卫。莽曰雅歌。《汉书补注》先谦曰：《纪年》，商武乙自河北迁沫，即此。太公于此屠牛，见《古史考》。周为卫地，后入晋，齐伐取之，见《左》襄传。仍属晋，荀寅士吉射据以叛，见《定传》。战国属魏，景愍王时秦拔之，见《魏世家》。《一统志》：故城今淇县东北。《汉志汇释》周振鹤师：治今河南淇县。《中国历史地图集》战国"韩魏图"：朝歌，在今河南淇县。

28)。① 秦攻取朝歌和濮阳,使东郡的范围进一步扩大。

(六) 复取魏之汲

秦始皇帝七年(前240),即魏景湣王三年,秦再次攻取魏之汲。②《史记》卷四四《魏世家》:

(魏景湣王)三年,秦拔我汲。

又,《史记》卷六《秦始皇本纪》:

(秦始皇帝)七年,彗星先出东方,见北方,五月见西方。将军骜死。以攻龙、孤、庆都,还兵攻汲。

汲,在今河南卫辉市西南(参见图28)。③

(六) 攻取魏垣、蒲阳、衍等地,继续扩大东郡之范围

秦始皇帝九年(前238),攻取魏垣、蒲阳、衍等地,继续扩大东郡之范围。《史记》卷六《秦始皇本纪》:

(秦始皇帝)九年,彗星见,或竟天。攻魏垣、蒲阳……四月寒冻有死者,杨端和攻衍氏。

又,《史记》卷四四《魏世家》:

(魏景湣王)五年,秦拔我垣、蒲阳、衍。④

又,《战国策·秦策四》:

王休甲息众三年,然后复之,又取蒲、衍、首垣,以临仁、平丘、小黄、济阳、甄城,而魏氏服矣。王又割濮、历之北,属之燕,断齐、赵之要,绝楚、魏之脊("魏",《史记》《新序》误作"赵"),天下五合六聚而不敢救

---

① 《汉志》:濮阳,卫成公自楚丘徙此。故帝丘,颛顼虚。莽曰治。应劭曰:"濮水南入钜野。"《汉志汇释》周振鹤师:治河南今县西南。《中国历史地图集》战国"韩魏图":濮阳,在今河南濮阳西南。

② 秦在庄襄王二年(前248)时,曾攻取了魏之汲,后来当被魏收复。参见本章第三节《庄襄王时期的疆域变化》。

③ 《汉志》:汲属河内郡。《汉书补注》先谦曰:战国魏地,秦庄襄王拔之,见《秦纪》《始皇纪》《魏世家》。《一统志》:故城今汲县西南二十五里。《汉志汇释》周振鹤师:治河南今县西南。《中国历史地图集》战国"韩魏图":在今河南卫辉市(原河南汲县,1988年改为卫辉市)西南。

④ 《史记》卷一五《六国年表》同。

也,王之威亦惮矣。①

垣,即首垣,今河南长垣东北(参见图28)②;蒲,即蒲阳,今河南长垣北(参见图28)③;衍,即衍氏,今河南郑州北(参见图28)④;仁,地望不详,据《秦策四》:"以临仁、平丘、小黄、济阳"推测,仁可能与平丘相近;平丘,今长垣西南(参见图28)⑤;小黄,今河南开封东北(参见图28)⑥;济阳,今兰考东北(参见图28)⑦;甄城,今山东鄄城北(参见图28)⑧;濮,即濮水(参见图28);历,即

---

① 《史记》卷七八《春申君列传》与《新序·善谋》第九章误作"春申君上书秦昭王",内容大体相同。

② 《汉志》:长垣属陈留郡。《汉书补注》先谦曰:春秋郑首垣邑。魏惠成王时,致之魏,见《纪年》。赵肃侯攻之,见《赵世家》。亦称垣。《国策》,黄歇说秦王曰,并蒲衍垣也。《一统志》:故城今长垣县东四十里。《汉志汇释》周振鹤师:治河南今县东北。《中国历史地图集》战国"韩魏图":今河南长垣东北。

③ 杨宽《战国史料编年辑证》:《秦始皇本纪》《魏世家》所谓秦拔魏之垣、蒲阳,即《秦策四》所谓首垣、蒲,盖垣亦称首垣,又称长垣,蒲又称蒲阳。蒲即在桃人东南,即今河南长垣县,首垣在今长垣县东北。《中国历史地图集》战国"韩魏图":今河南长垣北。

④ 杨宽《战国史料编年辑证》:《秦始皇本纪》所谓秦所攻之衍氏,即《魏世家》与《秦策四》所谓衍。盖衍亦称衍氏,在今河南郑州之北。此在魏之西边,盖秦另一军所攻取。《秦始皇本纪》所谓"杨端和攻衍氏"。《中国历史地图集》战国"韩魏图":今河南郑州北。

⑤ 《汉志》:平丘属陈留郡。《汉书补注》先谦曰:春秋卫邑,战国郑地,魏惠成王时致之魏,见《纪年》。《史记》春申君说秦王以临仁,平丘也。《一统志》:故城在今长垣县西南五十里。《汉志汇释》周振鹤师:治今河南长垣县西南。《中国历史地图集》战国"韩魏图":今河南长垣县西南。

⑥ 《汉志》:小黄属陈留郡。《汉书补注》先谦曰:小黄,战国魏地。《春申君传》所谓王取首垣,以临平丘,小黄也。《一统志》:故城今陈留县东北。《汉志汇释》周振鹤师:治今河南开封县东北。《中国历史地图集》战国"韩魏图":今河南开封县东北。

⑦ 《汉志》:济阳属陈留郡。莽曰济前。《汉书补注》先谦曰:春秋郑地,战国属魏。《一统志》:故城今兰仪县北五十里。《汉志汇释》周振鹤师:治今河南兰考县东北。《中国历史地图集》战国"韩魏图":今河南兰考县东北。

⑧ 《汉志》:甄属济阴郡。《汉志汇释》周振鹤师:治山东今县北。杨宽《战国史料编年辑证》:《秦策四》"济阳"之下原作"婴城",《史记》同,《新序》作"甄城",当以甄城为是。甄城在今山东鄄城县北,正当濮阳之东,原为齐邑,是时盖已为魏占有,而秦又夺之也。若作"婴城",谓婴城自守,则与下文"而魏氏服矣"辞意不接。《中国历史地图集》战国"韩魏图":甄城在今山东鄄城县北。

历山(参见图28)。① 这些地区的取得,使秦东郡的范围进一步扩大,秦之领土横贯中原而与齐接境,从而"断齐、赵之腰,绝楚、魏之脊",使得东方六国隔断,不敢再发动合纵攻秦,具有重要的战略意义。《史记》卷七〇《张仪列传》:"大王不事秦,秦下兵攻河外,据卷、衍、燕、酸枣,劫卫取阳晋,则赵不南,赵不南而梁不北,梁不北则从道绝,从道绝则大王之国欲毋危不可得也。秦折韩而攻梁,韩怯于秦,秦韩为一,梁之亡可立而须也。此臣之所为大王患也。"

二、继续削弱赵国:蚕食赵地

(一)攻取赵阏与、橑阳、邺、安阳等地

秦在完成建置东郡,达到"断山东纵亲之腰"的战略目的之后,就把进攻的矛头瞄准了赵国,目的是继续削弱赵国,为接下来大规模兼并六国准备条件。秦始皇帝九年(前238),赵悼襄王入朝于秦。秦王说:"燕无道,吾使赵有之。"以允许赵攻灭燕为饵,欲攻赵。秦始皇帝十一年(前236),秦趁赵攻燕之机,相继攻取了赵国的邺、安阳、阏与、橑阳等地。《史记》卷四三《赵世家》:

(赵悼襄王)九年,赵攻燕,取貍、阳城。兵未罢,秦攻邺,拔之。悼襄王卒,子幽缪王迁立。②

又,《史记》卷一五《六国年表》:

赵悼襄王九年,秦拔我阏与、邺九城。

又,《史记》卷六《秦始皇本纪》:

(秦始皇帝)十一年,王翦、桓齮、杨端和攻邺,取九城。王翦攻阏与、橑阳(《资治通鉴》"橑"作"轑"),皆并为一军。翦将十八日,军归斗食以下,什推二人从军。取邺、安阳,桓齮将。

又,《史记》卷三四《燕世家》:

(燕王喜)十九年,秦拔赵之邺九城。

又,《史记》卷七三《白起王翦列传》:

---

① 杨宽《战国史料编年辑证》:《秦策四》所谓"王又割濮、历之北",盖谓割取濮水、历山以北之地。据《水经注》,历山在雷泽西南十许里,当濮水之南。而濮阳、甄城正当濮水之北。《中国历史地图集》战国"韩魏图":濮水在濮阳、甄城南;历山在雷泽西。

② 杨宽《战国史料编年辑证》:《六国表》于次年。《集解》引徐广曰"幽愍元年",盖又谥"幽愍"。

始皇十一年，翦攻赵阏与，破之，拔九城。

又，《韩非子·饰邪篇》：

赵又尝凿龟数筴而北伐燕，将劫燕以逆秦，兆曰大吉。始攻大梁而秦出上党矣，兵至釐而六城拔矣，至阳城，秦拔邺矣，庞援揄兵而南，则鄣已尽矣。臣故曰：赵龟虽无远见于燕，且宜近见于秦。秦以其大吉，辟地有实，救燕有有名；赵以其大吉，地削兵辱，主不得意而死。

综上记载，秦始皇帝十一年（前236）攻取的赵地有阏与、橑阳、邺、安阳等九城，其余五城不详其名，但所谓"鄣已尽矣"，则可能漳水流域已完全为秦所占有。①

---

① 杨宽《战国史料编年辑证》：梁玉绳论《秦始皇本纪》记述是役曰："此所叙攻取之事，错杂不明。盖是役也，王翦为主将，桓齮为次将，杨端和为末将，并军伐赵，攻邺未得，先取九城，王翦遂别攻阏与、橑阳，而留桓齮攻邺。齮既取邺，翦复令齮攻橑阳，己独攻阏与，皆取之，故又言取邺、橑阳，桓齮将也。安阳当作橑阳，必传写之误。安阳即魏宁新中，无论本非赵地，且前廿余年已为昭王拔之矣。再考《王翦传》，但言拔阏与九城而不及邺、橑阳，足见邺、橑阳是齮而非翦拔，正与《纪》合。《表》于赵书曰：秦拔我阏与、邺九城，而失书橑阳，于《秦表》书曰：王翦击邺阏与，取九城，就前半事言之，而亦失书取橑阳，至《燕世家》称拔邺九城，《赵世家》仅称拔邺，则更属疏脱。"今案：梁氏此说，但据《史记》推测，又不顾地理形势，所论不符史实。谓安阳为橑阳之误，更为武断。今以《韩非子·饰邪篇》所述与《史记》所载比勘，可知是年秦乘赵攻燕之时机攻赵，盖分两路进军，一路由王翦为主将，主攻赵之上党，一路由桓齮为主将，主攻赵之漳水流域。据《秦始皇本纪》，桓齮于十年为将军，特有记载。据《王翦列传》，王翦于十一年是役攻赵，亦初为主将。《韩非子·饰邪篇》云：赵始攻燕之"勺梁（原误作"大梁"）而秦出上党矣"，即《秦本纪》所谓"王翦攻阏与、橑阳皆并为一军"。阏与为赵上党之军事重镇，在今山西和顺县，橑阳在今山西左权县，正当阏与之西南，同时为王翦所攻拔。《饰邪篇》又云："兵至釐而六城拔矣。"谓当赵攻至燕之狸，秦已攻得赵之六城，当包括阏与、橑阳二城在内。《饰邪篇》更云："至阳城，秦拔邺矣。"谓赵攻至燕之阳城，秦又拔邺矣，即《秦始皇本纪》所称"取邺、安阳，桓齮将"。邺原为魏东北之军事重镇，在今河北磁县邺镇，据《赵世家》悼襄王六年（即秦始皇帝八年）"魏与赵邺"。安阳即魏宁新中，曾一度为秦昭王所攻拔，当魏、楚合纵救赵攻秦时已为魏所收复，其地在今河南安阳西南，正当邺之南，当在"魏与赵邺"之时同为赵所有者。因邺为军事重镇，赵有重兵防守，桓齮久攻之为克。《饰邪篇》亦云："庞援揄兵而南，则鄣已尽矣。"有人以为鄣乃城邑之名，在今山东东平县东，此离赵之边境甚远，并非赵地，是时秦军尚不能攻及鄣城。"鄣"当为"漳"字之误，指漳水流域而言。盖赵攻燕，由庞媛率大军主攻，连克勺梁、狸、阳城等地，待庞媛率师南下救援，漳水流域已尽为秦所得矣，包括邺、安阳二城在内。是役秦共拔九城，以王翦攻拔阏与、橑阳二城与桓齮攻拔邺、安阳二城较重要，故《本纪》分别载明。九城中以邺为首要，故《本纪》先总叙为"王翦、桓齮、杨端和攻邺，取九城"，《燕世家》亦称"秦拔赵之邺九城"。九城中以阏与为次要，故《六国表》于《秦表》称"击邺、阏与、取九城"，于《赵表》又称"秦拔我阏与、邺九城"。

阏与,今山西和顺(参见图24)①;橑阳,今山西左权(参见图24)②;邺,今河北磁县南邺镇(参见图24)③;安阳,今河南安阳西南(参见图24)。④

(二)取得赵云中、雁门郡

秦始皇帝十三年(前234),秦又大举攻赵,取得赵云中、雁门郡,将其设置为秦云中、雁门二郡。《水经·河水注》:

> 白渠水又西南径云中故城南,故赵地……秦始皇十三年立云中郡。

又,《水经·河水注》:

> 中陵水又西北流,经善无县故城西……雁门郡治。

云中郡(参见图29)因地名云中得名。辖境相当今内蒙古大青山以南,黄河南岸及长城以北地区。原为林胡地。赵灵王破楼烦、林胡后设郡⑤;雁门郡(参见图29)因雁门山而得名,辖境相当于今山西北部神池、五寨、宁武等县以北到

---

① 《大清一统志》卷一百二十一:阏与故城在和顺县西北。战国韩邑,后属赵。《史记》,秦伐韩军于阏与,赵王令赵奢救之,卷甲而趋二日一夜至,大破秦军,遂解阏与之围。秦昭襄王三十八年,中更胡伤攻赵阏与,不能取,始皇十一年,王翦攻阏与。《中国历史地图集》战国"赵中山图":阏与,今山西和顺。

② 《史记集解·秦始皇本纪》徐广曰:"橑音老,在并州。"《史记正义·秦始皇本纪》:《汉表》在清河。《十三州志》云:"橑阳,上党西北百八十里也。"《中国历史地图集》战国"赵、中山图":橑阳,今山西左权。

③ 《汉志》:邺属魏郡,邺,故大河在东北入海。《汉书补注》先谦曰:《浊漳水注》,城本齐桓公置。《管子》曰:筑五鹿、中牟、邺,以卫诸夏,是也。后属晋。魏文侯七年,始封此地。先谦案:西门豹守邺,晋鄙救赵,止壁于此,并见《魏世家》。赵悼襄王时,魏以与赵,始皇十一年攻拔之,并见《赵世家》。《一统志》:故城今临漳县西。《汉志汇释》周振鹤师:治今河北临漳县西南。《中国历史地图集》战国"韩魏图":邺,今河北磁县南。

④ 《大清一统志》卷一百五十六:安阳故城在今安阳县南。本战国魏邑,秦昭襄王五十年攻魏,王龁从张唐拔宁新中,更名安阳。《水经注》:《魏土地记》曰:邺城南四十里有安阳城,城北有洹水东流者也。《旧唐书·地理志》:相州安阳故城在汤阴东,后周移邺,置县于安阳故城,仍为邺县,隋又改为安阳县,州所治。《元和志》:安阳,汉初废,以其地属汤阴,晋于今城西南三里置安阳县,属魏郡。《通鉴地理通释》:洹水南岸三里有安阳城,即相州外城。《府志》,安阳凡四迁,秦城在今府东南四十三里。《中国历史地图集》战国"韩魏图":安阳,今河南安阳西南。

⑤ 详参杨宽《战国史》附录一"战国郡表"。

第七章 战国晚期的秦疆域变迁 251

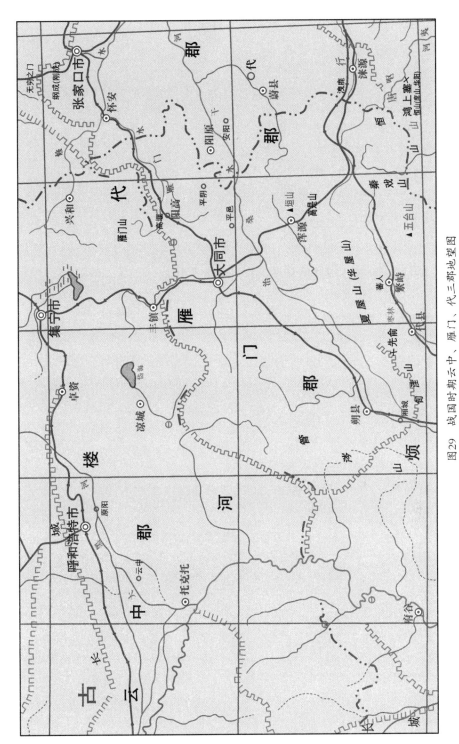

图29 战国时期云中、雁门、代三郡地望图
（取自谭其骧主编《中国历史地图集》战国"赵、中山图"）

内蒙古一部分地区。原为楼烦地,赵武灵王破楼烦、林胡后设郡。①

(三)攻取赵平阳、宜安、武城

秦始皇帝十三(前234)至十四年(前233),即赵王迁二年至三年,秦将桓齮攻取了赵国的平阳、宜安、武城。《史记》卷六《秦始皇本纪》:

> (秦始皇帝)十三年,桓齮攻赵平阳,杀赵将扈辄,斩首十万。王之河南。正月彗星见东方。十月桓齮攻赵。

又,《史记》卷一五《六国年表》:

> 桓齮击平阳,杀赵扈辄,斩首十万,因东击赵。王之河南。

又,《史记》卷四三《赵世家》:

> (赵王迁)二年,秦攻武城,扈辄率师救之,军败,死焉。

又,《史记》卷八一《廉颇蔺相如列传》附《李牧传》:

> 后七年(指"庞煖破燕军、杀剧辛"之后七年,当作"后八年"),秦破杀赵将扈辄于武城,斩首十万。②

又,《史记》卷六《秦始皇本纪》:

> (秦始皇帝)十四年,攻赵军于平阳,取宜安,破之,杀其将军。桓齮定平阳、武城。

又,《史记》卷一五《六国年表》:

> 秦始皇帝十四年,桓齮定平阳、武城、宜安。

又,《史记》卷四三《赵世家》:

> (赵王迁)三年,秦攻赤丽、宜安,李牧率师与战肥下,却之。封牧

---

① 详参杨宽《战国史》附录一"战国郡表"。又,杨宽《战国史料编年辑证》:云中故城在今内蒙古托克托东北。《汉书·地理志》称雁门郡,秦置。《水经·河水注》云:"中陵水又西北流,经善无县故城西……雁门郡治。"善无故城在今山西右玉南。秦设雁门郡当与设云中郡同时。

② 杨宽《战国史料编年辑证》:《索隐》本《史记》"武城"误作"武遂",《索隐》释之曰:"按刘氏云:武遂本韩地,在赵西,恐非《地理志》河间武遂也。"今按:战国地名武遂者有三:一为韩地,在今山西垣曲县东南,靠近黄河。二为赵地,在今河北献县西南,即所谓河间武遂。三为燕地,在今河北保定市北,为燕长城之重要门户。凡此皆非秦破赵将扈辄之地。是役秦破赵将扈辄于平阳与武城,平阳在邺之东,在今河北磁县东南。武城在邺之西,在今磁县西南。武遂则离此甚远,非是役所能及。钱大昕曰:"《赵世家》武遂城作武城,武遂在燕、赵之交,秦兵未得至其地,'遂'字衍。"甚是。《秦始皇本纪》亦谓"桓齮定平阳、武城"。

为武安君。①

又,《史记》卷一五《六国年表》:

　　赵王迁三年,秦拔我宜安。

平阳,今河北磁县东南(参见图24)②;武城,今磁县西南(参见图24)③;宜

---

① 杨宽《战国史料编年辑证》:梁玉绳评论《秦始皇本纪》是年记载云:"此秦史诞词,史公未之改尔。赤丽、宜安攻而未拔,则桓齮所定者,只前年攻得之平阳、武城而已。《纪》《表》不言攻赤丽,略之也。《秦表》云:桓齮定平阳、武城、宜安,《赵表》云:秦拔我宜安,并误仍秦史,故彼此抵牾,多不齐一,《秦表》宜衍'宜安'二字,《赵表》当改'拔'作'攻'字。"今案以上史料,当以《李牧传》与《赵世家》所记为实。《秦始皇本纪》及《六国表》依据《秦记》,讳败为胜,声称桓齮定平阳、武成、宜安等城。是年秦以桓齮为主将,经赵之上党,越太行山进攻赵之后方,攻赤丽、宜安,宜安在今河北省石家庄市东南,赤丽亦当在其附近。赵使长期与匈奴作战之名将李牧应战,交战于肥。肥即在宜安东北,在今河北省晋县西,结果李牧"大破秦军,走秦将桓齮",李牧因而封为武安君。《李牧传》所记甚确。《赵世家》谓"李牧率师与战肥下,却之。封牧为武安君",亦是。《赵策四》作"杀秦将桓齮","杀"当为"走"字之误。所谓"走",当是大败之后畏罪逃走。《史记·刺客列传》之《荆轲传》,谓燕太子丹作为质子,因秦王遇之不善,怨而亡归,"秦将樊於期得罪于秦王,亡之燕,太子受而舍之"。荆轲尝私见樊於期曰:"秦之遇将军可谓深矣,父母宗族皆为戮殁,今闻购将军首金千斤,邑万家。"据《燕世家》,"太子丹质于秦,亡归燕"在燕王喜二十三年,当秦王政十五年,即在桓齮败走之明年。《秦始皇本纪》详载历次出战秦将之名,独不见樊於期,盖樊於期即桓齮。"樊"与"桓"是不同来源之两姓,不能同音通假。但因荆轲刺秦王之故事,出于后人转相传述,传述者但凭口语相传,而记录者未能核对史料,但凭语音记录,因而秦将桓齮写作同音之樊於期。《李牧传》记李牧于宜安"大破秦军,走秦将桓齮"误上一年,《资治通鉴》因而于秦王政十三年载:"赵王以李牧为大将军,复战于宜安肥下,秦师败绩,桓齮奔还,赵封李牧为武安君。"又于十四年依据《六国表》载:"桓齮伐赵,取宜安、平阳、武城。"竟以为桓齮在上年因败而"奔还",于是年又得胜而定宜安等城,《稽古录》亦于十三年记李牧"大破秦师于宜安,桓齮走",于十四年记"桓齮定平阳、武城、宜安"。皆颇谬误。《周季编略》不从《秦记》与《六国表》,依据《赵世家》《李牧传》《大事记》载:是年"秦桓齮伐赵,攻赤丽、宜安,赵使李牧将,战于肥下,大破秦军,桓齮奔,赵封李牧为武安君。"盖得其实。

② 《史记正义·秦始皇本纪》引《括地志》云:"平阳故城在相州临漳县西二十五里。"《中国历史地图集》战国"赵、中山图":平阳,今河北磁县东南。

③ 《史记正义·秦始皇本纪》:即贝州武城县外城是也。七国时赵邑。《中国历史地图集》战国"赵、中山图":武城,今磁县西南。

安,今河北石家庄东南(参见图27)。①

（四）攻取赵狼孟、鄱吾

秦始皇帝十五年(前232)，即赵王迁四年，秦又派两支军队攻赵，一军到了邺，一军到了太原，攻取了赵国的狼孟、鄱吾。《史记》卷六《秦始皇本纪》：

> （秦始皇帝）十五年，大兴兵，一军至邺，一军至太原，取狼孟。地动。②

又，《史记》卷一五《六国年表》：

> （秦始皇帝）十五年，兴军至邺，军至太原，取狼孟。

又，《史记》卷一五《六国年表》：

> 赵王迁四年，秦拔我狼孟、鄱吾。

狼孟在今山西阳曲，正当晋阳之北(参见图27)③；番吾，一说在今河北灵寿西南，一说在今河北磁县(参见图24)。④

综上所述，在秦始皇帝十一年(前236)至十五年(前232)间，秦攻取了赵之阏与、橑阳、邺、安阳等九城，云中郡、太原郡，平阳、宜安、武城、狼孟、鄱吾诸地。

----

① 《大清一统志》卷十八：宜安故城在藁城县西南。《史记》：秦始皇十四年，攻赵军于平安，取宜安。《水经注》：白渠水又东，南迳耿乡南，世祖封耿纯为侯国，世谓之宜安城。《唐书·地理志》，义宁元年，析藁城置宜安县。《括地志》：宜安故城在藁城县西南三十五里，又《县志》：故耿乡在县西一里，后汉初耿氏宗族所居。《中国历史地图集》战国"赵、中山图"：宜安，今河北石家庄东南。

② 杨宽《战国史料编年辑证》：《秦本纪》《六国表》言庄襄王二年蒙骜攻赵得三十七城，其中有狼孟，是年又云"取狼孟"。盖狼孟一度为赵恢复，是年再取之也。狼孟在今山西阳曲，正当晋阳之北。

③ 《汉志》：狼孟属太原郡。莽曰狼调。《汉书补注》先谦曰：战国赵地，秦庄襄王取之，复入赵，始皇取之，见《秦纪》《始皇纪》。《一统志》：故城今阳曲县东北六十里。《汉志汇释》周振鹤师：治今山西阳曲县。《中国历史地图集》战国"赵、中山图"：狼孟在今山西阳曲。

④ 缪文远《战国制度通考》：《韩非子·外储说左上》："赵主父令工施钩梯而缘番吾，刻疏人迹其上。"按：据《韩子》文，番吾乃以山得名。《赵策二》载苏秦曰："秦甲涉河，逾漳，据番吾，则兵必战于邯郸之下矣。"又载张仪曰："愿渡河，逾漳，据番吾，迎战邯郸之下。"可知番吾为赵南部战略要地。旧说据《括地志》，多谓在今河北平山县东，但此与《策》文不合。依《策》文，番吾当在漳水之北，邯郸之南，当今河北磁县境。《中国历史地图集》战国"赵、中山图"：番吾有两处，一在今河北灵寿西南，一在今河北磁县。

赵将李牧虽然一再战胜秦军①,但是兵力的损失是很严重的。《战国策·齐策一》策士所伪托张仪为秦连横说齐王:"秦、赵战于河漳之上,再战而再胜秦;战于番吾之下,再战而再胜秦;四战之后,赵亡卒数十万,邯郸仅存,虽有胜秦之名,而国破矣。是何故也? 秦强而赵弱也。"②

三、秦灭韩

(一)受韩南阳

秦始皇帝十六年(前231),即韩王安八年,秦受韩南阳。《史记》卷六《秦始皇本纪》:

> (秦始皇帝)十六年九月,发卒受地韩南阳假守腾。③

又,《史记》卷一五《六国年表》:

> 秦始皇帝十六年,置丽邑。发卒受韩南阳。

又,《史记》卷一五《六国年表》:

> 韩王安八年,秦来受地。

---

① 《史记》卷四三《赵世家》:"(赵王迁)四年,秦攻番吾,李牧与之战,却之。"又,《史记·廉颇列传》附《李牧传》:"居三年(指李牧破秦军于宜安后三年,当作明年),秦攻番吾,李牧击破秦军,南距韩、魏。"

② 另外,杨宽《战国史料编年辑证》:是年秦分军两路攻赵,一路至太原攻取狼孟;另一路为主力军至邺,在今河北磁县南之邺镇。平阳即在邺东,秦简《编年记》云"从平阳军",盖分屯于平阳。赵有南北两地名番吾,北番吾在今河北灵寿西南,南番吾在今河北磁县,正当邺之北,乃由邺越漳水与赵长城进攻赵都邯郸必经之战略要地。策士所伪托苏秦说赵王曰:"秦甲涉河逾漳,据番吾,则兵必战于邯郸之下矣。"(《赵策二》第一章)策士所伪托张仪说赵王亦曰:"愿渡河逾漳,据番吾,迎战邯郸之下。"(《赵策二》第三章)是年秦军由邺攻番吾,再度为李牧所大败。《赵世家》与《李牧传》所载是也。《六国表》谓秦拔赵番吾,盖秦史讳败为胜。《资治通鉴》作"一军抵太原,取狼孟、番吾,遇李牧而还",出于杜撰,不符史实。

③ 杨宽《战国史料编年辑证》:《秦始皇本纪》称是年九月"发卒受地韩南阳假守腾",可知秦发卒受南阳,乃出于韩南阳假守腾之投献。《资治通鉴》作"韩献南阳地,九月,发卒受地于韩",盖出于误解。《本纪》又称次年"内史腾攻韩,得韩王安,尽纳其地"。此内史腾当即投献于秦之韩南阳假守腾,因得秦之重用,升为内史。内史为掌京师之官,秦又命彼率军攻灭韩国。秦不用将军王翦攻韩而命腾攻韩,盖腾熟悉韩之内情而便于攻克。此乃尉缭、李斯使用间谍勾结诸侯"豪臣""名士"而"离间其君臣之计"之成功,韩因而灭亡。

此韩南阳当为太行山南之韩地(参见图23)。①

(二)秦灭韩

秦始皇帝十七年(前230),即韩王安九年,秦灭韩。秦简《编年记》:

> (秦始皇帝)十七年,攻韩。

又,《史记》卷六《秦始皇本纪》:

> (秦始皇帝)十七年,内史腾攻韩,得韩王安,尽纳其地,以其地为郡,命曰颍川。地动。华阳太后卒。民大饥。

又,《史记》卷一五《六国年表》:

> (秦始皇帝十七年)内史腾(原误作"胜")击得韩王安,尽取其地,置颍川郡。

又,《史记》卷四五《韩世家》:

> (韩王安)九年,秦虏王安,尽入其地为颍川郡。韩遂亡。

又,《水经·颍水注》:

> 秦始皇十七年,灭韩,以其地为颍川郡,盖因水以著称者也……王隐曰:阳翟本栎也,故颍川郡治也。

韩被秦灭亡后,韩王安可能被迁居至别处②,韩都新郑曾出现韩贵族之反

---

① 详参《中国历史地图集》战国"韩魏图"。
② 秦简《编年记》:(秦始皇)廿年七月甲寅,妪终,韩王居□山。杨宽《战国史料编年辑证》:"居"下一字残,右半从"支"。是年七月甲寅朔,墓主之母是日去世,故记载"妪终"。《史记》未载韩王安被虏之后下落。《编年记》载秦王政二十年"韩王居□山",二十一年"韩王死,昌平君居其处"。而《秦始皇本纪》载二十一年"昌平君徙于郢",当同指一事,可知□山当即在郢。郢原为楚之旧都,素为楚贵族势力盘据之地,需要防止楚之向郢反攻与楚贵族叛变。因而上年有"南郡备警"之举。是年又将虏得之韩王安迁居至郢之□山,盖欲防止新郑一带韩贵族之谋反。秦之所以调任内史腾为南郡守,盖腾熟悉韩之内情,又为灭韩而虏得韩王安之主将,甚得秦王之信任与重用。

叛。① 韩被灭亡后,以其地为颍川郡。颍川郡因颍水得名。辖境有今河南登封以东,尉氏以西,包括舞阳、临颍等地。郡治阳翟,阳翟今河南禹县(参见图30)。②

四、秦灭赵

(一)秦破赵

秦始皇帝十七年(前230),赵国发生大饥荒。③ 于是在灭韩后,秦乘机大举攻赵。秦简《编年记》:"(秦始皇帝)十八年,攻赵。"秦始皇帝十八年(前229),王翦率领上党郡兵卒越太行山直下井陉,杨端和率领河内兵卒进围赵都邯郸。同时李信率兵出太原、云中。《秦始皇本纪》:"(秦始皇帝)十八年,大兴兵攻赵,王翦将上地,下井陉;端和将河内,羌瘣伐赵,端和围邯郸城。"④又,《战国策·燕

---

① 秦简《编年记》:"(秦始皇帝)廿一年,韩王死,昌平君徙其处,有死□属。"杨宽《战国史料编年辑证》:《秦始皇本纪》言是年"新郑反,昌平君徙于郢"。《编年记》称是年"韩王死",当与"新郑反"有关。上年韩王安自新郑徙居至郢之□山,加以监视,即为防止新郑韩贵族谋反而重新拥立韩王安。是年新郑韩贵族反叛,因而韩王安连带被处死。昌平君原为楚之公子,因功受封为秦之昌平君。《秦始皇本纪》载:九年,嫪毐作乱,秦王"令相国、昌平君、昌文君发卒攻毐,战咸阳"。《索隐》云:"昌平君,楚之公子,立以为相,后徙于郢,项燕立为荆王,史失其名。"今案:此后二年"荆将项燕立昌平君为荆王",见于《秦始皇本纪》,可知昌平君确为楚公子,但《索隐》谓秦立以为相,不确。盖误以"相国"与"昌平君"连读,当嫪毐作乱时,吕不韦正为相国,专断国事,当时未见有左右丞相之制,昌平君不得为相国。吕不韦与嫪毐关连之事尚未被揭发,故秦王使吕不韦与昌平君、昌文君共发兵平乱。是年韩王死,命昌平君徙居郢之□山而加以监视,盖是年秦开始攻灭楚国,防止昌平君因此反叛。郢之□山当为秦特设监视之禁地。《编年记》云:"有死□属。""死"下缺字,疑是"士"或"甲"字,"属"当读为"瞩"。"死士"谓敢死之甲士。"有死士瞩",即谓有甲士监视。犹如苏秦为赵所拘留,赵将韩徐为谓苏秦曰:"吾必守之以甲"(见《燕策二》第二章),谓有甲士看守。近人或读"有"为"又",以为昌平君"又死",与下文"瞩"字不连贯,此说不确。此后昌平君为楚将项燕拥立为楚王。至二十四年楚军被击破,昌平君死,见于《秦始皇本纪》。

② 详参杨宽《战国史》附录一"战国郡表"。

③ 《史记》卷四三《赵世家》:(赵王迁)六年,大饥,民讹言曰:"赵为号,秦为哭。以为不信,视地之生毛。"

④ 杨宽《战国史料编年辑证》:是年秦大兴兵攻赵,分三路进军。王翦率上地(即上党)之师,越太行山,下井陉塞,攻赵之中部。杨端和率河内之师北上,临漳、邺,由邺进围赵都邯郸,羌瘣亦攻赵之国都周围,此为秦之南路。李信出云中、太原,乃秦之北路,攻赵之代一带。

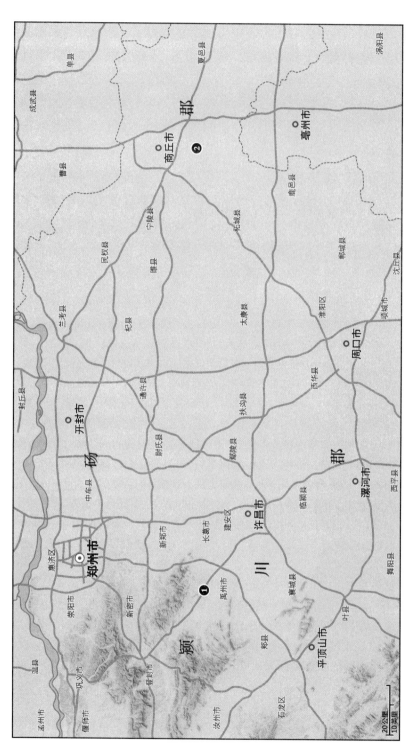

图30 战国时期黄淮平原西部诸地望图

注：1.阳翟；2.睢阳

策三》燕太子丹谓荆轲:"今秦已虏韩王,尽纳其地,又举兵南伐楚,北临赵。王翦将数十万之众临漳、邺("临",鲍本作"距",《史记》亦作"距",作"临"为是),而李信出太原、云中。"①赵派李牧、司马尚带领大军抵御。赵王宠臣郭开受了秦国贿赂,造谣说李牧、司马尚谋反,赵王因此改用赵葱和颜聚代替李牧、司马尚,并且杀死李牧。②次年王翦就大破赵军,杀了赵葱,俘虏了赵王迁。秦就在赵都邯郸一带建立了邯郸郡。《史记》卷六《秦始皇本纪》:

> (秦始皇帝)十九年,王翦、羌瘣尽定取赵地,东阳得赵王。引兵欲攻燕,屯中山。秦王之邯郸,诸尝与王生赵时母家有仇怨,皆坑之。秦王还,从太原、上郡归。始皇帝母太后崩。赵公子嘉率其宗族数百人之代,自立为代王,东与燕合兵,军上谷。大饥。

又,《史记》卷七三《白起王翦列传》:

> (秦始皇帝)十八年,翦将攻赵。岁余,遂拔赵,赵王降,尽定赵地为郡。

又,《史记》卷一五《六国年表》:

---

① 《史记》卷八六《刺客列传》同。杨宽《战国史料编年辑证》:燕太子丹称"王翦将数十万之众临漳、邺",《赵策》《王翦传》《李牧传》皆称"王翦攻赵",盖王翦为秦是役之统帅。

② 《史记》卷八一《廉颇蔺相如列传》附《李牧传》:"赵王迁七年秦使王翦攻赵,赵使李牧、司马尚御之。秦多与赵王宠臣郭开金,为反间,言李牧、司马尚欲反。赵王乃使赵葱及齐将颜聚代李牧,李牧不受命,赵使人微捕得李牧,斩之。废司马尚。后三月,王翦因急击赵,大破,杀赵葱,虏赵王迁及其将颜聚,遂灭赵。"又,《战国策·赵策四》:秦使王翦攻赵,赵使李牧、司马尚御之。李牧数破走秦军,杀秦将桓齮("杀"当为"走"字之误),王翦恶之。乃多与赵王宠臣郭开等金("乃"上脱"秦"字,《李牧传》有"秦"字,《史记集解·甘茂列传》引《战国策》云:"秦多与开金",与《李牧传》同),使为反间,曰:"李牧、司马尚欲与秦反赵,以多取封于秦。"赵王疑之,使赵念及颜冣代将("念",鲍本作"葱",作"葱"为是。"冣"即"聚"字),斩李牧,废司马尚。后三月,王翦因急击,大破赵,杀赵军("军"当"葱"之误),虏赵王迁及其将颜冣,遂灭赵。杨宽《战国史料编年辑证》:李牧为秦之间谍工作所害,诸书记载不一。《秦策四》第八章谓秦王资顿弱以万金,"北游燕、赵而杀李牧"。《李牧传》谓"秦多与赵王宠臣郭开金,为反间,言李牧、司马尚欲反",捕得李牧斩之。《张释之传》亦云:"迁用郭开谗卒诛李牧。"《列女传》又称赵王迁母赵悼后,"通于春平君,多受秦赂",而使王诛李牧。而此章又言韩仓诬害李牧而使自杀,盖传闻异辞。秦之灭赵,盖以间谍工作配合军事行动,传说不一。

秦始皇帝十九年,王翦拔赵,虏王迁。之邯郸。①

又,《史记》卷四三《赵世家》:

(赵王迁)八年十月,邯郸为秦。②

又,《史记》卷一五《六国年表》:

赵王迁八年,秦王翦虏王迁。公子嘉自立为代王。③

秦始皇十九年(前228),秦破赵,"定赵地为郡",所设之郡当有邯郸郡和巨鹿郡。④ 另外,此时的邯郸郡包括恒山郡,因为恒山郡(即常山郡)是从邯郸郡分出。⑤

---

① 杨宽《战国史料编年辑证》:《史记会注考证》云:"'迁'下'之'字衍。"非是。"之邯郸"即《本纪》所谓"秦王之邯郸"。《本纪》谓"东阳得赵王",盖赵王迁由邯郸逃避至东阳,为秦兵所得。《本纪·正义》云:"赵幽缪王迁八年秦取赵地至平阳。平阳在贝州历亭县界。迁王于房陵。"《史记会注考证》云:"据《正义》,'东阳'当作'平阳'。"非是。既云"王翦、羌瘣尽定取赵地",不得云"至平阳"。《王翦列传》亦云"岁余,遂拔赵,赵王降,尽定赵地为郡",可证。或将"东阳"二字连上读,非是。

② 杨宽《战国史料编年辑证》:《秦始皇本纪》言秦攻赵在秦王政十八年,取赵地与俘赵王在十九年。《六国表》亦谓王翦拔赵虏赵王在十九年。《王翦列传》云:"十八年翦将攻赵。岁余,遂拔赵,赵王降,尽定赵地为郡。"既云"岁余",则"拔赵,赵王降"已在十九年。《楚世家》谓幽王十年卒,"是岁秦虏赵王迁",幽王十年亦当秦王政十九年。惟《赵世家》谓李牧诛与王迁降同在赵王迁七年,即秦王政十八年。《李牧传》谓李牧被斩在赵王迁七年,后三月王翦破赵而虏迁。《赵策四》亦谓王翦破赵在"斩李牧"之后三月。《秦策五》则谓李牧死后"五月,赵亡"。盖李牧死于赵王迁七年,而王翦破赵已在八年,《赵世家》连言之而误混在一年。

③ 杨宽《战国史料编年辑证》:"邯郸"上疑有脱字。

④ 谭其骧《秦郡新考》:"《浊漳水注》:巨鹿,巨鹿郡治,秦始皇二十五年灭赵以为巨鹿郡。按《始皇本纪》,十九年,尽定取赵地东阳。"巨鹿郡,因巨鹿泽得名。辖境有今河北白洋淀以南,南运河以西,晋县、任县以东,平乡、威县北,山东德州、高唐以西地区,郡治巨鹿(今河北平乡西南)。

⑤ 谭其骧《秦郡新考》:"常山(分邯郸置),自来言秦郡者皆不知有此郡。今按《张耳陈馀列传》:二世元年,武臣王赵,使韩广略燕,李良略常山,张略上党;李良已定常山,复使略太原;其明年,王离围赵于巨鹿,陈馀北收常山兵得数万人。兹所谓常山者,既非故国名,则必与上党、太原同为郡名;其后张耳王赵,更名常山,实本于此。《张苍列传》:陈馀击走张耳,耳归汉,汉以苍为常山守,从韩信击赵:明常山之称,非仅国名矣。其时汉未有常山,置守盖遥领耳。《汉书·高帝纪》:三年,韩信东下井陉,斩陈馀,获赵王歇,置常山、代郡,常山入汉始此,或径以为置郡之年,误也。赵代之地非止二郡,史特举此以概其余。常山迤南为邯郸,则别将靳歙自河内出北击降之(本传)。据此亦可证常山国虽为赵之更名,而常山郡之与邯郸,固二而非一。"

秦破赵后,赵王迁被秦迁到汉中房陵。《淮南子·泰族训》:"赵王迁流于房陵,思故乡,作山水之讴,闻者莫不殒涕。"

(二)秦彻底灭赵

秦始皇帝二十五年(前222),秦彻底灭赵。《史记》卷六《秦始皇本纪》:

> 秦始皇帝二十五年,大兴兵,使王贲将,攻燕辽东,得燕王喜。还攻代,虏代王嘉。

又,《史记》卷三四《燕召公世家》:

> (燕王喜)三十三年,秦拔辽东,虏燕王喜,卒灭燕。是岁,秦将王贲亦虏代王嘉。

又,《史记》卷四三《赵世家》:

> 秦既虏迁,赵之亡大夫共立嘉为王,王代六岁,秦兵破嘉,遂灭赵以为郡。①

又,《史记》卷一五《六国年表》:

> (赵王迁六年)秦将王贲虏王嘉,秦灭赵。

秦破赵后,赵公子嘉率其宗族几百人逃到赵的代郡,自立为代王。王代六岁,秦兵破嘉,遂灭赵以为郡,所设之郡为代郡。秦灭赵国以后,尽有赵地。

五、秦灭燕

(一)秦破燕

秦破赵之后,燕患秦兵至国,使荆轲刺秦王。秦始皇帝二十年(前227),秦派王翦、辛胜攻燕。燕、代两国发兵抵抗,在易水以西被秦击破。《史记》卷六《秦始皇本纪》:

> (秦始皇)二十年,燕太子丹患秦兵至国,恐,使荆轲刺秦王。秦王觉之,体解轲以徇,而使王翦、辛胜攻燕。燕、代发兵击秦军,秦军破燕易水之西。

又,《史记》卷一五《六国年表》:

> 燕王喜二十八年,太子丹使荆轲刺秦王,秦伐我。

又,《史记》卷三四《燕召公世家》:

---

① 杨宽《战国史料编年辑证》:当作"遂灭代以为郡"。

燕见秦且灭六国,秦兵临易水,祸且至燕。太子丹阴养壮士二十人,使荆轲献督亢地图于秦,因袭刺秦王。秦王觉,杀轲,使将军王翦击燕。

秦始皇帝二十一年(前226),即燕王喜二十九年,秦大举攻燕,攻下了燕都蓟城,燕王喜迁都辽东。《史记》卷一五《六国年表》:

燕王喜二十九年,秦拔我蓟,得太子丹,王徙辽东。

又,《战国策·燕策三》:

于是秦王大怒,益发兵诣赵,诏王翦军以伐燕,十月而拔燕蓟城。燕王喜、太子丹等皆率其精兵东保于辽东,秦将李信追击燕王,王急,用代王嘉计,杀太子丹,欲献之秦。

又,《史记》卷八十六《刺客列传》:

于是秦王大怒,益发兵诣赵,诏王翦军以伐燕,十月而拔蓟城。燕王喜、太子丹等尽率其精兵东保于辽东。秦将李信追击燕王急,代王嘉乃遗燕王喜书曰:"秦所以尤追燕急者,以太子丹故也。今王诚杀丹献之秦王,秦王必解,而社稷幸得血食。"其后李信追丹,丹匿衍水中,燕王乃使使斩太子丹,欲献之秦。

秦破燕之后,将攻取的燕地设为广阳郡。① 辖境相当于今河北雄县、易县、房山及北京等地,郡治蓟,今北京西南部。②

(二)秦彻底灭燕

秦始皇帝二十五年(前222),即燕王喜三十三年,秦彻底灭燕。《史记》卷六《秦始皇本纪》:

(秦始皇帝)二十五年,大兴兵,使王贲将,攻燕辽东,得燕王喜。

---

① 谭其骧《秦郡新考》:"广阳,《水经注》:蓟县,秦始皇二十三年灭燕以为广阳郡。《汉志》缺,清儒顾氏炎武主《班志》以驳郦注,全氏祖望、梁氏玉绳主郦注以补《汉志》。全氏曰:燕之五郡皆燕所旧置,以防边也,渔阳四郡在东,上谷在西,而其国都不与焉。自蓟至涿三十余城,始皇无不置郡之理,亦无反并内地于边郡之理。且始皇之并六王也,其国如赵之邯郸,魏之砀,楚之江陵、陈、九江,齐之临淄,无不置郡者,何以燕独无之?郦道元之言,当必有据。王氏国维采全说而谓郡之果名广阳与否不可知,又列之三十六郡之外,了无理据。惟郦注'二十三年'系'二十一年'之误。"

② 详参《中国历史地图集》秦"山东北部图"。

还攻代,虏代王嘉。王翦遂定荆江南地,降越君,置会稽郡。五月天下大酺。

又,《史记》卷三四《燕召公世家》:

> (燕王喜)三十三年,秦拔辽东,虏燕王喜,卒灭燕。是岁,秦将王贲亦虏代王嘉。

秦彻底灭亡燕国以后,尽有燕地。

六、秦灭魏

(一)魏献地于秦

秦始皇帝十六年(前231),魏献地于秦。《史记》卷六《秦始皇本纪》:

> (秦始皇)十六年九月,发卒受地韩南阳假守腾。初令男子书年。魏献地于秦。

又,《史记》卷一五《六国年表》:

> 魏景湣王十二年,献城秦。

魏所献之地名称、地望不详。

(二)秦灭魏

秦始皇帝二十二年(前225),即魏王假三年,秦灭魏。《史记》卷六《秦始皇本纪》:

> (秦始皇)二十二年,王贲攻魏,引河、沟灌大梁,大梁城坏,其王请降,尽取其地。

又,秦简《编年记》:

> (秦始皇)廿二年,攻魏梁。

又,《史记》卷四四《魏世家》:

> (魏王假)三年,秦灌大梁,虏王假,遂灭魏以为郡县。①

秦彻底灭亡魏国以后,尽有魏地。

---

① 《史记》卷一五《六国年表》作"秦虏王假。"又,《史记》卷四四《魏世家》太史公曰:"吾适故大梁之墟,墟中人曰:'秦之破梁,引河、沟而灌大梁,三月城坏,王请降,遂灭魏。'"

七、秦灭楚

(一)王贲攻楚,取十余城

秦始皇帝二十一年(前226),即楚王负刍二年,秦使王贲攻楚①,大破楚军,取楚十余城,开始了灭楚之战。《史记》卷四十《楚世家》:

> (楚王负刍)二年,秦使将军伐楚,大破楚军,亡十余城。

又,《史记》卷一五《六国年表》:

> (楚王负刍)二年,秦大破我,取十城。

此十余城不详何地。

(二)李信攻楚大败

秦始皇帝二十二年(前225),秦又派李信、蒙武带二十万大军攻楚,李信进攻楚的平舆,蒙武进攻楚的寝,初步得到胜利,两军在城父会师。楚军乘秦军不备,跟踪反击,"三日三夜不顿舍,大破李信军,入两壁,杀七都尉,秦军走"。《史记》卷七三《白起王翦列传》:

> 秦始皇既灭三晋,走燕王,而数破荆师……于是始皇问李信:"吾欲攻取荆,于将军度用几何人而足?"李信曰:"不过用二十万人。"始皇问王翦,王翦曰:"非六十万人不可。"始皇曰:"王将军老矣,何怯也?李将军果势壮勇,其言是也。"遂使李信及蒙恬将二十万南伐荆("恬"字当为"武"字之误,下同)。王翦言不用,因谢病,归老于频阳。李信攻平与(舆),蒙恬攻寝,大破荆军。信又攻鄢郢破之。于是引兵而西("西"当为"东"字之误),与蒙恬会城父。荆人因随之,三日三夜不顿舍,大破李信军,入两壁,杀七都尉,秦军走。②

---

① 《史记》卷一五《六国年表》:"秦始皇帝二十一年,王贲击楚。"又,《史记》卷六《秦始皇本纪》:(秦始皇)二十一年,王贲攻荆("荆"原误作"蓟",从梁玉绳据《六国年表》《白起王翦列传》"王贲击楚"改正)……王翦谢病老归。新郑反。昌平君徙于郢。

② 杨宽《战国史料编年辑证》:梁玉绳曰:"此前后三称蒙恬,考《六国表》及《蒙恬传》,是时恬未为将,当是蒙武之误。"其说是。

平舆,今河南平舆北(参见图31)①;寑,今安徽阜阳临泉(参见图31)②;鄢郢,可能指陈和鄢陵(参见图31),也可能指楚故都郢及鄢(参见图25)③;城父,今安徽亳县东南(参见图31)。④

(三)王翦攻取陈以南至平舆间地,大破楚军于蕲

秦始皇帝二十三年(前224),秦王改派已经告老还乡的王翦带了六十万大

---

① 《汉志》:平舆属汝南郡。颜注:应劭曰,故沈子国,今沈亭是也。舆音豫。《汉书补注》先谦曰:蔡灭沈,见《左》定传。后入楚,王翦至平舆,虏荆王,见《始皇纪》。《一统志》:故城今汝阳县东南六十里。《汉志汇释》周振鹤师:治河南今县北。《中国历史地图集》战国"楚越图":平舆,今河南平舆北。

② 《汉志》:寑属汝南郡。《汉书补注》先谦曰:秦蒙恬大破荆军于此,见《王翦传》。《汉志汇释》周振鹤师:治今安徽临泉县。《中国历史地图集》战国"楚越图":寑,今安徽临泉县。作者按:寝当即寑。

③ 杨宽《战国史料编年辑证》:"信又攻鄢郢破之。"《资治通鉴》胡注:"此鄢郢非楚故都之鄢郢也。楚故都为白起所取,秦已置南郡。据楚都寿春,以寿春为郢,则其前自郢徙陈,亦必以陈为郢矣。然则此郢乃陈也。鄢即颍川之鄢陵,与平舆、城父皆相近。或曰:鄢郢当作鄢陵。"其说殊非。鄢郢乃指楚故都郢及鄢而言,不得用以称陈。颍川之鄢陵乃魏地,魏封有鄢陵君。梁玉绳又谓"'信又攻鄢郢破之'七字衍",亦非是。是时东方六国都城之贵族势力根深柢固,不甘心于被秦攻灭,一有机会即谋反复。秦王政初即位,赵故都"晋阳反,元年蒙骜击定之"。其后又反复。当秦完成统一后,宣称所以兼并六国之原因,谓赵"反我太原,故兴兵诛之",即指此而言。始皇二十年"新郑反",即韩都新郑之贵族起而反复。是时楚故都鄢郢贵族亦起而反复,当秦完成统一后,宣称"荆王献青阳以西,已而畔约,击我南郡,故发兵诛",即指此而言。李信在击败平舆(今河南平舆县北)之楚军后,即南下攻破鄢郢。盖是时鄢郢已为楚贵族所反复,并已为楚军所克复。原为秦所徙居而监禁于郢之□山之昌平君,亦已出山而主持反秦之战争,因而李信必须引大军南下而攻破之。鄢郢之楚军未作坚决抵抗而退出,待李信引大军因师东进,以与蒙武在城父(今安徽亳县东南)会合,以便向楚新都寿春进攻,楚军即跟踪追击,三日三夜不顿舍,从而大破李信军。

④ 《汉志》:城父属沛郡。《汉书补注》先谦曰:陈夷邑,楚取之见《左》僖传,后改名城父,见《昭传》。章邯杀陈胜于此,见《秦纪》。《一统志》:故城今亳州东南城父村。《汉志汇释》周振鹤师:治今安徽亳州市东南。《中国历史地图集》战国"楚越图":城父,今安徽亳县东南。

266　帝国的形成与崩溃——秦疆域变迁史稿

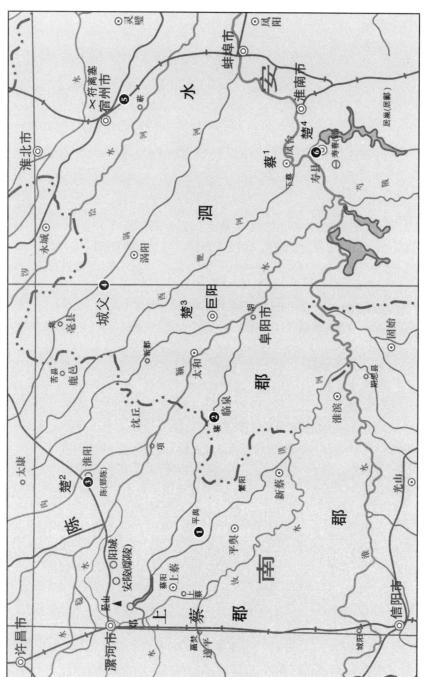

图31　战国时期黄淮平原东部诸地地望图

注：1.平舆；2.寝；3.陈；4.城父；5.蕲；6.寿春

（底图取自谭其骧主编《中国历史地图集》，战国"楚越图"，地望标号新加）

军出征。① 王翦攻取陈以南到平舆间地,大破楚军于蕲南,迫使项燕自杀。《史记》卷六《秦始皇本纪》:

> (秦始皇帝)二十三年,秦王复召王翦强起之,使将击荆,取陈以南至平舆。②

又,《史记》卷七三《白起王翦列传》:

> 荆闻王翦益军而来,乃悉国中兵以拒秦。王翦至,坚壁而守之,不肯战。荆兵数出挑战,终不出。王翦日休士洗沐,而善饮食,抚循之,亲与士卒同食。久之,王翦使人问:"军中戏乎?"对曰:"方投石超距。"(《史记集解》引徐广曰:"超一作拔")于是王翦曰:"士卒可用矣。"荆数挑战而秦不出,乃引而东。翦因举兵追之,令壮士击,大破荆军。至蕲南,杀其将军项燕,荆兵遂败走。秦因乘胜略定荆地城邑。

又,《史记》卷一五《六国年表》:

> 秦始皇帝二十三年王翦、蒙武击破楚军,杀其将项燕。

又,《史记》卷四〇《楚世家》:

> (楚王负刍)四年,秦将王翦破我军于蕲,而杀将军项燕。

又,《史记》卷八八《蒙恬列传》:

---

① 《史记》卷七三《白起王翦列传》:始皇闻之(指楚大破李信军),大怒,自驰如频阳,见谢王翦曰:"寡人以不用将军计,李信果辱秦军。今闻荆兵日进而西,将军虽病,独忍弃寡人乎?"王翦谢曰:老臣罢病悖乱(《正义》曰:"罢音皮,悖音背。""罢"读作"疲","悖"读作"背"),唯大王更择贤将。始皇谢曰:"已矣,将军勿复言。"王翦:"大王必不得已用臣,非六十万不可。"始皇曰:"为听将军计耳。"于是王翦将兵六十万人,始皇自送至灞上。王翦行,请美田宅园池甚众。始皇曰:"将军行矣,何忧贫乎?"王翦曰:"为大王将,有功终不得封侯,故及大王之向臣,臣亦及时以请园池为子孙业耳。"始皇大笑。王翦既至关,使使还请善田者五辈(《集解》引徐广曰:"善一作菑")。或曰:"将军之乞贷,亦已甚矣。"王翦曰:不然。夫秦王怚而不信人("怚",《集解》曰:"音龓",引徐广曰:"一作粗")。今空秦国甲士而专委于我,我不多请田宅为子孙业以自强,顾令秦王坐而疑我邪? 王翦果代李信击荆。

② 另外,此处引文下接:"虏荆王。秦王游至郢陈。荆将项燕立昌平君为荆王,反秦于淮南"(《史记集解》引徐广曰:"淮一作江。")可能有误。第一,秦虏荆王在下一年,即始皇二十四年。第二,因为此时项燕已死,而据云梦秦简《编年记》,昌平君也已死,所以可能是:秦虏荆王后,楚遗民假名项燕立昌平君为荆王,反秦于淮南。详参马非百《云梦秦简大事记集传》,中国历史文献研究会编:《中国历史文献研究会集刊》第二集,湖北人民出版社,1981年。

> （秦）始皇二十三年，蒙武为秦裨将军，与王翦攻楚，大破之，杀项燕。

陈，今河南淮阳（参见图31）①；平舆，今河南平舆北（参见图31）。②"陈以南至平舆"，即睢阳至平舆北一带地区。蕲，今安徽宿县东南（参见图31）。③

（四）秦军攻入楚都寿春，俘虏楚王负刍

秦始皇帝二十四年（前223），即楚王负刍五年，秦军攻破楚都，俘虏了楚王负刍。《史记》卷四〇《楚世家》：

> （楚王负刍）五年，秦将王翦、蒙武遂破楚国，虏楚王负刍，灭楚名为楚郡云。④

---

① 《汉志》：陈属淮阳国。《汉书补注》先谦曰：秦楚郡治陈，故《陈涉世家》陈守、令并称。亦见《张耳陈馀传》。县人郑当时，见本传。故国，舜后，胡公所封，为楚所灭。胡公封此，见《陈世家》。楚惠王使公孙朝灭陈，见《左》哀十七年传。楚顷襄王自郢徙此。二十一年，为秦白起所迫，徙都，见《楚世家》。《沙水注》，文颖以为西楚，三楚斯其一焉。始皇灭楚后，游焉，见《始皇纪》。莽曰陈陵。《续志》，后汉属陈。《渠水注》，渠水即沙水，自汝南长平来，东南迳陈城北，故陈国也，伏羲神农并都之。城之东门内有池诗所谓东门之池也。城南郭里又有一城，名曰淮阳城，子产所置也。《一统志》，故城今陈州府淮宁县治。《汉志汇释》周振鹤师：治今河南淮阳县。《中国历史地图集》战国"楚越图"：陈，今河南淮阳。

② 参见第265页注①。

③ 《汉志》：蕲属沛郡。莽曰蕲城。《汉书补注》先谦曰：王翦破楚项燕于此，见《楚世家》。有大泽乡，陈胜起此，见《胜传》。《一统志》，故城今宿州南蕲县乡蕲集。《汉志汇释》周振鹤师：治今安徽宿州市东南。《中国历史地图集》战国"楚越图"：蕲，今安徽宿县东南。

④ 杨宽《战国史料编年辑证》：《集解》引孙检曰："秦虏楚王负刍，灭去楚名，以楚地为三郡。"《资治通鉴》作"以其地置楚郡"。胡注云："按秦三十六郡，无楚郡，此盖灭楚之时暂置耳，后分为九江、鄣、会稽三郡。"钱大昕曰："秦始皇父名楚，故《始皇本纪》称楚为荆，灭楚之后，未尝置楚郡也。孙氏谓灭去楚名，盖得其实。楚郡之楚，当是衍文。"王鸣盛、梁玉绳亦以"楚"字为衍。今案："楚"字非衍。秦始皇灭六国时确有以其国名为郡名者，如《田世家》称"遂灭齐为郡"，即灭齐后置郡名为齐郡。又如《赵世家》称灭赵为"邯郸为秦"，《王翦列传》云："尽定赵地为郡。"即灭赵后置郡名为邯郸郡，时人或称赵国为"邯郸"。《陈涉世家》云："攻陈，陈守、令皆不在。"《索隐》引张晏云："郡守及令皆不在也。按《地理志》云秦三十六郡，并无陈郡，则陈是县，言守令，则守非官也，与下文守丞同也，则'皆'字是衍字。"张说非是。《汉书》颜注云："守，郡守也。令，县令也。守丞，郡丞之居守者。"王先谦云："陈是秦楚郡治，故有守有令。"王说甚是，犹如秦之河东郡治在临汾，秦戈铭文有称"临汾守"者。

又,《史记》卷七三《白起王翦列传》:

> 岁余(指大破荆军、杀项燕之后岁余),虏荆王负刍,竟平荆地为郡县。

又,《史记》卷八八《蒙恬列传》:

> (秦始皇帝)二十四年,蒙武攻楚,虏楚王。

(五)王翦定楚江南地

秦始皇帝二十五年(前222)王翦更平定了楚的江南地,于是楚国彻底灭亡。《史记》卷六《秦始皇本纪》:

> (秦始皇帝)二十五年,大兴兵,使王贲将,攻燕辽东,得燕王喜。还攻代,虏代王嘉。王翦遂定荆江南地,降越君,置会稽郡。五月天下大酺。①

又,《史记》卷七三《白起王翦列传》:

> 岁余(指王翦大破荆军、杀项燕之后"岁余"),虏荆王负刍,竟平荆地为郡县。因南征百越之君。

又,《三国志·吴书·虞翻传·注》引《会稽典录》:

> 秦始皇二十五年以吴、越地为会稽郡,治吴。②

楚江南地当指楚国在长江以南,南岭以北的领土(参见图32),会稽郡因会稽山而得名,郡治吴,吴即今江苏苏州,会稽郡辖境有今江苏长江以南,安徽黟

---

① 杨宽《战国史料编年辑证》:黄以周据此云:"是越之会稽至楚顷襄王时犹未失也。其失会稽在秦并楚之后,故《秦记》云'定楚江南地降越君,置会稽郡'也,王无彊虽败,而浙东会稽为越故土,仍未失,《世家》云楚取故吴地至浙江,斯言本不诬矣。"此说未可尽信。楚怀王"亡越"而"郡江东",当为事实。楚灭越后,尚保留越君系统于会稽,使服朝于楚而成属国。犹如秦灭巴、蜀,仍保留蜀王子弟为蜀侯,巴王子弟为君长,以便于统治。秦攻灭楚国后,降越君而置会稽郡,依然保留越君,所谓越君,已非独立越国之君王。

② 杨宽《战国史料编年辑证》:《越世家》称:楚威王败越"而越以此散,诸族子争立,或为王,或为君,滨于江南海上,服朝于楚"。楚威王为楚怀王之误,已明辨在周赧王九年之案语中。是时王翦"定荆江南地,降越君",《正义》云:"楚威王(当作楚怀王)已灭越,其余自为君长,今降秦。"盖"服朝于楚"之越君又降秦,秦于其地置会稽郡。《项羽本纪》称:陈胜起义后,项梁在吴杀会稽守通,而自称会稽守,可知会稽郡郡治在吴,是沿用楚春申君就封于吴而行相事之局势。

270　帝国的形成与崩溃——秦疆域变迁史稿

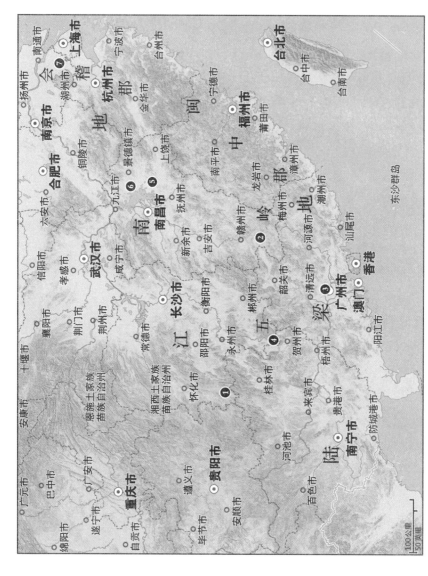

图32　战国晚期、秦代江南、岭南诸地地望图

注：1.钢城；2.南野；3.番禺；4.九嶷山；5.余干（余干水）；6.番阳；7.吴

县、旌德以东,及浙江金华以北地(参见图32)。① 秦从始皇帝二十一年(前226)开始灭楚,至始皇帝二十五年(前222)灭亡楚国,尽有楚地。

八、秦灭齐

秦始皇帝二十六年(前221),秦灭齐。《史记》卷六《秦始皇本纪》:

> (秦始皇帝)二十六年,齐王建与其相后胜,发兵守其西界,不通秦。秦使将军王贲从燕南攻齐,得齐王建。

又,《史记》卷一五《六国年表》:

> 秦始皇帝二十六年,王贲击齐,虏王建。初并天下,立为皇帝。

又,《史记》卷四六《田敬仲完世家》:

> (齐王建)四十四年,秦兵击齐。齐王听相后胜计,不战,以兵降秦。秦虏王建,迁之共。遂灭齐为郡。天下壹并于秦,秦王政立号为皇帝。始君王后贤,事秦谨,与诸侯信。齐亦东边海上,秦日夜攻三晋、燕、楚,五国各自救于秦,以故王建立四十余年不受兵。君王后死,后胜相齐,多受秦间金,多使宾客入秦,秦又多予金,客皆为反间,劝王去从朝秦,不修攻战之备,不助五国攻秦,秦以故得灭五国,五国已亡,秦兵卒入临淄,民莫敢格者。王建遂降,迁于共。故齐人怨王建不蚤与诸侯合从攻秦,听奸臣宾客以亡其国,歌之曰:"松耶柏耶?住建共者客耶?"疾建用客之不详也。

秦彻底灭亡齐国以后,尽有齐地。

九、灭东瓯、闽越,置闽中郡

秦始皇帝二十五年(前222),秦在灭楚后,继续挥师南下,又灭了会稽郡以南的东瓯和闽越。《史记》卷七三《白起王翦列传》:

> 岁余(指王翦大破荆军、杀项燕之后"岁余"),虏荆王负刍,竟平荆地为郡县,因南征百越之君。

又,《史记》卷一一四《东越列传》:

> 闽越王无诸及越东海王摇者,其先皆越王句践之后也。姓驺氏,秦

---

① 详参杨宽《战国史》附录一"战国郡表"。

已并天下，皆废为君长，以其地为闽中郡。

闽越或称东越，分布于今福建北部与浙江南部。瓯越或称东瓯，分布于今浙江南部瓯江、灵江流域。① 秦灭瓯越和闽越后，以其地为闽中郡（参见图32）。②

十、秦王政时期疆域变迁小结

综上所述，秦王政即位后，吸取关东诸国合纵攻秦的教训之后，决定从地理上截断"山东纵亲之腰"，于是不断攻取韩魏之地，尤其是在魏地建置了东郡。在秦始皇帝十一年（前236）至十五年（前232）间，秦又攻取了赵之阏与、橑阳、邺、安阳等九城，云中郡、太原郡，平阳、宜安、武城、狼孟、鄱吾诸地。至此统一的条件已经成熟。自秦始皇帝十六年（前231）到二十六年（前221），秦相继灭亡了关东六国、闽越和东瓯。《史记》卷六《秦本纪》总结说："秦王政立二十六年，初并天下为三十六郡，号为始皇帝。"

---

① 杨宽《战国史料编年辑证》：战国时已有"百越"之称，用以指东南沿海地区之原始部族，《吕氏春秋·恃君篇》所谓"扬、汉之南，百越之际……多元君"。闽越或称东越，分布于今福建北部与浙江南部。瓯越或称东瓯，分布于今浙江南部瓯江、灵江流域。闽越与瓯越乃百越中较进步之地区，其君长原为越王句践分封之封君。《太平寰宇记》卷九十与《路史·国名纪丁》引《越绝书》云："东瓯，越王所立也，周元王四年（前473）越相范蠡所筑。"（今本《越绝书》失载）可知东瓯君乃越句践二十五年所分封。闽越君亦当出于句践之分封，故《东越传》称"其先皆越王句践之后也"。《王翦列传》谓王翦"平荆地为郡县，因而南征百越之君"，盖秦灭楚、平定江南、降服越君、建置会稽郡之后，王翦继而南下进攻瓯越与闽越，"皆废为君长，以其地为闽中郡"。《东越传》继称："及诸侯畔秦，无诸、摇率越归鄱阳令吴芮，所谓鄱君者也，从诸侯灭秦。"《项羽本纪》云："鄱君吴芮率百越佐诸侯。"所谓"百越"即指瓯越与闽越。

② 杨宽《战国史料编年辑证》：闽中郡，《汉书·地理志》未载，《晋书·地理志》则补载而以为不在秦初并天下所设三十六郡之列，乃与南海等郡同为既并天下后所增置。王国维谓《秦始皇本纪》系"降越君"于二十五年，则闽中郡之置亦当在是年，其说是也。又，谭其骧《秦郡新考》：闽中《东越列传》，闽越王无诸及越东海王摇者，其先皆越王勾践之后也；秦已并天下，皆废为君长，以其地为闽中郡。《汉志》缺；《晋书·地理志》补出，而与南海等三郡同列为既并天下后所置，唐宋以来诸家皆因之。洪氏亮吉始谓秦并天下在二十六年，是闽中之置，尚在南海等三郡之先。王氏国维又谓《始皇本纪》系降越君于二十五年，则闽中郡之置，亦当在是年，《本纪》但书降越君置会稽郡，文有所略也。陈氏芳绩谓闽中在秦未见有县，安得有郡；不知闽中秦县之所以不见记载，实由汉武定东越后徙其民江淮间而虚其地，建置中绝，后世遂不复可考，非秦世果无县也。

第八章　秦代的疆域变迁

秦代即秦帝国时期,始于始皇帝二十六年(前221),终于秦王子婴元年(前206)。本章考察秦代的疆域变迁。

第一节　秦始皇帝时期

如前所述,秦王政立二十六年,初并天下,建立大一统的秦帝国,号为始皇帝。秦始皇帝享国三十七年,卒,葬郦邑。本节考察秦始皇帝二十七年(前220)至三十七年(前210)时期秦疆域的变化。

一、攻取岭南,置桂林郡、象郡、南海郡

秦在灭亡了东瓯和闽越之后,尉屠睢统率五十万大军分五路继续南下灭越。一路到镡城,一路到九疑山,一路到番禺,一路到南野,一路到余干水,至秦始皇帝三十三年(前214),终于统一了南越和西瓯地区。《淮南子·人间训》:

> 乃使尉屠睢发卒五十万,为五军,一军塞镡城之岭,一军守九疑之塞,一军处番禺之都,一军守南野之界,一军结余干之水。三年不解甲驰弩,使临禄无以转饷。又以卒凿渠而通粮道,以与越人战,杀西呕君译吁宋。而越人皆入丛薄中,与禽兽处,莫肯为秦虏。相置桀骏以为将,而夜攻秦人,大破之。杀尉屠睢,伏尸流血数十万,乃发谪戍以备之。

又,《史记》卷六《秦始皇本纪》:

> (秦始皇帝)三十三年,发诸尝逋亡人、赘婿、贾人略取陆梁地,为桂林、象郡、南海,以适遣戍。

又,《史记》卷一五《六国年表》:

(秦始皇帝)三十三年,遣诸逋亡及贾人赘婿略取陆梁,为桂林、南海、象郡,以适戍。

又,《史记》卷一五《六国年表》:

(秦始皇帝)三十四年,适治狱不直者筑长城。取南方越地。

镡城,即今湖南靖县西南(参见图32)①;九疑山,即今湖南南边九疑山(参见图32)②;番禺,即今广东广州(参见图32)③;南野,即江西南康南(参见图32)④;余干水,即今江西余干南信江(参见图32)。⑤ 陆梁地,即岭南地区(参见图32)。⑥ 秦在统一南越和西瓯地区后,在岭南地区设置了南海、桂林、象三郡。⑦

---

① 《汉志》:镡成属武陵郡。《汉书补注》先谦曰:《淮南·人间训》:尉屠睢五军,一塞镡城之岭。镡成即镡城也。《汉志汇释》周振鹤师:治所在今湖南靖州苗族侗族自治县南,确地无考。杨宽《战国史》:今湖南靖县西南。《中国历史地图集》秦"淮汉以南诸郡图":今湖南靖县西南。

② 《中国历史地图集》秦"淮汉以南诸郡图":今湖南南边九疑山。

③ 《汉志》:番禺属南海郡。《汉书补注》先谦曰:始皇使尉屠睢为五军,一军处番禺之都,见《淮南·人间训》,亦见南粤、货殖《传》。《汉志汇释》周振鹤师:治今关东广州市。《中国历史地图集》秦"淮汉以南诸郡图":今广东广州。

④ 《汉志》:南野属豫章郡。《汉书补注》先谦曰:《淮南·人间训》,始皇使尉屠睢为五军,一军守南野之界,即此。有横浦关,见《南越传》索隐。《汉志汇释》周振鹤师:治所在今江西南康市西南。《中国历史地图集》秦"淮汉以南诸郡图":今江西南康南。

⑤ 《中国历史地图集》秦"淮汉以南诸郡图":今江西余干南信江。

⑥ 关于陆梁地,《史记索隐·秦始皇本纪》谓:南方之人,其性陆梁,故曰陆梁。《史记正义·秦始皇纪》:岭南人多处山陆,其性强梁,故曰陆梁。

⑦ 谭其骧《秦郡界址考》:象郡旧说郡域限于今越南境及粤省西隅,未得其全。按《海内东经》,沉水出象郡谭成。谭成,《汉志》属武陵,在今湘省西南隅,此郡之北界也。《淮南子·人间训》:尉屠睢五军,一塞谭成之岭。明其地在秦越界上。《海内东经》又云:郁水出象郡,而西南注南海。而《高帝纪》臣瓒注引《茂陵书》谓象郡治在临尘,水及县于《汉志》悉属郁林,今桂省之西部也。《昭帝纪》:元凤五年,罢象郡,分属郁林、牂柯。是郁林而外,郡境又兼有《汉志》牂柯之地。惟界址无可确征,依地势推之,则今黔省东南隅介在谭成、郁林之间,滇桂接壤地带,距临尘近而距且兰、夜郎远,或足以当之矣。

二、攻取河南地及高阙、阳山、北假

(一)攻取河南地

战国后期,北方草原上的匈奴已经成为秦、赵、燕的边患。《史记》卷一百十《匈奴列传》:"当是之时,冠带战国七,而三国边于匈奴。"统一六国后,燕人卢生奏录图书曰:"亡秦者胡也。"为解除匈奴的威胁,秦始皇三十二年(前215),使蒙恬北逐匈奴,取得了河南地。《史记》卷六《秦始皇本纪》:

(秦始皇帝三十二年)燕人卢生使入海还,以鬼神事,因奏录图书,曰"亡秦者胡也"。始皇乃使将军蒙恬发兵三十万人北击胡,略取河南地。

又,《史记》卷八八《蒙恬列传》:

秦已并天下,乃使蒙恬将三十万众北逐戎狄,收河南。筑长城,因地形,用制险塞,起临洮,至辽东,延袤万余里。

又,《史记》卷一五《六国年表》:

(秦始皇帝)三十三年,遣诸逋亡及贾人赘婿略取陆梁,为桂林、南海、象郡,以适戍。西北取戎为三十四县。① 筑长城河上,蒙恬将三十万。

河南地,即今内蒙古乌加河以南地区(参见图33)。②

(二)取高阙、阳山、北假

秦始皇三十三年(前214),又使蒙恬渡河攻取高阙、阳山、北假。《史记》卷六《秦始皇本纪》:

(秦始皇帝三十三年)西北斥逐匈奴。自榆中并河以东,属之阴山,以为四十四县,城河上为塞。又使蒙恬渡河取高阙、阳山、北假中,筑亭障以逐戎人。徙谪,实之初县。

又,《史记》卷八八《蒙恬列传》:

秦已并天下,乃使蒙恬将三十万众北逐戎狄,收河南。筑长城,因

---

① 《史记集解·六国年表》徐广曰:"一云四十四县是也。又云二十四县。"
② 《史记正义》:今灵、夏、胜等州,秦略取之。《中国历史地图集》秦"关中诸郡图":河南地,即今内蒙古西南角黄河以南地区。

276　帝国的形成与崩溃——秦疆域变迁史稿

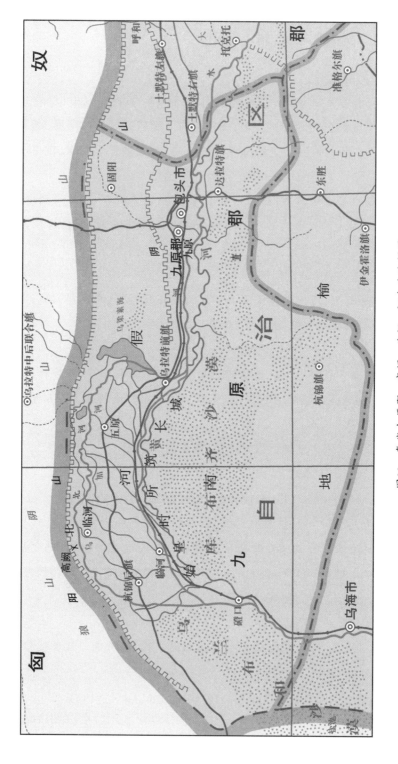

图33　秦代九原郡、高阙、北假、河南地地望图
（取自谭其骧主编《中国历史地图集》秦"关中诸郡图"）

地形，用制险塞，起临洮，至辽东，延袤万余里。于是渡河，据阳山，逶蛇而北。

又，《汉书》卷九四上《匈奴传》：

后秦灭六国，而始皇帝使蒙恬将数十万之北击胡，悉收河南地，因河为塞，筑四十四县城临河，徙适戍以充之。而通直道，自九原至云阳，因边山险，堑溪谷，可缮者缮之，起临洮至辽东万余里。又度河据阳山北假中。

高阙，在今内蒙古狼山与阴山之间（参见图33）[①]；阳山、北假，今内蒙古自治区乌加河以北地区（参见图33）。[②] 秦取得河南地和高阙、阳山、北假一带地方后，设置三十四个县，建成九原郡（参见图33）。[③]

[①] 《大清一统志》卷四百八：高阙塞在阴山西。《史记·匈奴传》：赵武灵王自代并阴山至高阙为塞。注：徐广曰：在朔方。《正义》曰：《地理志》云朔方临戎县北有连山险于长城，其山中断，两峰俱峻，土俗名为高阙也。《中国历史地图集》秦"关中诸郡图"：在狼山与阴山之间。

[②] 《大清一统志》卷四百八：北假在旗西北。《史记》：秦使蒙恬将十万众北击胡，渡河取高阙，据阳山、北假中。注：北假，北方田官，主以田假与贫人，故云北假。《水经注》：北假，地名，自高阙以东，夹山带河，阳山以西，皆北假也。《集解》引徐广曰："五原西安阳县北有阴山。阴山在河南，阳山在河北。"《中国历史地图集》秦"关中诸郡图"：阳山、北假，即今内蒙古自治区乌加河以北地区。

[③] 谭其骧《秦郡新考》："《始皇本纪》：三十二年，使蒙恬北击胡，略收河南地；三十三年，西北斥逐匈奴，自榆中并河以东属之阴山以为三十四县，又渡河取高阙、阳山、北假中。《匈奴列传》叙事略同，惟三十四县作四十四县。此役《史》但言立县，不言置郡，盖文有所略，不然，不应以三（或四）十四县之多而不置郡……全氏祖望始以《汉志》之九原当之。其言曰：《匈奴传》：赵有雁门、代郡、云中三郡以备胡，而九原特云中北界，未置郡也。始皇三十三年以前，其于边郡，多仍前之旧，不闻增设。三十三年，蒙恬辟河南地四十余县，盖以四十余县置九原。何以知之？徐广所谓阳山在河北，阴山在河南者，刘昭以为俱属九原之安阳，则九原统属河南四十四县可知矣。然则九原不当在始皇二十六年所并三十六郡之内。王氏国维因其说，又曰：始皇三十五年除道，道九原抵云阳，自是九原之名，始见于史；故三十二年始皇之碣石，归幽北边，自上郡入，至三十七年始皇崩于沙丘，其丧乃从井陉抵九原，从直道至咸阳，明始皇三十二年以前，未有九原郡也。今按：纪传明言三十三年先收河南地，又渡河而北，知拓地跨河套内外；河套内外于《汉志》为五原及其分郡朔方，而《汉志》又于五原郡下明言秦九原郡，是全氏之说，断无可疑。前人皆以九原列于三十六郡之内，至是乃别出。"

三、经略西南夷地区

秦在统一六国后,继续经略西南夷,不仅开通了五尺道,很可能还在西南夷地区设置官吏,进行治理。《史记》卷一一六《西南夷列传》:

> 西南夷君长以什数,夜郎最大;其西靡莫之属以什数,滇最大;自滇以北君长以什数,邛都最大:此皆魋结,耕田,有邑聚。其外西自同师以东,北至楪榆,名为嶲、昆明,皆编发,随畜迁徙,毋常处,毋君长,地方可数千里。自嶲以东北,君长以什数,徙、筰都最大;自筰以东北,君长以什数,冉、駹最大。其俗或士著,或移徙,在蜀之西。自冉、駹以东北,君长以什数,白马最大,皆氐类也。此皆巴蜀西南外蛮夷也。始楚威王时,使将军庄蹻将兵循江上,略巴、黔中以西。庄蹻者,故楚庄王苗裔也。蹻至滇池,方三百里,旁平地,肥饶数千里,以兵威定属楚。欲归报,会秦击夺楚巴、黔中郡,道塞不通,因还,以其众王滇,变服,从其俗,以长之。秦时常頞略通五尺道,诸此国颇置吏焉。

又,《史记》卷一一七《司马相如列传》载司马相如曰:

> 邛、筰、冉駹者近蜀,道亦易通,秦时尝通为郡县,至汉兴而罢。

又,《华阳国志·南中志》:

> 南中在昔,盖夷越之地,滇、濮、句町、夜郎、叶榆、桐师、嶲唐,侯王国以十数,(或椎髻耕田,有邑聚,或)编发、左衽。随畜迁徙,莫能相雄长。周之季世,楚威(顷襄)王遣将军庄蹻泝沅水出且兰以伐夜郎,植牂牁,系船于是。且兰既克,夜郎又降,而秦夺楚黔中地,无路得反,遂留王滇池。蹻,楚庄王苗裔也。以牂柯系船,因名且兰为牂柯国。分侯支党,传数百年。秦并蜀,通五尺道,置吏主之。

综上所述,这些西南夷主要有夜郎、滇、昆明、邛、筰、冉、駹、白马,绝大多数分布在今四川、贵州和云南一带,也有一些分布在今甘肃陇南及四川西北部(参见图34)。[①]

[①] 详参《中国历史地图集》秦"淮汉以南诸郡图";另参方国瑜:《西南历史地理考释》,中华书局,1987年。

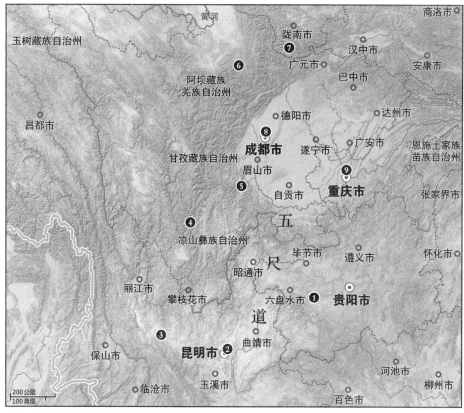

注：1.夜郎；2.滇；3.昆明；4.邛；5.笮；6.冉駹；7.白马；8.蜀；9.巴

图 34　秦代西南地区诸地地望图

四、秦始皇帝时期疆域变迁小结

秦始皇帝时期，秦不仅继续南下统一了南越和西瓯地区，置桂林、南海、象三郡，还派将军蒙恬北击匈奴，略取"河南地"，拓地至阴山，置九原郡。《史记》卷六《秦始皇本纪》说秦代的疆域："东至海暨朝鲜，西至临洮、羌中，南至北向户[①]，北据河为塞，并阴山至辽东"。

---

① 《史记集解·秦始皇本纪》引《吴都赋》曰："开北户以向日。"刘逵曰："日南之北户，犹日北之南户也。"即北回归线以南。

第二节　秦文化遗存反映的战国晚期及秦代之秦疆域

迄今为止,在甘肃天水、陇南、平凉,陕西宝鸡、西安、咸阳、铜川、渭南、汉中,四川广元、成都、雅安,河南三门峡、洛阳、郑州、驻马店、南阳,湖北襄樊、宜昌、荆州、孝感、十堰,湖南长沙、岳阳、怀化、湘西土家族苗族自治州,广西桂林,广东韶关、广州,内蒙古鄂尔多斯、通辽,山西临汾、朔州,河北秦皇岛,辽宁绥中这些地区发现了战国晚期至秦代的秦文化遗存。另外,在甘肃、陕西、内蒙古等省发现了秦昭襄王长城遗迹、秦始皇长城遗迹和秦直道遗迹。在一定程度上,这些秦文化遗存及秦长城、秦直道遗迹的地理分布反映了战国晚期及秦代的秦疆域。下面我们对这些秦文化遗存的具体分布地域及相关情况做一简要叙述。

一、甘肃天水地区

在天水地区发现的甘谷毛家坪遗址、天水董家坪遗址、天水西山坪遗址、天水放马滩秦墓、甘肃秦安上袁家村秦汉墓葬中有战国晚期或秦代的秦文化遗存。甘谷毛家坪遗址、天水董家坪遗址的具体分布地域及相关情况已经在前文《秦文化遗存反映的西周及其以前的秦人活动地域》一节中做了叙述,这里不再重复。

(一)天水西山坪秦汉墓

西山坪遗址在甘肃省天水市以西 15 公里处的太京乡甸子村葛家新庄(参见图 5)。庄北为一较宽阔的坪台,称为"西山坪",遗址绝大部分就分布其上。遗址北面是宽阔的河谷,渭河支流籍河由西向东流过。遗址距河床的高程为 50—100 米。整个遗址南北约长 640 米、东西约宽 320 米,总面积为 20 余万平方米。1986 年至 1987 年,中国社会科学院考古研究所甘肃工作队对西山坪遗址进行了两次发掘,发现有早期新石器文化、马家窑文化、齐家文化遗存与秦汉墓等。其中,西山坪秦汉墓葬虽然发掘仅三座,但墓葬形制、随葬品都有较明显的时代特征。综合墓葬结构和出土器物的型式,发掘者认为西山坪秦汉墓葬的年代约为秦至汉初。① 滕铭予认为,天水西山坪 M2 的年代为战国晚期至秦代。②

(二)天水放马滩秦墓

放马滩又名牧马滩,属天水市北道区党川乡(参见图5)。放马滩地处秦岭山脉中部,是渭河与党川河的分水岭。墓葬分布在山前扇形草地中,保存较好,没有被盗迹象。墓地总面积为 11000 多平方米。墓葬 100 余座,均分布在秦岭山前平地。1986 年发掘墓葬 14 座,其中秦墓 13 座,汉墓 1 座。出土文物 400 余件,其中有战国秦木板地图、竹简和西汉初期纸绘地图等重要文物。此墓地年代上限在战国晚期、秦始皇统一以前,下限为西汉初文景时期。③ 滕铭予认为,天水放马滩 M1、M4、M5、M6、M11、M12、M13、M14 的年代为战国晚期至秦代。④

(三)甘肃秦安上袁家村秦汉墓葬

1967 年秋季,甘肃秦安县陇城镇上袁家村村民发现一座积炭古墓(Ml)(参见图5),出土一批文物,其中一件为镌刻秦诏版的铜权。1972 年,甘肃省文物工作队对该墓地进行铲探,又探出 6 座古墓。1976 年 7 月 26 日开始发掘,至 9 月 16 日结束。其中 M6、M7 是秦墓,上袁家村秦墓的年代,从出土器物来看,与临潼上焦村秦墓接近,当为秦统一至二世时期。⑤

二、甘肃陇南地区

2004 年,早期秦文化联合课题组对西汉水上游东起天水市天水乡,西至礼县江口乡约 60 余公里的干流两岸及其支流红河、永坪河、燕子河等河流两岸调查发现的包含周秦文化的 38 处遗址中,可能也有战国晚期的秦文化遗存。西汉水上游调查发现的 38 处周秦文化遗址已经在前文《秦文化遗存反映的西周及其以前的秦人活动地域》一节中做了叙述,这里不再重复。除此之外,在陇南地区

---

① 中国社会科学院考古研究所甘肃工作队:《甘肃天水西山坪秦汉墓发掘纪要》,《考古》1988 年第 5 期。

② 详参滕铭予《秦文化:从封国到帝国的考古学观察》附表一"天水地区墓葬统计表"。

③ 甘肃省文物考古研究所、天水市北道区文化馆:《甘肃天水放马滩战国秦汉墓群的发掘》,《文物》1989 年第 2 期。

④ 详参滕铭予《秦文化:从封国到帝国的考古学观察》附表一"天水地区墓葬统计表"。

⑤ 甘肃省文物考古研究所:《甘肃秦安上袁家秦汉墓葬发掘》,《考古学报》1997 年第 1 期。

尚未发现其他的战国晚期至秦代的秦文化遗存。

三、甘肃平凉地区

平凉地区发现的战国晚期至秦代的秦文化遗存仅有平凉庙庄战国墓。

平凉庙庄战国墓

1974年10月初,甘肃省博物馆在平凉县东四十里铺公社庙庄大队的庙嘴坪上(参见图9),铲探出4座附葬车马的战国晚期中型墓葬(M6—M9),只清理了其中的M6、M7。庙庄村依山居住,前临无名小河,对岸是庙嘴坪。发掘者认为庙庄秦墓大致的年代可定为战国晚期,其下限或可接近秦统一时期。[①] 滕铭予认为,平凉庙庄M6、M7的年代为战国晚期至秦代。[②]

四、陕西宝鸡地区

宝鸡地区发现的陇县店子秦墓、凤翔高庄秦墓、凤翔西村秦墓、凤翔八旗屯秦国墓葬、凤翔西沟道秦墓、宝鸡斗鸡台秦墓、凤翔雍山血池秦汉祭祀遗址、凤翔秦国都城雍城遗址、凤翔秦公陵园遗址、凤翔六道村战国秦墓、宝鸡郭家崖秦国墓地和凤翔路家村墓葬中均有战国晚期的秦文化遗存。陇县店子秦墓、凤翔八旗屯秦国墓葬的情况已经在《秦文化遗存反映的春秋早期之秦疆域》一节中做了叙述;凤翔秦国都城雍城遗址和凤翔秦公陵园遗址已经在《秦文化遗存反映的春秋中期之秦疆域》一节中做了叙述;凤翔高庄秦墓、凤翔八旗屯西沟道秦墓已经在《秦文化遗存反映的春秋晚期之秦疆域》一节中做了叙述;凤翔南指挥乡西村遗址、宝鸡郭家崖秦国墓地和凤翔雍山血池秦汉祭祀遗址的地理分布及其相关情况已经在《秦文化遗存反映的战国早期之秦疆域》中做了叙述;宝鸡斗鸡台秦墓、凤翔六道村战国秦墓的地理分布及其相关情况已经在《秦文化遗存反映的战国中期之秦疆域》一节中做了叙述。

凤翔路家村墓葬

路家村位于凤翔县西南(参见图10),南邻六家村,北邻索落树村,东邻城关镇。2012年9月,为配合宝(鸡)麟(游)铁路建设,陕西省考古研究院与市县文

---

① 甘肃省博物馆魏怀珩:《甘肃平凉庙庄的两座战国墓》,《考古与文物》1982年第5期。
② 详参滕铭予《秦文化:从封国到帝国的考古学观察》附表一"长陇地区墓葬统计表"。

博单位联合组队,在路家村抢救性发掘8座古墓葬,其中5座为战国秦墓。这5座墓葬年代相近,初步判断为战国晚期。[①]

五、陕西咸阳地区

咸阳地区发现的咸阳黄家沟秦墓、咸阳塔尔坡墓地、西北林学院秦墓、咸阳任家嘴秦墓、乾县夹道村秦墓、旬邑县转角秦墓、秦都城咸阳遗址和泾阳宝丰寺秦墓中有战国晚期或秦代的秦文化遗存。咸阳任家嘴秦墓已经在前文《秦文化遗存反映的春秋中期之秦疆域》做了介绍,乾县夹道村秦墓已经在前文《秦文化遗存反映的战国早期之秦疆域》做了介绍,咸阳黄家沟秦墓、西北林学院秦墓和秦都城咸阳遗址已经在前文《秦文化遗存反映的战国中期之秦疆域》做了介绍,这里不再重复。

(一)咸阳塔尔坡墓地

塔尔坡墓地位于咸阳市区东郊渭河第二阶台地上的渭阳乡塔尔坡村东北侧(参见图11),李家堡村北边。南距咸铜铁路约1公里,西南距咸阳市中心约5公里。中华人民共和国成立后,塔尔坡村周围随着农田建设和经济的发展,常有秦人墓葬或窖藏发现。1966年,在咸阳市砖瓦厂发现一土坑,出土铜器20余件,从特征看,属战国时期及秦代器物,可能为一处秦代窖藏。1987年,咸阳涤纶纤维厂在基建中发现战国晚期至秦代墓葬6座,墓葬形制均为竖穴墓。1989年,铁一局新运处服装厂在市制线厂北征地9.8亩,发现战国晚期至秦代墓葬43座,其中洞室墓30座,竖穴墓13座。1995年,咸阳钢管钢绳厂在距铁一局服装厂仅有一条生产小路之隔的东北侧征地80余亩,经咸阳市考古钻探管理处钻探,发现381座古墓葬,发掘工作在陕西省考古研究院的指导下,由咸阳市文物考古研究所具体实施。发掘工作自1995年3月开始,至8月结束,共清理墓葬399座,其中战国秦墓381座,汉墓11座、唐墓6座、宋墓1座。塔尔坡墓地发掘

---

① 陕西省考古研究院、宝鸡市考古研究所、凤翔县博物馆:《陕西凤翔路家村墓葬发掘简报》,《文博》2013年第4期。

的 381 座秦墓的年代为战国晚期至秦统一时期。①

（二）旬邑县转角秦墓

1979 年初,陕西省马栏农场在旬邑县转角(参见图 11)平整土地时,发现两座毗连的石室墓,出土一批铜器,这批器物年代约为战国晚期。从铜簋刻铭中"高奴"地名推测,这批器物当为战国秦国遗物。② 黄盛璋先生认为,这两座毗连的石室墓是秦墓,但出土器物除秦遗物外,还有魏国遗物。③ 滕铭予认为,旬邑县转角墓的年代为战国晚期至秦代。④

（三）泾阳宝丰寺秦墓

2001 年 8 月至 11 月,为配合 211 国道泾淳路的公路建设,咸阳市文物考古研究所在陕西泾阳县宝丰寺段发掘了 20 余座战国秦墓。此段公路位于泾阳县的北塬之上,木刘村以北,为南北向。这批墓葬分布在公路西侧长约 500 米、宽 12 米 的新征地内(参见图 11)。发掘简报仅介绍了其中 M10 的情况。M10 个别随葬品有战国中期的特征,但绝大多数随葬品具有战国晚期的特征,发掘报告把该墓的年代定为战国晚期。⑤

六、陕西西安地区

西安地区发现的西安南郊秦墓、西安半坡秦墓、西安北郊秦墓、西安南郊曹家堡战国墓、长安洪庆村秦墓、蓝田泄湖战国墓、临潼上焦村秦墓、西安临潼清泉秦墓、栎阳城遗址、秦都城咸阳遗址、秦临潼芷阳陵、高陵县益尔公司秦墓、临潼马额秦墓和秦始皇帝陵遗址有战国晚期或秦代的秦文化遗存。西安南郊秦墓和

---

① 详参咸阳市文物考古研究所:《塔尔坡秦墓》,三秦出版社,1998 年。另外,报告认为:"塔尔坡墓地的墓主非咸阳土著居民。如果是土著居民墓地,应延续时间更长,起始时间更早,墓葬不会在短时期内如此集中。比如任家嘴墓地自春秋中期至秦统一共几百年间才形成 200 余座墓,每个时期墓葬大致相当,应属当地土著居民墓地。而塔尔坡墓地在战国晚期至秦代形成墓葬 300 余座,数量如此集中,应属一种新兴势力形成的墓地,非当地土著居民所为。"

② 卢建国:《陕西铜川发现战国铜器》,《文物》1985 年第 5 期。

③ 黄盛璋:《论出土魏国铜器之秦墓与墓主及遗物》,《人文杂志》1990 年第 1 期。

④ 详参滕铭予《秦文化:从封国到帝国的考古学观察》附表三"西安地区墓葬统计表"。

⑤ 咸阳市文物考古研究所:《泾阳宝丰寺秦墓发掘简报》,《文博》2002 年第 5 期。

高陵县益尔公司秦墓遗址的情况已经在前文《秦文化遗存反映的春秋晚期之秦疆域》一节中做了介绍;西安半坡秦墓遗址的情况已经在前文《秦文化遗存反映的战国早期之秦疆域》一节中做了介绍;蓝田泄湖战国墓、西安南郊曹家堡战国其时和栎阳城遗址的情况已经在前文《秦文化遗存反映的战国中期之秦疆域》一节中做了介绍,这里不再重复。

(一)西安北郊秦墓

陕西省考古研究所西安北郊考古队于1998年至2001年在西安市未央区张家堡办事处所辖的尤家庄、北康村、翁家庄等三个行政村周围发掘123座秦墓(参见图11)。这123座秦墓的年代可分为四段。第一段墓葬的年代应为战国晚期的前段,第二段墓葬的年代推断为战国晚期的后段,第三段墓葬的年代推断为秦代,第四段墓葬的年代推断为秦末汉初时期。[1]

(二)长安洪庆村秦汉墓

长安县洪庆村(参见图11)距今西安市东约15公里,东临骊山与华清宫相连,西隔灞河与霸陵原相望。陕西省文管会在这里进行了两次重点的发掘,第一次在1953年冬,第二次在1955年春。第二次发掘共清理出墓葬65座,其中秦墓2座,汉墓55座,余为唐、宋、元墓8座。两座秦墓编号M118、M86。[2] 滕铭予认为,长安洪庆村M118的年代为战国晚期至秦代。[3]

(三)临潼上焦村秦墓

1976年10月,秦俑坑亦工亦农考古训练班在秦始皇陵东侧上焦村西(参见图11)实习时,探出墓葬17座。这些墓葬东距秦始皇陵陪葬的小型马厩坑5—10米,西距始皇陵园东外城墙350米许。同年10月底至1977年1月,对其中八座墓进行了清理。[4] 滕铭予认为,临潼上焦村M11、M16、M18的年代为战国晚期至秦代。[5]

---

[1] 陕西省考古研究所:《西安北郊秦墓》,三秦出版社,2006年。
[2] 陕西省文物管理委员会:《陕西长安洪庆村秦汉墓第二次发掘简记》,《考古》1959年第12期。
[3] 详参滕铭予《秦文化:从封国到帝国的考古学观察》附表四"西安地区墓葬统计表"。
[4] 秦俑考古队:《临潼上焦村秦墓清理简报》,《文物与考古》1980年第2期。
[5] 详参滕铭予《秦文化:从封国到帝国的考古学观察》附表四"西安地区墓葬统计表"。

(四) 临潼清泉秦墓

临潼清泉秦墓位于斜杨村清泉组(参见图11)。该墓地处新丰塬上,地势开阔,黄土层较厚,南距骊山约 5 千米,西南距秦始皇兵马俑坑约 4 千米,西北距(刘寨村)新丰遗址约 2 千米。该墓年代约为战国晚期到秦。①

(五) 临潼芷阳陵

据《秦本纪》,悼太子、宣太后葬芷阳。据《秦始皇本纪》附《秦记》,昭襄王、庄襄王葬茝阳。"茝阳",又作"芷阳"。1986 年初在临潼县斜口镇韩峪乡骊山西麓的塬上(参见图11),发现几处级别很高的大墓,并采集到"芷"字印记的陶器,这里应当就是芷阳陵的所在。陵地位于灞水右岸,为南北向长方形,南起马斜村南,北至武家堡村北 100 米处,东及三冢坡,西近韩峪乡,总面积至少有 150 万平方米。陵区内共发现四座陵园,分布在两个毗邻的山前冲积扇上。就方位而言,一号陵园居中,二号在其东北,三号位于西北,四号在其西南。推测四号陵园属秦昭襄王和唐八子,一号陵园属秦庄襄王以及帝太后,二号陵园属悼太子。三号陵园犹在四号的西北,当属宣太后。②

(六) 临潼马额秦墓

马额秦墓位于临潼东 15 公里的马额塬上(参见图 11),南距骊山北麓 2 公里,西距秦始皇陵中西陵冢 8 公里,行政区划隶属陕西省西安市临潼区马额街道办事处。2013 年,对该墓区实施了抢救性发掘,发掘面积约 6500 平方米,共发掘出不同时期的墓葬 50 座,全部是中小型墓葬。这些墓以秦墓为主,有 44 座(包括有围沟墓 2 座)。根据墓葬形制、葬具葬式及出土器物综合判断,这 44 座秦墓年代较为集中,为战国晚期至秦代。③

(七) 秦始皇帝陵

秦始皇帝陵位于陕西省西安市东 35 公里,坐落在西安市临潼区宴寨乡(参见图11)。陵墓南倚骊山,北临渭水。秦始皇陵陵区范围东西与南北各约 7.5 公里,占地约 56 平方公里,其规模堪称中国古代帝陵之冠,秦始皇陵陵区包括陵园、陵墓、陵寝建筑、陵邑、陪葬坑、陪葬墓、殉葬墓、修陵人墓及其与秦始皇陵相

---

① 详参秦始皇帝陵博物院:《西安临潼清泉秦墓清理简报》,《文物世界》2011 年第6 期。
② 王学理、梁云:《秦文化》,文物出版社,2001 年。
③ 冯锴、马川:《临潼马额秦墓新出陶文及其初步研究》,《文博》2017 年第 1 期。

关的防洪堤遗址、阻水与排水遗址、鱼池建筑遗址、石料加工厂遗址等。①

七、陕西铜川地区

铜川地区发现的铜川枣庙秦墓、耀县城东秦墓有战国晚期至秦代的秦文化遗存。铜川枣庙秦墓已经在《秦文化遗存反映的春秋中期之秦疆域》一节中做了介绍,耀县城东秦墓已经在《秦文化遗存反映的战国中期之秦疆域》做了介绍,这里不再重复。

八、陕西渭南地区

渭南地区发现的华县东阳秦墓、大荔朝邑战国墓和渭南阳郭战国秦墓有战国晚期至秦代的秦文化遗存。华县东阳秦墓已经在《秦文化遗存反映的春秋中期之秦疆域》一节做了介绍,大荔朝邑战国墓已经在《秦文化遗存反映的战国早期之秦疆域》一节做了介绍,渭南阳郭战国秦墓已经在《秦文化遗存反映的战国中期之秦疆域》一节做了介绍,这里不再重复。

九、陕西汉中地区

汉中地区发现的战国晚期至秦代的秦文化遗存有汉中杨家山秦墓。

汉中杨家山秦墓

杨家山村位于汉中城北,现属汉中市沙沿乡(参见图35)。安中机械厂在此建厂,钻探出古墓葬60多座,其中土坑墓有37座。1982年春节期间,该厂新建教学大楼,又随工清理了一座墓葬。此墓形制、随葬器物组合及出土之半两钱,都具有秦墓特征,其下限不会晚于秦亡以后。②

十、四川广元地区

广元地区发现的青川县郝家坪村秦墓有战国晚期的秦文化遗存,该遗存情况已经在《秦文化遗存反映的战国中期之秦疆域》一节中做了介绍,这里不再重复。

---

① 《中国考古学大辞典》之"秦始皇帝陵"条。
② 何新成:《汉中杨家山秦墓发掘简报》,《文博》1985年第5期。

288　帝国的形成与崩溃——秦疆域变迁史稿

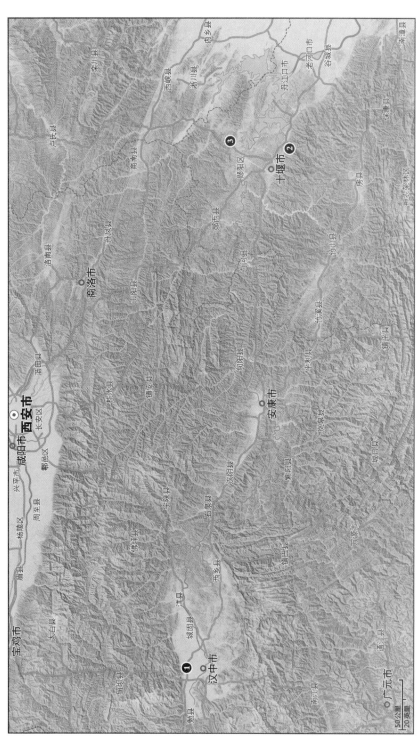

图35　汉中、十堰地区秦文化遗址分布图

注：1.汉中杨家山秦墓；2.武当山柳树沟秦墓；3.郧县龙门堂墓地战国及秦代墓葬

十一、四川成都地区

成都地区发现的战国晚期至秦代的秦文化遗存有四川成都新都清镇村秦墓、成都龙泉驿北干道木椁墓群。

(一)成都新都清镇村秦墓

2002年9月,成都市新都区龙安镇清镇村(参见图20)村民在取土时,发现几件铜器,遂上报镇政府。新都区文物管理所闻讯后,派出工作人员赶往现场进行调查,确认这是一座土坑墓(编号2002CXQM1,以下简称M1),并进行了抢救性发掘。成都新都清镇村M1的年代应为秦代。[1]

(二)成都龙泉驿北干道木椁墓群

龙泉驿区在成都市东南(参见图20),1992年3月,该区平安乡红豆村发现了古墓群。1992年5月至6月,当时的成都市文物考古工作队和龙泉驿区文化局在此进行了抢救性发掘,共清理墓葬34座,编号为M1—M34。[2] 据李明斌的研究,成都龙泉驿这些墓葬中既有战国晚期的秦人墓,也有秦代的秦人墓。[3]

十二、四川雅安地区

雅安地区发现的战国晚期至秦代的秦文化遗存有四川荥经古城坪秦汉墓葬、荥经曾家沟战国墓群。

(一)荥经古城坪秦汉墓葬

1977年上半年,四川荥经县城关镇砖瓦厂工人在修建砖窑破土时,发现了三座木椁土坑。编号为M1、M2、M3。墓地位于荥经县西2公里,是河南岸的一个高台地坪(参见图20),东西长约1000米、南北宽约600米。当地群众称之为"古城坪"。川滇公路从台地中部穿过。M1的随葬器物以漆器为主,有耳杯、卮、圆盒、双耳长杯、扁壶等。造型和制作与湖北云梦睡虎地秦墓出土的漆器具有同样风格。出土漆器中,十件带有朱书"王邦"两字。"邦"字在西汉初年,避

---

[1] 详参成都市新都区文物管理所:《成都新都秦墓发掘简报》,《文物》2014年第10期。

[2] 成都市文物考古研究所、龙泉驿区文物管理所:《成都龙泉驿区北干道木椁墓群发掘简报》,《文物》2000年第5期。

[3] 李明斌:《论四川盆地的秦人墓》,《南方文物》2006年第3期。

讳忌用。说明此墓的年代应早于西汉。同墓出土铜器与四川战国晚期墓出土器物相似,因此 M1 可定为战国晚期至秦代的墓葬。①

(二)荥经曾家沟战国墓群

严道古城遗址位于四川荥经县城西 2.5 公里处(参见图 20),属鹿鹤公社古城大队,俗称"古城坪"。城址周围有很多古代墓葬群。1981 年,在古城东 1 里曾家沟发现了一处较大的古墓群,经两次发掘,清理墓葬 7 座。② 荥经曾家沟这七座墓葬为战国晚期的秦人墓。③

十三、山西临汾地区

临汾地区发现的战国晚期至秦代的秦文化遗存有侯马乔村围沟墓和天马—曲村围沟墓。

(一)山西侯马乔村围沟墓

侯马乔村墓地位于山西省侯马市牛村古城东(参见图 36)。1959—1996 年,山西省考古研究所在这里先后组织了 14 次调查,共发掘清理了千余座墓葬,其中有 37 座是"围沟墓"。除围沟墓外,侯马乔村墓地还有许多竖穴土坑墓及少数洞室墓,这些墓葬的葬式多为屈肢葬。围沟墓与竖穴土坑墓、洞室墓出土的随葬品,多为关中秦墓中常见的日用陶器及青铜器。从出土文物判断,墓地年代应为战国中期后段至秦代。侯马乔村"围沟墓"的墓葬形制及葬式、随葬品等要素与关中秦墓的相似度极高,这些墓葬中却完全不见本地的晋文化要素,该墓地埋葬的应是来自秦地的移民或其后裔。④ 俞伟超先生亦认为,秦人墓葬有流行围墓沟的风尚,在春秋、战国时期的列国墓葬中,秦国之墓往往在墓外挖出围墓沟。

---

① 荥经古墓发掘小组:《四川荥经古城坪秦汉墓葬》,《文物资料丛刊》1981 年第 4 期。
② 四川省文物管理委员会、雅安地区文化馆、荥经县文化馆:《四川荥经曾家沟战国墓群第一、二次发掘》,《考古》1984 年第 12 期;四川省文物管理委员会、荥经县文化馆:《四川荥经曾家沟 21 号墓清理简报》,《文物》1989 年第 5 期。
③ 李明斌:《论四川盆地的秦人墓》,《南方文物》2006 年第 3 期。
④ 详参山西省考古研究所:《侯马乔村墓地(1959—1996)》,科学出版社,2004 年。陈洪:《秦文化之考古学研究》,科学出版社,2016 年;李学勤:《东周与秦代文明》,上海人民出版社,2011 年。

山西侯马乔村围沟墓是秦国占领侯马以后的秦人墓及汉初的秦人后裔墓。①

（二）天马—曲村围沟墓

天马—曲村遗址位于山西省南部的翼城和曲沃两县交界地带（参见图36）。1979年以来，天马—曲村遗址发现不少秦汉墓葬。已经发掘的94座墓中，战国晚期至秦汉之际的墓葬形制有竖穴土坑墓和竖穴墓道洞室墓；葬具以一棺一椁为主；葬式多见仰身直肢葬，少数为屈肢葬；也发现有围墓沟现象，如M6028、M6036、M6361的周围就有环绕沟。M6036出土的陶鼎和陶盒上有戳印文字"平阳市府"。② 俞伟超先生认为，围墓沟是秦人葬俗中的风尚。③ 因此，这些围沟墓很可能为秦墓。

十四、山西朔州地区

山西朔州地区发现的战国晚期至秦代的秦文化遗存有朔县秦汉墓。

朔县秦汉墓

1982—1986年，在山西省朔县城北平朔露天煤矿生活区的、煤炭部物资供应公司及其南面的公路和地下管道工程区、铁路取土场区、朔县城西的照什八庄区（参见图37），发掘了秦汉墓葬1285座。其中，秦至汉初的墓葬7座。本期墓所出陶器，从形制看，显然是这次发掘中最早的一批，其中釜、壶等器物与它处秦墓所出的相近。出土的印章为秦人私印，出土陶壶的戳印文亦为秦篆。④ 因此，这几座墓当为秦代至汉初的秦墓。

十五、内蒙古鄂尔多斯地区

鄂尔多斯地区发现的秦汉广衍故城及其附近墓地和福路塔秦文化墓地有战国晚期至秦代的秦文化遗存。秦汉广衍故城及其附近墓地的情况已经在《秦文化遗存反映的战国中期之秦疆域》一节中做了介绍，这里不再重复。

福路塔秦文化墓地

---

① 俞伟超：《方形围沟墓与秦文化的关系》，《中国历史博物馆馆刊》1993年第2期。
② 《中国考古学·秦汉卷》之山西的秦代墓，中国社会科学出版社，2010年。
③ 俞伟超：《方形周沟墓与秦文化的关系》，《中国历史博物馆馆刊》1993年第2期。
④ 信立群、雷云贵等：《山西朔县秦汉墓发掘简报》，《文物》1987年第6期。

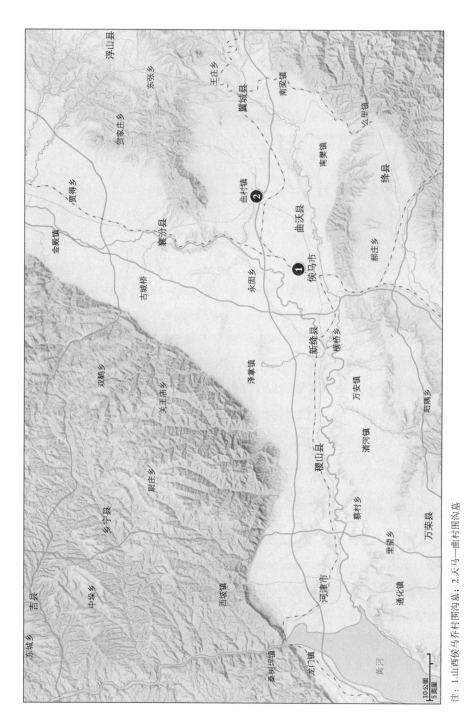

图36 临汾地区秦文化遗址分布图

注：1.山西侯马乔村闻沟墓；2.天马—曲村闻沟墓

福路塔墓地位于内蒙古自治区鄂尔多斯市准格尔旗薛家湾镇柳树湾村福路塔社新村东北约 300 米处的坡地上(参见图 37),东北距旗政府所在地薛家湾镇约 19 公里。该墓地于 20 世纪 80 年代第二次全国文物普查时即已发现。2017—2018 年,内蒙古自治区文物考古研究所在鄂尔多斯博物馆和准格尔旗文物管理所的配合下对该墓地进行了抢救性考古发掘,累计揭露面积 8000 余平方米,共清理战国晚期至西汉早期长方形土坑竖穴墓 131 座、祭祀坑 1 座及晚期自然冲沟 1 条。发掘者初步判断这批墓葬的年代应该大体处于战国晚期至西汉早期。茧形壶、蒜头壶、扁壶等秦文化特征性器物的发现,进一步说明该墓地是一处以秦文化为主体的墓葬群。①

十六、内蒙古通辽地区

内蒙古通辽地区发现的战国晚期至秦代的秦文化遗存有奈曼旗沙巴营子古城。

奈曼旗沙巴营子古城

1973—1974 年,对奈曼旗沙巴营子古城(参见图 37)进行清理发掘时,在古城内的文化堆积层中,发现刻有秦始皇统一度量衡的诏书铭文陶残片,证实这座古城建于战国,秦代曾经沿用。形制、规模与沙巴营子古城相仿的西土城子古城,距此 40 余里。这两座古城都可能是当时的县城遗址。②

十七、辽宁葫芦岛地区

辽宁省葫芦岛地区发现的战国晚期至秦代的秦文化遗存有绥中县秦代宫殿(行宫)遗址群。

绥中县秦代宫殿(行宫)遗址群

20 世纪 80 年代初,河北省秦皇岛市与辽宁省绥中县发现了秦代的宫殿(行宫)遗址群(参见图 37)。20 世纪 80 年代至 90 年代,辽宁省文物考古研究所对遗址群中各遗址进行了调查发掘。秦代的宫殿(行宫)遗址群,自绥中县至秦皇

---

① 内蒙古自治区文物考古研究所胡春柏、格日乐图:《内蒙古准格尔旗福路塔发现秦文化墓地》,《中国文物报》2019 年 2 月 22 日第 008 版。

② 崔璇:《内蒙古发现的秦文化遗存》,《内蒙古社会科学》1984 年第 6 期。

294　帝国的形成与崩溃——秦疆域变迁史稿

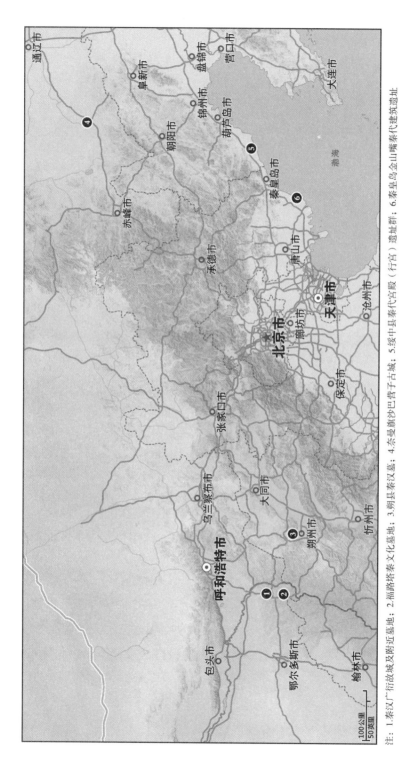

图 37　鄂尔多斯、朔州、通辽、葫芦岛、秦皇岛地区秦文化遗址分布图

注：1.秦汉广衍故城及附近墓地；2.福路塔秦文化墓地；3.朔县秦汉墓；4.奈曼旗沙巴营子古城；5.绥中县秦代宫殿（行宫）遗址群；6.秦皇岛金山嘴秦代建筑遗址

岛市老龙头、金山嘴,分布在渤海湾沿岸南北40千米的广阔范围内。石碑地遗址曾出土直径52厘米的夔龙纹大瓦当和直径42厘米的云纹瓦当,其形制与咸阳宫殿遗址及秦始皇帝陵园内所出同类瓦当极其相似。从遗址规模及出土遗物年代看,遗址群应如《史记》所记,是秦始皇帝巡幸碣石之际修建的行宫宫殿及相关设施。①

十八、河北秦皇岛地区

秦皇岛地区发现的战国晚期至秦代的秦文化遗存有金山嘴秦代建筑遗址。

秦皇岛金山嘴秦代建筑遗址

遗址位于河北省秦皇岛市北戴河区金山嘴及其附近(参见图37)。金山嘴系一伸入海中的高岗呷角,其东、南、西三面环海,北与陆地相连,形如一个半岛。目前已知的秦代建筑遗址分布在以金山嘴为起点的南北轴线上,共三个地点:一在金山嘴上,海拔24.2米;二在金山嘴北约300米的横山,海拔18.5米;三在横山北约500米的高地上,现为疗养院所在地,海拔25.1米。三处建筑遗址均处滨海高地,地势高敞,其周围地势皆自然低落。②

十九、河南三门峡地区

三门峡地区发现的战国晚期至秦代的秦文化遗址集中分布在三门峡市区秦人墓、三门峡火电厂秦墓和灵宝市阳平镇阌乡村。

---

① 辽宁省文物考古研究所:《辽宁绥中县"姜女坟"秦汉建筑遗址发掘简报》,《文物》1986年第8期;辽宁省文物考古研究所姜女石工作站:《辽宁绥中县"姜女石"秦汉建筑群址石碑地遗址的勘探与试掘》,《考古》1997年第10期;辽宁省文物考古研究所姜女石工作站:《辽宁绥中县石碑地秦汉宫城遗址1993—1995年发掘简报》,《考古》1997年第10期;辽宁省文物考古研究所姜女石工作站:《辽宁绥中县"姜女石"秦汉建筑群址瓦子地遗址一号窑址》,《考古》1997年第10期;陈洪:《秦文化之考古学研究》,科学出版社,2016年。

② 河北省文物研究所、秦皇岛市文物管理处、北戴河区文物保管所:《金山咀秦代建筑遗址发掘报告》,《文物春秋》1992年增刊。

(一) 三门峡市区秦人墓

三门峡市区秦人墓（包括上村岭①、三门峡铁路区②、司法局③、三里桥④）分布在市湖滨区的六峰路以西、黄河路以北，至甘棠路西约 400 米的范围内，主要集中在大岭路以西地段（参见图 38）。据不完全统计，这批墓葬约 1300 座。墓葬的年代从战国晚期直到汉初。⑤

(二) 三门峡火电厂秦墓

三门峡大唐火电厂墓地位于河南省三门峡市陕县与灵宝县交界处（参见图 38），西距战国与秦时的函谷关遗址约 15 公里。自 1992 年春天的一次大规模考古发掘以来，在三门峡市火电厂共发掘秦人墓葬约 1000 余座，年代从战国晚期至西汉早期不间断。⑥

(三) 灵宝市阳平镇阌乡村秦墓

阌乡村位于河南灵宝市阳平镇东北部（参见图 38）。1999 年 3 月，配合连霍高速公路三门峡至灵宝段的工程建设，在阌乡村东北部长 1075 米、宽 50 米的路基中，发现古墓葬 965 座，其中战国墓 763 座、汉代墓 127 座。考古人员对周围

---

① 黄士斌：《上村岭秦墓和汉墓》，《中原文物》1981 年特刊。

② 按照墓葬形制和构造，可分竖穴土坑墓（Ⅰ型）和竖穴墓道土洞墓（Ⅱ型）两类，而以后者居多。Ⅱ型Ⅰ式墓与半坡土洞墓Ⅲ式相近。在葬式上，有屈肢葬 16 座，直肢葬 4 座，前者占 80%，是这组墓的主要葬式。而其蜷屈程度，与客省庄、斗鸡台、朝邑、半坡等地秦墓的屈肢葬相同；相反，与关东地区如洛阳中州路、烧沟战国墓中出现的屈肢葬倒是有所区别。因此，把这一组定为战国晚期秦墓是大致不误的。据《史记》卷五《秦本纪》所载，陕在战国时期原属魏地，公元前 325 年即秦惠文王十三年，使张仪取陕后属秦。由此，这批墓的主人当是秦拔陕后迁来的秦人或获赦的罪人，其下限可能延续至秦始皇统一六国时。详参中国社会科学院考古研究所：《陕县东周秦汉墓》，科学出版社，1994 年。

③ 详参三门峡市文物工作队：《三门峡市司法局、刚玉砂厂秦人墓发掘简报》，《华夏考古》1993 年第 4 期。

④ 详参三门峡市文物工作队：《三门峡市三里桥秦人墓发掘简报》，《华夏考古》1993 年第 4 期。

⑤ 李书谦：《试论三门峡秦人墓》，《中原文物》2013 年第 2 期。

⑥ 三门峡市文物工作队：《三门峡市火电厂秦人墓发掘简报》，《华夏考古》1993 年第 4 期；李书谦：《试论三门峡秦人墓》，《中原文物》2013 年第 2 期；三门峡市文物考古研究所马俊才、史智民：《河南三门峡火电厂工地发现大规模秦人墓地》，中国文物信息网 2015 年 4 月 24 日。

第八章　秦代的疆域变迁　297

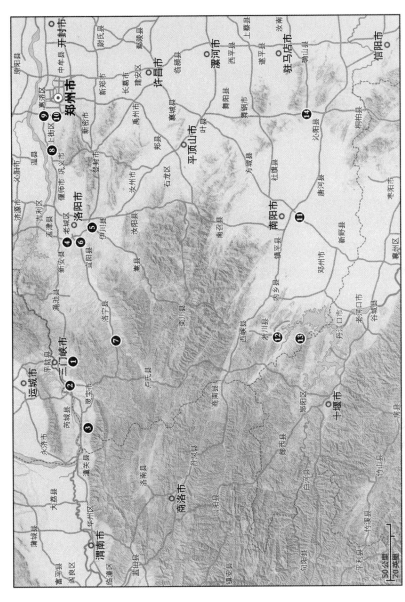

图38 三门峡、洛阳、郑州、南阳、驻马店地区秦文化遗址分布图

注：1.三门峡市区秦人墓；2.三门峡火电厂秦墓；3.灵宝市阳平镇阌乡村秦墓；4.洛阳孙旗屯秦墓；5.洛阳倒盯秦墓；6.洛阳市拆迁办秦墓；7.洛阳宜阳故县秦墓；8.河南巩义站街秦墓；9.郑州西北郊区岗杜秦墓；10.郑州市金水区师桥水岸小区秦墓；11.南阳市拆迁办秦墓；12.淅川县马川秦墓；13.淅川县仓房新四队秦墓；14.沁阳秦墓

调查后发现,墓地规模非常庞大,东达阳平河西岸,西至故县镇高柏村,总面积约125万平方米。考古现场位于阌乡的一个自然村——王家岭,这里地势较为开阔,被三条南北向的深沟分割为四个区域。依壕沟为分界线,由东向西划分为四个发掘区。第一、二区为战国晚期,第三区为秦末至西汉初年,第四区为西汉早期。墓地的早晚顺序是由西向东依次埋葬,延续时间较长,墓葬形制规整,年代特征明显。其上限为战国晚期,到西汉早期终止。第一、二、三区的墓葬为典型的秦人墓,第四区墓葬已经没有秦人墓的明显特征了。①

二十、河南洛阳地区

洛阳地区发现的战国晚期至秦代的秦文化遗存有洛阳孙旗屯秦墓、洛阳钢厂秦墓、洛阳于家营村秦墓和洛阳洛宁故县秦墓。

(一)洛阳孙旗屯秦墓

1986年至1987年,洛阳市第二文物工作队在洛阳孙旗屯发掘清理了3座战国晚期墓。周山(亦名秦岭),位于洛阳老城西南7公里,俗称南山,孙旗屯村就坐落在周山北麓的坡地上(参见图38),天津路由洛阳轴承厂直通孙旗屯村南。这3座墓葬就分布在孙旗屯东北约300米的天津路两侧。这3座墓葬的形制具有战国晚期秦国墓葬的特征,发掘者认为这3座墓为战国末期的秦国墓葬。②

(二)洛阳钢厂秦墓

1993年9月,洛阳市文物工作队在洛阳钢厂发掘战国晚期墓葬10座,其中洞室墓6座。该墓葬区位于洛河与伊河之间的伊洛平原上(参见图38),周围地势平坦。这6座墓应为战国晚期的秦人墓或秦代墓葬。③

(三)洛阳于家营秦墓

于家营村位于洛阳市西郊辛店乡(参见图38),距市区约10公里。这里地势逶迤,属秦岭余脉的黄土丘陵。这6座墓的时代应是晚于孙旗屯的战国晚期秦墓,当定为公元前221年秦始皇统一六国前后或稍晚。④

---

① 李书谦:《试论三门峡秦人墓》,《中原文物》2013年第2期。
② 洛阳市第二文物工作队:《洛阳孙旗屯秦国墓葬》,《中原文物》1987年第3期。
③ 详参洛阳市文物工作队:《洛阳钢厂秦墓发掘简报》,《华夏考古》1997年第3期。
④ 详参洛阳市第二文物工作队《洛阳于家营秦墓发掘简报》,《文物》1998年第12期。

(四)洛阳洛宁故县秦墓

1980年,洛阳地区文管会在洛宁县西南五十公里的寻峪乡故县村东南2华里的洛河西岸(参见图38)清理了一座秦墓,洛宁故县秦墓的年代大致同于湖北云梦睡虎地秦墓,约当秦始皇帝三十年(前217)左右,其下限不会晚于西汉初年。①

二十一、河南郑州地区

郑州地区发现的战国晚期至秦代的秦文化遗存有郑州市西北郊区岗杜秦墓、郑州市金水区廊桥水岸小区秦墓和河南巩义站街秦墓。

(一)郑州市西北郊区岗杜秦墓

岗杜位于原郑州市区的西北郊(参见图38)。集中分布于岗杜的辛组墓,特点十分鲜明,无论器类形制还是墓葬分布、墓室结构、葬具葬式均与本地区同时代的他组墓相去很远,显然属于不同文化体系的墓葬。然而它与陕西地区的战国晚期墓及三门峡上村岭、三门峡机械厂战国墓非常一致,因此辛组墓属于秦人墓是显而易见的,而其绝对年代当不会早于秦置三川郡之时。②

(二)郑州市金水区廊桥水岸小区秦墓

郑州市金水区廊桥水岸小区位于郑州市金水大道北侧、南阳路南段东侧、防疫路西侧(参见图38)。这一地带地势平坦,地形地貌单一,属典型的黄土冲积平原,是郑州地区战国和秦代墓葬相对集中的地区。2011年,为配合河南省商务建设开发有限公司郑州惠济区粮食局廊桥水岸项目工程建设,郑州市文物考古研究院对工程区内的古墓群进行了发掘,共清理墓葬34座、水井3口,其中战国晚期秦墓22座。③

(三)河南巩义站街秦墓

2003年7月,在巩义市站街镇北窑湾村花地嘴遗址,郑州市文物考古研究所发现了一处秦代墓地。该遗址位于村南的平坦台地上(参见图38),西面紧邻

---

① 详参洛阳地区文管会:《洛宁故县秦墓发掘简报》,《中原文物》1985年第4期。
② 详参张辛:《郑州地区的周秦墓研究》,《考古学研究》1994年第1期;河南文物工作队第I队:《郑州岗杜附近古墓葬发掘简报》,《文物参考资料》1955年第10期。
③ 详参郑州市文物考古研究院:《郑州市金水区廊桥水岸战国晚期秦墓发掘简报》,《中原文物》2013年第4期。

伊洛河,北临冲沟。遗址现存面积约 30 万平方米。这次清理的墓葬有 6 座, 初步判定,这批墓是秦代的秦墓。①

二十二、河南南阳地区

南阳地区发现的战国晚期至秦代的秦文化遗存有南阳市拆迁办秦墓、淅川县马川秦墓和淅川县仓房新四队秦墓。

(一)南阳市拆迁办秦墓

南阳市拆迁办新征地位于南阳市建设东路路南,北与宛城区法院、西与市税局、东与罗庄变电站相邻(参见图 38)。在不到 3 万平方米的范围内清理战国至明清墓葬 279 座,其中战国至汉代墓葬 269 座。其中 M76、M208 为秦墓,年代为秦代。②

(二)淅川县马川秦墓

马川秦墓位于淅川县西南约 50 公里的宋湾公社马川大队马川村的北部,丹江南岸的二级台地上(参见图 38)。这座墓葬的年代应在秦统一后。③ 由于马川墓地是南水北调中线工程淹没区的文物保护点。受河南省文物局南水北调文物保护办公室和河南省文物考古研究院的委托,2007—2013 年,驻马店市文物考古管理所对墓地进行了大规模的考古勘探和连续发掘,揭露面积近 2 万平方米,发现东周、秦、两汉、南朝、唐、宋、清等不同时期墓葬 460 余座,其中 M6 和 M7、M27 和 M36、M33 和 M34 这三组六座墓葬,两两成对并列,不仅墓葬形制相同,大小、方向也基本一致,且两墓之间相距不足 1 米,初步判断为异穴合葬墓。这批墓葬的形制、葬式和器物组合特征均具有浓厚的秦文化风格,因此,它们均为秦人墓葬,年代相当,均为战国晚期至西汉早期。④

(三)淅川县仓房新四队墓群

新四队墓群位于距淅川县南约 50 公里的仓房镇党子口村新四队磨子岭(参

---

① 郑州市文物考古研究所:《河南巩义站街秦墓发掘简报》,《文物》2006 年第 4 期。
② 详参南阳市文物考古研究所:《河南南阳市拆迁办秦墓发掘简报》,《华夏考古》2005 年第 3 期。
③ 详参淅川县文管会:《淅川县马川秦墓发掘简报》,《中原文物》1982 年第 1 期。
④ 河南省文物局南水北调文物保护办公室、河南省文物考古研究院驻马店市文物考古管理所:《河南淅川县马川墓地秦人异穴合葬墓》,《考古》2006 年第 11 期。

见图38),面积2000平方米。2010年7月至9月,为配合南水北调中线丹江口水利枢纽加高工程,根据国家文物局和河南省文物局南水北调文物保护办公室的统一安排,受河南省文物考古研究所委托,南开大学考古学与博物馆学系对新四队墓葬群进行了抢救性考古发掘,共清理墓葬48座,分别编号为2010淅新M1至M48,简称M1至M48,M16和M24是其中保存较好的两座墓葬,M16为秦代墓葬。[1]

二十三、河南驻马店地区

河南驻马店地区发现的战国晚期至秦代的秦文化遗存有泌阳秦墓。

泌阳秦墓

1978年冬,配合筑路工程,在河南泌阳县城东北1.5公里的官庄(村)北岗(参见图38),由河南省博物馆、地区文管会和泌阳县文教局共同清理并发掘了四座墓葬。其中泌阳M3北梓室出土铜鼎有4处铭文,发掘者认为是秦代墓葬。[2] 1988年3月,河南省泌阳县花园乡大曹庄农民在村南取土时发现一座秦代贵族墓(与官庄秦墓相距约3公里),出土了一批重要文物。其年代应为秦代,或迟至西汉初年。[3]

二十四、湖北十堰地区

湖北十堰地区发现的战国晚期至秦代的秦文化遗存有武当山柳树沟秦墓和郧县龙门堂墓地战国及秦代墓葬。

(一)武当山柳树沟秦墓

柳树沟墓群位于武当山旅游经济特区柳树沟村(参见图35)。柳树沟墓群自战国中期开始,秦、汉、宋及明清时期一直在沿用。墓葬分布密集,出土遗物较为丰富。发掘工作自2010年4月中旬开始到5月中旬结束,共清理墓葬9座。本次发掘的墓葬年代可分为两个阶段。第一阶段:以M6、M7、M8为代表,本阶

---

[1] 详参河南省文物管理局南水北调文物保护办公室、南开大学考古学与博物馆学系:《河南淅川仓房新四队战国秦墓发掘简报》,《中原文物》2014年第1期。

[2] 详参驻马店地区文管会:《河南泌阳县秦墓》,《文物》1980年第9期。

[3] 韩越、王利彬:《泌阳秦墓青铜器》,《收藏》2010第12期总第216期。

段的年代应为公元前 280 年之后,即秦拔郢之前的秦人墓。第二阶段:以 M2、M3、M4、M5 和 M9 为代表,本阶段具有秦末汉初的特征,其年代应为秦汉之际。第一阶段陶双耳罐、圜底釜、敛口平底钵等,都具有关中地区文化特色,属于关中秦文化范畴,与秦人南侵有关。第二阶段陶假圈足壶、翻卷圜底釜、甑等,仍以关中地区秦文化面貌为主,但包含了少量南方文化因素,是秦拔郢后形成的一种混融型地域文化。①

(二)郧县龙门堂墓地战国及秦代墓葬

龙门堂墓地位于湖北省郧县安阳镇党小河村一组的五谷庙岭(参见图 35),西距县城约 40 公里。2011 年 1 月至 2012 年 6 月,南开大学考古学与博物馆学系对龙门堂墓地进行了抢救性考古发掘,共清理墓葬 77 座。这 77 座墓葬中,有 71 座属于两汉时期;其余 6 座年代属于战国至秦代。据文化特征,此 6 座墓葬当为战国晚期至秦代的秦墓。②

二十五、湖北襄樊地区

湖北襄樊地区发现的战国晚期至秦代的秦文化遗存有襄阳山湾墓地和宜城雷家坡墓地。

(一)襄阳山湾墓地

襄阳山湾墓地位于湖北省襄阳县余岗公社(后改伙牌公社)陆寨大队之西的山湾土岗上(参见图 39),墓地中心南距襄樊市区约 10 公里。山湾十八号墓出土器物的组合和器形特征与同一墓地的一批东周楚墓出土的器物完全不同,其中的铜鼎、铜蒜头壶、茧形陶壶和小口陶瓮则与云梦睡虎地秦墓出土的相似。因此,山湾十八号墓应为一座秦墓。它的年代当在白起拔郢以后,秦始皇统一之前。③

(二)宜城雷家坡墓地

1982 年春,在宜城县南 15 里的"楚皇城"遗址附近的魏岗、雷家坡(参见图

---

① 湖北省文物考古研究所:《湖北武当山柳树沟墓群 2010 年发掘简报》,《江汉考古》2013 年第 2 期总第 127 期。

② 南开大学考古学与博物馆学系、湖北省文物局南水北调文物保护办公室:《湖北郧县龙门堂墓地战国及秦代墓葬》,《考古》2017 年第 3 期。

③ 杨权喜:《襄阳山湾十八号秦墓》,《考古与文物》1983 年第 3 期。

39),发掘了一批战国至秦的墓葬,其中有 2 座为秦墓,即 LM11 和 LM13。LM11 当为战国末年至秦统一之际的秦墓。LM13 的年代上限不会早到战国,下限不会晚到西汉,其年代略晚于 LM11,大致应属秦统一六国后的秦始皇帝时期。①

二十六、湖北宜昌地区

宜昌地区发现的战国晚期至秦代的秦文化遗存仅有前坪战国两汉墓。

前坪战国两汉墓

在宜昌北郊的长江东岸黄柏河流注地区,包括江心洲和东岸二、三级台地上(参见图 39),古墓很多,墓内遗物时有发现。1971 年 3 月到 1972 年 3 月,在前坪、葛洲坝进行了发掘,共发现战国两汉墓 43 座。其中战国墓 6 座,4 座在前坪(前 1、23、27、39),两座在葛洲坝(葛 1、2)。前 23 和葛 1 均为秦墓,年代为战国晚期。②

二十七、湖北荆州地区

荆州地区发现的战国晚期至秦代的秦文化遗存有荆州王家台秦墓、荆州肖家山秦墓和荆州擂鼓台秦墓。

(一)荆州王家台秦墓

王家台墓地位于湖北省江陵县荆州镇郢北村一座东西向的小土岗上(参见图 39),西北距楚故都纪南城约 5 公里,西南距江陵县城(荆州城)约 5 公里。江陵王家台 15 号墓为秦墓,其相对年代上限不早于公元前 278 年白起拔郢,下限不晚于秦代。③

(二)荆州肖家山秦墓

肖家山墓地位于湖北省荆州市沙市区关沮乡凤凰村八组(参见图 39),东倚长湖,西距古郑城东垣约 5.2 公里,西南距荆州城约 7.5 公里。1999 年 6 月发掘。

---

① 武汉大学历史系考古专业、宜城县博物馆:《宜城雷家坡秦墓发掘简报》,《江汉考古》1986 年第 4 期。
② 详参湖北省博物馆:《宜昌前坪战国两汉墓》,《考古学报》1976 年第 2 期。
③ 详参公里湖北省荆州地区博物馆:《江陵王家台 15 号秦墓》,《文物》1995 年第 1 期。

304　帝国的形成与崩溃——秦疆域变迁史稿

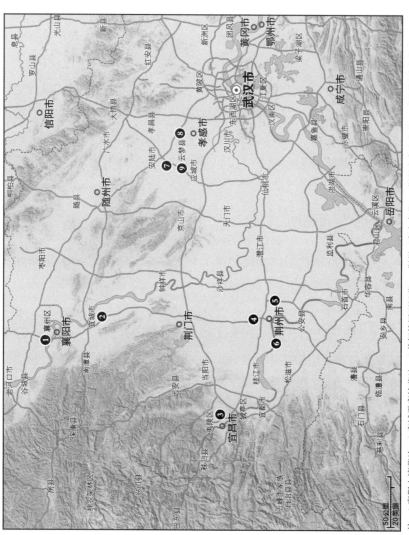

图39　襄樊、荆州、宜昌、孝感地区秦文化遗址分布图

注：1.襄阳山湾墓地；2.宜城雷家坡墓地；3.前坪战国两汉墓；4.荆州王家台秦墓；5.荆州肖家山秦墓；6.荆州擂鼓台秦墓；7.云梦木匠坟秦墓；8.云梦龙岗秦墓；9.云梦睡虎地秦墓

肖家山 M1 为秦墓,其年代上限为秦统一前后,下限在西汉以前。①

(三)荆州擂鼓台秦墓

1991年,荆州市荆州区岳山村擂鼓台(参见图39)清理了2座墓葬。发掘者认为这2座墓葬为秦墓,年代应在秦统一后至西汉前期之间,并根据出土器物的形式演变,进一步认为 M1 早于 M2,M1 的年代在秦统一之后至秦代末年之间,M2 的年代则应在秦代末年至西汉前期。②

二十八、湖北孝感地区

孝感地区发现的战国晚期至秦代的秦文化遗存有云梦木匠坟秦墓、云梦龙岗秦墓和云梦睡虎地秦墓。

(一)云梦睡虎地秦墓

云梦睡虎地位于城关西部(参见图39),离云梦火车站仅百余米,它原是一处较两边高出的平缓坡地,汉丹(汉口至丹江)铁路由其东侧,南北向通过。1975年12月至1976年1月发掘12座秦墓,分布在睡虎地西部,东南距大坟头一号汉墓约四百米。M3、M4、M5、M6、M8 和 M10 的年代应大致与葬于秦昭襄王五十一年(前255)的 M7 的年代相近,即秦统一六国之前;M9、M12、M13 和 M14 的年代大致与葬于秦始皇帝三十年(前217)的 M11 的年代相近,即秦统一六国之后。③

(二)云梦龙岗秦墓

龙岗位于云梦县城东郊(参见图39),北距"楚王城遗址"南垣约450米。1989年发掘。这批墓可分为两期:第一期是 M2、M3、M4、M5、M6、M7;第二期为 M8。第一期约当秦代,第二期约当西汉初期,而 M1 和 M9 二墓则处在秦汉之际。④ 1991年,对龙岗秦汉墓地进行了第二次发掘。这次发掘区位于第一次发掘区的南边,共发掘墓葬6座,编号 M10—M15。其中4座属秦墓,年代自战国

---

① 郑忠华:《湖北荆州市沙市区肖家山一号秦墓》,《考古》2005年第9期。
② 张世松:《荆州擂鼓台秦墓发掘简报》,《江汉考古》2003年第2期。
③ 详参《云梦睡虎地秦墓》编写组:《云梦睡虎地秦墓》,文物出版社,1981年。
④ 详参湖北省文物考古研究所、云梦县博物馆:《云梦龙岗秦汉墓地第一次发掘简报》,《江汉考古》1990年第3期。

晚期至西汉初期。①

（三）云梦木匠坟秦墓

1975 年，云梦睡虎地出土了大批秦简和重要文物。同年 12 月底，又在睡虎地以北约 200 米处，"楚王城"古址西侧，汉丹铁路以西的木匠坟（参见图 39）发掘了两座小型土坑墓葬。这次发掘的两座墓葬，从墓葬形制、随葬器物的组合和器型特征来看，与过去发掘的睡虎地秦墓基本相同，年代应在秦统一以后。②

二十九、湖南长沙地区

长沙地区发现的战国晚期至秦代的秦文化遗存有长沙市烈士公园洞室墓、长沙市左家塘秦墓和长沙市桐梓坡墓葬。

（一）长沙市烈士公园洞室墓

1956 年，在长沙市北郊的烈士公园（参见图 40）清理了一座洞室墓。墓中出土秦式宽弦纹铜镜，未见楚式器物。高至喜认为，该墓应是秦代的秦人墓葬。③

（二）长沙市左家塘秦墓

1957 年，在长沙左家塘皮件厂（参见图 40）发现一座秦墓，墓葬形制为带墓道的长方形土坑竖穴，其中铜戈上有"四年相邦吕不韦（造）"等铭文。吕不韦曾为秦相，"四年"即秦始皇帝四年（前 243）。墓的年代当在秦取长沙之后，即应在战国末或秦代初。④

（三）长沙市桐梓坡秦墓

桐梓坡位于长沙市西郊银盆岭区（参见图 40），地处湘江西岸。1979 年 9 月至 1983 年 3 月为配合基本建设，长沙市文物工作队在本市西郊的桐梓坡、银盆岭、茶子山等地发掘了一批中小型墓葬，发掘墓葬共计 95 座。其中桐梓坡 71 座，银盆岭 9 座，茶子山 15 座，出土器物共计 1021 件（不包括泥币）。这批墓葬可分为四期，其中第一期的器物组合有鼎、敦、壶、盒。鼎的形制与湖北江陵凤凰

---

① 详参湖北省文物考古研究所、孝感地区博物馆、云梦县博物馆：《湖北云梦龙岗秦汉墓地第二次发掘简报》，《江汉考古》1993 年第 1 期。

② 详参云梦县博物馆：《云梦木匠坟秦墓发掘简报》，《江汉考古》1987 年第 4 期。

③ 详参高至喜：《论湖南秦墓》，《文博》1990 年第 1 期。

④ 详参高至喜《论湖南秦墓》；湖南省文物管理委员会：《长沙左家塘秦代木椁墓清理简报》，《考古》1959 年第 9 期。

第八章　秦代的疆域变迁　307

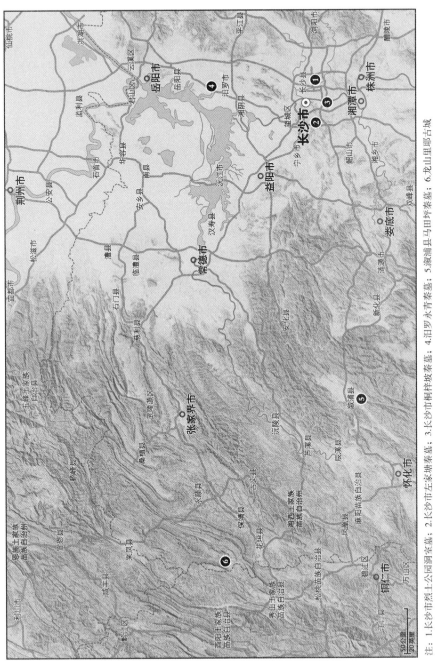

图40　长沙、岳阳、怀化地区和湘西土家族苗族自治州秦文化遗址分布图

注：1.长沙市烈士公园窖藏；2.长沙市左家塘秦墓；3.长沙市桐梓坡秦墓；4.汨罗永青秦墓；5.溆浦县马田坪秦墓；6.龙山里耶古城

山 M70 秦墓中铜鼎形制相近,其瘦长足与凤凰山 M38 秦墓中陶鼎的长足相近,又与宜昌前坪秦墓所出铜鼎相似。盒与江陵凤凰山 M38 秦墓中的盒略同。壶与江陵凤凰山 M38 秦墓中壶的形制接近,又与长沙西汉早期墓中壶相同。据此,发掘者认为第一期墓葬的年代约为战国末年、秦汉之际—西汉初年。① 另外,高至喜认为,长沙桐梓坡 24、42、48、50 号墓大体上也可定为秦墓。②

三十、湖南岳阳地区

岳阳地区发现的战国晚期至秦代的秦文化遗存有汨罗永青墓区。

汨罗永青秦墓

汨罗山位于汨罗县城关镇北约 2 至 3 公里的范家园乡永青村和楚塘乡的楚塘村、楚南村一带(参见图 40),与县城以汨罗江相隔。据考古调查和发掘表明,永青墓区主要是秦、汉至唐宋时期的墓葬,楚塘墓区主要是东周时期的墓葬。在这些墓葬中,秦墓仅一座,位于永清墓区的石子岭,残存封土堆,呈圆形。该墓是秦墓,墓主人可能是来自关中秦国军旅中的一员武将。③

三十一、湖南怀化地区

怀化地区发现的战国晚期至秦代的秦文化遗存有溆浦县马田坪秦墓。

溆浦县马田坪秦墓

溆浦县位于湖南省西部,沅水的中游。溆浦县俗有"湘西粮仓"之称。马田坪位于县城之南(参见图 40),与县城以溆水相隔。秦墓计一座,坐落在马田坪丰收大队第四生产队的罗家塘山丘上,墓葬的年代在战国晚期。④

三十二、湖南湘西土家族苗族自治州

湖南湘西土家族苗族自治州地区发现的战国晚期至秦代的秦文化遗存有龙

---

① 宋少华:《长沙西郊桐梓坡汉墓》,《考古学报》1986 年第 1 期。
② 详参高至喜《论湖南秦墓》。
③ 详参湖南省博物馆:《汨罗县东周、秦、西汉、南朝墓发掘报告》,《湖南考古辑刊》(三),岳麓书社,1986 年。
④ 详参湖南省博物馆怀化地区文物工作队:《湖南溆浦马田坪战国西汉墓发掘报告》。另外,高至喜认为,溆浦马田坪 24 号墓是秦墓,年代在战国晚期。详参高至喜《论湖南秦墓》。

山里耶古城。

龙山里耶古城

里耶战国—秦代古城址位于湖南省龙山县里耶镇（参见图40），沅水主要支流酉水岸边。1996年由湘西土家族苗族自治州文物处文物调查时发现。古城所在的里耶镇东南距自治州首府吉首124公里。里耶战国—秦代古城出土的简牍属秦时县一级政府的部分档案，内容包括政令、各级政府之间的往来公文、司法文书、吏员簿、物资（含罚没财产）登记和转运里程书，内容涉及秦的内史、南郡、巴郡、洞庭郡、苍梧郡等。其中洞庭郡等资料从未见诸文献记载，可补史籍之缺。综合考古发掘中其他资料的年代特征，以及简文中的纪年（纪年有廿五年至卅七年和二世元年、二年），这批简牍当是秦始皇帝及二世时的遗物。①

三十三、广西桂林地区

（一）灵渠

在广西桂林的兴安县有秦始皇帝统一岭南时开凿的灵渠，又名兴安运河。

（二）灌阳、兴安和平乐秦墓

在广西桂林的灌阳、兴安和平乐三县也有秦代的秦墓发现（参见图41）。出土铜器有剑、戈、斧、钺、矛等兵器，陶器有鼎、釜、罐、瓮等。②

三十四、广东韶关地区

韶关地区发现的乐昌市对面山东周秦汉墓中可能有秦代的文化遗存。

乐昌市对面山东周秦汉墓

1987年，乐昌城南郊河南乡大拱坪村对面山麻纺厂基建工地发现大批古墓（参见图41）。广东省博物馆文物队、乐昌市博物馆、韶关市博物馆派考古人员于1987年6月至1988年1月进行抢救性发掘，共发掘墓葬207座，其中191座为东周至秦汉时期墓葬，11座为晋、唐墓，5座无随葬品，年代不明。发掘报告将

---

① 详参湖南省文物考古研究所等：《湖南龙山里耶战国—秦代古城一号井发掘简报》，《文物》2003年第1期。

② 王克荣：《建国以来广西文物考古工作的主要收获》，又见于《文物》编辑委员会：《文物考古工作三十年》（1949—1979）之《三十年来广西文物考古工作的主要收获》，文物出版社，1979年。

这些墓葬分为三期,第一期为春秋时期,第二期早段自秦平定岭南至南越国灭亡,第二期晚段自南越国灭亡至新莽灭亡,第三期早段为东汉早期,第三期晚段为东汉晚期。①

三十五、广东广州地区

广州地区发现的战国晚期至秦代的秦文化遗存有广州市东郊罗冈秦墓、广州秦汉造船工场遗址。

(一)广州市东郊罗冈秦墓

1962年,在广州市东郊罗岗(参见图41),发掘两座长方形竖穴木椁墓(编号62区犀M3、4号)。4号墓中出土铜戈一把,刻有"十四年属邦工"等字,为秦代遗物。这是广州地区在中华人民共和国成立后的考古发掘中首次发现有秦代纪年铭文器物的一座墓葬。②

(二)广州秦汉造船工场遗址

广州秦汉造船工场遗址位于广东省广州市中山四路西段(参见图41)。1975年,广州市文物管理委员会进行发掘。发掘清理出部分古代制作船舶的船台区,即3座船台以及木料加工场地,包括用木料制成的滑道、枕木、木墩等。根据对出土木料的放射性碳元素断代测定,结合遗址上层出土的秦半两、汉初半两、秦汉瓦当等遗物,判断该遗址使用时期为秦始皇统一岭南至西汉文景时期。③

三十六、秦直道遗存

《史记》卷六《秦始皇本纪》:"三十五年,除道,道九原抵云阳,堑山堙谷,直通之。"据考古调查,秦直道位于内蒙古自治区鄂尔多斯市至陕西省旬邑县境内。从秦都咸阳沿今陕甘交界的子午岭一线直通到九原郡(今内蒙古自治区包头市附近),为连接关中平原与河套地区的重要通道(参见图42)。陕西省考古

---

① 详参广东省文物考古研究所、乐昌市博物馆、韶关市博物馆:《广东省乐昌市对面山东周秦汉墓》,《考古》2000年第6期。
② 详参广州市文物管理委员会:《广州东郊罗冈秦墓发掘简报》,《考古》1962年第8期。
③ 王巍主编,赵超撰:《中国考古学大辞典》之"广州秦汉造船工场遗址"条,上海辞书出版社,2014年。

第八章 秦代的疆域变迁 311

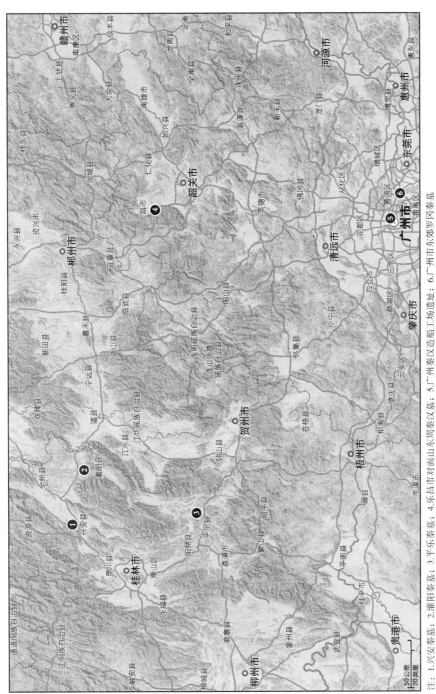

图 41 桂林、韶关、广州地区秦文化遗址分布图

注：1.兴安县秦墓；2.灌阳县秦墓；3.平乐秦墓；4.乐昌市对面山东周秦汉墓；5.广州秦汉造船工场遗址；6.广州市东郊罗冈秦墓

研究院等对秦直道遗址沿线陆续进行考古调查,得知直道修筑以"堑山"为主。现存路面一般宽23—26米,最宽处达47米,坡度平缓,路面上仍保存有多层坚硬的踩踏路土,并发现汉代陶片。根据路土堆积的厚度推算,直道使用时期可能一直延续到魏晋时期或更晚。①

三十七、秦长城遗存

(一)昭襄王长城

秦昭襄王在伐灭义渠后,曾在陇西、北地及上郡三郡筑长成以拒胡,此即秦昭襄王长城。《史记》卷一一〇《匈奴列传》:"秦昭王时,义渠戎王与宣太后乱,有二子。宣太后诈而杀义渠戎王于甘泉,遂起兵伐残义渠。于是秦有陇西、北地、上郡,筑长城以拒胡。"据考古调查及徐苹芳先生等的研究,战国时的秦长城,即秦昭襄王长城(参见图43),遗迹起自临洮县北三十墩,经渭源、陇西、通渭、静宁、宁夏之西吉、固原,入甘肃之镇原、环县、华池,入陕西吴旗、志丹、靖边、榆林、神木,再入内蒙古准格尔旗。②

(二)秦始皇长城

秦完成统一以后,修筑了万里长城,即秦始皇长城。《史记》卷八八《蒙恬列传》:"秦已并天下,乃使蒙恬将三十万众北逐戎狄,收河南。筑长城,因地形,用制险塞,起临洮,至辽东,延袤万余里。"据考古调查及徐苹芳等研究,考古学上所见秦始皇长城可分为西、北、东三段。

---

① 王巍主编,赵超撰:《中国考古学大辞典》之"秦直道"条。
② 详参徐苹芳:《考古学上所见秦帝国的形成与统一》之"秦长城遗迹",《台大历史学报》1999年第23期。另外,关于战国秦长城遗迹的考古调查与研究还有:甘肃省定西地区文化局长城考察组:《定西地区战国秦长城遗迹考察记》,《文物》1987年第7期;陈守实:《甘肃境内秦长城遗迹调查及考证》,《西北史地》1984年第2期;宁夏回族自治区博物馆、固原县文物工作站:《宁夏境内战国、秦、汉长城遗迹》,《中国长城遗迹调查报告集》,文物出版社,1981年;李红雄:《甘肃庆阳地区境内长城调查与探索》,《考古与文物》1990年第6期;延安地区文物普查队:《延安地区战国秦长城考察简报》,《考古与文物》1990年第6期;戴尚志、刘合心:《榆林市境内新发现一段秦汉长城遗址》,《文博》1993年第2期;史念海:《黄河中游战国及秦时诸长城遗迹的探索》,《中国长城遗迹调查报告集》,文物出版社,1981年;史念海:《鄂尔多斯东部战国时期秦长城遗迹探索记》,《中国长城遗迹调查报告集》,文物出版社,1981年。

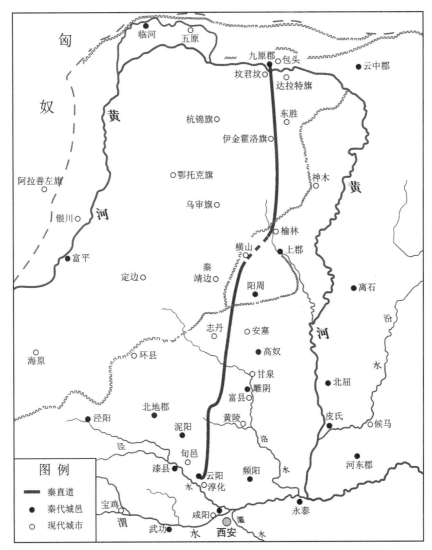

图 42 秦直道遗址图
(取自王巍主编《中国考古学大辞典》)

秦始皇长城西段当是从今甘肃岷县(即秦代之临洮)沿洮河北上至甘肃兰州一带的黄河,又沿黄河北上至河套。① 秦始皇筑这段长城是為了北接河套段

---

① 中国社会科学院考古研究所《中国考古学·秦汉长城的考古调查》(秦汉卷);徐苹芳《考古学上所见秦帝国的形成与统一》之"秦长城遗迹"。另外,据《史记》卷八八《蒙恬列传》:秦始皇长城"起临洮"。秦代之临洮即今甘肃岷县。因此,秦始皇西段长城当始于甘肃岷县。

长城,在战略上有十分重要的意义。

秦始皇长城北段有三条。第一条是河套段,即从内蒙古杭锦旗,南包河套地区,由潮格旗南经狼山石蓝计、乌拉特旗至固阳武川而入大青山。第二条起自包头市以北,穿大青山至呼和浩特市北,东至卓资,察右前旗。这两条长城皆爲战国时期赵国武灵王所筑,秦统一后仍利用了这两条长城特别是第一条包容河套地区的长城,南接秦始皇新筑的"河上塞",是秦始皇"收河南"的屏障,著名的战略要地高阙遗迹,便在狼山之南的石蓝计。第三条从内蒙古四子王旗经商都、化德,至河北康保,再入内蒙古太仆寺旗正蓝旗和多伦,然后经河北丰宁、围场而重入内蒙古昭乌达盟之赤峰市这是秦始皇统一后新筑之长城,在其南尚有战国时代燕国长城。考古学上所见的这些秦始皇长城遗迹,证明秦始皇统一后并未完全利用战国长城,而是根据当时之形势向北拓展了防线。①

秦始皇长城东段自赤峰开始,西接北段第三条长城向东至敖汉旗,入辽宁阜新,在其南也有一条燕国长城,与其平行而东,至阜新会合,从彰武法库开原一带,跨辽河折向南,经新宾、宽甸至朝鲜。②

三十八、小结

综上可见,已经发现的战国晚期至秦代的秦文化遗址分布范围西到甘肃临洮;东到渤海湾沿岸的辽宁绥中、河北秦皇岛;北到内蒙古阴山至赤峰一线,更向东至敖汉旗、奈曼旗及辽宁阜新一带;东北方向的秦始皇长城遗迹跨辽河折向南,经新宾、宽甸至朝鲜;南到广东的广州。这与文献记载之秦始皇统一以后的秦疆域范围是一致的。

---

① 徐苹芳《考古学上所见秦帝国的形成与统一》之"秦长城遗迹"。另参盖山林、陆思贤:《内蒙古境内秦汉长城遗迹》,《中国考古学会第一次年会论文集》,文物出版社,1980 年;唐晓峰:《内蒙古西北部秦汉长城调查记》,《文物》1977 年第 5 期;郑绍宗:《河北省战国、秦、汉时期古长城和城障遗址》,《中国长城遗迹调查报告集》;布尼阿林:《河北省围场县燕秦长城调查报告》,《中国长城遗迹调查报告集》。

② 徐苹芳《考古学上所见秦帝国的形成与统一》之"秦长城遗迹"。另参李庆发、张克塞:《辽西地区燕秦长城调查报告》,《辽海文物学刊》1991 年第 2 期;项春松:《昭乌盟燕秦长城遗址调查报告》,《中国长城遗迹调查报告集》。

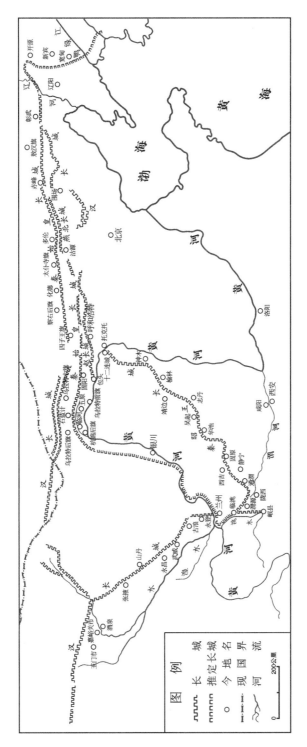

图43 秦昭襄王长城和秦始皇长城图
(取自徐苹芳《考古学上所见秦帝国的形成与统一》,但有修改)

第三节　秦二世时期：帝国的崩溃

秦始皇帝生五十一年而崩,子胡亥立,是为二世皇帝。本节考察秦二世时期秦疆域的变化。

一、陈胜首事与张楚政权之建立

(一)陈胜、吴广谋叛大泽乡

秦二世元年(前209)七月,陈胜、吴广因天下之怨,谋叛大泽乡。《史记》卷四八《陈涉世家》：

> 二世元年七月,发闾左適戍渔阳,九百人屯大泽乡。陈胜、吴广皆次当行,为屯长。会天大雨,道不通,度已失期。失期,法皆斩。陈胜、吴广乃谋曰:"今亡亦死,举大计亦死,等死,死国可乎?"……天下苦秦久矣……广起,夺而杀尉。陈胜佐之,并杀两尉。召令徒属曰:"公等遇雨,皆已失期,失期当斩。藉弟令毋斩,而戍死者固十六七。且壮士不死即已,死即举大名耳,王侯将相宁有种乎。"徒属皆曰:"敬受命。"

大泽乡,在今安徽宿州市东南(参见图44)。①

(二)建立张楚政权

秦二世元年(前209)七月,陈胜率军进攻大泽乡,相继攻占了蕲、铚、酂、苦、柘、谯,接着又攻下了陈。陈涉乃入据陈,自立为王,号为张楚。《史记》卷四八《陈涉世家》：

> 攻大泽乡,收而攻蕲。蕲下,乃令符离人葛婴将兵徇蕲以东。攻铚、酂、苦、柘、谯皆下之。行收兵。比至陈,车六七百乘,骑千余,卒数万人。攻陈……守丞死,乃入据陈。数日,号令召三老、豪杰与皆来会计事。三老、豪杰皆曰:"将军身被坚执锐,伐无道,诛暴秦,复立楚国之社稷,功宜为王。"陈涉乃立为王,号为张楚。

---

① 《史记集解·陈涉世家》引徐广曰:"在沛郡蕲县。"《中国历史地图集》秦"山东南部诸郡图":在今安徽宿州市东南。

第八章 秦代的疆域变迁 317

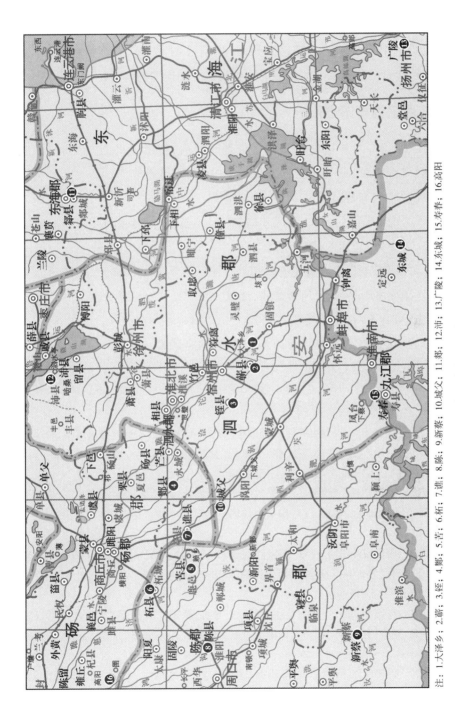

图44 秦代黄淮平原诸地地望图

(底图取自谭其骧主编《中国历史地图集》秦"山东南部诸郡图",地望标号新加)

注:1.大泽乡;2.郧;3.铚;4.酂;5.苦;6.柘;7.谯;8.陈;9.新蔡;10.城父;11.郯;12.沛;13.广陵;14.东城;15.寿春;16.高阳

蕲,在今安徽宿州南(参见图 44)①;铚,今安徽濉溪县南(参见图 44)②;酂,在今河南永城县西(参见图 44)③;苦,在今河南鹿邑县(参见图 44)④;柘,今河南柘城县(参见图 44)⑤;谯,在今安徽亳州市(参见图 44)⑥;陈,在今河南淮阳(参见图 44)。⑦ 秦帝国就是从淮河流域的这些地区开始崩溃的。

二、陈胜遣诸将四方徇地

陈胜在攻下蕲,尤其是攻取陈建立张楚政权后,就遣诸将四方徇地。《史记》卷四八《陈涉世家》:"当此之时,诸将之徇地者,不可胜数。"

(一)葛婴将兵徇蕲以东

陈胜率军攻下蕲以后,秦二世元年(前 209)八月,令符离人葛婴将兵徇蕲以东,至东城。《史记》卷四八《陈涉世家》:

(陈胜)乃令符离人葛婴将兵徇蕲以东……葛婴至东城,立襄彊为楚王。婴后闻陈王已立,因杀襄彊,还报。

又,《史记》卷一六《秦楚之际月表》:

二世元年八月,葛婴为涉徇九江,立襄彊为楚王。

---

① 参见第 268 页注③。
② 《汉志》:铚属沛郡。《汉书补注》引《淮水注》,涣水自酂来,东迳铚县故城南,昔吴广起兵,使葛婴下之。涣水又合苞水,下入蕲。《汉志汇释》周振鹤师:治今安徽濉溪县南。《中国历史地图集》秦"山东南部诸郡图":今安徽濉溪县南。
③ 《汉志》:酂属沛郡。《汉书补注》先谦曰:秦邑,葛婴攻之,见《陈涉世家》。《汉志汇释》周振鹤师:治今河南永城县西。《中国历史地图集》秦"山东南部诸郡图":今河南永城县西。
④ 《汉志》:苦县属淮阳国。《汉书补注》先谦曰:春秋楚县,见《老子传》。秦因之。陈涉将葛婴下之,见《涉传》。《汉志汇释》周振鹤师:治今河南鹿邑县。《中国历史地图集》秦"山东南部诸郡图":今河南鹿邑县。
⑤ 《汉志》:柘属淮阳国。《汉书补注》先谦曰:秦县,葛婴攻之,见《陈涉传》。《汉志汇释》周振鹤师:治今河南柘城县北。《中国历史地图集》秦"山东南部诸郡图":今河南柘城县北。
⑥ 《汉志》:谯属沛郡。《汉志汇释》周振鹤师:治今安徽亳州市。《中国历史地图集》秦"山东南部诸郡图":今安徽亳州市。
⑦ 参见第 268 页注①。

东城,在今安徽定远东南(参见图44)。①

(二)吴广监诸将西击荥阳

陈胜建立张楚政权后,以吴广为假王,监诸将西击荥阳。《史记》卷四八《陈涉世家》:

> 乃以吴叔为假王,监诸将以西击荥阳……吴广围荥阳。李由为三川守,守荥阳,吴叔弗能下。

荥阳,在今河南荥阳东北(参见图45)。②

(三)武臣、张耳、陈馀徇赵地

秦二世元年(前209)八月,陈胜令陈人武臣、张耳、陈馀徇赵地,至赵之故都邯郸。《史记》卷四八《陈涉世家》:

> 令陈人武臣、张耳、陈余徇赵地……武臣到邯郸。

又,《史记》卷一六《秦楚之际月表》:

> 二世元年八月,武臣始至邯郸,自立为赵王,始。

邯郸,赵之故都,在今河北邯郸市(参见图46)。

(四)邓宗徇九江郡

建立张楚政权后,陈胜还令汝阴人邓宗徇九江郡。《史记》卷四八《陈涉世家》:

> 令汝阴人邓宗徇九江郡。

秦九江郡,郡治寿春,治今安徽寿县(参见图44),郡域北到今安徽淮南市,南到今江西九江市,西到今河南固始,东到今江苏南京市。③

(五)周文西击秦至戏

吴广被秦三川守李由阻于荥阳后,陈胜又加派周文西击秦。周文顺利入关,至于戏。《史记》卷四八《陈涉世家》:

---

① 《汉志》:东城属九江郡。《汉书补注》先谦曰:秦县。葛婴于此立襄疆为楚王,灌婴斩项羽于此,并见《高纪》。《汉志汇释》周振鹤师:治今安徽定远县东南。《中国历史地图集》秦"山东南部诸郡图":今安徽定远县东南。

② 《汉志》:荥阳属河南郡。《汉志汇释》周振鹤师:治今河南荥阳市东北。《中国历史地图集》秦"山东南部诸郡图":今河南荥阳市东北。

③ 详参《中国历史地图集》秦"淮汉以南诸郡图"。

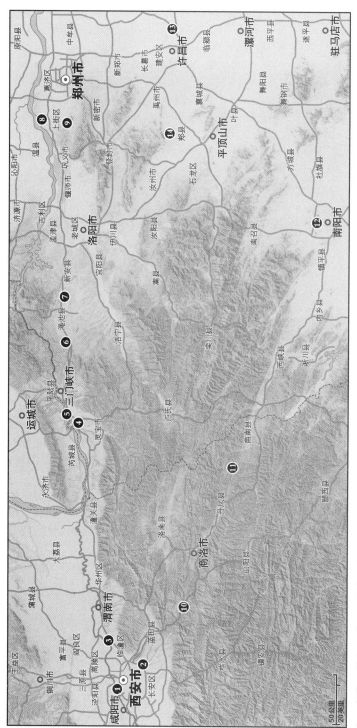

图 45 秦代西、河南诸地地望图

注：1.栎道；2.霸上；3.戏；4.函谷关；5.曹阳；6.渑池；7.新安；8.敖仓；9.荥阳；10.崤关；11.武关；12.宛；13.许；14.郏县（郏）

第八章 秦代的疆域变迁 321

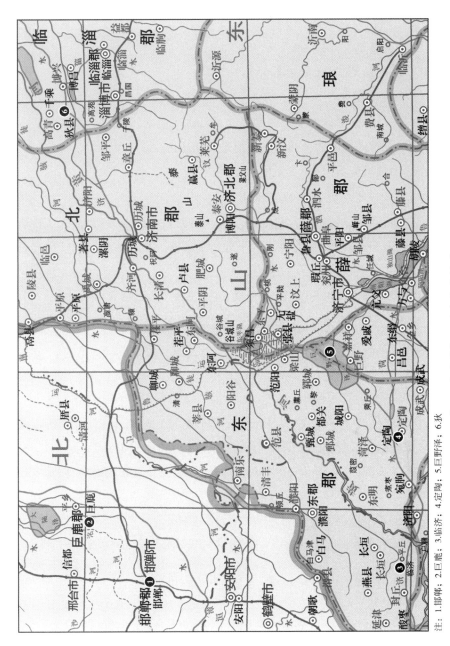

图 46 秦代黄河下游诸地地望图
《中国历史地图集》秦"山东北部诸郡图"，地望标号新加
（底图取自谭其骧主编

注：1.邯郸；2.巨鹿；3.临济；4.定陶；5.巨野泽；6.狄

> 周文，陈之贤人也，尝为项燕军视日，事春申君，自言习兵，陈王与之将军印，西击秦。行收兵至关，车千乘，卒数十万，至戏，军焉。

又，《史记》卷一六《秦楚之际月表》：

> 二世元年九月，周文兵至戏，败。

戏，在今陕西西安临潼（参见图45）。①

(六) 周市北徇魏地

建立张楚政权后，令魏人周市北徇魏地，至狄。《史记》卷四八《陈涉世家》：

> 陈王令魏人周市北徇魏地……周市北徇地至狄。

狄，在今山东高青县东南（参见图46）。②

(七) 陈胜使武平君畔为将军，监郯下军

陈王初立时，陵人秦嘉、铚人董缫、符离人硃鸡石、取虑人郑布、徐人丁疾等将兵围东海守庆于郯。随后，陈胜使武平君畔为将军，监郯下军。《史记》卷四八《陈涉世家》：

> 陈王初立时，陵人秦嘉、铚人董缫、符离人朱鸡石、取虑人郑布、徐人丁疾等皆特起，将兵围东海守庆于郯。陈王闻，乃使武平君畔为将军，监郯下军。

郯，治今山东郯城县西（参见图44）。③

(八) 宋留将兵一度定南阳

建立张楚政权后，陈胜令铚人宋留将兵定南阳，欲从武关入关中。但陈胜死后，南阳又被秦收复。《史记》卷四八《陈涉世家》：

> 初，陈王至陈，令铚人宋留将兵定南阳，入武关。留已徇南阳，闻陈

---

① 《史记集解·秦始皇本纪》引应劭曰："戏，弘农湖西界也。"孟康曰："水名，今戏亭是也。"苏林曰："邑名，在新丰东南三十里。"《史记正义》引《括地志》云："戏水源出雍州新丰县西南骊山。"《水经注》云：戏水出骊山冯公谷，东北流。今新丰县东北十一里戏水当官道，即其处。"《中国历史地图集》秦"关中诸郡图"：在今陕西渭南西南。

② 《汉志》：狄属千乘郡。《汉书补注》先谦曰：战国齐地。秦为县。田单、田儋，皆邑人，见《田单传》《陈涉世家》。《汉志汇释》周振鹤师：治今山东高青县东南。《中国历史地图集》秦"山东南部诸郡图"：今山东高青县东南。

③ 《汉志》：郯属东海郡。《汉志汇释》周振鹤师：治今山东郯城县西。《中国历史地图集》秦"山东南部诸郡图"：今山东郯城县西。

王死,南阳复为秦。宋留不能入武关,乃东至新蔡。

秦南阳,东到今河南平顶山,西到今河南西峡、淅川,北到今河南栾川,南到今湖北随州,郡治宛(参见图45),今河南南阳市。① 武关,秦南关,在今陕西丹凤县之武关镇(参见图45)。②

(九)召平徇广陵

建立张楚政权后,广陵人召平为陈王徇广陵。《史记》卷七《项羽本纪》:

> 广陵人召平于是为陈王徇广陵,未能下。

广陵,即今江苏扬州市(参见图44)。③

三、六国之复立

(一)赵之复国

陈胜令陈人武臣、张耳、陈馀徇赵地。秦二世元年(前209)八月,武臣到邯郸,遂自立为赵王。《史记》卷四八《陈涉世家》:

> (陈胜)令陈人武臣、张耳、陈馀徇赵地……武臣到邯郸,自立为赵王,陈馀为大将军,张耳、召骚为左右丞相。

又,《史记》卷六《秦始皇本纪》:

> 武臣自立为赵王……

又,《史记》卷一六《秦楚之际月表》:

> 二世元年八月,武臣始至邯郸,自立为赵王,始。

又,《汉书》卷一上《高帝纪上》:

> 遣武臣、张耳、陈馀略赵地。八月,武臣自立为赵王。

(二)燕之复国

武臣到邯郸,自立为赵王,遣韩广将兵北徇燕地。韩广到燕地后,听从燕故贵人豪杰的建议,于秦二世元年(前209)九月自立为燕王。《史记》卷四八《陈

---

① 详参《中国历史地图集》秦"山东南部诸郡图"。
② 王子今:《"武候"瓦当与战国秦汉武关道交通》,《文博》2013年第6期。
③ 《汉志》:广陵属广陵国。《汉书补注》先谦曰:春秋吴地,战国时楚,怀王十年城广陵,见《史记·六国表》。二世二年,广陵人召平为陈王徇广陵,则秦时已置县矣。《汉志汇释》周振鹤师:治今江苏扬州市西北。《中国历史地图集》秦"山东南部诸郡图":今江苏扬州市西北。

涉世家》：

> （赵王武臣）遣故上谷卒史韩广将兵北徇燕地。燕故贵人豪杰谓韩广曰："楚已立王，赵又已立王。燕虽小，亦万乘之国也，愿将军立为燕王。"……韩广以为然，乃自立为燕王。

又，《史记》卷一六《秦楚之际月表》：

> 二世元年九月，韩广为赵略地至蓟，自立为燕王。

又，《汉书》卷一上《高帝纪上》：

> 韩广自立为燕王。

（三）齐之复国

秦二世元年（前209）十月，故齐王田氏族田儋，杀狄令，自立为齐王。《史记》卷九四《田儋列传》：

> 田儋者，狄人也，故齐王田氏族也。儋从弟田荣，荣弟田横，皆豪，宗强，能得人。陈涉之初起王楚也，使周市略定魏地，北至狄，狄城守。田儋详为缚其奴，从少年之廷，欲谒杀奴。见狄令，因击杀令，而召豪吏子弟曰："诸侯皆反秦自立，齐，古之建国，儋，田氏，当王。"遂自立为齐王，发兵以击周市。周市军还去，田儋因率兵东略定齐地。

又，《史记》卷四八《陈涉世家》：

> 狄人田儋杀狄令，自立为齐王，以齐反。①

又，《史记》卷一六《秦楚之际月表》：

> 二世元年十月，（田）儋之起，杀狄令自王。

又，《汉书》卷一上《高帝纪上》：

> 田儋与从弟荣、横起齐，自立为齐王。

（四）魏之复国

秦二世元年（前209）十二月，陈胜立魏咎为魏王，魏复国。《史记》卷四八《陈涉世家》：

> 陈王令魏人周市北徇魏地……还至魏地，欲立魏后故宁陵君咎为魏王。时咎在陈王所，不得之魏。魏地已定，欲相与立周市为魏王，周市不肯。使者五反，陈王乃立宁陵君咎为魏王，遣之国。周市卒为相。

---

① 《史记索隐》：儋子市，从弟荣，荣子广，荣弟横，各递为王。荣并王三齐。

又,《史记》卷一六《秦楚之际月表》:

> 二世元年十二月,(魏)咎自陈归,立。

又,《汉书》卷一上《高帝纪上》:

> 魏咎自立为魏王。

(五) 楚之复国

如前所述,秦二世元年(前209)七月,陈胜首事,建号张楚。陈胜死后,秦嘉立景驹为楚王①,秦二世二年(前208)四月,项梁杀之。② 秦二世二年(前208)六月,项梁立楚怀王孙心,以为楚怀王。《史记》卷七《项羽本纪》:

> 居鄛人范增,年七十,素居家,好奇计,往说项梁曰:"陈胜败固当。夫秦灭六国,楚最无罪。自怀王入秦不反,楚人怜之至今,故楚南公曰'楚虽三户,亡秦必楚'也。今陈胜首事,不立楚后而自立,其势不长。今君起江东,楚蜂午之将皆争附君者,以君世世楚将,为能复立楚之后也。"于是项梁然其言,乃求楚怀王孙心民间,为人牧羊,立以为楚怀王,从民所望也。陈婴为楚上柱国,封五县,与怀王都盱台。项梁自号为武信君。

又,《史记》卷一六《秦楚之际月表》:

> 二世二年六月,梁求楚怀王孙,得之民间,立为楚王。

又,《汉书》卷一上《高帝纪上》:

> 六月,沛公如薛,与项梁共立楚怀王孙心为楚怀王。

(六) 韩之复国

秦二世二年(前208)六月,项梁立故韩公子成为韩王,韩复国。《史记》卷五五《留侯世家》:

> 项梁立楚怀王。良乃说项梁曰:"君已立楚后,而韩诸公子横阳君

---

① 《史记》卷四八《陈涉世家》:秦嘉等闻陈王军破出走,乃立景驹为楚王,引兵之方与,欲击秦军定陶下。

② 《史记》卷七《项羽本纪》:当是时,秦嘉已立景驹为楚王,军彭城东,言秦军于此城之东。欲距项梁。项梁谓军吏曰:"陈王先首事,战不利,未闻所在。今秦嘉倍陈王而立景驹,逆无道。"乃进兵击秦嘉。秦嘉军败走,追之至胡陵。嘉还战一日,嘉死,军降。景驹走死梁地。项梁已并秦嘉军,军胡陵,将引军而西。又,《史记》卷一六《秦楚之际月表》:二世二年四月,梁击杀景驹、秦嘉,遂入薛,兵十余万众。

成贤,可立为王,益树党。"项梁使良求韩成,立以为韩王。以良为韩申徒,与韩王将千余人西略韩地,得数城,秦辄复取之,往来为游兵颍川。

又,《史记》卷一六《秦楚之际月表》:

> 二世二年六月,韩王成始。

又,《史记》卷九三《韩信卢绾列传》:

> 及项梁之立楚后怀王也,燕、齐、赵、魏皆已前王,唯韩无有后,故立韩诸公子横阳君成为韩王,都阳翟。欲以抚定韩故地。

又,《汉书》卷一上《高帝纪上》:

> 初,项梁立韩后公子成为韩王,张良为韩司徒。

四、乘势而起的其他割据势力

(一)刘邦起于沛

秦二世元年(前209)九月,刘邦起于沛。《汉书》卷一上《高祖本纪上》:

> 秦二世元年秋七月,陈涉起蕲……郡县多杀长吏以应涉。九月……高祖乃书帛射城上,与沛父老曰:"天下同苦秦久矣。今父老虽为沛令守,诸侯并起,今屠沛。沛今共诛令,择可立立之,以应诸侯,即室家完。不然,父子俱屠,无为也。"父老乃帅子弟共杀沛令,开城门迎高祖,欲以为沛令……高祖数让,众莫肯为,高祖乃立为沛公。祠黄帝,祭蚩尤于沛廷,而衅鼓。旗帜皆赤,由所杀蛇白帝子,杀者赤帝子故也。于是少年豪吏如萧、曹、樊哙等皆为收沛子弟,得三千人。

又,《史记》卷一六《秦楚之际月表》:

> 二世元年九月,沛公初起。

沛,今江苏沛县(参见图44)。①

(二)秦嘉在郯自立为大司马

秦二世元年(前209),陈胜首事后,秦嘉自立为大司马。《史记》卷四八《陈

---

① 《汉志》:沛属沛郡。《汉书补注》先谦曰:秦县。县人萧何、曹参、王陵、周勃、樊哙、周、周昌、任敖,见本传……《泗水注》:泗水自山阳湖陵来,东过沛县东,昔许由隐于沛泽,即是县也。县取泽为名。宋灭,属楚。在泗水之滨,于秦为泗水郡治。《汉志汇释》周振鹤师:治今江苏沛县。《中国历史地图集》秦"山东南部诸郡图":今江苏沛县。

涉世家》：

> 陈王初立时,陵人秦嘉、铚人董缫、符离人朱鸡石、取虑人郑布、徐人丁疾等皆特起,将兵围东海守庆于郯。陈王闻,乃使武平君畔为将军,监郯下军。秦嘉不受命,嘉自立为大司马,恶属武平君。告军吏曰："武平君年少,不知兵事,勿听。"因矫以王命杀武平君畔。

郯,今山东郯城县西(参见图44)。①

(三)项梁起于吴

项梁父即楚将项燕,为秦将王翦所戮。项氏世世为楚将,封于项,故姓项氏。项梁杀人,与籍避仇于吴中。吴中贤士大夫皆出项梁下。秦二世元年(前209)七月,陈涉等起大泽中。九月,项梁与项籍杀会稽守,起于吴。《史记》卷七《项羽本纪》：

> 于是籍遂拔剑斩守头。项梁持守头,佩其印绶。门下大惊,扰乱,籍所击杀数十百人。一府中皆慴伏,莫敢起。梁乃召故所知豪吏,谕以所为起大事,遂举吴中兵。使人收下县,得精兵八千人。梁部署吴中豪杰为校尉、候、司马……于是梁为会稽守,籍为裨将,徇下县。

又,《史记》卷一六《秦楚之际月表》：

> 二世元年九月,项梁号武信君。

吴,今江苏苏州市(参见图32)。②

(四)英布、吴芮、无诸、摇亦举兵叛秦

各地叛秦蜂起之时,英布、秦番阳令吴芮、闽越王无诸及越东海王摇亦相聚叛秦,举兵以应诸侯。《史记》卷九一《黥布列传》：

> 黥布者,六人也,姓英氏。秦时为布衣。少年,有客相之曰："当刑而王。"及壮,坐法黥。布欣然笑曰："人相我当刑而王,几是乎？"人有闻者,共俳笑之。布已论输丽山,丽山之徒数十万人,布皆与其徒长豪桀交通,乃率其曹偶,亡之江中为群盗。陈胜之起也,布乃见番君,与其众叛秦,聚兵数千人。

---

① 参见第322页注③。
② 《汉志》：吴属会稽郡。《汉志汇释》周振鹤师：治今江苏苏州市。《中国历史地图集》秦"淮汉以南诸郡图"：今江苏苏州市。

又,《汉书》卷三四《吴芮传》:

> 吴芮,秦时番阳令也,甚得江湖间民心,号曰番君。天下之初叛秦也,黥布归芮,芮妻之,因率越人举兵以应诸侯。

又,《史记》卷一一四《东越列传》:

> 闽越王无诸及越东海王摇者,其先皆越王句践之后也,姓驺氏。秦已并天下,皆废为君长,以其地为闽中郡。及诸侯畔秦,无诸、摇率越归鄱阳令吴芮,所谓鄱君者也,从诸侯灭秦。

番阳,治今江西鄱阳县东北(参见图32)。①

(五)彭越起于巨野泽

彭越常渔巨野泽中,为群盗。陈胜、项梁之起,彭越亦起于巨野泽。《史记》卷九〇《魏豹彭越列传》:

> 陈胜、项梁之起,少年或谓越曰:"诸豪桀相立畔秦,仲可以来,亦效之。"彭越曰:"两龙方斗,且待之。"居岁余,泽间少年相聚百余人,往从彭越,曰:"请仲为长。"越谢曰:"臣不愿与诸君。"少年强请,乃许。与期旦日日出会,后期者斩。旦日日出,十余人后,后者至日中。于是越谢曰:"臣老,诸君强以为长。今期而多后,不可尽诛,诛最后者一人。"令校长斩之。皆笑曰:"何至是?请后不敢。"于是越乃引一人斩之,设坛祭,乃令徒属。徒属皆大惊,畏越,莫敢仰视。乃行略地,收诸侯散卒,得千余人。

巨野泽,今山东巨野北(参见图46)。②

---

① 《汉志》:鄱阳属豫章郡,武阳乡右十余里有黄金采。鄱水西入湖汉。《汉书补注》先谦曰:故曰番,春秋楚地,吴取之,见《左》定传。秦为番县,见括地,元和二《志》……《高纪》番君吴芮、《陈涉传》番盗英布,并引苏林注云"番阳县"。此尚从旧本未改。《汉志汇释》周振鹤师:治今江西鄱阳县东北。《中国历史地图集》秦"淮汉以南诸郡图":今江西鄱阳县东北。

② 《大清一统志》卷一百四十四:巨野泽在巨野县北五里亦曰巨泽,济水故渎所入也。《禹贡》:大野既潴。《周礼·职方氏》:薮曰大野。《左传》哀公十四年春,西狩于大野。杜预注:大野在高平巨野县东北大泽是也。《尔雅》:十薮鲁有大野。《水经注》:巨野湖泽广大,南通洙泗,北连清济,旧县城正在泽中。衍东北出为大野矣。昔西狩获麟于是处也。《寰宇记》:南北三百里,东西百余里,一名大野泽。县志:五代以后河水南徙,汇于巨野,连南旺蜀山诸湖,方数百里,至元末为河水所决,遂涸。

(六) 赵佗自立为南越武王

秦南海郡龙川令赵佗,闻陈胜等作乱,遂诛杀秦所置长吏,击并桂林、象郡,自立为南越武王。《史记》卷一一三《南越列传》:

> 至二世时,南海尉任嚣病且死,召龙川令赵佗语曰:"闻陈胜等作乱,秦为无道,天下苦之,项羽、刘季、陈胜、吴广等州郡各共兴军聚众,虎争天下,中国扰乱,未知所安,豪杰畔秦相立。南海僻远,吾恐盗兵侵地至此,吾欲兴兵绝新道,自备,待诸侯变,会病甚。且番禺负山险,阻南海,东西数千里,颇有中国人相辅,此亦一州之主也,可以立国。郡中长吏无足与言者,故召公告之。"即被佗书,行南海尉事。嚣死,佗即移檄告横浦、阳山、湟谿关曰:"盗兵且至,急绝道聚兵自守!"因稍以法诛秦所置长吏,以其党为假守。秦已破灭,佗即击并桂林、象郡,自立为南越武王。

赵佗之南越据有秦桂林、南海、象郡三郡之地。

除了上述比较大的割据势力外,还有其他的一些割据势力。例如,《史记》卷九五《樊郦滕灌列传》:"曲周侯郦商者,高阳人。陈胜起时,商聚少年东西略人,得数千。"高阳,在今河南杞县(参见图44)①;又,《汉书》卷三一《陈胜传》:"阳城人邓说将兵居郯。"郯,在今河南郯县(参见图45)②;又《汉书》卷三一《陈胜传》:"铚人伍徐将兵居许。"许,在今河南许昌(参见图45)。③《史记》卷四八

---

① 《史记集解·樊郦滕灌列传》引文颖曰:"聚邑名也,属陈留圉县。"瓒曰:"《陈留传》曰在雍丘西南。"《大清一统志》卷一百五十:高阳城在杞县西。《汉书》:沛公西过高阳。注:文颖曰:聚邑名,属陈留圉。臣瓒曰:陈留传在雍丘西南。《后汉书》:初平元年封蔡邕为高阳乡侯。《水经注》:睢水东迳高阳故亭北,俗谓之陈留北城。《寰宇记》:高阳城在雍丘县西二十九里,颛顼高阳氏佐少昊有功,受封此邑。《中国历史地图集》秦"山东南部诸郡图":在今河南杞县东。

② 参见第332页注①。

③ 《汉志》:许属颍川郡,许,故国,姜姓,四岳后,太叔所封。《汉书补注》先谦曰:《说文》云:炎帝太岳之胤,甫侯所封,在颍川。从邑无声,俗作许。《说文》自叙云:吕叔作藩,俾侯于许。甫侯吕姓,故吕刑一云甫刑。然则文叔即吕叔之字矣。战国入魏。《国策》:苏秦说魏王"大王之地南有许、鄢"是也。然则魏灭为是。《田齐世家》,伐晋鲁葛及安陵,是鲁亦魏地。《括地志》以为县南四十里鲁城。《洧水注》:洧水自长社来,东迳县(魏改许昌),故许男国也。《穆天子传》所谓天子见许男于洧上者也……《一统志》:故城今许州西南。《汉志汇释》周振鹤师:治今河南许昌县东。《中国历史地图集》秦"山东南部诸郡图":在今河南许昌。

《陈涉世家》中说:陈涉首事后,"诸郡县苦秦吏者,皆刑其长吏,杀之以应陈涉……当此时,楚兵数千人为聚者,不可胜数。"诸如此类的割据势力当不在少数。

五、北部边疆的崩溃:"匈奴复稍度河南,与中国界于故塞"

陈胜首事后,诸侯叛秦,中国扰乱,匈奴趁机再次进入河南地,与中国界于故塞。《史记》卷一一〇《匈奴列传》:

> 头曼不胜秦,北徙。十余年而蒙恬死,诸侯畔秦,中国扰乱,诸秦所徙适戍边者皆复去,于是匈奴得宽,复稍度河南与中国界于故塞。①

故塞,即秦昭襄王时之秦长城(参见图43)。②

六、秦阻止帝国崩溃的平叛战争

(一)章邯大破周章军

秦二世二年(前208)冬,陈涉所遣周章等将西至戏,兵数十万。二世使章邯将,章邯连破周章军于戏、曹阳、渑池。周章死,军遂不战。《史记》卷六《秦始皇本纪》:

> 二世二年冬,陈涉所遣周章等将西至戏,兵数十万。二世大惊,与群臣谋曰:"奈何?"少府章邯曰:"盗已至,众强,今发近县不及矣。郦山徒多,请赦之,授兵以击之。"二世乃大赦天下,使章邯将,击破周章军而走,遂杀章曹阳。

又,《史记》卷四八《陈涉世家》:

> 周文,陈之贤人也,尝为项燕军视日,事春申君,自言习兵,陈王与之将军印,西击秦。行收兵至关,车千乘,卒数十万,至戏,军焉。秦令少府章邯免郦山徒、人奴产子生,悉发以击楚大军,尽败之。周文败,走出关,止次曹阳二三月。章邯追败之,复走次渑池十余日。章邯击,大破之。周文自刭,军遂不战。

---

① 《汉书》卷九四上《匈奴传上》与此同。
② 详参第八章第二节之"昭襄王长城"。

戏,在今西安临潼区(参见图 45)①;曹阳,在今河南三门峡市西南(参见图 45)②;渑池,治今河南渑池县西(参见图 45)。③

(二)章邯破田臧、李归于敖仓、荥阳

秦二世二年(前 208),章邯大破周章后,继续东进,又破田臧、李归于敖仓、荥阳。《史记》卷四八《陈涉世家》:

> 将军田臧等相与谋曰:"周章军已破矣,秦兵旦暮至,我围荥阳城弗能下,秦军至,必大败。不如少遗兵,足以守荥阳,悉精兵迎秦军。今假王骄,不知兵权,不可与计,非诛之,事恐败。"因相与矫王令以诛吴叔,献其首于陈王。陈王使使赐田臧楚令尹印,使为上将。田臧乃使诸将李归等守荥阳城,自以精兵西迎秦军于敖仓。与战,田臧死,军破。章邯进兵击李归等荥阳下,破之,李归等死。

敖仓,在今河南荥阳北(参见图 45)④;荥阳,在今河南荥阳东北(参见图 45)。⑤

---

① 《史记集解·秦始皇本纪》:应劭曰:"戏,弘农湖西界也。"孟康曰:"水名,今戏亭是也。"苏林曰:"邑名,在新丰东南三十里。"《史记·秦始皇本纪·正义》:《括地志》云:"戏水源出雍州新丰县西南骊山。《水经注》云戏水出骊山冯公谷,东北流。今新丰县东北十一里戏水当官道,即其处。"《中国历史地图集》秦"关中诸郡图":戏,在今西安临潼区。

② 《史记索隐·陈涉世家》引晋灼云:"亭名也,在弘农东十二里。"小颜云"曹水之阳也。其水出陕县西南岘头山,北流入河。魏武帝谓之好阳"也。《史记·陈涉世家·正义》引《括地志》云:"曹阳故亭亦名好阳亭,在陕州桃林县东南十四里。崔浩云'曹阳,坑名,自南出,北通于河'。按:魏武帝改曰好阳也。"《大清一统志》卷一百七十五:古曹阳亭在灵宝县东。《水经注》:曹阳亭,陈涉遣周章入秦,少府章邯斩之于此,魏氏以为好阳。《晋书地道记》曰:亭在弘农县东十三里。县志:好阳铺在县东十里。《中国历史地图集》:在今河南三门峡市西南。

③ 《汉志》:黾池属弘农郡。《汉书补注》先谦曰:战国郑地,入韩。《商君传》云:郑黾池在西河之南。《相如传》云:秦赵为好,会于西河外黾池也。《元和志》:韩哀侯东徙,其地入秦。《一统志》:故城今黾池县西。《汉志汇释》周振鹤师:治今河南渑池县西。《中国历史地图集》秦"山东南部诸郡图":今河南渑池县西。

④ 《史记集解·陈涉世家》瓒曰:"敖,地名,在荥阳西北山,临河有大仓。"《史记正义·陈涉世家》引《括地志》云:"敖在郑州荥阳县西十五里,县门之东北临汴水,南带三皇山,秦时置仓于敖山,名敖仓云。"《中国历史地图集》秦"山东南部诸郡图":敖仓,在今河南荥阳北。

⑤ 参见第 237 页注③。

(三)章邯别将击破邓说于郯

秦二世二年(前208),章邯别将击破邓说于郯。《史记》卷四八《陈涉世家》:

> 阳城人邓说将兵居郯,章邯别将击破之,邓说军散走陈……陈王诛邓说。

又,《汉书》卷三一《陈胜传》:

> 阳城人邓说将兵居郯,章邯别将击破之,邓说走陈。铚人五逢将兵居许,章邯击破之。五逢亦走陈。胜诛邓说。

郯,治在今河南郯县(参见图45)。①

(四)章邯破伍徐于许

秦二世二年(前208),章邯破田臧、李归于敖仓、荥阳后,又破伍徐于许。《史记》卷四八《陈涉世家》:

> 铚人伍徐将兵居许,章邯击破之,伍徐军皆散走陈。

许,在今河南许昌(参见图45)。②

(五)章邯破陈,陈胜死

秦二世二年(前208)十二月,③章邯破伍徐于许后,又破陈,杀陈胜于城父。《史记》卷六《秦始皇本纪》:

> 二世益遣长史司马欣、董翳佐章邯击盗,杀陈胜城父。

又,《史记》卷四八《陈涉世家》:

> 章邯已破伍徐,击陈,柱国房君死。章邯又进兵击陈西张贺军。陈王出监战,军破,张贺死。腊月,陈王之汝阴,还至下城父,其御庄贾杀以降秦。陈胜葬砀,谥曰隐王。

城父,在今安徽涡阳西北(参见图44)。④ 陈胜因天下之怨,谋叛大泽乡,建立张楚政权,遣诸将徇地,引发了秦帝国的崩溃。《史记》卷四十八《陈涉世家》:

---

① 《汉志》:郯属颍川郡。《汉书补注》先谦曰:春秋郑地。后入楚。《左传》:昭公时城之。楚王葬此,为郯敖也。章邯破陈胜将邓龙于此,见《始皇纪》。《一统志》:故城今郯县治。《汉志汇释》周振鹤师:治河南今县。《中国历史地图集》秦"山东南部诸郡图":今河南郯县。

② 参见第329页注③。

③ 《史记》卷一六《秦楚之际月表》:二世二年十二月,陈涉死。

④ 参见第265页注④。

"当此时,诸郡县苦秦吏者,皆刑其长吏,杀之以应陈涉。"司马迁在《陈涉世家》卷末评论说:"陈胜王凡六月。已为王,王陈……陈胜虽已死,其所置遣侯王将相竟亡秦,由涉首事也。"

(六)灭魏咎临济

章邯破陈后,又进兵击魏王魏咎。秦二世二年(前208)六月,灭魏咎于临济。《史记》卷一六《秦楚之际月表》:

> 二世二年六月,(魏)咎自杀,临济降秦。

又,《史记》卷九〇《魏豹彭越列传》:

> 章邯已破陈王,乃进兵击魏王于临济。魏王乃使周市出请救于齐、楚。齐、楚遣项它、田巴将兵随市救魏。章邯遂击破杀周市等军,围临济。咎为其民约降。约定,咎自烧杀。

又,《史记》卷九四《田儋列传》:

> 秦将章邯围魏王咎于临济,急。魏王请救于齐,齐王田儋将兵救魏。章邯夜衔枚击,大破齐、魏军,杀田儋于临济下。儋弟田荣收儋余兵东走东阿。

临济,在今河南封丘东(参见图46)。①

(七)破项梁定陶

秦二世二年(前208)九月,章邯灭魏咎临济后,又在定陶大破项梁军,项梁死。《史记》卷七《项羽本纪》:

> 项梁起东阿,西,比至定陶,再破秦军,项羽等又斩李由,益轻秦,有骄色。宋义乃谏项梁曰:"战胜而将骄卒惰者败。今卒少惰矣,秦兵日益,臣为君畏之。"项梁弗听。乃使宋义使于齐。道遇齐使者高陵君显,曰:"公将见武信君乎?"曰:"然。"曰:"臣论武信君军必败。公徐行即免死,疾行则及祸。"秦果悉起兵益章邯,击楚军,大破之定陶,项梁死。

又,《史记》卷一六《秦楚之际月表》:

---

① 《史记正义·田儋列传》:故城在淄州高苑县北二里,本汉县。《大清一统志》卷一百三十五:临济故城在高苑县西北本齐之狄邑,或曰春秋时长狄所居故名。《战国策》:田单攻狄五月不下即此。汉置狄县属千乘郡。后汉永初二年改曰临济,为乐安国治。《续汉书·郡国志》陈留郡:平丘有临济亭,田儋死地。《续汉书郡国志汇释》钱林书言:平丘县故城,在今河南封丘县东。《中国历史地图集》秦"山东南部诸郡图":在今河南封丘东。

二世二年九月,章邯破杀项梁于定陶,项羽恐,还军彭城。定陶,在今山东定陶县稍西北(参见图46)。①

七、巨鹿大战与平叛主将降项羽

章邯大破项梁军于定陶之后,以为楚地兵不足忧,乃渡河击赵。此时,赵歇为王,陈余为将,张耳为相,皆走入巨鹿城。章邯令王离、涉间围巨鹿,章邯军其南,筑甬道而输之粟。楚王派宋义、项羽救赵。宋义北至安阳,逗留不进。项羽杀宋义,引兵渡河,破釜沉舟,大破秦军于巨鹿。夏,章邯等战数却,二世使人让邯,邯恐。考虑到有功亦诛,无功亦诛,遂以兵降项羽。《史记》卷七《项羽本纪》:

> 项羽已杀卿子冠军,威震楚国,名闻诸侯。乃遣当阳君、蒲将军将卒二万渡河,救钜鹿。战少利,陈余复请兵。项羽乃悉引兵渡河,皆沉船,破釜甑,烧庐舍,持三日粮,以示士卒必死,无一还心。于是至则围王离,与秦军遇,九战,绝其甬道,大破之,杀苏角,虏王离。涉间不降楚,自烧杀。

又,《史记》卷六《秦始皇本纪》:

> (秦二世)三年,章邯等将其卒围钜鹿,楚上将军项羽将楚卒往救鹿。冬,赵高为丞相,竟案李斯杀之。夏,章邯等战数却,二世使人让邯,邯恐,使长史欣请事。赵高弗见,又弗信。欣恐,亡去,高使人捕追不及。欣见邯曰:"赵高用事于中,将军有功亦诛,无功亦诛。"项羽急击秦军,虏王离,邯等遂以兵降诸侯。

巨鹿,治今河北巨鹿县北(参见图46)。② 巨鹿大战基本上摧毁了秦平叛大军的主力。

---

① 《汉志》:定陶属济阴郡,故曹国,周武王弟叔振铎所封。《汉书补注》先谦曰:故陶,秦魏冉益封陶为诸侯,见《秦纪》《穰侯传》。秦为定陶县,高帝与项羽攻之,见《羽传》。章邯破杀项梁于此,见《高纪》《羽传》。《续志》、后汉因。《一统志》:故城今定陶县西北四里。《汉志汇释》周振鹤师:治山东定陶县稍西北。《中国历史地图集》秦"山东南部诸郡图":今山东定陶县稍西北。

② 《汉志》:钜鹿,属巨鹿郡。《禹贡》:大陆泽在北。《汉书补注》先谦曰:项羽救赵,大破秦军于此。后汉因。《一统志》:故城今平乡县治。《汉志汇释》周振鹤师:治今巨鹿县北。《中国历史地图集》秦"山东北部诸郡图":今河北巨鹿县北。

八、项羽坑杀秦降卒于新安

巨鹿大战结束后,项羽使秦降都尉翳、长史欣为上将,将秦降军为前行,项羽将诸侯兵四十余万开始向关中进发。秦二世三年(前207)十一月,到新安,项羽坑杀秦降卒于新安。《史记》卷七《项羽本纪》:

> 到新安。诸侯吏卒异时故繇使屯戍过秦中,秦中吏卒遇之多无状,及秦军降诸侯,诸侯吏卒乘胜多奴虏使之,轻折辱秦吏卒。秦吏卒多窃言曰:"章将军等诈吾属降诸侯,今能入关破秦,大善;即不能,诸侯虏吾属而东,秦必尽诛吾父母妻子。"诸侯微闻其计,以告项羽。项羽乃召黥布、蒲将军计曰:"秦吏卒尚众,其心不服,至关中不听,事必危,不如击杀之,而独与章邯、长史欣、都尉翳入秦。"于是楚军夜击坑秦卒二十余万人新安城南。

又,《史记》卷一六《秦楚之际月表》:

> 二世三年十一月,羽诈坑杀秦降卒二十万人于新安。

新安,治今河南渑池县东(参见图45)。①

九、刘邦乘虚西进

(一)怀王与诸将约,先入定关中者王之

秦二世二年(前208)后九月②,楚怀王与诸将约,先入定关中者王之。当时,秦兵强,常乘胜逐北,诸将莫利先入关。独项羽怨秦破项梁军,愿与沛公西入关。但怀王诸老将皆认为:"项羽为人僄悍猾贼。项羽尝攻襄城,襄城无遗类,皆坑之,诸所过无不残灭。且楚数进取,前陈王、项梁皆败。不如更遣长者扶义而西,告谕秦父兄。秦父兄苦其主久矣,今诚得长者往,毋侵暴,宜可下。今项羽僄悍,今不可遣。独沛公素宽大长者,可遣。"另外,章邯破项梁军后,以为楚地兵不足忧,乃渡河,北击赵,大破之。当时,赵歇为王,陈馀为将,张耳为相,皆走,入巨鹿

---

① 《汉志》:新安属弘农郡。《汉书补注》先谦曰:秦邑。项羽坑秦卒于城南,见羽传。武帝徙函谷关于此,见《武纪》。《续志》、后汉因。《一统志》:故城今渑池县东,俗名之曰搭泥镇。《汉志汇释》周振鹤师:治今河南渑池县东。《中国历史地图集》秦"山东南部诸郡图":今河南渑池县东。

② 《史记》卷一六《秦楚之际月表》。

城。秦将王离围巨鹿城。赵数请救。于是,怀王不许项羽先入关,以宋义为上将军,项羽为次将,范增为末将,北救赵,而遣沛公西略地。①

(二)乘虚西进破武关

当项羽北上救赵时,沛公引兵迂回而西。至秦二世三年(前207)八月,当项羽大破秦军主力于巨鹿,以秦降都尉翳、长史欣为上将,将秦降军也开始西进时,沛公已经从南阳攻入武关。《史记》卷八《高祖本纪》:

> 沛公引兵西,遇彭越昌邑,因与俱攻秦军,战不利。还至栗,遇刚武侯,夺其军,可四千余人,并之……西过高阳……食其说沛公袭陈留,得秦积粟……西与秦将杨熊战白马,又战曲遇东,大破之……南攻颍阳,屠之。因张良遂略韩地轘辕。当是时,赵别将司马卬方欲渡河入关,沛公乃北攻平阴,绝河津。南,战雒阳东,军不利,还至阳城,收军中马骑,与南阳守齮战犨东,破之。略南阳郡,南阳守齮走,保城守宛……围宛城三匝。南阳守欲自刭。其舍人陈恢曰:"死未晚也。"乃逾城见沛公,曰:"……为足下计,莫若约降,封其守,因使止守,引其甲卒与之西。诸城未下者,闻声争开门而待,足下通行无所累。"沛公曰:"善。"乃以宛守为殷侯,封陈恢千户。引兵西,无不下者。至丹水,高武侯鳃、襄侯王陵降西陵。还攻胡阳,遇番君别将梅鋗,与皆,降析、郦。遣魏人宁昌使秦,使者未来。是时章邯已以军降项羽于赵矣……及赵高已杀二世,使人来,欲约分王关中。沛公以为诈,乃用张良计,使郦生、陆贾往说秦将,啗以利,因袭攻武关,破之。

武关,秦南关,在今陕西丹凤县之武关镇(参见图45)。②

十、秦二世时期疆域变迁小结

综上所述,秦二世元年(前209)七月,戍卒陈胜等反故荆地,陈胜自立为王,居陈,遣诸将四处徇地。"山东郡县少年苦秦吏,皆杀其守尉令丞反,以应陈涉。"③燕、赵、齐、楚、韩、魏皆复立为王。刘邦、项梁、彭越、英布、吴芮、赵佗等也

---

① 详见《史记》卷七《项羽本纪》,《史记》卷八《高祖本纪》。
② 参见第323页注②。
③ 详见《史记》卷六《秦始皇本纪》。

乘势而起。《史记》卷六《秦始皇本纪》说："自关以东，大氐尽畔秦吏应诸侯，诸侯咸率其众西乡。"曾经强大的秦帝国开始迅速崩溃。

第四节　子婴时期：帝国的灭亡

秦二世三年（前207）八月，赵高杀二世，立二世兄之子婴为王。子婴为秦王四十六日。本节考察秦王子婴时期的秦疆域变化。

一、秦王子婴初立时尚未崩溃的地区

秦二世三年（前207）八月，沛公攻武关，赵高杀二世以请和，求分王关中。沛公不听，高乃立二世兄之子婴为王。① 此时刘邦虽然已经攻破武关，但秦兵尚强，子婴遣兵距峣关。《史记》卷五五《留侯世家》：

> 沛公欲以兵二万人击秦峣下军，良说曰："秦兵尚强，未可轻。臣闻其将屠者子，贾竖易动以利。愿沛公且留壁，使人先行，为五万人具食，益为张旗帜诸山上，为疑兵，令郦食其持重宝啖秦将。"

又，荀悦《汉纪·高祖皇帝纪》：

> 婴立，诛灭赵高，遣兵距峣关。张良曰："秦兵尚强，未可轻也。愿益张旗帜诸山上，为疑兵，令郦食其持重宝啖秦将。"

峣关，在今陕西蓝田东南（参见图45）。②

这就是说，子婴初立时，刘邦尚未进入关中。另外，此时巨鹿大战刚结束不久，项羽虽然也将诸侯兵向关中进发，但还未攻破函谷关。《史记》卷一六《秦楚之际月表》：

> 二世三年八月，赵高杀二世。九月，子婴为王。十月，项羽将诸侯兵四十余万，行略地，西至于河南。十一月，羽诈坑杀秦降卒二十万人于新安。

因此，在秦王子婴初立时，秦尚有武关、函谷关以西之地，即内史、陇西、北

---

① 详见《史记》卷八《高祖本纪》。
② 《中国历史地图集》秦"关中诸郡图"：峣关在今陕西蓝田东南。

地、上郡、汉中、巴、蜀。另外,据前面之考察,云中、雁门、代、黔中、长沙、河东、上党、太原诸地既未发生叛乱,也未出现割据或六国之复辟。要之,秦王子婴初立时,不仅秦之故地尚全,而且"秦兵尚强"。汉初的贾谊在其《过秦论》中亦说:

> 藉使子婴有庸主之材,仅得中佐,山东虽乱,秦之地可全而有,宗庙之祀未当绝也。

二、刘邦入关与秦王子婴降

如前所述,子婴为秦王后,立即遣兵距峣关。子婴为秦王四十六日后,刘邦才攻下峣及蓝田。随后沛公军至霸上,子婴降。《史记》卷六《秦始皇本纪》:

> 子婴为秦王四十六日,楚将沛公破秦军入武关,遂至霸上,使人约降子婴。子婴即系颈以组,白马素车,奉天子玺符,降轵道旁。沛公遂入咸阳,封宫室府库,还军霸上。

又,《史记》卷五五《留侯世家》:

> 沛公欲以兵二万人击秦峣下军,良说曰:"秦兵尚强,未可轻。……令郦食其持重宝啖秦将。"秦将果畔,欲连和俱西袭咸阳,沛公欲听之。良曰:"此独其将欲叛耳,恐士卒不从。不从必危,不如因其解击之。"沛公乃引兵击秦军,大破之。遂北至蓝田,再战,秦兵竟败。遂至咸阳,秦王子婴降沛公。

轵道,在今陕西西安市稍北(参见图45);①霸上,在今陕西蓝田(参见图45)。②

---

① 《史记集解》引徐广曰:"在霸陵。"骃案:苏林曰:"亭名,在长安东十三里。"《大清一统志》卷一百七十九:轵道亭在咸阳县东北。《史记》:秦二世三年,沛公至霸上,子婴降轵道旁。《汉书》作枳道。《后汉书·郡国志》:霸陵有轵道亭。《汉宫殿疏》:轵道亭东去霸亭观四里。《括地志》:在万年县东北十六里苑中。《中国历史地图集》秦"关中诸郡图":轵道,在今陕西西安市稍北。

② 《史记集解》引应劭曰:"霸水上地名,在长安东三十里。古名滋水,秦穆公更名霸水。"《大清一统志》卷一百七十九:霸陵故城在咸宁县东。《史记》卷十七《汉兴以来将相名臣年表》:孝文九年,以芷阳乡为霸陵。《汉书·地理志》:霸陵故芷阳,文帝更名。《三秦记》:秦穆公筑宫于此,因名霸城。《水经注》:霸水故渠东北迳霸县故城南,汉县也。自新丰故城西至霸城五十里,霸城西四十里则霸水,水西二十里则长安城。《史记正义》:霸陵县即霸上,在万年东北二十五里,东南去霸陵十里。《中国历史地图集》秦"关中诸郡图":霸上,在今陕西蓝田。

三、项羽入关

项羽听说刘邦已经入关,至咸阳,于是也率大军攻破函谷关,迅速进入关中,军于戏西。《史记》卷七《项羽本纪》:

> 函谷关有兵守关,不得入,又闻沛公已破咸阳,项羽大怒,使当阳君等击关。项羽遂入关中,至于戏西。

戏,在今陕西西安临潼区(参见图45)。[①]

四、帝国的彻底崩溃:项羽分封诸侯

如上所述,在秦王子婴时,秦尚有内史、陇西、北地、上郡、云中、雁门、代、汉中、巴、蜀、黔中、长沙、河东、上党、太原诸地。但是,项羽至关中,诛秦王子婴,屠烧咸阳。分天下,立诸将为十八侯王,秦之领土全部易主,至此秦帝国彻底崩溃。《史记》卷一六《秦楚之际月表》:"西楚主伯,项籍始,为天下主命,主十八王。"又《史记》卷六《秦始皇本纪》:"居月余,诸侯兵至,项籍为从长,杀子婴及秦诸公子宗族。遂屠咸阳,烧其宫室,虏其子女,收其珍宝货财,诸侯共分之。灭秦之后,各分其地为三,名曰雍王、塞王、翟王,号曰三秦。项羽为西楚霸王,主命分天下王诸侯,秦竟灭矣。"下面我们对项羽所分封之诸王及其封地做一考察,以明秦之彻底崩溃情况。

(一)汉

项羽分封刘邦为汉王。《史记》卷七《项羽本纪》:

> (项王)乃分天下,立诸将为侯王。项王、范增疑沛公之有天下,业已讲解,又恶负约,恐诸侯叛之,乃阴谋曰:"巴、蜀道险,秦之迁人皆居蜀。"乃曰:"巴、蜀亦关中地也。"故立沛公为汉王,王巴、蜀、汉中,都南郑。

汉辖有秦四十八郡中之巴、蜀、汉中,都南郑。

(二)雍

项羽分封章邯为雍王。《史记》卷七《项羽本纪》:

> 而三分关中,王秦降将以距塞汉王。项王乃立章邯为雍王,王咸阳

[①] 参见第331页注①。

以西,都废丘。

又,《史记》卷一六《秦楚之际月表》:

> 二年七月,(雍地)属汉为陇西、北地、中地郡。

章邯封地为秦内史西部与陇西、北地两郡①,都废丘。

(三)塞

项羽分封长史欣为塞王。《史记》卷七《项羽本纪》:

> 长史欣者,故为栎阳狱掾,尝有德于项梁;都尉董翳者,本劝章邯降楚。故立司马欣为塞王,王咸阳以东至河,都栎阳。

又,《汉书》卷二八上《地理志上》:

> 京兆尹,故秦内史,高帝元年属塞国,二年(实元年)更为渭南郡……左冯翊,故秦内史,高帝元年属塞国,二年(实元年)更名河上郡。

塞国有秦内史东部地,于高帝元年末为渭南、河上两郡,相当于《汉志》之京兆尹、左冯翊二郡②,都栎阳。

(四)翟

项羽分封董翳为翟王。《史记》卷七《项羽本纪》:

> 立董翳为翟王,王上郡,都高奴。

翟国封地为上郡,都高奴。

(五)西魏

项羽分封原魏王豹为西魏王。《史记》卷七《项羽本纪》:

> 徙魏王豹为西魏王,王河东,都平阳。

又,《史记》卷九二《淮阴侯列传》:

> 汉二年八月,以信为左丞相,击魏……信遂虏豹,定魏为河东郡。

又,《史记》卷一六《秦楚之际月表》:

> 西魏:二年九月,汉将信虏豹,属汉为河东,上党郡。

西魏国封地有河东、上党两郡,都平阳。

(六)河南

项羽分封申阳为河南王。《史记》卷七《项羽本纪》:

---

① 参见周振鹤师:《西汉政区地理·附篇·楚汉诸侯疆域新志》,人民出版社,1987年。
② 参见周振鹤师:《西汉政区地理·附篇·楚汉诸侯疆域新志》。

瑕丘申阳者,张耳嬖臣也,先下河南,迎楚河上,故立申阳为河南王,都雒阳。

又,《汉书》卷一上《高帝纪上》:

(二年冬十月)河南王申阳降,置河南郡。

据《汉书·地理志》:河南郡,故秦三川郡,高帝更名。故申阳之河南国乃秦三川郡,都洛阳。

(七)韩

项羽分封韩王成为韩王。《史记》卷七《项羽本纪》:

韩王成因故都,都阳翟。

又,《史记》卷六《秦始皇本纪》:

(秦始皇帝)十七年,内史腾攻韩,得韩王安,尽纳其地,以其地为郡,命曰颍川。

韩王成封域当即秦之颍川郡,都阳翟。

(八)殷

项羽分封司马卬为殷王。《史记》卷七《项羽本纪》:

赵将司马卬定河内,数有功,故立卬为殷王,王河内,都朝歌。

又,《汉书》卷二八上《地理志上》:

河内郡,高帝元年为殷国,二年更名。

殷国封地为《汉志》之河内郡,都朝歌。

(九)代

项羽分封原赵王歇为代王。《史记》卷七《项羽本纪》:

徙赵王歇为代王。

又,《史记》卷一六《秦楚之际月表》:

赵王歇为代王,都代。

《楚汉诸侯疆域新志》:"广义的代地包括云中、雁门、代、太原四郡,四郡均为旧六国赵之故地。赵歇代国四郡相当于《汉志》之代、雁门、云中、定襄、太原及西河郡的河东部分。"代国都于代。

(十)常山

项羽分封张耳为常山王。《史记》卷七《项羽本纪》:

赵相张耳素贤,又从入关,故立耳为常山王,王赵地,都襄国。

《楚汉诸侯疆域新志》:"秦灭赵,以其地置邯郸、巨鹿郡,后又分邯郸置常山。张耳之常山国有此三郡之地,相当于《汉志》之赵国、魏郡、常山、真定、巨鹿、广平清河、河间,信都十郡国及郭县以南之涿郡、东平舒至大河之间的渤海郡地。"都襄国。

（十一）九江

项羽分封当阳君黥布为九江王。《史记》卷七《项羽本纪》:

> 当阳君黥布为楚将,常冠军,故立布为九江王,都六。

《楚汉诸侯疆域新志》:九江国当以秦九江郡置。都六。

（十二）衡山

项羽分封鄱君吴芮为衡山王。《史记》卷七《项羽本纪》:

> 鄱君吴芮率百越佐诸侯,又从入关,故立芮为衡山王,都邾。

据《楚汉诸侯疆域新志》:衡山国封地即秦之衡山郡。都邾。

（十三）临江

项羽分封共敖为临江王。《史记》卷七《项羽本纪》:

> 义帝柱国共敖将兵击南郡,功多,因立敖为临江王,都江陵。

又,《史记》卷一六《秦楚之际月表》:

> （汉五年十二月）"汉虏（共敖子）""正月属汉为南郡""分临江为长沙国"。

据《楚汉诸侯疆域新志》:汉元年（前206）之临江国实以秦之南郡、长沙、黔中三郡置。相当于《汉志》之长沙国、南郡全部、江夏郡西部之安陆、云杜、亳陵、沙羡四县地,武陵郡、桂阳郡、零陵郡大部（无镡城、始安、阳山、含洭、浈阳、曲江诸县地,时为赵佗所据）,豫章郡之艾县、宜春、建成三县地。临江国都江陵。

（十四）辽东

项羽分封原燕王韩广为辽东王。《史记》卷七《项羽本纪》:

> 徙燕王韩广为辽东王。

又,《史记》卷一六《秦楚之际月表》:

> 燕王韩广为辽东王,都无终。

据《楚汉诸侯疆域新志》:辽东国当有《汉志》辽东、辽西、右北平三郡,此三郡领域自六国故燕、秦、汉三代相沿不变。辽东国都无终。

（十五）燕

项羽分封燕将臧荼为燕王。《史记》卷七《项羽本纪》：

> 燕将臧荼从楚救赵，因从入关，故立荼为燕王，都蓟。

据《楚汉诸侯疆域新志》：臧荼之燕国当有广阳、上谷、渔阳三郡，都蓟。

（十六）胶东

项羽分封原齐王田市为胶东王。《史记》卷七《项羽本纪》：

> 徙齐王田市为胶东王。

又，《史记》卷一六《秦楚之际月表》：

> 齐王田市为胶东王，都即墨。

据《楚汉诸侯疆域新志》：胶东国以秦之胶东郡置，相当于《汉志》胶东国与东莱郡全部，并有琅琊之皋虞、长广，北海之密乡、平城等县地。胶东国都即墨。

（十七）齐

项羽分封齐将田都为齐王。《史记》卷七《项羽本纪》：

> 齐将田都从共救赵，因从入关，故立都为齐王，都临菑。

据《楚汉诸侯疆域新志》：齐国封域当有秦末之临淄、琅琊二郡。都临菑。

（十八）济北

项羽分封原齐王建孙田安为济北王。《史记》卷七《项羽本纪》：

> 故秦所灭齐王建孙田安，项羽方渡河救赵，田安下济北数城，引其兵降项羽，故立安为济北王，都博阳。

据《楚汉诸侯疆域新志》：济北国当以秦济北郡置。济北国都博阳。

（十九）西楚

项羽自立为西楚霸王。《史记》卷七《项羽本纪》：

> 项王自立为西楚霸王，王九郡，都彭城。

项羽以梁楚地九郡自封为西楚霸王。九郡之目，历来聚讼不休。据《楚汉诸侯疆域新志》：项羽九郡为南阳、陈郡、泗水、薛郡、东海、会稽、彰郡及东、砀二郡，成九郡之数。都彭城。

五、秦王子婴时期疆域变迁小结

综上所述，秦王子婴即位时，秦尚有内史、陇西、北地、上郡、九原、云中、雁门、代、汉中、巴、蜀、黔中、长沙、河东、上党、太原等诸地。项羽入关后，不仅杀子

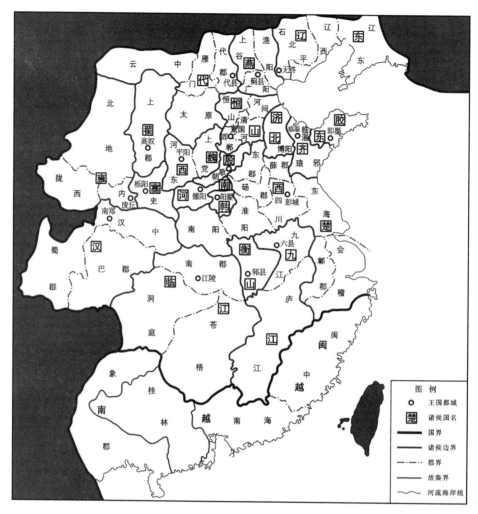

图 47　项羽分封诸侯区域图
(取自周振鹤《西汉政区地理》)

婴及秦诸公子宗族,而且分封天下,立诸将为十八侯王,自立为西楚霸王,王九郡,都彭城。至此,秦之领土全部易主,秦帝国彻底崩溃。

附录一

秦疆域变迁年表

时间	事件	附注
五帝传说时代；女脩、大业、大费（伯益）时代	秦之先大费出自大业，大业出自女脩，女脩出自帝颛顼，秦人以母族而祖帝颛顼。颛顼之都为帝丘(今河南濮阳市)。大费不仅与禹一起治理水患，而且曾佐舜驯化鸟兽，由帝舜赐姓嬴氏。大费即柏翳，柏翳即伯益，伯益可能出自皋陶，皋陶出自少皞。少皞之墟在今山东曲阜。后来，从大费即伯益氏族中分出了鸟俗氏和费氏。费氏的后代有些生活在诸夏部族，有些则生活在夷狄部族。	据《史记·秦本纪》
夏商之际；费昌时期	出自费氏的费昌曾事夏。商汤灭夏时，费昌去夏归商，为汤御，助汤灭夏。	据《史记·秦本纪》
商太戊时期；孟戏、中衍时期	出自鸟俗氏的秦先祖大廉玄孙孟戏、中衍为帝太戊御，并与商通婚。	据《史记·秦本纪》。另外，中衍之后，以佐殷国有功，遂为诸侯。西周以前的嬴姓国主要分布在东方的淮、泗流域。
商代晚期；胥轩、中潏时期	大约在商代晚期，秦先祖中衍之后，胥轩、中潏父子已经活动在与周人相邻的西戎之地，所谓"在西戎，保西垂"。	傅斯年认为："此盖殷人拓土西陲，东夷之费氏为之守戍，遂建部队于西陲。"参氏著《夷夏东西说》，载《民族与古代中国史》。

续表

时间	事件	附注
商纣时期；蜚廉、恶来时期	中潏生蜚廉，中潏在西戎之地，则蜚廉原来当亦在西戎之地；后来，蜚廉与其子恶来以材力事东方之殷纣，则蜚廉可能曾自西徙东。	
商周鼎革之际；蜚廉、恶来时期	周武王伐纣，杀恶来；蜚廉幸免于难，死后葬于霍太山。	据《史记·秦本纪》
周公东征时期；蜚廉时期	商代的嬴姓国，主要是商分封的嬴姓诸侯，与商的关系很密切，所谓"以佐殷国，故嬴姓多显，遂为诸侯"。它们在周灭商以后，曾参与大规模叛乱，经周公东征才平定。据清华简《系年》第三章所记，秦人的祖先，就是在周公东征后被周人迁徙到邾圄（即朱圉，今甘肃甘谷县西南）的"商盖（即商盍、奄，今山东曲阜）之民"，所谓"是秦先人"。	据清华简《系年》第三章和《孟子·滕文公下》，周公东征杀蜚廉。这与《史记·秦本纪》所记不同。
周成王时期；孟增（即皋狼）时期	蜚廉孙孟增幸于周成王，因宅于皋狼（在今山西吕梁市离石区），又称皋狼。	
周穆王时期；造父时期	皋狼孙造父以善御幸于周穆王，穆王以赵城（今山西霍县南）封造父，造父族由此为赵氏。	
周孝王时期大骆、非子时期	出自恶来的大骆之族居犬丘（今甘肃礼县）。周孝王时，大骆子非子被孝王封到秦（一说在今甘肃清水，一说在今陕西陇县），成为周的附庸。	大骆之族始居犬丘的具体年代不详。
周厉王、宣王时期；秦仲时期	秦仲立三年，周厉王无道，诸侯或叛之。西戎反王室，灭犬丘（今甘肃礼县）大骆之族。周宣王即位，乃以秦仲为大夫，诛西戎。西戎杀秦仲。	

续表

时间	事件	附注
周宣王时期;秦庄公时期	秦仲子秦庄公伐破西戎,并有秦(一说在今甘肃清水,一说在今陕西陇县)和犬丘(今甘肃礼县)之地,并自秦徙居犬丘。	
公元前776年;秦襄公二年;周幽王六年	秦襄公可能一度徙居汧(今陕西陇县)。	
公元前771年;秦襄公七年;周幽王十一年	秦襄公七年春,西戎犬戎与申侯伐周,杀幽王郦山下。秦襄公将兵救周,战甚力,有功。	
公元前770年;周平王元年;秦襄公八年	周避犬戎难,东徙雒邑(今河南洛阳市王城公园一带),襄公以兵送周平王。平王封襄公为诸侯,赐之岐(一说即岐山,一说周之岐邑)以西之地。秦襄公初立西畤(可能即甘肃礼县鸾亭山祭祀遗址),祠白帝。	按《史记·十二诸侯年表》,秦襄公七年,秦始列为诸侯。
公元前766年;秦襄公十二年	秦襄公伐戎至岐(一说即岐山;一说周之岐邑,即今陕西岐山县一带),卒。	
公元前765年;秦文公元年	秦文公居西垂宫(在今甘肃礼县)。	
公元前763年;秦文公三年	秦再次逾陇(即陇山)东伐。	

续表

时间	事件	附注
公元前 762 年；秦文公四年	秦据有汧渭之间（今陕西宝鸡汧水与渭水之间地区），并徙都于此。	《史记·秦本纪》：文公三年，以兵七百人东猎。四年，至汧渭之会。乃卜居之，占曰吉，即营邑之。又《史记·封禅书》：秦文公东猎汧渭之间，卜居之而吉。
公元前 756 年；秦文公十年	秦作鄜畤（具体地望不详），祭白帝。	
公元前 750 年；秦文公十六年	秦以兵伐戎，戎败走。于是文公遂收周余民有之，地至岐（一说即岐山；一说周之岐邑，即今陕西岐山县一带），岐以东献之周。	
公元前 747 年；秦文公十九年	秦在陈仓（今宝鸡市陈仓区）北阪筑城，建陈宝祠。	
公元前 739 年；秦文公二十七年	秦伐南山（即秦岭）之大梓、丰、大特戎。	《史记会注考证》："大梓、丰、大特，盖戎名。"
公元前 714 年；秦宪公二年	秦宪公徙居平阳（今宝鸡陈仓区东平阳村一带）；遣兵伐荡社（约在今陕西西安市南郊）。	
公元前 713 年；秦宪公三年	秦与亳战，亳王奔戎，遂灭荡社（约在今陕西西安市南郊）。	
公元前 708 年；秦宪公八年	秋，秦攻芮（约在今陕西澄城县王庄镇），兵败。冬，周师、秦师围魏（今山西芮城），执芮伯以归。	

续表

时间	事件	附注
公元前704年;秦宪公十二年;晋曲沃武公十二年;楚武王三十七年	秦伐荡氏(约在今陕西西安南郊),取之;晋曲沃(今山西闻喜县)武公灭翼(今山西翼城县),周立晋哀侯之弟为晋侯;楚攻随(今湖北随州),俘少师,与随结盟。	
公元前697年;秦武公元年	秦伐彭戏氏,至于华山(今陕西华山)下。	
公元前689年;楚文王元年;秦武公九年	楚始都郢(今湖北荆州江陵西北纪南城)。	
公元前688年;秦武公十年	秦伐邽、冀戎,在邽(治今甘肃天水市)、冀(治今甘肃甘谷县)设县。	
公元前687年;秦武公十一年	秦初县杜(治今陕西西安长安区)、郑(治今陕西华县);灭小虢(在今陕西宝鸡市陈仓区)	
公元前685年;齐桓公元年;秦武公十三年	齐桓公任管仲为卿,进行改革,齐国渐强。	
公元前679年;秦武公十九年	齐桓公始霸,会诸侯于鄄(今山东鄄城);曲沃武公灭晋侯湣,以宝献周,周命武公为晋君,并其地。	
公元前678年;秦武公二十年;楚文王十二年	秦武公死,在位二十年;楚灭邓(今湖北襄樊市);楚攻郑至栎(今河南禹州),楚攻郑始此。	
公元前677年;秦德公元年	秦徙都雍(今陕西凤翔);梁伯、芮伯西朝秦。	

续表

时间	事件	附注
公元前 672 年；秦宣公四年	秦在渭南作密畤（可能即陕西宝鸡市陈仓区潘溪镇下站遗址）；与晋战河阳（即河雍，今河南孟州市西），胜之。	
公元前 663 年；秦成公元年；齐桓公二十三年	梁伯、芮伯来朝秦；齐攻山戎以救燕（都蓟，今北京城西南），至孤竹（今河北卢龙）而还。	
公元前 659 年；秦穆公元年	秦攻茅津（在今山西平陆）之戎获胜。	
公元前 658 年；秦穆公二年；齐桓公二十八年；晋献公十九年	齐桓公率诸侯助卫迁于楚丘（今河南滑县东）；晋献公以良马与璧假道于虞（国都在今山西平陆北）攻虢（国都在今河南三门峡市），灭下阳。	
公元前 655 年；秦穆公五年；晋献公二十二年	秦穆公自将伐晋，战于河曲（陕晋间黄河拐弯一带）；晋灭虞、虢；楚灭弦（约在今河南息县、光山间）。	
公元前 651 年；秦穆公九年	晋献公卒。夷吾使人请秦，求入晋，穆公许之，使百里傒将兵送夷吾。夷吾谓曰："诚得立，请割晋之河西八城与秦。"	
公元前 650 年；秦穆公十年	晋背约不与秦河西城。	
公元前 646 年；秦穆公十四年；楚成王二十六年	秦饥，向晋请粟，晋倍之。楚灭六（今安徽六安）、英（今安徽金寨）。	

续表

时间	事件	附注
公元前 645 年；秦穆公十五年	秦晋发生韩原(今山西河津县东)之战,晋国战败,秦获晋君夷吾。经周天子与穆公夫人(夷吾姊)的斡旋,秦以释放晋君为条件,取得了晋国在河西的部分土地。	
公元前 644 年；秦穆公十六年	秦在河东置官司;重耳去翟之齐。	
公元前 643 年；秦穆公十七年；齐桓公四十三年	晋太子在秦为质子,穆公以女嫁之,并还晋河东地;齐桓公死。	
公元前 640 年；秦穆公二十年	秦灭河西之梁(梁之都在今陕西韩城市芝川镇西)、芮(陕西省渭南市澄城县刘家洼遗址可能为芮国后期都城),秦河西之地进一步扩大。	《史记·十二诸侯年表》:穆公十九年,灭梁。梁好城,不居,民罢,相惊,故亡。
公元前 638 年；秦穆公二十二年	秦、晋迁陆浑之戎于伊川。	
公元前 635 年；穆公二十五年	鄀(一说在今河南淅川西南,一说在今河南西峡)一度降秦;晋文公即位,晋兵送周襄王回周,杀太叔带,周襄王以阳樊、温、原、攒茅四邑赐晋,晋遂有太行山以南、黄河北岸之地。	
公元前 632 年；晋文公五年	晋军与宋、齐、秦之师破楚军于城濮(今山东鄄城西南)。晋、宋、郑、蔡、莒、卫在践土(今河南原阳西南)会盟。周王至会所,命晋侯为侯伯。	

续表

时间	事件	附注
公元前627年；秦穆公三十三年；晋襄公元年	春,秦发兵欲灭郑,经晋地,过周北门。兵至滑(今河南偃师东南),知郑有备,遂灭晋之边邑滑。晋破秦于殽(河南洛宁西北之崤山)。	
公元前625年；秦穆公三十五年；晋襄公三年	秦伐晋,战于彭衙(今陕西澄城西北),晋再次败秦师,而且取得秦之汪(今陕西澄城县)和彭衙。	
公元前624年；秦穆公三十六年；晋襄公四年	秦穆公又派孟明等将兵伐晋,渡河焚船,大败晋人,取王官(今山西闻喜南)及鄗,这就是所谓"王官之役"。于是穆公自茅津(在今山西平陆)渡河,封殽(河南洛宁西北崤山)尸而还。	《史记集解》:徐广曰:"左传作'郊'。"《史记正义》:鄗音郊。左传作"郊"。
公元前623年；穆公三十七年；晋襄公五年	晋为报复王官之役,又伐秦,取秦之新城(在今陕西澄城东北);穆公在由余的帮助下,顺利征服了西戎,所谓穆公"霸西戎",周天子使召公贺以金鼓。穆公霸西戎在秦国的发展史上据有重要的意义,终春秋末年,现存文献不见有秦戎之间的战争。	
公元前622年；秦穆公三十八年	秦取得鄀(一说今河南淅川西南,一说今河南西峡)。秦取得鄀,对于打通武关道,具有极其重要的意义。	
公元前619年；秦康公二年；晋灵公二年	秦为报令狐(今山西临猗西)之役,伐晋取其武城(今陕西华县东)。	
公元前617年；秦康公四年；晋灵公四年	春,晋人伐秦,取秦少梁(今陕西韩城南)。出于报复,康公四年秋,秦又伐晋取其北徵(今陕西澄城县西南)。	

续表

时间	事件	附注
公元前 615 年；秦康公六年；晋灵公六年	秦为令狐（今山西临猗西）之役故，又攻入河东，取得了晋之羁马（今山西风陵渡北）。	不过，所谓"取羁马"是指俘取了羁马之人，把这些人迁到河西之秦地，但仍称其新迁居之地为羁马，这当是河西亦有羁马（在今陕西合阳县）的原因。
公元前 614 年；秦康公七年；晋灵公七年	秦晋河曲之战后，晋担心秦交通东方诸侯图己，于是晋侯使詹嘉处瑕（在今陕西潼关东，河南灵宝西）以守桃林之塞（今陕西潼关至河南灵宝之间的地区），遂使秦之"东道"不通。	
公元前 611 年；秦康公十年，楚庄王三年	秦出师助楚灭庸（今湖北竹山西）。	
公元前 608 年；秦共公元年	晋欲求成于秦。晋赵穿曰："我侵崇（地望不详），秦急崇，必救之。吾以求成焉。"冬，赵穿侵崇。秦弗与成。	
公元前 607 年；秦共公二年	秦为报复晋赵穿侵崇，伐晋，遂围焦（今河南三门峡市西）。	据共公二年秦师围焦推测，秦很可能在东南方向又有进一步的开拓。尽管不清楚秦此次绕过桃林塞具体取得了何地，但这一地区的取得对于秦间接打通东方的道路显然有重要的作用。

续表

时间	事件	附注
公元前601年；秦桓公三年；晋成公六年；楚庄王十三年	晋与鲁伐秦，获秦间谍。 楚伐陈，灭舒蓼（在今安徽舒城、庐江间）。	
公元前597年；秦桓公七年；晋景公三年；楚庄王十七年	晋楚邲（今河南郑州北）之战，晋败。	秦桓公时期，秦晋之间虽有大战，但现存文献不见秦领土变化之记载。
公元前578年；秦桓公二十六年；晋厉公三年	晋率诸侯伐秦至泾，战于麻遂（约在今陕西泾阳北），秦军大败。	
公元前562年；秦景公十五年；晋悼公十一年	秦救郑，败晋兵于栎（可能在今山西永济西）。	《史记·晋世家》：（晋悼公十一年）冬，秦取我栎。
公元前559年；秦景公十八年；晋悼公十四年	晋悼公强，数会诸侯，率以伐秦，败秦军。秦军走，晋兵追之，遂渡泾，至棫林（约在今陕西泾阳西南）而还。	《左传》襄公十四年："秦人毒泾上流，师人多死。"
公元前546年；秦景公三十一年；楚康王十四年；晋平公十二年	宋向戌继华元后再次提出弭兵之议，晋、楚、齐、秦、宋、卫、郑、鲁等十四国在宋都开弭兵之会，秦齐晋楚大国承诺弭兵。	秦晋承诺弭兵以后，终春秋之世，现存文献不见秦晋两国有战争，也不见两国有领土纠纷。

续表

时间	事件	附注
公元前 522 年；秦哀公十五年；晋顷公四年；楚平王七年	楚太子建奔宋，伍子胥奔吴。 晋公室卑而六卿强，欲内相攻，是以秦晋久不相攻。	秦哀公（公元前 536 年—公元前 501 年）、惠公（公元前 500 年—公元前 491 年）、悼公（公元前 490 年—公元前 477 年）时期，现存文献不见秦的领土变化记载。
公元前 506 年；秦哀公三十一年；楚昭王十年	吴王阖闾与伍子胥伐楚，楚王亡奔随，吴遂入郢。楚大夫申包胥向秦请救。	
公元前 482 年；秦悼公九年，	晋定公与吴王夫差盟，争长于黄池（今河南封丘），卒先吴；吴强，陵中国。	
公元前 479 年；秦悼公十二年；楚惠王十年	楚灭陈。	
公元前 473 年；秦厉共公四年	越灭吴。句践已平吴，乃以兵北渡淮，与齐、晋诸侯会于徐州，致贡于周。周元王使人赐句践胙，命为伯。句践已去，渡淮南，以淮上地与楚，归吴所侵宋地于宋，与鲁泗东方百里。当是时，越兵横行于江、淮东，诸侯毕贺，号称霸王； 赵襄子灭代（以今河北蔚县为其中心）	《史记集解》：《楚世家》曰："越灭吴而不能正江、淮北。楚东侵广地至泗上。"
公元前 467 年；秦厉共公十年	秦拔魏城（今山西芮城北）。	
公元前 461 年；秦厉共公十六年	秦伐大荔，取其王城（在今陕西大荔东）；秦沿黄河修筑防御工事，加强对河西地区的防御。	

续表

时间	事件	附注
公元前458年；秦厉共公十九年；晋出公十七年	晋知氏、赵氏、韩氏、魏氏共分范氏、中行氏地以为邑。	
公元前457年；秦厉共公二十年	秦厉共公将师与绵诸(在今甘肃天水市东)战。	
公元前456年；秦厉共公二十一年	秦初县频阳(今陕西富平县东北);晋取得秦武城(今陕西华县东);晋韩庞取得卢氏城(在今河南卢氏县);韩魏共灭伊洛阴戎。	
公元前453年；秦厉共公二十四年	韩、赵、魏共灭知伯,瓜分知氏之地。	
公元前451年；秦厉共公二十六年	秦在南郑(今陕西汉中市)筑城,开始控制南郑地区。南郑北通关陇,南通蜀,东通楚,是陕南的重镇,具有重要的战略地位。	
公元前447年；秦厉共公三十年；楚惠王四十二年	楚灭蔡(此时国都在安徽凤台)	
公元前445年；秦厉共公三十二年；楚惠王四十四年	楚灭杞(今河南杞县),向东扩展领土到泗水之上。	
公元前444年；秦厉共公三十三年	秦伐义渠(活动在今甘肃庆阳一带的泾水流域),执其君。	

续表

时间	事件	附注
公元前 441 年；秦躁公二年	南郑(今陕西汉中市)反。	
公元前 431 年；秦躁公十二年；楚简王元年	楚灭莒(今山东莒县)。	
公元前 430 年；秦躁公十三年	义渠(活动在今甘肃庆阳一带的泾水流域)伐秦,至渭水北岸。	《史记·秦本纪》:义渠来伐,至渭南。杨宽《中国历史编年辑证》:应为"渭水北岸"。
公元前 425 年；秦怀公四年	秦庶长晁等包围秦怀公,怀公自杀。	秦怀公时期,现存文献不见秦的领土变化记载。
公元前 419 年；秦灵公六年；魏文侯年二十七年	魏城少梁(今陕西韩城南),秦攻少梁。	
公元前 418 年；秦灵公七年,魏文侯二十八年	秦与魏战少梁(今陕西韩城南)。	
公元前 417 年；秦灵公八年,魏文侯二十九年	秦在黄河边筑防御工程;魏再度在少梁(今陕西韩城南)筑城,秦攻之。	
公元前 415 年；秦灵公十年;韩武子十年	秦修补庞城(今陕西韩城),筑籍姑城(今陕西韩城北)。韩迁都平阳(今山西临汾市西南)。	

续表

时间	事件	附注
公元前413年；秦简公二年；魏文侯三十三年；楚简王十九年	秦与晋战，败郑（今陕西华县）下。楚伐魏，到上洛（可能是今陕西洛南）。	
公元前412年；秦简公三年；魏文侯三十四年	魏公子击攻克秦繁庞（今陕西韩城市），出其民。	
公元前409年；秦简公六年；魏文侯三十七年	魏伐秦，在河西筑临晋（今陕西大荔县东南）、元里（今陕西澄城县南）两城。	
公元前408年；秦简公七年；魏文侯三十八年	魏伐秦，在河西筑洛阴（今陕西大荔南）、郃阳（今陕西合阳东）两城。秦在魏的不断进攻下，不得已退守洛水一线，沿北洛河修建防御工事，即所谓"堑洛"，并在重泉（今陕西蒲城县东南）筑城防守，至此魏完全攻占秦河西地，此后魏亦从郑（今陕西华县）沿着北洛河修筑了河西长城。秦"初租禾"。	
公元前403年；秦简公十二年；魏文侯四十三年；韩景侯六年；赵烈侯六年	魏、韩、赵始列为诸侯。	
公元前401年；秦简公十四年；魏文侯四十五年	秦伐魏，至阳狐（地望不详）。	

续表

时间	事件	附注
公元前 395 年；秦惠公五年	秦伐灭繇诸（即绵诸，活动在今甘肃天水县和清水县一带）。	
公元前 393 年；秦惠公七年；楚悼王九年；魏武侯三年	楚伐韩，攻取负黍（今河南登封西南）；魏伐郑，在酸枣（今河南延津西南）筑城；魏败秦于汪（今陕西澄城）。	
公元前 391 年；秦惠公九年	秦伐韩宜阳（今河南宜阳西），取其六邑；魏、赵、韩伐楚，败楚军于大梁（今河南开封市）、榆关（今河南中牟南）。	
公元前 390 年；秦惠公十年	秦取得魏之陕（今河南三门峡市西），并置县；齐伐取魏襄陵（今河南睢县）。	
公元前 389 年；秦惠公十一年，魏武侯七年	秦进攻魏阴晋（今陕西华阴）。	
公元前 387 年；秦惠公十三年	秦伐蜀，取南郑（今陕西汉中市）。	
公元前 386 年；秦出子元年；赵敬侯元年	田和始列为诸侯；赵迁都邯郸（今河北邯郸市）。	
公元前 383 年；秦献公二年	秦徙都栎阳（在今陕西西安市阎良区）。	
公元前 381 年；秦献公四年	楚南攻扬越，据有洞庭、苍梧（今湖南、广西间）一带，在此年稍前。楚悼王死，楚贵族攻吴起，吴起被车裂而死。	
公元前 379 年；秦献公六年	秦初县蒲（地望不详）、蓝田（今陕西蓝田西）、善明氏（地望不详）。	

续表

时间	事件	附注
公元前378年；秦献公七年	秦国"初行为市"。	
公元前375年；秦献公十年；韩哀侯二年；魏武侯二十一年；楚肃王六年	秦"为户籍相伍"；魏伐取楚的榆关（今河南中牟南）；韩灭郑，徙都新郑（今河南新郑）。	
公元前374年；秦献公十一年	秦县栎阳（今陕西西安阎良区）。	秦献公二年，城栎阳，并自雍徙都栎阳。献公十一年，又县栎阳，当是进一步强化栎阳的战略地位。
公元前367年；秦献公十八年	西周威公死，公子根在东部争立，赵、韩用武力加以支持，从此西周分裂为西周、东周二小国。	
公元前366年；秦献公十九年	秦败韩、魏于洛阴（今陕西大荔县南）。	
公元前364年；秦献公二十一年	秦胜魏于石门（约在今陕西旬邑西），斩首六万，赵救魏于石门。	
公元前363年；秦献公二十二年	秦攻魏少梁（今陕西韩城南），赵救魏。	
公元前362年；秦献公二十三年	韩、赵和魏之间，因利害冲突而发生大战。秦乘机伐魏少梁（今陕西韩城南），大败魏军，俘虏了魏相公叔痤，攻取了魏之庞城（今陕西韩城）。	

续表

时间	事件	附注
公元前361年;秦孝公元年;魏惠王九年	卫鞅西入秦,求见秦孝公。秦攻取了陇西的獂戎之地(今甘肃省陇西县)。魏徙都大梁(今河南开封市)。	
公元前360年;秦孝公二年	秦伐韩,次于怀(今河南武陟县西南),在河内之殷(今河南武陟南)筑城。	
公元前359年;秦孝公三年	卫鞅进说秦孝公变法。	
公元前358年;秦孝公四年;魏惠王十二年;韩昭侯五年	秦通治函谷关以东的崤塞(今河南陕县东南至渑池县一带地区);秦败韩西山(盖为今河南豫西熊耳等山);魏将龙贾率师筑长城(当为大梁以西之魏长城,在今郑州与开封之间)。	
公元前356年;秦孝公六年	秦用卫鞅为左庶长,下变法令。	
公元前355年;秦孝公七年;齐威王二年;韩昭侯八年	齐威王用邹忌改革;韩昭侯用申不害改革;魏惠王和秦孝公在杜平(约在今陕西澄城)相会。	
公元前354年;秦孝公八年	秦乘魏进围赵邯郸的时机,在元里(今陕西澄城东南)大败魏师,并取得少梁(今陕西韩城南)。秦派公子壮率师伐韩,深入韩地,进围焦城(在今河南尉氏西北),在上枳(地望不详)、安陵(今河南鄢陵北)和山氏(今河南新郑东北)三地筑城。	赵伐卫,攻取漆、富丘。魏救卫,进围赵都邯郸。

续表

时间	事件	附注
公元前 353 年；秦孝公九年；魏惠王十七年；赵成侯二十二年	齐救赵攻魏,打败魏军于桂棱(今河南长垣北),又联合宋、卫进围魏襄陵(今河南睢县)。	
公元前 352 年；秦孝公十年	秦军攻入魏河东,一度取得了魏之旧都安邑(今山西夏县); 魏以韩师打败齐、宋、卫联军于襄陵,齐请楚景舍向魏求和; 魏败齐后,又全力攻入赵都邯郸(今河北邯郸市)。	
公元前 351 年；秦孝公十一年	秦趁胜降魏固阳(一说即今内蒙古自治区的固阳县,一说可能在河西,但具体地望不详); 秦筑商塞; 魏归赵邯郸,魏赵在漳水上结盟。	
公元前 350 年；秦孝公十二年	秦徙都咸阳(今陕西咸阳东北);普遍设县;开田阡陌封疆。	
公元前 349 年；秦孝公十三年	秦县初设秩史。	
公元前 348 年；秦孝公十四年	秦"初为赋"。	
公元前 344 年；秦孝公十八年	魏惠王称王,召集逢泽之会,并率诸侯朝见周天子。秦派公子少官率师参与逢泽之会。齐君带了卿大夫到秦聘问。	
公元前 343 年；秦孝公十九年	秦取得魏武城(今陕西华县东)。	

续表

时间	事件	附注
公元前 341 年; 秦孝公二十一年;魏惠王二十九年;韩昭侯二十二年;齐威王十六年	魏攻韩,韩求救于齐。齐派田忌、孙膑击魏救韩。魏军在马陵(今河南范县西南),魏为齐伏兵所败,损失十万兵,主将太子申、庞涓都战死。	
公元前 340 年; 秦孝公二十二年;齐威王十七年;赵肃侯十年	齐、秦、赵三国攻魏。卫鞅用计擒魏公子卬,大破魏军,虏魏将公子卬,迫使魏割河西之地献于秦,秦地得以再次东至河。秦封卫鞅于於、商,号为商君。	
公元前 338 年; 秦孝公二十四年	秦孝公卒,商鞅被车裂而死。 秦败魏于岸门(今山西河津南),俘虏魏将魏错。	
公元前 337 年; 秦惠文王元年	楚、韩、赵、蜀四国入秦朝见。申不害卒。	
公元前 335 年; 秦惠文王三年	秦拔韩宜阳(今河南宜阳西)。	
公元前 334 年; 秦惠文王四年;魏惠王后元元年	魏惠王采用惠施的策略,朝见齐威王于徐州,尊齐为王,齐亦承认魏称王,即所谓"会徐州相王"。	
公元前 333 年; 秦惠文王五年	秦惠文王以阴晋人犀首为大良造,在雕阴(今陕西甘泉南)打败魏。 楚围攻齐的徐州,大败齐。	
公元前 332 年; 秦惠文王六年	魏献阴晋(今陕西华阴)于秦,秦更名为宁秦。 齐、魏联合伐赵,赵决河水灌齐、魏联军。	

续表

时间	事件	附注
公元前331年；秦惠文王七年	义渠内乱，秦派庶长操前往平定，义渠臣于秦。	
公元前330年；秦惠文王八年	秦惠文王七年至八年，秦大举攻魏，虏其将龙贾，取得魏之雕阴（今陕西甘泉南）及河西之地。在雕阴大战还未结束的时候，秦还以樗里疾为主将，出函谷关进围魏曲沃（今河南灵宝东北）与焦（在今河南三门峡市西）；秦惠王八年，取得魏曲沃。	
公元前329年；秦惠文王九年；魏惠王后元六年；楚威王十一年	秦渡河取得魏河东之汾阴（今山西万荣西南）、皮氏（今山西河津东），同时是年还取得了魏河外之焦（今河南三门峡西）。秦还利用楚魏战于陉山（今河南漯河东），取得了魏之上洛（今陕西洛南）。	
公元前328年；秦惠文王十年；魏惠王后元七年；赵肃侯二十二年；楚怀王元年	秦围降了魏之蒲阳（今山西隰县）。随后，秦复与魏蒲阳，魏纳上郡于秦。秦始设置相邦，张仪为秦相。赵疵与秦战于河西，秦杀疵，随后顺势攻取了赵之蔺（今山西离石西）、离石（今山西吕梁离石区）。	
公元前327年；秦惠文王十一年	秦县义渠。秦归魏焦（今河南三门峡）、曲沃（今河南灵宝东北）。	
公元前324年；秦惠文王更元元年	张仪伐取魏之陕（今河南陕县）。魏惠王和齐威王相会于东阿。	

续表

时间	事件	附注
公元前322年;秦惠文王更元三年	秦军深入河东,相继伐取魏之曲沃(今山西闻喜东北)、平周(今山西介休西)。	
公元前319年;秦惠文王更元六年	秦取得义渠之郁郅(今甘肃庆阳);秦攻取韩地鄢(今河南鄢陵西北)。齐、楚、燕、赵、韩等国支持公孙衍为魏相。	杨宽《战国史》附《战国大事年表》:秦惠文王更元五年,秦伐义渠,取得郁郅。
公元前317年;秦惠文王更元八年	秦败三晋联军于修鱼(约在今河南原阳),斩首八万余人,公孙衍发动的五国合纵攻秦,以惨败告终。秦很可能于此役取得了修鱼。	
公元前316年;秦惠文王更元九年	秦伐蜀,蜀国(建都成都,有今四川省西部长江上游以北地区,并兼有今陕西省西南部分地)灭亡,接着又攻灭了苴国(即葭萌,今四川剑阁东北、广元南宝轮院附近)和巴国(建都于巴,今重庆嘉陵江北岸,有今四川省东部地区)。 秦攻取了赵的中阳(可能为今山西中阳东)和西都(约今山西平遥西南)。 楚国可能在齐的帮助下取得了秦的战略要地曲沃。	
公元前315年;秦惠文王更元十年	秦攻韩,战于浊泽(一作蜀潢);秦伐义渠,取徒泾(地望不详)等二十五城。	

续表

时间	事件	附注
公元前 314 年；秦惠文王更元十一年	秦大败韩于岸门(今河南许昌西北)。齐趁燕国内乱,派匡章伐燕,五旬攻下燕国。赵召燕公子职于韩,派乐池送入燕,立为燕王,即燕昭王。秦复取魏焦(今河南三门峡市)、曲沃(今河南灵宝东北)。	杨宽《战国史》附《战国大事年表》:秦攻义渠,得二十五城。
公元前 313 年；秦惠文王更元十二年	秦攻取了赵的蔺(今山西离石西)。	
公元前 312 年；秦惠文王更元十三年	楚景翠围攻韩雍氏,秦助韩反攻景翠。 秦战胜楚于丹阳(今河南丹水以北),取楚汉中地。 齐、宋围魏煮枣(今山东东明南),秦、魏、韩攻齐到濮水之上。 秦胜楚于蓝田(今陕西蓝田),韩、魏攻楚到邓(今湖北襄樊市)。 秦还取楚上蔡(今河南上蔡)。	
公元前 311 年；秦惠文王更元十四年	秦伐楚,取召陵(今河南漯河东北)	
公元前 310 年；秦武王元年	秦杀蜀相壮。 张仪离秦赴魏,次年死于魏。 秦伐义渠(活动在以甘肃庆阳为中心的泾水流域)、丹、犁(丹、犁可能为蜀之周围的西南夷)。	
公元前 308 年；秦武王三年；周赧王七年	秦司马错可能一度取楚黔中地(今湖南省西部及贵州省东北部)。	

续表

时间	事件	附注
公元前 307 年；秦武王四年	秦最终攻下韩之大县宜阳(今河南宜阳西)；在取得韩宜阳之后,秦军又渡河攻取了韩的武遂(今山西垣曲县东南)。	
公元前 306 年；秦昭襄王元年；赵武灵王二十年；楚怀王二十三年	秦复与韩武遂(今山西垣曲县东南)。 赵攻中山到宁葭(今河北石家庄西北),攻略胡到榆中(约包括今内蒙古河套地区东北部及陕西榆林等地)。 楚灭越,设郡江东。	
公元前 304 年；秦昭襄王三年	秦、楚和好,秦复归楚上庸(今湖北竹山县)。	
公元前 303 年；秦昭襄王四年；楚怀王二十六年	齐、韩、魏为楚负其从亲而合于秦,三国共攻楚,楚使太子入质于秦而请救。秦遣客卿通将兵救楚,三国引兵去。秦乘胜攻取了魏蒲阪(今山西永济西)、晋阳(今山西永济西南)、封陵(今山西风陵渡);复取韩武遂(今山西垣曲县东南)。	
公元前 302 年；秦昭襄王五年	秦复与魏蒲坂(今山西永济西)。 赵攻取河宗氏、休溷诸貉之地,设九原、云中二郡。 魏襄王、韩太子婴入秦朝见。	
公元前 301 年；秦昭襄王六年	秦攻取韩的穰(今河南邓州市)。 齐派匡章,魏派公孙喜,韩派暴鸢,共攻楚方城,杀楚将唐昧,韩、魏取得宛(今河南南阳市)、叶(今河南叶县)以北地。 秦攻取了楚的重丘(今河南泌阳县)。	

续表

时间	事件	附注
公元前 300 年；秦昭襄王七年；赵武灵王二十六年	秦攻取了楚之新城(今河南伊川县西南)；赵再攻中山。	
公元前 299 年；秦昭襄王八年；楚怀王三十年	秦攻楚,取得楚新市(今湖北京山县东北)等八城。 楚怀王受骗入秦,被秦王扣留。 孟尝君田文入秦为相。	
公元前 298 年；秦昭襄王九年；楚顷襄王元年	秦取楚析(今河南内乡县西北)等十五城。 赵派楼缓入秦为相,派仇郝入宋为相；孟尝君由秦回齐。齐、韩、魏联军攻秦到函谷关(今河南灵宝)。	
公元前 297 年；秦昭襄王十年	赵武灵王出代,西遇楼烦王于西河而致其兵。 齐、韩、魏联军继续攻秦。	
公元前 296 年；秦昭襄王十一年	孟尝君合纵攻秦入函谷,秦求和,归还韩武遂(今山西垣曲东南),魏阳晋(今山西永济西南)、封陵(今山西永济西南)。 赵灭中山,迁中山王于肤施(今陕西榆林南)。	
公元前 295 年；秦昭襄王十二年；燕昭王十七年	赵公子章争夺君位,失败后逃入主父宫；公子成、李兑包围主父宫,主父饿死。 秦拔魏襄城(今河南襄城县)。 燕昭王使苏秦入齐,助齐攻宋。	
公元前 294 年；秦昭襄王十三年；韩釐王二年	秦攻取韩武始(一说在邯郸西南,一说在唐洛州武始县西南十里)、新城(约在伊阙南五十里,当时亦可统称为伊阙)。	

续表

时间	事件	附注
公元前293年; 秦昭襄王十四年;魏昭王三年; 韩釐王三年	秦白起攻韩、魏于伊阙(今洛阳东南龙门),斩首二十四万,拔五城,又涉河取安邑(今山西夏县西北)以东至乾河(即教水,在垣曲县东)的韩地。	
公元前292年; 秦昭襄王十五年	秦攻楚,取宛(今河南南阳市)、叶(今河南叶县西南)。 秦大良造白起攻魏取垣(今山西垣曲东南),复予之。	
公元前291年; 秦昭襄王十六年	秦拔韩宛(今河南南阳市)。 秦左更司马错取魏轵(今河南济源县东南)及邓(今济源县南)。 秦封公子市于宛,公子悝于邓。	
公元前290年; 秦昭襄王十七年	韩予秦武遂地二百里; 魏予秦河东地方四百里。	
公元前289年; 秦昭襄王十八年	秦攻取魏河内六十一城。	
公元前288年; 秦昭襄王十九年;赵惠文王十一年	赵派董叔联合魏军攻宋,秦趁机攻取了赵的梗阳(今山西清徐县)。十月,秦魏冉约齐并称帝,齐为东帝,秦为西帝。十二月,齐用苏秦计,自动取消帝号,合纵摈秦。	
公元前287年; 秦昭襄王二十年	苏秦合纵齐、赵、燕、韩、魏攻秦,秦归还部分赵、魏地求和。 秦分兵两路攻魏,一路攻河内,拔新垣(在曲阳附近)、曲阳(今河南济源县西),另一路攻河东之安邑(今山西夏县西北)。	

续表

时间	事件	附注
公元前286年；秦昭襄王二十一年	秦迫使魏献纳安邑(今山西夏县西北)。秦败韩于夏山。 齐灭宋。	
公元前285年；秦昭襄王二十二年	秦伐齐河东九城,改为秦之九县。	
公元前284年；秦昭襄王二十三年	秦、三晋及燕、楚合纵攻齐,燕将乐毅攻入齐都临淄。 魏攻取旧宋地,楚收复淮北地。	
公元前283年；秦昭襄王二十四年	秦大举攻魏大梁,攻取了大梁西北的安城(今河南原武东南、原阳县西南),燕、赵救魏。	
公元前282年；秦昭襄王二十五年	秦攻取了赵之两城。此两城可能是兹氏(今山西汾阳南)和祁(今山西祁县)。	杨宽《战国史料编年辑证》：秦攻赵,取蔺、祁二城。
公元前281年；秦昭襄王二十六年	秦把攻齐所得的陶(今山东定陶县)封给魏冉。 秦攻取了赵之离石(今山西吕梁离石区)。	
公元前280年；秦昭襄王二十七年	秦攻取赵光狼城(今山西高平西)。 秦军分两路攻楚,一路攻邓,一路因蜀攻楚黔中(今湖南省西部及贵州省东北部),楚军败。 是年秦军不仅攻下了黔中,而且迫使楚割上庸(今湖北竹溪东南)、汉北地(当即汉水北岸地区)予秦。	

续表

时间	事件	附注
公元前279年；秦昭襄王二十八年	秦将白起相继攻取了楚之鄢(可能为今湖北宜城东南)、邓(今湖北襄樊市)、西陵(可能为今湖北新洲西)。	
公元前278年；秦昭襄王二十九年；楚顷襄王二十一年	秦白起继续攻楚拔郢(一说在今湖北江陵西北,一说在今湖北宜城南),接着又西向攻至夷陵(今湖北宜昌东南),烧楚先王陵园,又东向攻至竟陵(今湖北潜江东北),横扫郢之周围地区,攻取安陆(今湖北云梦),接着又攻"洞庭、五渚、江南"(当即长江以南的洞庭湖及其周围地区)。楚迁都到陈(今河南淮阳)。	
公元前277年；秦昭襄王三十年	秦复拔楚巫郡(因巫山得名,辖境约有今湖北清江中、上游和四川东部)、黔中郡(因黔山得名,辖境约有今湖南西部及贵州东北部)。	
公元前276年；秦昭襄王三十一年；楚顷襄王二十三年	楚收复秦所拔江旁十五邑。秦攻取魏二城。	
公元前275年；秦昭襄王三十二年	秦再次围攻大梁(今河南开封市),魏入温(今河南温县西南)等三县以和。	
公元前274年；秦昭襄王三十三年	秦攻取了魏的卷(今河南原阳县西)、蔡(今河南上蔡县西南)、中阳(今河南郑州市东)、长社(今河南长葛县东北)。	"蔡"也可能为"祭"(约当今河南中牟)。
公元前273年；秦昭襄王三十四年	秦救韩败赵、魏于华阳(今河南郑州南),魏入南阳(可能即今河南获嘉一带)以和。	

续表

时间	事件	附注
公元前272年；秦昭襄王三十五年	秦攻灭义渠,于其地置北地郡。	
公元前270年；秦昭襄王三十七年；齐襄王十四年	秦派客卿灶(或作"造")攻取齐的刚(今山东宁阳东北)、寿(今山东东平西南)。	
公元前269年；秦昭襄王三十八年；赵惠文王三十年	秦派胡阳通过韩的上党攻赵的阏与(今山西和顺),赵将赵奢往救,大破秦军。	
公元前268年；秦昭襄王三十九年；魏安釐王九年	秦昭襄王听从范雎的远交近攻之策,攻取了魏的怀(今河南武陟县西南)。	
公元前266年；秦昭襄王四十一年；魏安釐王十一年	秦攻取了魏的邢丘(今河南温县东二十里)。范雎为秦相。	
公元前265年；秦昭襄王四十二年；赵孝成王元年	秦拔赵三城。秦攻取了韩的少曲(今河南济源东北)、高平(今河南孟县西)。	
公元前264年；秦昭襄王四十三年；韩桓惠王九年	秦攻取了韩汾水边的汾城、太行陉旁的陉城等地。	

续表

时间	事件	附注
公元前263年; 秦昭襄王四十四年;韩桓惠王十年	秦攻取了韩的南阳(当为太行山以南)之地。	
公元前262年; 秦昭襄王四十五年;韩桓惠王十一年;楚考烈王元年	秦攻取了韩野王(今河南沁阳)等十城,切断上党通韩都新郑的道路。韩上党郡降赵。 秦取楚夏州(当为楚东部之地区名,指汉水与长江合流之间,包括汉阳以下、长江以西之水泽地带,为楚东边之要地)。	
公元前261年; 秦昭襄王四十六年;赵孝成王五年;楚考烈王二年	秦攻取了韩的缑氏(今河南偃师市东南)、纶氏(今登封县西南)。 秦攻取上党,赵将廉颇拒秦于长平。 楚攻取鲁的徐州(今山东滕州东南)。	
公元前260年; 秦昭襄王四十七年;赵孝成王六年	秦武安君白起大破赵于长平(今山西高平),活埋战俘四十多万人。	
公元前259年; 秦昭襄王四十八年;赵孝成王七年	秦破赵长平后,迫使韩献垣雍(今河南原阳西)于秦,又乘胜攻取了赵之皮牢(今山西翼城东北)和武安(今河北武安西南),并定太原,尽有韩上党。 秦派五大夫王陵进攻赵都邯郸。	
公元前258年; 秦昭襄王四十九年;赵孝成王八年	秦派王龁代王陵继续攻邯郸。 秦相范雎起用王稽为河东守、郑安平为将军。	

续表

时间	事件	附注
公元前 257 年；秦昭襄王五十年	魏信陵君魏无忌、楚春申君黄歇救赵。 秦将郑安平降赵。秦军败退,救赵联军追至河东大败秦。	
公元前 256 年；秦昭襄王五十一年；楚考烈王七年	秦攻取韩阳城(今河南登封东南)、负黍(今河南登封西南)。 秦攻赵取二十余县。这时东方各国又发动合纵抗秦的运动,西周君参与了这次合纵的行动,会同各国锐师出伊阙(今河南洛阳东南龙门),企图截断秦通向阳城的后路,秦灭西周。 楚灭鲁。	
公元前 255 年；秦昭襄王五十二年	秦河东郡守王稽因罪被杀。 秦相范雎死	
公元前 254 年；秦昭襄王五十三年；魏安釐王二十三年	秦向魏河东反攻,攻取吴(即虞)城(今山西平陆北)。 魏向东攻取秦孤立在东方的陶郡,灭卫国。	
公元前 253 年；秦昭襄王五十四年；楚考烈王十年	楚可能徙都巨阳(今安徽太和)。	
公元前 249 年；秦庄襄王元年	秦灭东周(都于巩,今河南巩县),韩献成皋(今河南巩县东北)、荥阳(今河南荥阳东),初置三川郡。 秦用吕不韦为相国。	
公元前 248 年；秦庄襄王二年	秦取魏高都(今山西晋城)、汲(今河南汲县西南)。	

续表

时间	事件	附注
公元前247年；秦庄襄王三年	秦攻赵榆次(今山西晋中榆次区)、新城(今山西朔州南)、狼孟(今山西阳曲)等三十七城。置太原郡。 秦再次拔韩上党。 魏信陵君合纵五国兵攻秦,打败蒙骜于河外。	据《秦本纪》:"三年,蒙骜攻魏高都、汲,拔之。攻赵榆次、新城、狼孟,取三十七城。"此事《史记·六国年表》系于秦庄襄王二年。
公元前246年；秦始皇帝元年	晋阳(今山西太原市)反秦,被蒙骜平定。 秦王政初年用韩水工郑国筑渠,溉田四万顷。于是,关中为沃野,无凶年,秦以富强,卒并诸侯,因名郑国渠。	
公元前245年；秦始皇帝二年	复攻取魏之卷(今河南原阳县西)。	
公元前244年；秦始皇帝三年	秦派蒙骜攻取韩十余城。 秦攻魏的旸(地望不详)、有诡(地望不详)。	
公元前243年；秦始皇帝四年	攻取魏旸(地望不详)、有诡(地望不详)。	
公元前242年；秦始皇帝五年；魏景湣王元年。	攻取魏酸枣(今河南延津县东南)、燕(今延津县东北)、虚(今延津县东)、长平(今河南西华县西北)、雍丘(今河南杞县)、山阳(今河南焦作市东南)等二十城,初置东郡。	
公元前241年；秦始皇帝六年；赵悼襄王四年；楚考烈王二十二年	秦拔卫,徙卫野王(今河南沁阳),并濮阳(今河南濮阳市)为东郡。 赵庞煖组织最后一次合纵,率赵、楚、魏、燕、韩五国兵攻秦,至蕞(地望不详;一说在今陕西临潼东北),被击退。 楚迁都寿春(今安徽寿县)。	

续表

时间	事件	附注
公元前240年；秦始皇帝七年	秦攻取魏之汲(今河南汲县西南)。秦在这一年可能还攻取了赵的龙(今河北行唐县)、孤、庆都。	
公元前239年；秦始皇帝八年	秦长安君成蟜(秦王弟)攻赵上党，成蟜在屯留(今山西屯留南)降赵。赵封成蟜于饶(今河北饶阳东北)。	
公元前238年；秦始皇帝九年	秦攻取魏垣(即首垣，今河南长垣东北)、蒲阳(今长垣西)、衍(即衍氏，可能在今河南郑州北)等地，扩大东郡范围。秦长信侯嫪毐叛乱，为秦王所平定。	
公元前237年；秦始皇帝十年	秦免除吕不韦相职。	
公元前236年；秦始皇帝十一年	秦趁赵攻燕之机，相继攻取了邺(今河北磁县南邺镇)、安阳(今河南安阳西南)、阏与(今山西和顺)、橑阳(今山西左权)等地。所谓"邺已尽矣"，可能漳水流域已完全为秦所占有。	
公元前235年；秦始皇帝十二年	吕不韦自杀。秦征发四郡兵，助魏攻楚。	
公元前234年；秦始皇十三年	秦大举攻赵，取得赵云中、雁门郡，将其设置为秦云中、雁门二郡。	杨宽《战国史》附《战国大事表》：秦将桓齮攻赵的平阳、武城，杀赵将扈辄。

续表

时间	事件	附注
公元前233年；秦始皇十四年	秦将桓齮攻取了赵平阳(今河北磁县东南)、宜安(今河北石家庄东南)、武城(今河北磁县西南)。 韩派韩非入使秦国，劝秦先伐赵，旋即被迫自杀。	杨宽《战国史》附《战国大事表》：桓齮继续攻赵赤丽、宜安，被赵将李牧大败于肥，桓齮出奔。
公元前232年；秦始皇十五年	秦攻赵，一军到邺(今河北磁县南邺镇)，一军到太原，攻取了赵狼孟(今山西阳曲)，至番吾(今河北灵寿西南)，被赵将李牧击败。	
公元前231年；秦始皇十六年	九月，秦发卒受地韩南阳假守腾。 秦初令男子书年。 魏献地于秦。秦置丽邑(今陕西临潼东北)。 赵地震，从乐徐(今河北涞源东南)以西，北至平阴(今山西阳高东南)房屋墙壁大半坍坏，地裂东西宽百三十步。	
公元前230年；秦始皇十七年	秦灭韩，建立为颍川郡。	
公元前229年；秦始皇十八年	赵国发生大旱灾。秦派王翦率上党兵，直下井陉(在今河北井陉县)；秦派杨端和率河间兵，进攻邯郸(今河北邯郸市)，另有羌瘣带兵助战。赵起用赵葱、颜聚代李牧。	
公元前228年；秦始皇十九年	秦大破赵军，在东阳(太行山东)俘虏赵王迁。赵公子嘉出奔代(今山西东北与河北西北)，自立为代王。	
公元前227年；秦始皇二十年	燕太子丹派荆轲刺秦王，没有成功。 秦派王翦、辛胜攻燕。燕、代两国发兵抵抗，在易水以西被秦击破。	

续表

时间	事件	附注
公元前226年；秦始皇二十一年	秦大举攻燕,攻下了燕都蓟城(今北京西南部),燕王喜迁都辽东郡。 秦使王贲攻楚,大破楚军,取楚十余城。 新郑叛秦,韩王安死。	
公元前225年；秦始皇二十二年	秦王贲攻魏,引河沟灌大梁(今河南开封市),大梁城坏,魏王请降,尽取其地。 秦派李信、蒙武带二十万大军攻楚,李信进攻楚的平舆(今河南平舆北),蒙武进攻楚的寝(今安徽临泉),两军在城父(可能在今安徽亳县东南)会师。楚军乘秦军不备,跟踪反击,大破李信军。	
公元前224年；秦始皇二十三年	秦王改派王翦率六十万大军出征。王翦攻取陈(今河南淮阳)以南到平舆(今河南平舆)间地,大破楚军于蕲(今安徽宿县东南)南,迫使项燕自杀。	
公元前223年；秦始皇二十四年	秦军攻入楚都寿春(在今安徽寿县),俘虏楚王负刍。	
公元前222年；秦始皇二十五年	王翦平定楚的江南地,楚国灭亡。 秦彻底灭赵。 秦彻底灭燕。 秦在灭楚后,继续挥师南下,又灭了会稽郡以南的东瓯(以今浙江温州为中心)和闽越(以今福建福州为中心)。	
公元前221年；秦始皇二十六年	秦使将军王贲从燕南攻齐,得齐王建,齐亡。	
公元前215年；秦始皇三十二年	秦将蒙恬北逐匈奴,取得河南地(约为今内蒙古鄂尔多斯)。	

续表

时间	事件	附注
公元前214年;秦始皇三十三年	秦西北斥逐匈奴,使蒙恬渡河攻取高阙(当为狼山与阴山之间的地区)、阳山(当即狼山)、北假(约为今内蒙古河套地区)。 秦略取岭南,置桂林、象郡、南海。	
公元前209年;秦二世元年	秋,七月,陈胜、吴广谋叛大泽乡(今安徽宿州市)。相继攻占了蕲(今安徽宿州市南)、铚(今安徽宿州市西)、酂(今河南永城县西)、苦(今河南鹿邑)、柘(今河南柘城县)、谯(今安徽亳州市),接着又攻下了陈(今河南淮阳)。陈涉入据陈,自立为王,号为张楚。 陈胜以吴广为假王,监诸将西击荥阳(今河南荥阳);令武臣、张耳、陈馀徇赵地;令魏人周市北徇魏地;吴广被秦三川守李由阻于荥阳后,陈胜又加派周文西击秦。 八月,陈胜令符离人葛婴将兵徇蕲(今安徽宿州市南)以东,至东城(今安徽定远东南);武臣至邯郸自立为赵王;陈涉令汝阴人邓宗徇九江郡;陈涉使武平君畔为将军,监郯下军(陈涉初立时,陵人秦嘉、铚人董缫、符离人朱鸡石、取虑人郑布、徐人丁疾等将兵围东海郡守庆于郯);陈涉令铚人宋留将兵定南阳。宋留至武关,欲从武关入关中;广陵人召平为陈王徇广陵(今江苏扬州)。当是时,诸郡县苦秦法,争杀长吏以应涉。 九月,周文至戏(在今陕西临潼),兵至数十万,秦将章邯击破周文军,周文退屯曹阳(今河南灵宝东);刘邦起于沛;项梁使项籍杀会稽郡守起于吴(今江苏苏州);武臣遣韩广将兵北徇燕地,韩广到燕地后,听从燕故贵人豪杰的建议,自立为燕王;陈胜立魏咎为魏王,魏复国。	

续表

时间	事件	附注
公元前208年；秦二世二年	十月,故齐王田氏族田儋,杀狄令,自立为齐王。 十一月,周文兵败,走渑池(今河南渑池),再败,自杀。章邯大破周文于渑池后,又破田臧、李归于敖仓(今河南荥阳北)、荥阳(今河南荥阳)。 十二月,章邯又破陈(今河南淮阳),陈胜死城父(今安徽亳州与涡阳之间)。 二月,项梁率军渡江北上。 六月,项梁立楚怀王孙心,以为楚怀王,都盱眙(今江苏盱眙东北);项梁立故韩公子成为韩王,韩复国。秦章邯攻魏。齐、楚救魏,为秦兵所败,齐田儋、魏王咎在临济(今河南封丘东)败死。赵高劝二世深拱禁中,不坐朝廷见大臣,二世从之,自此事皆决于赵高。李斯等大臣劝二世停止阿房宫工程,减少征戍转运,以缓和局势。二世不听,将斯下狱。右丞相冯去疾、将军冯劫自杀。赵高诬李斯与子三川郡守李由谋反,腰斩灭族。二世以赵高为丞相。 八月,项梁破章邯于东阿(今山东东阿西南),西至定陶(今山东定陶西北),破秦军。项羽、刘邦亦破秦军于雍丘(今河南杞县),斩秦三川郡守李由。项梁轻秦,有骄色。 九月,章邯大破项梁于定陶,项梁死。 后九月,章邯转而北进,渡黄河,破赵军,至邯郸,夷其城郭。张耳与赵王歇走入巨鹿(今河北平乡西南),章邯围巨鹿。楚项羽、刘邦、吕臣迁楚怀王,都彭城。怀王立魏豹为魏王;以宋义为上将军,项羽为次将救赵。遣刘邦伐秦,与诸将约,"先入关中者王之"。秦南海尉任嚣将死,使龙川令赵佗行尉事。	秦历以十月为岁首。

续表

时间	事件	附注
公元前207年；秦二世三年	宋义至安阳,留四十六日不进。 十一月,项羽杀宋义。 十二月,项羽引兵渡漳河,在巨鹿大破秦军。诸侯军归属项羽。刘邦至昌邑(今山东金乡西北)收得彭越部。至陈留,使说客郦食其劝县令降。张良略韩地,引兵从刘邦。刘邦至宛(今河南南阳)。 七月,秦南阳郡守降刘邦。章邯降项羽。项羽立邯为雍王,命长史司马欣为上将军,率降兵向关中进发。刘邦攻克武关(在今陕西丹凤)。赵高杀二世,立子婴为秦王。 九月,子婴杀赵高。刘邦至蓝田(今陕西蓝田西南),大破秦军。	

续表

时间	事件	附注
公元前206年；秦王子婴元年	十月，刘邦至霸上(今陕西西安东)，子婴降，刘邦入咸阳。 十一月，项羽西行至新安(今河南新安西)，坑秦降兵二十余万人。 十二月，项羽入关中，屠咸阳，杀子婴，烧宫室。 正月，项羽佯尊怀王为义帝，迁江南，都郴(今湖南郴州)。 二月，项羽自立为西楚霸王，都彭城(今江苏徐州市)；项羽封刘邦为汉王，章邯为雍王，司马欣为塞王，董翳为王，魏王豹为西魏王，瑕丘申阳为河南王，韩王成为韩王，司马卬为殷王，赵王歇为代王，张耳为常山王，黥布为九江王，吴芮为衡山王，共敖为临江王，燕王韩广为辽东王，臧荼为燕王，齐王田市为胶东王，田都为齐王，田安为济北王。赵佗击并桂林、象郡，自立为南越武王。 至此，秦之领土全部易主，秦帝国彻底崩溃。	

附注：秦之疆域变迁，与当时的时代形势与背景有着密切关系，所以本年表不全为秦之疆域变迁，同时也兼顾了时代之形势与背景。

附录二

插图目录

图1　帝丘、少皞之墟(奄)、薄姑地望图 …………………………………… 4
图2　霍太山、赵城、皋狼地望图 ………………………………………… 7
图3　陇西诸地地望图 ……………………………………………………… 9
图4　商周时期嬴姓国的地理分布 ………………………………………… 17
图5　天水、陇南地区秦文化遗址分布图 ………………………………… 20
图6　牛头河流域遗址分布图 ……………………………………………… 22
图7　西汉水流域的三个秦文化中心分布图 ……………………………… 23
图8　春秋时期关中诸地地望图 …………………………………………… 29
图9　平凉、庆阳地区秦文化遗址分布图 ………………………………… 42
图10　宝鸡地区秦文化遗址分布图 ……………………………………… 44
图11　西安、咸阳、铜川、渭南地区秦文化遗址分布图 ……………… 48
图12　春秋时期关中、晋西南、豫西诸地地望图 ……………………… 51
图13　乌氏、郁郅(义渠)、朐衍、霍地望图 …………………………… 61
图14　战国时期关中、汉中、晋西南、豫西诸地地望图 ……………… 88
图15　战国时期关中东部诸地地望图 …………………………………… 93
图16　战国时期关中、陕南、晋西南、豫西诸地地望图 ……………… 109
图17　战国时期豫北、豫西、豫中、豫南诸地地望图 ………………… 120
图18　战国时期陕北、山西诸地地望图 ………………………………… 124
图19　战国时期长江上游地区诸地地望图 ……………………………… 140
图20　广元、成都、雅安地区秦文化遗址分布图 ……………………… 162
图21　战国时期豫西南诸地地望图 ……………………………………… 166
图22　战国时期晋西南、豫北、豫西诸地地望图 ……………………… 168
图23　战国时期安邑、乾河、武遂、汾城地望图 ……………………… 171
图24　战国时期太行山南部东西两侧诸地地望图 ……………………… 204

图 25　战国时期长江中游地区诸地地望图 ················· 211
图 26　战国时期鲁西南诸地地望图 ······················· 220
图 27　战国时期太行山北部东西两侧诸地地望图 ········· 236
图 28　战国时期黄河下游诸地地望图 ····················· 243
图 29　战国时期云中、雁门、代三郡地望图 ··············· 251
图 30　战国时期黄淮平原西部诸地地望图 ················· 258
图 31　战国时期黄淮平原东部诸地地望图 ················· 266
图 32　战国晚期、秦代江南、岭南诸地地望图 ············· 270
图 33　秦代九原郡、高阙、北假、河南地地望图 ··········· 276
图 34　秦代西南地区诸地地望图 ·························· 279
图 35　汉中、十堰地区秦文化遗址分布图 ················· 288
图 36　临汾地区秦文化遗址分布图 ······················· 292
图 37　鄂尔多斯、朔州、通辽、葫芦岛、秦皇岛地区
　　　秦文化遗址分布图 ······························· 294
图 38　三门峡、洛阳、郑州、南阳、驻马店地区秦文化遗址分布图 ········· 297
图 39　襄樊、荆州、宜昌、孝感地区秦文化遗址分布图 ····· 304
图 40　长沙、岳阳、怀化地区和湘西土家族苗族自治州
　　　秦文化遗址分布图 ······························· 307
图 41　桂林、韶关、广州地区秦文化遗址分布图 ··········· 311
图 42　秦直道遗址图 ·································· 313
图 43　秦昭襄王长城和秦始皇长城图 ····················· 315
图 44　秦代黄淮平原诸地地望图 ·························· 317
图 45　秦代陕西、河南诸地地望图 ······················· 320
图 46　秦代黄河下游诸地地望图 ·························· 321
图 47　项羽分封诸侯区域图 ····························· 344

参考文献①

传世文献及其注释等著作

《史记》,北京:中华书局,1959年。

《汉书》,北京:中华书局,1962年。

《后汉书》,北京:中华书局,1962年。

《史记》,北京:中华书局,2014年。

《春秋左传注疏》,文渊阁《四库全书》本。

《毛诗正义》,[清]阮元:《十三经注疏》,北京:中华书局,1980年。

《春秋左传正义》,[清]阮元:《十三经注疏》,北京:中华书局,1980年。

《孟子注疏》,[清]阮元:《十三经注疏》,北京:中华书局,1980年。

[西晋]皇甫谧:《帝王世纪》,沈阳:辽宁教育出版社,1997年。

[唐]李吉甫著,贺次君校:《元和郡县图志》,北京:中华书局,2008年。

[北宋]郑樵:《通志》,北京:商务印书馆,1987年。

[北宋]李昉等编:《太平御览》,上海:上海古籍出版社,1994年。

[北宋]欧阳询等编:《艺文类聚》,上海:上海古籍出版社,1999年。

[北宋]乐史著,王文楚点校:《太平寰宇记》,北京:中华书局,2008年。

[北宋]司马光:《资治通鉴》,北京:中华书局,2011年。

[南宋]罗泌:《路史》,文渊阁《四库全书》本。

[明]傅逊:《春秋左传属事》,文渊阁《四库全书》本。

[清]顾观光:《七国地理考》,金山高煌刻本,1915年。

---

① 出于查阅方便的考虑,参考文献目录的编排,主要按传世文献、出土文献、考古资料、今人论著等几个方面做了简单分类,有些文献的归类可能并不合理,请读者见谅。

〔清〕顾炎武:《左传杜解补正》,文渊阁《四库全书》本。

〔清〕江永:《春秋地理考实》,文渊阁《四库全书》本。

〔清〕王先谦《后汉书集解》,北京:商务印书馆,1968年。

〔清〕梁玉绳:《史记志疑》,北京:中华书局,1981年。

〔清〕王先谦:《荀子集解》,北京:中华书局,1985年。

〔清〕顾栋高:《春秋大事表》,北京:中华书局,1993年。

〔清〕顾祖禹:《读史方舆纪要》,北京:中华书局,2005年。

〔清〕王先谦:《汉书补注》,上海:上海古籍出版社,2012年。

〔日〕泷川资言:《史记会注考证》,北京:文学古籍社,1955年。

陈梦家:《六国纪年》,上海:上海人民出版社,1956年。

陈槃:《春秋大事表列国爵姓及存灭表譔异》,台北"中央研究院"历史语言研究所,1969年。

陈奇猷:《韩非子集释》,上海:上海人民出版社,1974年。

许维遹:《韩诗外传集释》,北京:中华书局,1980年。

陈槃:《不见于春秋大事表之春秋方国考》,台北"中央研究院"历史语言研究所,1982年。

王国维:《水经注校》,上海:上海人民出版社,1984年。

《战国策》,上海:上海古籍出版社,1986年。

孙诒让:《墨子间诂》,北京:中华书局,1986年。

任乃强:《华阳国志校补图注》,上海:上海古籍出版社,1987年。

马瑞辰:《毛诗传笺通释》,北京:中华书局,1989年。

杨伯峻:《春秋左传注》(修订本),北京:中华书局,1990年。

吴树平等:《全注全译史记》,天津:天津古籍出版社,1995年。

上海师范大学古籍整理组:《国语》,上海:上海古籍出版社,1998年。

何宁:《淮南子集释》,北京:中华书局,1998年。

杨宽:《战国史料编年辑证》,上海:上海人民出版社,2001年。

陈奇猷:《吕氏春秋新校释》,上海:上海古籍出版社,2001年。

顾颉刚、刘起釪:《尚书校释译论》,北京:中华书局,2005年。

周振鹤:《汉书地理志汇释》,合肥:安徽人民出版社,2006年。

范祥雍:《战国策笺证》,上海:上海古籍出版社,2006年。

钱林书:《续汉书郡国志汇释》,合肥:安徽人民出版社,2007年。

黄怀信等:《逸周书汇校集注》(修订本),上海:上海古籍出版社,2007年。

陈桥驿:《水经注校证》,北京:中华书局,2007年。

《大清一统志》,上海:上海古籍出版社,2008年。

〔日〕藤田胜久:《史记战国史料研究》,上海:上海古籍出版社,2008年。

〔日〕竹添光鸿:《左氏会笺》,成都:巴蜀书社,2008年。

李晓杰主编:《水经注校笺图释》(渭水流域),上海:复旦大学出版社,2017年。

范祥雍:《古本竹书纪年订补》,上海:上海古籍出版社,2018年。

李晓杰主编:《水经注校笺图释》(汾水涑水流域),北京:科学出版社,2020年。

出土文献

马王堆汉墓帛书整理小组:《战国纵横家书》,北京:文物出版社,1976年。

郭沫若:《秦诅楚文》,《郭沫若全集》(考古编第九册),北京:科学出版社,1982年。

睡虎地秦墓竹简整理小组:《睡虎地秦墓竹简》,北京:文物出版社,1990年。

《清华大学藏战国竹简》(贰),上海:中西书局,2011年。

陈伟主编:《秦简牍合集》,武汉:武汉大学出版社,2014年。

王辉、王伟:《秦出土文献编年订补》,西安:三秦出版社,2014年。

今人著作

马非百:《秦史纲要》,香港:大道出版社,1946年。

王国维:《观堂集林》,北京:中华书局,1959年。

徐旭生:《中国古史的传说时代》(增订本),北京:科学出版社,1960年。

杨宽:《商鞅变法》,上海:上海人民出版社,1962年。

马非百:《秦集史》,北京:中华书局,1982年。

周振鹤:《西汉政区地理》,北京:人民出版社,1986年。

林剑鸣:《秦史稿》,上海:上海人民出版社,1991年。

〔英〕鲁惟一主编:《剑桥中国秦汉史》,北京:中国社会科学出版社,1992年。

徐中舒:《徐中舒历史论文集》,北京:中华书局,1998年。

廖文远:《战国制度通考》,成都:巴蜀书社,1998年。

杨宽:《战国史》(增订版),上海:上海人民出版社,1998年。

Michael Loewe、Edward L. Shaughnessy: *The cambridge history of ancient china* (*From the Origins of Civilization to 221 BC*) Cambridge University Press,1999.

沈起炜:《中国历史大事年表》(古代卷),上海:上海辞书出版社,2001年。

石泉:《石泉文集》,武汉:武汉大学出版社,2006年。

劳幹:《古代中国的历史与文化》,北京:中华书局,2006年。

李学勤:《东周与秦代文明》,上海:上海人民出版社,2007年。

童书业:《春秋史》,上海:上海古籍出版社,2010年。

王云度:《秦汉史编年》,南京:凤凰出版社,2011年。

石泉:《古代荆楚地理新探》,武汉:武汉大学出版社,2013年。

王子今:《秦汉交通史稿》,北京:中国人民大学出版社,2013年。

杨宽:《古史探微》,上海:上海人民出版社,2016年。

史党社:《秦与北方民族历史文化论集》,北京:科学出版社,2018年。

今人论文

卫聚贤:《中国民族的来源》,《古史研究》第三集,1937年。

王国维:《秦都邑考》,《观堂集林》,北京:中华书局,1959年。

马非百:《秦简大事记集传》,《中国历史文献研究集刊》(第二辑),1981年。

郭沫若:《石鼓文研究》,《郭沫若全集》(考古编第九册),北京:科学出版社,1982年。

谭其骧:《秦郡新考》,《长水集》,北京:人民出版社,2011年。

谭其骧:《秦郡界址考》,《长水集》,北京:人民出版社,2011年。

李学勤:《清华简〈系年〉及有关古史问题》,《文物》2011年第3期。

王子今:《"武候"瓦当与战国秦汉武关道交通》,《文博》2013年第6期。

傅斯年:《夷夏东西说》,《民族与古代中国史》,上海:上海人民出版社,2014年。

杨宽:《西周列国考》,《古史探微》,上海:上海人民出版社,2016年。

史党社:《秦"徙治栎阳"及年代新辨》,《中国史研究》2020年第1期。

考古报告

河南文物工作队第Ⅰ队:《郑州岗杜附近古墓葬发掘简报》,《文物参考资料》1955年第10期。

金学山:《西安半坡战国墓葬》,《考古学报》1957年第3期。

马建熙:《陕西耀县战国、西汉墓葬清理简报》,《考古》1959年第3期。

陕西省文物管理委员会:《陕西长安洪庆村秦汉墓第二次发掘简记》,《考古》1959年12期。

湖南省文物管理委员会:《长沙左家塘秦代木椁墓清理简报》,《考古》1959年第9期。

广州市文物管理委员会:《广州东郊罗冈秦墓发掘简报》,《考古》1962年第8期。

中国社会科学院考古研究所宝鸡发掘队:《陕西宝鸡福临堡东周墓葬发掘记》,《考古》1963年第10期。

陕西省社会科学院考古研究所凤翔考古队:《秦都雍城遗址勘查》,《考古》1963年第8期。

陕西省文管会秦墓发掘组:《陕西宝鸡阳平镇秦家沟村秦墓发掘记》,《考古》1965年第7期。

陕西省文物管理委员会:《秦都栎阳遗址初步勘探记》,《文物》1966年第1期。

湖北省博物馆:《宜昌前坪战国两汉墓》,《考古学报》1976年第2期。

甘肃省博物馆文物队等:《甘肃灵台县两周墓葬》,《考古》1976年第1期。

唐晓峰:《内蒙古西北部秦汉长城调查记》,《文物》1977年第5期。

内蒙古语文历史研究所崔璇:《秦汉广衍故城及其附近的墓葬》,《文物》1977年第5期。

宝鸡市博物馆卢连成、宝鸡县文化馆杨满仓:《陕西宝鸡县太公庙村发现秦公钟、秦公镈》,《文物》1978年第11期。

陕西省文管会、大荔县文化馆:《朝邑战国墓葬发掘简报》,《文物资料丛刊》1978年第2期。

王光永:《宝鸡市渭滨区姜城堡东周墓葬》,《考古》1979年第6期。

宝鸡市博物馆、宝鸡市渭滨区文化馆:《陕西宝鸡茹家庄东周墓葬》,《考古》1979年第5期。

宝鸡市博物馆、宝鸡县图书馆:《宝鸡县西高泉村春秋秦墓发掘记》,《文物》1980年第9期。

陕西省雍城考古工作队吴镇烽、尚志儒:《陕西凤翔八旗屯秦国墓葬发掘简报》,《文物资料丛刊》1980年第3期。

秦俑考古队:《临潼上焦村秦墓清理简报》,《文物与考古》1980年第2期。

盖山林、陆思贤:《内蒙古境内秦汉长城遗迹》,《中国考古学会第一次年会论文集》,北京:文物出版社,1980年。

驻马店地区文管会:《河南泌阳县秦墓》,《文物》1980年第9期。

宁夏回族自治区博物馆、固原县文物工作站:《宁夏境内战国、秦、汉长城遗迹》,《中国长城遗迹调查报告集》,北京:文物出版社,1981年。

刘得祯、朱建唐:《甘肃灵台县景家庄春秋墓》,《考古》1981年第4期。

雍城考古队吴镇烽、尚志儒:《陕西凤翔高庄秦墓地发掘简报》,《考古与文物》1981年第1期。

荥经古墓发掘小组:《四川荥经古城坪秦汉墓葬》,《文物资料丛刊》1981年第4期。

史念海:《黄河中游战国及秦时诸长城遗迹的探索》,《中国长城遗迹调查报告集》,北京:文物出版社,1981年。

史念海:《鄂尔多斯东部战国时期秦长城遗迹探索记》,《中国长城遗迹调查报告集》,北京:文物出版社,1981年。

盖山林、陆思贤:《阴山南麓的赵长城》,《中国长城遗踪调查报告集》,北京:文物出版社,1981年。

郑绍宗:《河北省战国、秦、汉时期古长城和城障遗址》,《中国长城遗迹调查报告集》,北京:文物出版社,1981年。

布尼阿林:《河北省围场县燕秦长城调查报告》,《中国长城遗迹调查报告集》,北京:文物出版社,1981年。

项春松:《昭乌盟燕秦长城遗址调查报告》,《中国长城遗迹调查报告集》,北京:文物出版社,1981年。

黄士斌:《上村岭秦墓和汉墓》,《中原文物》1981年特刊。

秦都咸阳考古队:《咸阳市黄家沟战国墓发掘简报》,《考古与文物》1982年第6期。

甘肃省博物馆魏怀珩:《甘肃平凉庙庄的两座战国墓》,《考古与文物》1982年第5期。

淅川县文管会:《淅川县马川秦墓发掘简报》,《中原文物》1982年第1期。

杨权喜:《襄阳山湾十八号秦墓》,《考古与文物》1983年第3期。

陕西省考古研究所负安志:《陕西长武上孟村秦国墓葬发掘简报》,《考古与文物》1984年第3期。

苏秉琦:《斗鸡台沟东区墓葬》,《苏秉琦考古学论述选集》,北京:文物出版社,1984年。

崔璇:《内蒙古发现的秦文化遗存》,《内蒙古社会科学》1984年第6期。

四川省文管会、雅安地区文化馆、荥经县文化馆:《四川荥经曾家沟战国墓群第一、二次发掘》,《考古》1984年第12期。

陈守实:《甘肃境内秦长城遗迹调查及考证》,《西北史地》1984年第2期。

湖南省博物馆怀化地区文物工作队:《湖南溆浦马田坪战国西汉墓发掘报告》,《湖南考古辑刊》,1984年。

陕西省文管会雍城考古队:《秦都雍城钻探试掘简报》,《考古与文物》1985年第2期。

夏振英、呼林贵:《陕西华阴境内秦魏长城考》,《文博》1985年第3期。

史念海:《洛河右岸战国时期秦长城遗迹的探索》,《文物》1985年第11期。

中国社会科学院考古研究所栎阳发掘队:《秦汉栎阳城遗址的勘探和试掘》,《考古学报》1985年第3期。

卢建国:《陕西铜川发现战国铜器》,《文物》1985年第5期。

何新成:《汉中杨家山秦墓发掘简报》,《文博》1985年5期。

洛阳地区文管会:《洛宁故县秦墓发掘简报》,《中原文物》1985年第4期。

陕西省雍城考古队:《一九八一年凤翔八旗屯墓地发掘简报》,《考古与文物》1986年第5期。

陕西省考古研究所:《陕西铜川枣庙秦墓发掘简报》,《考古与文物》1986年第2期。

雍城考古队李自智、尚志儒:《陕西凤翔西村战国秦墓发掘简报》,《考古与文物》1986年第1期。

辽宁省文物考古研究所:《辽宁绥中县"姜女坟"秦汉建筑遗址发掘简报》,《文物》1986年第8期。

武汉大学历史系考古专业、宜城县博物馆:《宜城雷家坡秦墓发掘简报》,《江汉考古》1986年第4期。

宋少华:《长沙西郊桐梓坡汉墓》,《考古学报》1986年第1期。

湖南省博物馆:《汨罗县东周、秦、西汉、南朝墓发掘报告》,《湖南考古辑刊》(三),1986年。

甘肃省文物工作队、北京大学考古学系:《甘肃甘谷毛家坪遗址发掘报告》,《考古学报》1987年第3期。

田亚岐、王保平:《凤翔南指挥西村两座小型秦墓的清理》,《考古与文物》1987年第6期。

陕西省考古研究所、北京大学考古实习队:《铜川市王家河墓地发掘简报》,《考古与文物》1987年第2期。

平朔考古队:《山西朔县秦汉墓发掘简报》,《文物》1987年第6期。

甘肃省定西地区文化局长城考察组:《定西地区战国秦长城遗迹考察记》,《文物》1987年第7期。

洛阳市第二文物工作队:《洛阳孙旗屯秦国墓葬》,《中原文物》1987年第3期。

云梦县博物馆:《云梦木匠坟秦墓发掘简报》,《江汉考古》1987年第4期。

陕西省考古研究所宝鸡工作站、宝鸡市考古工作队:《陕西陇县边家庄五号春秋墓发掘简报》,《文物》1988年第11期。

韩伟、焦南峰:《秦都雍城考古发掘综述》,《考古与文物》1988年第5、第6期。

中国社会科学院考古研究所陕西六队:《陕西蓝田泄湖战国墓发掘简报》,《考古》1988年第12期。

中国社会科学院考古研究所甘肃工作队:《甘肃天水西山坪秦汉墓发掘纪要》,《考古》1988年第5期。

曹发展:《陕西户县南关春秋秦墓清理记》,《文博》1989年第2期。

甘肃省文物考古研究所、天水市北道区文化馆:《甘肃天水放马滩战国秦汉墓群的发掘》,《文物》1989 年第 2 期。

四川省文物管理委员会、荥经县文化馆:《四川荥经曾家沟 21 号墓清理简报》,《文物》1989 年第 5 期。

张天恩:《边家庄春秋墓地与汧邑地望》,《文博》1990 年第 5 期。

李红雄:《甘肃庆阳地区境内长城调查与探索》,《考古与文物》1990 年第 6 期。

延安地区文物普查队:《延安地区战国秦长城考察简报》,《考古与文物》1990 年第 6 期。

湖北省文物考古研究所、云梦县博物馆:《云梦龙岗秦汉墓地第一次发掘简报》,《江汉考古》1990 年第 3 期。

高至喜:《论湖南秦墓》,《文博》1990 年第 1 期。

宝鸡市考古工作队:《宝鸡市谭家村春秋及唐代墓》,《考古》1991 年第 5 期。

陕西省考古研究所雍城工作站:《凤翔邓家崖秦墓发掘简报》,《考古与文物》1991 年第 2 期。

刘宝爱、胡智仁:《凤县双石铺发现一座秦墓》,《文博》1991 年第 6 期。

李庆发、张克塞:《辽西地区燕秦长城调查报告》,《辽海文物学刊》1991 年第 2 期。

河北省文物研究所、秦皇岛市文物管理处、北戴河区文物保管所:《金山嘴秦代建筑遗址发掘报告》,《文物春秋》1992 年增刊。

咸阳市文管会:《西北林学院古墓清理简报》,《考古与文物》1992 年第 3 期。

戴尚志、刘合心:《榆林市境内新发现一段秦汉长城遗址》,《文博》1993 年第 2 期。

三门峡市文物工作队:《三门峡市司法局、刚玉砂厂秦人墓发掘简报》,《华夏考古》1993 年第 4 期。

三门峡市文物工作队:《三门峡市三里桥秦人墓发掘简报》,《华夏考古》1993 年第 4 期。

三门峡市文物工作队:《三门峡市火电厂秦人墓发掘简报》,《华夏考古》1993 年第 4 期。

湖北省文物考古研究所、孝感地区博物馆、云梦县博物馆:《湖北云梦龙岗秦汉墓地第二次发掘简报》,《江汉考古》1993 年第 1 期。

中国社会科学院考古研究所:《陕县东周秦汉墓》,北京:科学出版社,1994年。

张辛:《郑州地区的周秦墓研究》,《考古学研究》1994年第00期。

湖北省荆州地区博物馆:《江陵王家台15号秦墓》,《文物》1995年第1期。

陕西省雍城考古队尚志儒、赵丛苍:《陕西凤翔八旗屯西沟道秦墓发掘简报》,《文博》1996年第3期。

中国社会科学院考古研究所武功发掘队:《陕西武功县赵家来东周时期的秦墓》,《考古》1996年第12期。

高忠玉、赵彩秀:《西北林学院基建中发现的古墓葬》,《文博》1996年第5期。

宝鸡县考古队、扶风县博物馆:《陕西扶风县飞凤山秦墓发掘简报》,《考古与文物》1997年第5期

杨亚长:《略论陕南地区的战国墓葬》,《考古与文物》1997年第4期。

甘肃省文物考古研究所:《甘肃秦安上袁家秦汉墓葬发掘》,《考古学报》1997年第1期。

辽宁省文物考古研究所姜女石工作站:《辽宁绥中县"姜女石"秦汉建筑群址石碑地遗址的勘探与试掘》,《考古》1997年第10期。

辽宁省文物考古研究所姜女石工作站:《辽宁绥中县石碑地秦汉宫城遗址1993—1995年发掘简报》,《考古》1997年第10期。

辽宁省文物考古研究所姜女石工作站:《辽宁绥中县"姜女石"秦汉建筑群址瓦子地遗址一号窑址》,《考古》1997年第10期。

洛阳市文物工作队:《洛阳钢厂秦墓发掘简报》,《华夏考古》1997年第3期。

陕西省考古研究所:《陇县店子秦墓》,西安:三秦出版社,1998年。

咸阳市文物考古研究所:《塔尔坡秦墓》,西安:三秦出版社,1998年。

洛阳市第二文物工作队:《洛阳于家营秦墓发掘简报》,《文物》1998年第12期。

成都市文物考古研究所、龙泉驿区文物管理所:《成都龙泉驿区北干道木椁墓群发掘简报》,《文物》2000年第5期。

广东省文物考古研究所、乐昌市博物馆、韶关市博物馆:《广东省乐昌市对面山东周秦汉墓》,《考古》2000年第6期。

陕西省考古研究所:《陕西宝鸡晁峪东周秦墓发掘简报》,《考古与文物》2001年第4期。

宝鸡市考古工作队、宝鸡县博物馆:《陕西宝鸡县南阳村春秋秦墓的清理》,《考古》2001年第7期。

宝鸡市考古队、陇县博物馆:《陕西陇县韦家庄秦墓发掘简报》,《考古与文物》2001年第4期。

陕西省富平县文物局井增利:《富平新发现一座战国秦墓》,《考古与文物》2001年第1期。

甘肃省文物考古研究所、礼县博物馆:《礼县圆顶山春秋秦墓》,《文物》2002年第2期。

咸阳市文物考古研究所:《泾阳宝丰寺秦墓发掘简报》,《文博》2002年第5期。

陕西省考古研究所:《陕西高陵县益尔公司秦墓发掘简报》,《考古与文物》2003年第6期。

湖北省荆州地区博物馆:《荆州擂鼓台秦墓发掘简报》,《江汉考古》2003年第2期。

湖南省文物考古研究所等:《湖南龙山里耶战国—秦代古城一号井发掘简报》,《文物》2003年第1期。

早期秦文化联合考古调查队:《西汉水上游周代遗址考古调查简报》,《考古与文物》2004年第6期。

西安市文物保护考古所:《西安南郊秦墓》,西安:陕西人民出版社,2004年。

山西省考古研究所:《侯马乔村墓地》(1959—1996),北京:科学出版社,2004年。

宝鸡市陈仓区博物馆:《陕西宝鸡市陈仓区南阳村春秋秦墓清理简报》,《考古与文物》2005年第4期。

南阳市文物考古研究所:《河南南阳市拆迁办秦墓发掘简报》,《华夏考古》2005年第3期。

湖北省荆州地区博物馆:《湖北荆州市沙市区肖家山一号秦墓》,《考古》2005年第9期。

岳起:《咸阳任家嘴秦墓的主要收获》,《咸阳师范学院学报》2006年第21卷第 3 期。

陕西省考古研究所:《西安北郊秦墓》,西安:三秦出版社,2006 年。

陕西省考古研究所、秦始皇帝陵博物馆:《华县东阳》,北京:科学出版社,2006 年。

陕西省考古研究所:《西北农林科大战国秦墓发掘简报》,《考古与文物》2006 年第 5 期。

李明斌:《论四川盆地的秦人墓》,《南方文物》2006 年第 3 期。

郑州市文物考古研究所:《河南巩义站街秦墓发掘简报》,《文物》2006 年第 4 期。

早期秦文化考古联合课题组:《甘肃礼县大堡子山早期秦文化遗址》,《考古》2007 年第 7 期。

陕西省考古研究所、渭南市文物保护考古研究所、韩城市文物旅游局:《陕西韩城梁带村遗址 M19 发掘简报》,《考古与文物》2007 年第 2 期。

陕西省考古研究所、渭南市文物保护考古研究所、韩城市文物旅游局:《陕西韩城梁带村遗址 M27 发掘简报》,《考古与文物》2007 年第 6 期。

赵丛苍、王志友、侯红伟:《甘肃礼县西山遗址发掘取得重要收获》,《中国文物报》2008 年 4 月 4 日。

陕西省考古研究所、渭南市文物保护考古研究所、韩城市文物旅游局:《陕西韩城梁带村遗址 M26 发掘简报》,《文物》2008 年第 1 期。

王志友、董卫剑:《陕西宝鸡市洪塬村一号春秋秦墓》,《考古》2008 年第 4 期。

早期秦文化联合考古队:《牛头河流域考古调查》,《中国历史文物》2010 年第 3 期。

韩越,王利彬:《泌阳秦墓青铜器》,《收藏》2010 第 12 期总第 216 期。

陕西省考古研究院、渭南市考古研究所:《陕西渭南阳郭庙湾战国秦墓发掘简报》,《文博》2011 年第 5 期。

秦始皇帝陵博物院:《西安临潼清泉秦墓清理简报》,《文物世界》2011 年第 6 期。

早期秦文化联合考古队、赵化成等:《甘肃清水李崖遗址考古发掘获重大突破》,《中国文物报》2012 年 1 月 20 日。

赵化成:《秦人从哪里来:寻踪早期秦文化》,《中国文化遗产》2013年第2期。

陕西省考古研究院、宝鸡市考古工作队、凤翔县博物馆:《陕西凤翔孙家南头春秋秦墓发掘简报》,《考古与文物》2013年第4期。

陕西省考古研究院、宝鸡市考古研究所:《凤翔六道村战国秦墓发掘简报》,《文博》2013年第2期。

西安市文物保护考古研究院张小丽、刘汉兴:《西安南郊曹家堡清理九座秦墓》,《中国文物报》2013年7月19日。

陕西省考古研究院、宝鸡市考古研究所、凤翔县博物馆:《陕西凤翔路家村墓葬发掘简报》,《文博》2013年第4期。

郑州市文物考古研究院:《郑州市金水区廊桥水岸战国晚期秦墓发掘简报》,《中原文物》2013年第4期。

湖北省文物考古研究所:《湖北武当山柳树沟墓群2010年发掘简报》,《江汉考古》2013年第2期。

《澄城发现最大东周秦人墓葬群,总数或超4000座》,2014年4月17日西部网讯陕西广播电视台新闻联播。

早期秦文化联合考古队:《2014年甘谷毛家坪遗址发掘丰富了周代秦文化内涵》,《中国文物报》2014年11月14日。

陕西省考古研究院、咸阳市文物考古研究所:《陕西乾县夹道村秦墓发掘简报》,《文博》2014年第1期。

河南省文物管理局南水北调文物保护办公室、南开大学考古学与博物馆学系:《河南淅川仓房新四队战国、秦墓发掘简报》,《中原文物》2014年第1期。

成都市新都区文物管理所:《成都新都秦墓发掘简报》,《文物》2014年第10期。

三门峡市文物考古研究所马俊才、史智民:《河南三门峡火电厂工地发现大规模秦人墓地》,中国文物信息网2015年4月24日。

王永安、郑国穆、张俊民:《甘肃宁县西头村石家墓群发现春秋秦墓》,《中国文物报》2016年8月26日。

河南省文物局南水北调文物保护办公室、河南省文物考古研究院、驻马店市文物考古管理所:《河南淅川县马川墓地秦人异穴合葬墓》,《考古》2016年

11 期。

冯锴、马川:《临潼马额秦墓新出陶文及其初步研究》,《文博》2017 年第 1 期。

南开大学考古学与博物馆学系、湖北省文物局南水北调文物保护办公室:《湖北郧县龙门堂墓地战国及秦代墓葬》,《考古》2017 年第 3 期。

陕西省考古研究院、宝鸡市考古研究所:《宝鸡郭家崖秦国墓地(北区)发掘简报》,《文博》2018 年第 6 期。

田亚岐:《血池遗址考古发现与秦人祭祀文化的认知》,《光明日报》2019 年 1 月 7 日。

内蒙古自治区文物考古研究所胡春柏、格日乐图:《内蒙古准格尔旗福路塔发现秦文化墓地》,《中国文物报》2019 年 2 月 22 日。

种建荣等:《陕西澄城县刘家洼东周芮国遗址》,《考古》2019 年第 7 期。

辛怡华:《血池遗址与雍地五畤及相关问题》,《湖南省博物馆馆刊》第 14 辑,2019 年。

陕西省考古研究院、宝鸡市考古研究所:《宝鸡郭家崖秦国墓地(南区)发掘简报》,《文博》2019 年第 4 期。

秦文化遗存研究论著

王克荣:《建国以来广西文物考古工作的主要收获》,《文物》1978 年 9 期。

陈平:《试论关中秦墓青铜容器的分期问题》(上),《考古与文物》1984 第 3 期。

赵化成:《甘肃东部秦和羌戎文化的考古学探索》,《考古类型学的理论与实践》,北京:文物出版社,1989 年。

黄盛璋:《论出土魏国铜器之秦墓与墓主及遗物》,《人文杂志》1990 年第 1 期。

滕铭予:《关中秦墓研究》,《考古学报》1992 年第 3 期。

俞伟超:《方形围沟墓与秦文化的关系》,《中国历史博物馆馆刊》1993 年第 2 期。

徐苹芳:《考古学上所见秦帝国的形成与统一》,《台大历史学报》1999 年 23 期。

滕铭予:《秦文化起源及相关问题再探讨》,《中国考古学跨世纪的回顾与前瞻》(1999年西陵国际学术研讨会文集),北京:科学出版社,2000年。

戴春阳:《礼县大堡子山秦公墓地及有关问题》,《文物》2000年第5期。

王学理、梁云:《秦文化》,北京:文物出版社,2001年。

滕铭予:《秦文化:从封国到帝国的考古学观察》,北京:学苑出版社,2002年。

赵化成、高崇文等:《秦汉考古》,北京:文物出版社,2002年。

中国社会科学院考古研究所编:《中国考古学》(两周卷),北京:中国社会科学出版社,2004年。

中国社会科学院考古研究所编:《中国考古学》(秦汉卷),北京:中国社会科学出版社,2010年。

冯瑞:《磨儿原古城址与秦汧邑关系新考》,《秦汉研究》(第四辑),西安:三秦出版社,2010年。

李峰:《礼县出土秦国早期铜器及祭祀遗址论纲》,《文物》2011年第5期。

李书谦:《试论三门峡秦人墓》,《中原文物》2013年第2期。

陈洪:《秦文化之考古学研究》,北京:科学出版社,2016年。

工具类

谭其骧主编:《中国历史地图集》,北京:中国地图出版社,1982年。

臧励龢等编:《中国古今地名大辞典》,北京:商务印书馆,1982年。

国家文物局主编:《中国文物地图集·河南分册》,北京:中国地图出版社,1991年。

王巍主编:《中国考古学大辞典》,上海:上海辞书出版社,2014年。

后　记

秦的遗产对后世中国影响至深。不论是了解历史之中国，还是了解今日之中国，都需要对秦史有相当深入的了解。中国历代并不乏有眼光且志向高远的学者和出版人。本书是由王子今教授主编，西北大学出版社负责出版的"秦史与秦文化研究丛书"的一种。这里要向王子今教授和马来社长及总编辑张萍、责任编辑朱亮、马若楠致以真诚的感谢。

"关中风土完厚，人质直而尚义。"这是元好问对关中的印象，也是我的深切感受。借此机会，谨向西安的师友，尤其是在本书撰写过程中给予帮助的至友史党社教授和陈洪研究员表达我内心的感谢。

许多年前，我因为无意中阅读爱德华·吉本（Edward Gibbon）的《罗马帝国衰亡史》，而对史学这门古老的学问产生了兴趣。据吉本回忆，当他第一次来到"永恒之都"罗马，在朱庇特神殿的废墟上沉思时，忽然听到新建的神殿里那些赤着脚的修道士的晚祷歌声传来。就是在这时，他决心要为这座名城的衰落和灭亡写一部历史。关中是周秦的发祥地，当我第一次来到古都西安，看到秦岭、骊山、渭水、钟楼、帝陵，大街上川流不息的人流与骠骑将军冠军侯霍去病墓前寂寞的石兽，以及那古都上空悠然远去的白云，心情就和吉本第一次来到罗马时的心情一样激动。历史上那些伟大著作的耀眼光彩也一次又一次点燃我心中的火焰：秦结三代之局，又开中国两千年帝制之始，而"二十四史"尚缺秦史，如果能完成一部秦史，将是一件多么有意义的事。在此，我要向我的老师，数十年沉潜秦史研究的王云度教授表达我的敬意与感谢，没有他的引导，我可能不会走上秦史研究的道路。

最后，我还要向我的老师周振鹤教授表达我永远的感激：是他最终把我带入了学术的圣殿,使我得以远离尘嚣,专注于知识的探索。在借由知识探索而逐渐理解世界的过程中,也逐渐消解了自己内心的冲突。

梁万斌

2020 年 10 月